법구경_ 하루를 살더라도

법구경 Dhammapada

하루를 살더라도

간략한 배경 이야기와 불교용어 설명 수록

이 『법구경_하루를 살더라도』에서는 배경 이야기를 간단하게 줄여서 주해로 게재하고,
사성제, 팔정도, 사마타 수행과 위빳사나 수행 등의 불교 용어 설명도 첨부했습니다.

향원 **오원탁** 엮음

불교시대사
1% 나눔의 기쁨

들어가는 말

법구경은 304가지 배경이야기 속에 세상을 살아가면서 일어나는 다양한 사건들에 대한 부처님의 말씀과 그것을 시로 표현한 423편의 게송들을 주제에 따라 26장으로 나누어 놓은 것입니다. 이『법구경_하루를 살더라도』에서는 배경 이야기를 간단하게 줄여서 주해로 게재하고, 사성제[1], 팔정도[2], 사마타 수행과 위빳사나 수행[3] 등의 불교 용어 해설도 첨부했습니다.

젊은 시절부터 불교에 관심을 갖고 있던 저는 직장에서 은퇴하고 난 후 불교를 공부하면서, 괴로운 것은 무엇인가를 바라고 있기 때문이며, 거기에서 벗어나려면 계를 지키고, 욕심을 절제하고, 팔정도를 실천하면서 살아가야 한다는 것이 불교의 핵심임을 알았습니다. 그렇게 생활하면 실제로 마음이 편안해지고 몸도 건강해진다는 것을 알고, 이것을 독자들과 공유하고자『법구경_하루를 살더라도』를 만들었습니다.

이 책이 독자들에게 도움이 되기를 바랍니다.

2020년 9월

향원 **오 원 탁**

---

1) "첨부 1. 사성제" 참조.
2) "첨부 2. 팔정도" 참조.
3) "첨부 3. 사마타 수행과 위빳사나 수행" 참조.

일러두기

1. 이 책은 『Dhammapada』(Ācharya Buddharahhhita, Buddha Vacana Trust, Maha Bodhi Society, Bangalore, India, 1986)에 빠알리어로 게재된 법구경을 번역한 것입니다.

2. 번역하면서 특히 『법구경-담마파다』(전재성 역주, 한국빠알리성전협회, 2008)를 비롯한 『담마빠다 빠알리어 문법과 함께 읽는 법구경』(김서리 옮김, 소명출판, 2016), 『빠알리 원전 번역 담마빠다』(일아 옮김, 불광출판사, 2018), 『팔리어 직역 법구경』(난다라타나 스님, 위말라키타 스님 옮김, 佛사리탑, 2008), 그리고 진행 중이지만 일창 스님의 daum의 인터넷 카페 "녹원정사(nokonejaengsa)"에 게재되고 있는 「법구경 게송」도 참조했으며, 배경 이야기는 『법구경 이야기 1~3』(무념/응진 역, 옛길, 2008)과 『법구경 1,2』(거해 스님 편역, 샘이 깊은 물, 2003)와 인터넷만이 아니라 다른 참고 자료에 게재되어 있는 것도 참조하여 축약했습니다. 이 책들을 번역한 분들과 참고자료에 나와 있는 수많은 책들의 번역자들과 저자들, 수행을 가르치시는 분들의 헌신에 감사드립니다.

3. 이 책을 만들면서 같이 불교를 공부하고 수행하고 인터넷 사이트에 올린 글을 읽어주신 도반들, 특히 게송을 빠알리어 원문과 대조해서 의견을 제시한 오항해님, 수정 된 원고를 여러번 윤문한 김서영님, 그리고 최진우님, 송명의님, 김경예님, 김청님에게도 깊이 감사드립니다. 그리고 어려운 여건 속에서도 흔쾌히 책을 출판해 주신 불교시대사의 이규만 사장님께도 심심한 사의를 표합니다.

4. 이해에 도움이 된다고 생각되는 단어는 빠알리어와 영어도 병기했으며, 이 경우에 빠알리어는 정체로 표기했고, 영어는 이탤릭체로 표기했습니다.

목 차

제5장 어리석은 자(Bālavagga)

제6장 현명한 자(Paṇḍitavagga)

제7장 아라한(Arahantavagga)

제8장 천(千, Sahassavagga)

제9장 악(惡, Pāpavagga)

제10장 폭력(Daṇḍavagga)

제11장 늙음(Jarāvagga)

제12장 자기 자신(Attavagga)

제16장 사랑(Piyavagga)

제17장 분노(Kodhavagga)

제20장 길(Maggavagga)

제21장 여러 가지(Pakiṇṇakavagga)

제22장 지옥(Nirayavagga)

제23장 **코끼리**(Nāgavagga)

제24장 **갈애**(Taṇhāvagga)

첨부

제1장

쌍
(Yamakavagga)

1 장님인 짝꾸빨라 장로[4]

법들 중에 마음이 앞서가고[5]
마음이 최상이고, 마음으로 이루어진다.
불선한 마음으로 말하거나 행동하면
괴로움이 그를 뒤따른다.
수레바퀴가 황소의 발굽을 뒤따르듯.[6]

---

4) 짝꾸빨라 장로는 수행을 너무 열심히 하여 눈병이 생겼으나 계속
    정진하여 눈이 멀었다. 그런데 눈이 완전히 안 보이게 된 바로 그
    순간 그는 아라한이 되었다. 어느 날 새벽에 경행(걷기 수행)을 하는
    그의 발에 벌레들이 밟혀 죽었다. 그 일을 알게 된 비구들이 장로
    의 계행을 의심하여 부처님께 보고 드리자 부처님께서 말씀하셨다.
    "짝꾸빨라가 벌레들을 보지 못했으니 의도적으로 벌레를 죽인 것
    이 아니므로 그의 계행에는 아무런 손상이 없다." 이어서 부처님께
    서 게송을 읊으셨다.

5) 여기서 법들이란 마음과 마음부수를 말한다. "법들 중에 마음이 앞
    서간다."라고 한 것은, 마음이 가장 지배적이고, 마음부수들의 원인
    이기 때문에 그렇게 말한 것이다. 마음부수들이 마음과 동시에 생
    기기는 하지만, 마음이 생기지 않으면 마음부수들은 생길 수 없다.
    ("첨부 4. 마음부수" 참조.)

6) 비구 일창 담마간다 통역, 우 소다나 사야도 법문("한국마하시선원의 아비
    담마 403강(2019년 6월 25일)" 참조.)

2 부처님께 귀의한 것만으로 천상에 태어난 맛타꾼달리 [7]

법들 중에 마음이 앞서가고
마음이 최상이고, 마음으로 이루어진다.
깨끗한 마음으로 말하거나 행동하면
행복이 그를 뒤따른다.
그림자가 그를 뒤따르듯. [8]

---

[7] 구두쇠인 바라문의 아들 맛타꾼달리가 중병에 걸렸다. 바라문이 돈이 아까워 치료하지 않고 내버려두는 바람에 아들은 죽음에 이르게 되었다. 이를 불쌍히 여기신 부처님께서 그가 죽기 직전에 그곳으로 가셨다. 그 자리에서 부처님에 대한 청정한 믿음이 생긴 아들은, 단지 그것만으로 죽어서 삼십삼천에 태어났다.

삼십삼천에서 맛타꾼달리는 아버지가 자신의 묘지에서 울고 있는 것을 보고 아버지의 마음을 바꾸어 놓아야겠다고 생각했다. 그래서 그는 화려한 천신의 옷을 입고 아버지 앞에 나타나서, 자신이 삼십삼천에 태어났다고 말하고, 부처님을 찾아가 공양을 올리시라고 했다. 집으로 돌아온 그의 아버지는 사람들에게 천신이 된 아들을 만났다고 말했다. 그러자 사람들에게 '부처님께 공양을 올리거나 삼배를 드린 적도 없고, 법문을 들은 적도 없고, 계를 지킨 적도 없는데, 단지 부처님께 귀의한 것만으로 천상에 태어날 수 있는가?'라는 의문이 생겼다. 이를 아신 부처님께서 맛타꾼달리를 사람들 가운데로 초대하셨다. 천상의 장신구로 화려하게 치장하고 나타난 맛타꾼달리는 사람들에게 자신이 단지 부처님에 대한 청정한 믿음이 생긴 것만으로 삼십삼천에 태어났다고 말했다. 그 말을 듣고 사람들은 부처님의 위력에 감동했다. 그때 부처님께서 말씀하셨다. "사람의 마음은 모든 행동의 근본이 된다. 착한 행동이든 악한 행동이든 행동에는 언제나 마음이 앞서가는 법이다. 그리고 그런 마음이 생겨서 행동한 결과는 그에게서 결코 분리되지 않고 그를 따라다닌다. 그것은 마치 그림자가 그 사람을 떠나지 않는 것과 같다." 이어서 부처님께서는 게송을 읊으셨다.

8) 비구 일창 담마간다 통역, 우 소다나 사야도 법문("한국마하시선원의 아비담마 404강(2019년 7월 2일)" 참조.)

3-4 거만한 띳사 비구 [9]

3 '그가 나를 욕했고, 때렸고,
   굴복시켰고, 내 것을 훔쳤다.'
   이런 앙심을 품고 있으면
   증오는 사라지지 않는다. [10]

4 '그가 나를 욕했고, 때렸고,
   굴복시켰고, 내 것을 훔쳤다.'
   이런 앙심을 품고 있지 않으면
   증오는 사라진다.

---

9) 띳사 비구는* 부처님의 아버지인 숫도다나 왕의 누이동생이 낳은

아들이므로 세속적으로는 부처님의 고종사촌이었다. 나이가 들어 출가한 그는, 법랍이 자기보다 많은 장로들에게 예의를 지키지 않았다. 부처님께서 그들에게 용서를 빌라고 하셨지만 그는 자신의 잘못을 인정하지 않았다. 그러자 부처님께서 말씀하셨다. "비구들이여, 띳사 비구의 이런 행동은 이번이 처음은 아니다. 그는 과거 전생에서도 수없이 같은 행동을 했었다. 그렇지만 그를 조금이라도 언짢게 생각하거나 원망하면 안 된다. 오히려 애정을 가지고 정성스럽게 보살피며 용서해 주어야 한다. 그래야만 원망하는 마음이 그치기 때문이다." 이어서 부처님께서는 게송 두 편을 읊으셨다. (*주: 비구의 원래 의미는 걸식하는 자이다. 상좌불교 계율에 의하면 비구는 음식을 직접 해먹어서도 안 되고, 저장해 놓고 먹어서도 안 되고, 치료를 해 줘도 안 된다. 오직 탁발을 해서 생계를 유지해야 한다. 그러나 한국의 현실에서는 불가능한 일이다. 음식을 만들어 놓고 스님이 탁발 나오기를 기다리는 신도가 없기 때문이다. 그러나 동남아 불교국가에서는 여전히 스님들이 탁발하며 살아간다. 무념 · 응진 역, 『법구경 이야기 3』, 167쪽 참조)

10) 증오 즉 성냄(화)이 생기는 가까운 원인에는 10가지가 있는데, 그 중 아홉 가지는 "① 그가 과거에 나에게 해를 끼쳤다. ② 그가 현재 나에게 해를 끼치고 있다. ③ 그가 미래에 나에게 해를 끼칠 것이다. ④ 그가 과거에 내가 좋아하는 사람에게 해를 끼쳤다. ⑤ 그가 현재 내가 좋아하는 사람에게 해를 끼치고 있다. ⑥ 그가 미래에 내가 좋아하는 사람에게 해를 끼칠 것이다. ⑦ 그가 과거에 내가 싫어하는 사람을 이롭게 했다. ⑧ 그가 현재 내가 싫어하는 사람을 이롭게 하고 있다. ⑨ 그가 미래에 내가 싫어하는 사람을 이롭게 할 것이다."라고 생각하고 화를 내는 것이다. 마지막 열 번째 원인은 ⑩ '비가 왜 이렇게 많이 오냐? 비가 왜 안 오냐? 바람이 왜 많이 부냐? 나뭇잎이 왜 떨어지냐?' 돌부리에 걸려 넘어지면 '왜 돌부리가 거기

있어서 나를 넘어지게 하냐?' 등 화내지 말아야 할 것에 대해서 화
내는 것, 즉 화낼 이유가 아닌 자연현상인데 화를 내는 것이다. 이
는 정신이 온전치 못한 사람에 비유된다.(한국마하시선원의 아비담마 제7강
(2008/7/1) 참조.)

5 원한 맺힌 여인들[11]

이 세상에서 증오로는
결코 증오를 풀지 못한다.
증오 없음으로만[12] 풀리나니[13]
이것은 영원한 진리이다.

---

11) 사왓티에 사는 장자의 첫째 부인은 애를 낳지 못했는데 둘째 부인
    이 임신을 했다. 그러자 첫째 부인은 질투심으로 음식에 약을 타
    서 그녀가 유산하게 만들었다. 그래서 둘째 부인은 첫째 부인에게
    복수를 하리라고 마음먹었다. 그들은 다음 생에서 첫째 부인은 암
    탉, 둘째 부인은 고양이가 되었고, 그 다음 생에서는 표범과 암사슴
    이 되어 서로 복수를 하였다. 마지막에 그들이 여인과 여자 귀신(야
    차녀)이 되었을 때 여인이 아들을 낳자 또다시 복수가 시작되어 여자
    귀신은 여인의 아들을 죽이려고 했다. 그래서 여인은 아들을 안고
    제따와나 정사(精舍)로 도망을 가서 부처님께 아들을 살려달라고 애
    원했다. 부처님께서는 여인과 여인을 뒤쫓아 온 귀신에게 과거 전
    생에서 어떻게 원한이 원한으로 이어져 되풀이 되었는지 설명하시

고 서로 원한을 버리라고 타이르신 후 게송을 읊으셨다. 게송이 끝
나자 여자 귀신이 수다원과를 성취함에 의해 오랜 원한 관계는 끝
나게 되었다.

12) "증오 없음"은 빠알리어 "avera"를 번역한 것인데, 사전에 "우
정, 우의, 평화로운, 온화한, 친한, *peaceable, mild, friendly,
kindness*"라고 나와 있어서 "증오 없음"으로 번역했다. 증오 없음
이 마음부수로는 "성냄 없음"이다.

13) 인내와 자애 그리고 사띠("첨부 5. 사띠" 참조)의 확립을 통해서 증오를
없앨 수 있다. (전재성 역주, 『법구경-담마파다』, 238쪽 참조)

6 꼬삼비 비구들의 불화[14]

언젠가 죽어야 한다는 것을
어리석은 이들은 모르기에 다투고
그것을 잘 아는 지혜로운 이는
다투지 않는다.

---

14) 율사 스승을 추종하는 그룹과 강사 스승을 추종하는 그룹으로 나누
어져 있던 꼬삼비의 비구들은 자주 싸웠다. 그들이 부처님의 말씀도
안 듣고 계속 싸우자, 부처님께서는 꼬삼비를 떠나 빠릴레이야까로
가셔서 숲속에 사는 코끼리의 시중을 받으며 편안하게 지내셨다.
한편 꼬삼비에서는 신도들이 부처님의 말씀을 듣지 않는 비구들에
게 음식을 전혀 주지 않았기 때문에 그들은 거의 굶어죽을 지경이

되었다. 하는 수 없이 그들은 모두 자신들의 잘못을 고백하며 서로에게 용서를 구하고 화해했지만, 신도들은 부처님께 가서 용서를 받아와야만 전처럼 비구들을 공양할 것이라고 말했다. 그래서 비구들은 부처님을 찾아가려고 했으나 우기가 끝나지 않아서 갈 수가 없었다. 우기가 끝난 다음에 아난다 장로가 빠릴레이야까로 가서 부처님을 뵙고 돌아가시자고 요청하자 부처님께서는 제따와나 정사로 돌아오셨다. 부처님께서 돌아오셨다는 소식을 들은 꼬삼비 비구들은 제따와나 정사로 가서 부처님 앞에 엎드려 흐느껴 울며 용서를 간청했다. 그러자 부처님께서 말씀하셨다. "사형 선고를 받은 사람이라도 마지막 순간에는 부모의 말을 거역하지 않는 법이다. 너희는 법의 부모인 여래의 충고를 거절하고 너희들의 입장만을 고집하여 불화를 일으킴으로써 수행을 하지 않고 나쁜 업을 지었으니 이것을 어찌 작은 허물이라고 하겠느냐?" 이어서 부처님께서는 게송을 읊으셨고, 법문을 들은 많은 비구들이 수다원과를 성취하였다. (게송 328-330 각주 참조)

7-8 마하깔라 장로와 환속한 쭐라깔라[15]

7 아름다움에 탐닉하여, 감각기관을 제어하지 못하고,
   음식의 양을 모르며,[16] 게으르고 노력하지 않는 이,
   그를 결국 마라가[17] 정복한다.
   약한 나무를 바람이 쓰러뜨리듯이.

8   아름다움에 탐닉하지 않고,[18] 감각기관을 잘 제어하고,
    음식의 양을 알며, 믿음이 깊고[19] 열심히 노력하는 이,
    그를 절대로 마라는 정복하지 못한다.
    바위산을 바람이 쓰러뜨리지 못하듯이.

---

[15] 두 형제 중에 형 마하깔라가 먼저 출가하여 아라한이 되었다. 동생인 쭐라깔라도 출가는 했지만 부처님의 가르침에 대한 확고한 믿음이 없었다. 어느 날 쭐라깔라의 출가 전 아내가 부처님과 비구들을 집으로 초대했다. 그래서 쭐라깔라가 손님 맞을 준비를 하려고 비구들보다 먼저 집으로 가자 아내는 쭐라깔라에게 세속의 옷을 입히고 부엌에서 자기와 함께 일을 하도록 했다. 그러다가 그는 그날로 다시 세속으로 돌아가게 되었다. 마하깔라의 아내도 같은 방법으로 남편을 세속으로 돌아오게 하려고 그 다음날 부처님과 비구 일행을 집으로 초청했다. 그러나 마하깔라는 쭐라깔라와는 다르게 일행보다 먼저 집에 가지 않았기 때문에 마하깔라의 아내는 뜻을 이룰 수가 없었다. 그러자 그녀는 부처님 가르침에 대한 여러 가지 의문에 답을 해 줄 수 있도록, 마하깔라 비구를 남겨 두고 가실 것을 부처님께 청했다. 그리하여 그가 뒤에 남게 되자 비구들 중 일부는 마하깔라도 쭐라깔라처럼 다시 세속으로 돌아가게 될까봐 걱정했다. 그러자 부처님께서 말씀하셨다. "비구들이여, 쭐라깔라는 끊임없이 감각적 쾌락을 추구하는 사람이다. 그는 현상을 아름답다 생각하고 대상에 마음이 휩쓸려간다. 그것은 마치 강기슭에 얕게 뿌리내린 나무가 작은 홍수에도 휩쓸려가는 것과 같다. 반면에 나의 아들 마하깔라는 현상을 아름답게 보지 않으며 대상에 마음이 흔들리지 않아 마치 단단한 바위산과 같다." 이어서 부처님께서 게송 두 편을

읊으셨다.

16) '아름다움에 탐닉하는 자'는 '원하는 대상에 마음을 기울여 아름다운 손톱과 손가락, 손과 발, 다리와 허벅지, 엉덩이와 배, 가슴과 목, 입술과 치아, 입과 코, 눈썹과 이마, 머리카락과 몸털, 피부와 안색, 그리고 몸의 윤곽에서 오는 인상을 수행주제로 취하는 습관을 가진 자'를 말하고, '감각기관을 제어하지 못하는 자'는 '눈, 귀, 코, 혀, 몸, 마음의 문을 제어하지 못하는 자'를 말하며, '음식의 양을 모른다는 것'은 '음식을 구하고, 받고, 소비하는 적절한 수단을 알지 못하는 사람은 지혜가 없는 사람이라는 것'이다. 음식은 올바른 생활을 위한 것이다. (『법구경-담마파다』, 243쪽 참조)

17) 마라(Mara) (첨부 6. "마라(악마)" 참조.)

18) 아름다움에 탐닉하지 않고 사는 것은 더러움을 관찰하며 사는 것을 말한다. (첨부 7. "부정관" 참조.)

19) '음식의 양을 안다'는 것은 음식을 구하고, 받고, 소비하는 적절한 수단을 아는 사람은 지혜가 있는 사람이라는 것이다. 음식은 올바른 생활을 위한 것이다. '믿음'에는 세간적인 믿음으로 업과 과보에 대한 믿음과, 출세간적인 믿음으로 삼보인 부처님 가르침 승가에 대한 믿음 모두 두 가지가 있다. (『법구경-담마파다』, 247쪽 참조)

9-10 어울리지 않는 가사를 입은 데와닷따[20]

9 청정하지 않고 [21]
    황색 가사를 입고
    절제와 진실이 없는 자는
    가사를 입을 자격이 없다.

10 청정하고
    계행을[22] 잘 지키고
    절제와 진실이 있는 자는
    가사를 입을 자격이 있다.

---

20) 라자가하의 재가신도가 아주 비싼 고급 천으로 가사를 만들어 데와
     닷따에게 보시했다. 그 가사를 매우 자랑스럽게 생각한 데와닷따는
     그것을 입고 여기저기 돌아다니면서 은근히 뽐냈다. 이 일이 전해
     지자 부처님께서 말씀하셨다.
     "데와닷따는 그런 고급스런 옷을 입을 자격이 없는데도 부끄러워
     할 줄을 모르는구나. 데와닷따는 전생에 코끼리 사냥꾼이었을 때도
     코끼리를 속여 손쉽게 사냥하기 위해서 벽지불(부처님의 가르침이 사라진
     시기에 스스로 사성제를 깨달아 해탈했지만, 일체지가 없기 때문에 남을 제도하기는 어려운 성
     자)의 노란색 가사를 훔쳐서 입었던 적이 있었다." 이어서 부처님께
     서는 게송 두 편을 읊으셨다.

21) 탐욕, 성냄, 어리석음으로 오염된 것을 말한다. (『법구경-담마파다』, 247쪽
     참조)

22) 네 가지 청정으로 이끄는 계행은 ① 계율의 덕목에 따라 자제하는 것 ② 여섯 가지 감각기능을 자제하는 것 ③ 삶의 자세가 청정한 것 ④ 다른 사람이 제공하는 의복, 음식, 처소, 의약품을 사치품이 아닌 필수품으로 사용하는 것이다. (『법구경-담마파다』, 250쪽 참조).

11-12 상수제자가 된 사리뿟따 장로와 마하목갈라나 장로[23)]

11 핵심이 아닌 것을 핵심이라고 알고,
핵심을 핵심이 아닌 것이라고 알면서,
그릇된 사유로 살아가는 자들은
핵심에 도달하지 못한다.[24)]

12 핵심을 핵심이라고 알고,
핵심이 아닌 것을 핵심이 아니라고 알면서,
바른 사유로 살아가는 자들은
핵심에 도달한다.

---

23) 어릴 때부터 친구였던 사리뿟따 장로와 마하목갈라나 장로는 집을 떠나 산자야의 제자가 되었다. 그러나 얼마 후 그들은 산자야의 가르침으로는 열반(모든 번뇌가 소멸된 상태 즉 멸성제를 말한다. "첨부 1. 사성제" 참조)에 도달할 수 없다는 것을 알고 새로운 스승을 찾던 중 앗사지 장로를 만나 부처님의 출현을 알게 되었다. 그래서 그들은 부처님께 가

기로 하고 산자야에게 같이 가자고 했다. 그러나 그는 "이 세상에 지혜로운 자는 적고 어리석은 자는 많다. 현명한 자는 현명한 고따마에게 갈 것이지만, 어리석은 자는 어리석은 나에게 올 것이다." 라고 하면서 따라가지 않았다. 그리하여 사리뿟따 장로와 마하목갈라나 장로만 부처님을 찾아가서 수행하여 아라한과를 성취하였다. 얼마 뒤에 그들은 자신들의 스승이었던 산자야가 자신들의 권유를 받아들이지 않았다고 부처님께 말씀드렸다. 그러자 부처님께서 말씀하셨다. "산자야는 사견을 고집하며, 핵심이 아닌 것을 핵심이라고 생각하고, 핵심을 핵심이 아니라고 여긴다. 너희들은 지혜롭게 핵심을 핵심이라고 알고, 핵심이 아닌 것을 핵심이 아니라고 알아서, 핵심이 아닌 것을 버리고 핵심을 받아들여야 한다." 이어서 부처님께서 게송을 읊으셨다.

24) '핵심'은 열 가지 토대 정견(점부 8. 참조)과 그 가르침을 뜻한다. 반면에 '핵심이 아닌 것'은 신체적으로 필요한 네 가지 필수품(발우, 가사, 거처, 약)과 정신적으로 열 가지 토대 정견의 반대인 사견과 그 가르침을 뜻한다.

혹은 '핵심'은 바른 견해, 바른 사유, 바른 말, 바른 행위, 바른 생계, 바른 노력, 바른 사띠, 바른 삼매(바른 집중), 바른 지혜, 바른 해탈을 뜻하고, '핵심이 아닌 것'은 그 반대를 뜻한다.

'그릇된 사유로 살아간다.'는 것은 감각적 쾌락에 대한 욕망에 매인 사유, 분노에 매인 사유, 폭력에 매인 사유로 살아간다는 뜻이다.

'핵심에 도달하지 못한다.'는 것은 '계행이라는 핵심, 삼매라는 핵심, 지혜라는 핵심, 해탈이라는 핵심, 해탈에 대한 앎과 봄이라는 핵심'에 도달하지 못한다는 것이다. (『법구경-담마파다』, 251쪽 참조)

13-14 천녀를 얻으려고 수행한 난다 장로²⁵⁾

13 성글게 이은 지붕에 비가 쉽게 스며들듯
수행이 안 된 마음에 탐욕이 쉽게 스며든다.

14 튼튼하게 이은 지붕에 비가 쉽게 스며들지 못하듯
수행이 잘 된 마음에 탐욕이 스며들지 못한다.

---

25) 부처님께서 까삘라왓투를 방문했을 때, 마침 이복동생인 난다 왕
자의 결혼식이 진행되고 있었다. 부처님께서는 결혼식을 하고 있
는 곳으로 탁발을 가서서 공양을 마치고 행운을 가져다주는 법문
을 하신 다음 난다로부터 발우를 돌려받지 않고 그곳을 떠나셨다.
난다는 신부에게로 돌아가고 싶었으나 부처님께 대한 지극한 존경
심 때문에 감히 부처님께 발우를 받으시라는 말씀을 드릴 용기가
없어 부처님을 계속 따라갔다. 이를 알게 된 신부 루빠난다(별칭: 자나
빠다 깔리야니=경국지색)는 눈물을 흘리며 황급히 궁전을 뛰쳐나가 난다
를 쫓아가며 외쳤다. "왕자님, 제발 빨리 돌아오세요." 그녀의 말은
난다의 가슴을 완전히 뒤집어 놓았지만, 부처님께서 발우를 돌려받
을 생각을 하지 않고 걸어가시자 결국 난다는 부처님께서 머무시는
니그로다 동산까지 따라가게 되었다. 그러자 부처님께서는 그를 출
가시켜 비구로 만들었다. 그러나 난다는 본인의 의지로 출가한 것
이 아니었으므로 출가 생활에 대해 불만스러워 했다. 그 소문을 들
으신 부처님께서 난다를 부르시어 그 이유를 물으시자 그는 가정으
로 돌아가고 싶다고 말했다. 부처님께서는 신통력으로 난다에게 아
름다운 천녀들을 보여주시며 그가 열심히 정진하여 깨닫는다면 오

백 명의 천녀들이 그를 모시게 될 것이라고 말씀하셨다. 그 뒤부터 난다는 홀로 방일하지 않고 열심히 정진하여 일체의 집착을 벗어난 아라한과를 성취하였다. 얼마 후 비구들이 난다 장로에게 물었다. "전에 그대는 출가 생활이 마음에 들지 않아 가정으로 돌아가고 싶다고 말했었는데 지금은 어떻소?" 난다 장로가 대답했다. "나는 이제 그런 어리석은 생각을 하지 않는다오." 비구들은 부처님께 난다 장로가 거짓말을 한다고 말씀드렸다. 그러자 부처님께서 말씀하셨다. "그대들이 잘못 안 것이다. 난다의 마음이 전에는 엉성하게 지붕을 이은 집과 같았으나, 지금은 튼튼하게 지붕을 이은 집과 같이 되었다." 이어서 부처님께서는 게송 두 편을 읊으셨다.

15 돼지 백정 쭌다의 죽음[26)]

악행을 한 사람은 두 세상에서 슬퍼한다.
이 세상에서 슬퍼하고 다음 세상에서도 슬퍼한다.
자신의 악행이 떠오르기 때문에
슬퍼하고 괴로워한다.

---

26) 웰루와나 정사에서 멀지 않은 곳에 살고 있던 돼지 백정 쭌다는 돼지를 잡아 생계를 유지하며 55년간 착한 일이라고는 해본 적이 없었다. 그는 죽을 때가 되자 살생의 과보로 손이 돼지발처럼 안으로 오그라들었고, 무릎과 손등으로 기어 다니며 마치 돼지가 죽을 때의 모습처럼 몸부림을 치면서 단말마를 내지르기를 이레 동안 계속

했다. 그렇게 지옥의 고통이 어떠한지를 자신의 가족은 물론 이웃 사람들한테 보여준 그는 죽어서 곧바로 아비지옥에 태어났다. 이는 행위에는 필연적으로 과보가 따른다는 것을 보여주는데, 어떤 종교를 믿고 안 믿고 와는 상관없이 자신이 한 행위에 따라서 과보는 정해지는 것이다. 이에 대해서 부처님께서 게송을 읊으셨다.

16 천상에서 서로 모셔가려고 하는 담미까[27)

선행을 한 사람은 두 세상에서 기뻐한다.
이 세상에서 기뻐하고 다음 세상에서도 기뻐한다.
자신의 청정한 행이 떠오르기 때문에
기뻐하고 흐뭇해한다.

---

27) 사왓티 성 내에 담미까라는 남자 재가신도가 있었다. 그는 평소에 계를 잘 지켰고, 자기 것을 남에게 잘 베풀었으며 비구들을 극진히 공양했다. 세월이 흘러 담미까는 늙고 병들어 자신의 죽음이 임박하자 비구들을 집에 초청하여 『대념처경』의 독송을 청했다. 비구들이 담미까의 집에서 독송을 시작하자 담미까의 눈에 여섯 군데의 천상계에서 자기를 데리러 온 황금수레 여섯 대가 보였다. 그들이 담미까를 서로 데려가려고 난리를 치자, 담미까는 비구들의 독송이 중단될까 봐 걱정이 되어, 천신들을 향해서 "잠깐 기다려 주시오!"라고 외쳤다. 그런데 비구들은 독송을 그만해 달라는 것인 줄 알고 독송을 중지하고 정사로 되돌아갔다. 담미까는 자녀들에게 자기가

본 여섯 대의 황금수레 이야기를 해주었다. 그러고 나서 그는 그중에서 도솔천에서 내려온 수레를 선택한 직후 운명했다. 비구들로부터 이 이야기를 들으신 부처님께서는 게송을 읊으셨다.

17 승가를 분열시키고 부처님을 시해하려 한 데와닷따[28]

악행을 한 사람은 두 세상에서 괴로워한다.
이 세상에서도 다음 세상에서도 괴로워한다.
'내가 악행을 했다.'고 괴로워하고
악처에 태어나 더욱 괴로워한다.[29]

---

[28] 데와닷따는 부처님께서 많은 사람들로부터 크나큰 존경을 받으시는 것을 보고 질투심을 느꼈다. 그래서 그는 부처님께 승가를 자기에게 맡겨 달라고 했다. 하지만 부처님께서는 얼토당토않은 말은 하지도 말라며 그를 심한 어조로 꾸짖으셨다. 그 일로 데와닷따는 부처님께 복수하리라고 마음먹고 세 번이나 부처님을 해치려고 시도했지만 실패했다. 그 후 그는 부처님께 다음과 같은 보다 강화된 다섯 가지 계율을 제안했다. '비구는 숲속에서만 살아야 하고, 비구는 신도들의 가정에 공양 초청을 받지 않고 탁발해 온 음식에만 의지하며 생활하고, 비구는 누더기로 만든 가사를 입어야 하며 새 천으로 만든 가사를 입어서는 안 되고, 비구는 나무 밑에서 살아야 하고 지붕 아래에서 살아서는 안 되며, 비구는 고기와 생선을 먹어서

는 안 된다.'는 내용이었다. 부처님께서는 승가의 화합을 해치는 데 와닷따의 제안을 단호하게 거절하며 말씀하셨다.

"비구는 숲속에서 살아도 좋고 정사에서 살아도 좋다. 비구는 탁발을 해도 좋고 공양청에 응해도 좋다. 비구는 누더기로 만든 가사를 입어도 좋고 새 천으로 만들어 준 가사를 입어도 좋다. 8개월 동안 나무 아래서 지내는 것은 이미 허락했다. 비구는 허락된 고기는 먹어도 좋다. 하지만 허락된 것이라도 자기를 위해 죽이는 것을 보았거나, 들었거나, 의심 가는 것은 먹으면 안 된다." (먹어서는 안 되는 고기는 코끼리, 말, 개, 뱀, 사자, 호랑이, 표범, 곰, 늑대 고기이다.)

그런데 출가한 지 얼마 되지 않은 비구들 중 그를 추종하는 비구들이 가야시사에 모였다. 부처님께서는 사리뿟따 장로와 마하목갈라나 장로를 가야시사에 보내시어 그들이 악에 물들기 전에 되돌아오게 하셨다. 자기를 따르던 비구들이 떠나버리자 데와닷따는 크게 화를 내면서 피를 토했다. 그때부터 그는 중병에 걸려 아홉 달 동안 누워 일어나지도 못했다. 그는 아무리 해도 병이 낫지 않자 자기 잘못을 뉘우치며 제자들에게 부처님을 만나 참회하고 싶다고 말했다. 제자들은 걷지도 못하는 데와닷따를 가마에 태우고 부처님이 계신 제따와나 정사로 향했다. 제따와나 정사 근처에 왔을때 제자들이 목욕하려고 잠시 가마를 내려놓았다. 그러자 데와닷따가 몸을 일으켜 발을 땅에 내려놓는 순간 그의 몸이 땅속으로 빨려 들어가기 시작했다. 몸이 점점 땅속으로 빨려 들어가 겨우 턱만 남게 되었을 때, 그는 마지막 숨을 몰아쉬며 힘들게 게송을 읊었다. "세상에서 가장 존귀한 분, 신들 중의 신, 중생들을 잘 길들이시는 분, 모든 것을 알고 보시는 분, 과거의 공덕으로 삼십이상(三十二相)을 갖추신 부처님께, 아직 남아있는 턱과, 아직 살아 숨 쉬고 있는 목숨을 바

쳐 귀의합니다." 데와닷따는 게송을 마치자마자 죽었고 즉시 아비
지옥에 태어나 극심한 고통을 겪었다. 부처님께서는 그가 아비지옥
에 태어났음을 말씀하신 다음에 게송을 읊으셨다.

29) 데와닷따는 악처에 떨어져 큰 고통을 받았지만 죽기 직전에 부처님
께 귀의한 선업 공덕으로 십만 대겁이 지난 후에 '앗팃사라'라는 이
름의 벽지불이 될 것이라고 한다. 부처님께서는 과거 여러 생 동안
수많은 악행으로 자신을 괴롭힌 데와닷따에게조차 큰 연민심을 내
셨다. 그가 출가하지 않는다면 윤회를 벗어나는 선업의 씨앗을 심
지 못하지만, 출가하면 미래에 윤회를 벗어날 선업의 씨앗을 심을
것을 아셨기 때문이다. 그렇기 때문에 데와닷따가 큰 악행을 저지
를 것을 알면서도 출가시켜 결국 선업의 씨앗을 심게 하셨다. (비구
일창 담마간다, 『부처님을 만나다』, 428-434쪽 및 게송 163 각주 참조)

18 사다함인 수마나의 죽음[30]

선행을 한 사람은 두 세상에서 즐거워한다.
이 세상에서도 다음 세상에서도 즐거워한다.
'내가 선행을 했다.'고 즐거워하고
선처에 태어나 더욱 즐거워한다.

30) 아나타삔디까 장자는 스님들에게 공양 올리는 일을 셋째 딸 수마나
에게 시켰다. 수마나는 정성을 다해 공양을 올렸고 수행도 열심히
하여 사다함과를 성취했다. 그녀는 결혼하지 않고 혼자 살다가 어

느 날 중병에 걸렸다. 극심한 고통에 시달려 아무 것도 먹지 못하던 그녀는 사람을 보내 아버지를 찾았다. 그런데 그녀는 자기를 찾아 온 아버지를 보고 '아우'라고 부르더니 얼마 지나지 않아 죽고 말았다. 아나타삔디까는 수행을 많이 한 수다원이었지만 막내딸의 죽음으로 크나큰 슬픔에 빠졌다. 슬픔 속에 장례식을 마친 그는 곧바로 부처님께 가서 수마나의 죽음을 전해 드리고, 딸이 정신이 온전치 못했기 때문에 죽기 전에 자기를 아우라고 부른 것이 아닌지 여쭈었다. 그러자 부처님께서 말씀하셨다. "장자여, 수마나는 정신이 흐렸던 것이 아니다. 수마나가 그대를 아우라고 부른 것은 그대는 수다원이지만 그녀는 사다함이었기 때문이다." "알겠습니다. 부처님, 수마나는 어디에 태어났습니까?"

"수마나는 도솔천에 태어났다."

"부처님, 제 딸이 살아서 가족과 함께 있을 때에도 즐거워했는데, 죽은 다음에도 즐거운 세상에 태어났습니다."

"그렇다. 장자여, 방일하지 않고 살아가는 사람은 이 세상과 저 세상에서 즐거워한다." 이어서 부처님께서는 게송을 읊으셨다.

19-20 강사 비구와 수행자 비구[31)]

19 경전을 많이 외우더라도
    방일하여[32)] 실천하지 않는 사람은
    남의 소를 헤아리는 목동처럼
    출가자의 열매를 맛볼 수 없다.

20 경전을 적게 외우더라도
    가르침에 따라 실천하여
    탐욕과 성냄과 어리석음을 버리고
    올바로 알고 잘 해탈하여[33]
    이 세상이나 다음 세상에 집착하지 않는 사람은
    출가자의 열매를 맛볼 수 있다.

---

31) 사왓티의 친구 두 사람이 출가하여 비구가 되었다. 그들은 각각 스
    승을 모시고 5년간 기초 과정을 보낸 후 그 중에 나이가 적은 비구는
    경전에 관심이 많았기 때문에 제따와나 정사에 남아 열심히 공부한
    끝에 교학(경율론)에 통달하게 되어 오백 명의 제자 비구를 가르치는
    강사가 되었다. 한편 다른 비구는 수행주제를 받고 제따와나 정사를
    떠나 열심히 수행하여 신통력을 갖춘 아라한이 되었다. 어느 날 아라
    한이 된 비구가 부처님께 인사를 드리기 위해 제따와나 정사로 부처
    님을 찾아갔다가 강사 소임을 맡고 있는 비구를 만났다. 그런데 그때
    강사 비구는 자기의 학문을 자랑하고 싶은 마음에 삼장에 대한 어려
    운 질문을 던져서 친구를 당황하게 해주리라고 마음먹었다.
    이런 정황을 아신 부처님께서는 강사 비구가 여래의 아들에게 못된
    짓을 하면 지옥에 태어나게 될 것을 내다보시고 그에 대한 연민이
    생기셨다. 그래서 부처님께서 그들에게 가서서 수다원도에 대한 질
    문을 하셨는데 강사 비구는 대답을 하지 못하고 아라한이 된 비구
    만이 정확하게 답변했다. 왜냐하면 강사 비구는 문자로만 경의 의
    미를 알았지 실제 수행은 하지 않았기 때문이었다. 그렇게 진실을
    드러내신 부처님께서 아라한이 된 비구만 칭찬하시자, 강사 비구의
    제자들은 기분이 상했다. 그때 부처님께서 말씀하셨다.

"비구들이여, 너희들의 스승은 소치는 목동과 같고, 수행을 열심히 한 나의 아들은 소에서 나오는 우유와 치즈를 마음대로 즐기는 목장주인과 같다." 이어서 부처님께서 게송 두 편을 읊으셨다.

32) 방일 (첨부 9. "방일과 불방일" 참조)

33) '가르침'이란 아홉 가지 출세간법(수다원도, 사다함도, 아나함도, 아라한도, 수다원과, 사다함과, 아나함과, 아라한과 그리고 열반)과 거기에 도달하기 위한 수행이 설명되어 있는 경전을 말한다.

'올바로 알고'란 완전히 알아야 할 것을 잘 아는 것이다. (『법구경-담마파다』, 276쪽 참조.)

제2장

불방일
(Appamādavagga)

21-23 마간디야와 사마와띠 왕비[34)

21 불방일은[35)] 열반에[36)] 이르는 길이고
    방일은 죽음에 이르는 길이다.
    불방일한 사람은 죽지 않으나
    방일한 사람은 죽은 사람과 같다.

22 이 사실을 분명히 아는
    불방일한 지혜로운 이들은
    불방일에 기뻐하고
    성자의 경지에서 즐거워한다.

23 선정에[37)] 들고 끈기 있고
    언제나 열심히 노력하는 현자들은
    속박에서 벗어난 위없는
    열반에 도달한다.[38)]

---

34) 꼬삼비 국 우데나 왕의 사마와띠 왕비에게는 오백 명의 궁녀가 있었
    다. 사마와띠 왕비와 궁녀들은 수다원이었던 궁녀 쿳줏따라로부터
    부처님의 가르침을 전해 듣고 모두 수다원이 되었다. 어느 날 우데
    나 왕의 세 번째 왕비인 마간디야는 사마와띠 왕비에 대한 질투심으
    로 사람을 시켜 사마와띠 왕비의 궁에 불을 지르게 했다. 그런데 궁
    이 불에 휩싸인 절망적인 상황에서도 왕비와 궁녀들은 수행에 몰두
    하여 사다함 혹은 아나함이 되었다. 왕은 불이 난 원인을 조사하여
    그것이 마간디야 왕비의 짓임을 알고 그녀를 포함한 관련자들을 모

두 체포하여 죽여 버렸다. 그 일을 아신 부처님께서 사마와띠처럼 선량한 사람이 왜 불에 타 죽을 수밖에 없었는지에 대해 비구들에게 다음 이야기를 해 주셨다. 어느 전생에서 사마와띠 왕비와 오백 명의 궁녀들이 갠지스 강에서 물놀이가 끝난 다음에 불을 쬐려고 강가에 있는 풀 더미에 불을 붙였다. 그런데 그들은 그 안에 왕이 존경하는 벽지불이 멸진정[滅盡定: 색계 4선정과 무색계 4선정을 모두 성취한 아나함이나 아라한이 일정기간 동안 몸은 살아 있지만 마음과 마음부수가 생기지 않는 상태에 입정한 것(『부처님을 만나다』, 66쪽 참조)]에 들어 있는 것을 전혀 몰랐다. 사태를 뒤늦게 파악한 왕비와 궁녀들은 자기들이 한 짓이 왕에게 알려지는 것이 두려워 흔적을 없애버리려고, 장작을 벽지불 주위에 높이 쌓은 후 기름을 붓고 불을 지른 다음 그 자리를 떠났다. 그러나 벽지불은 멸진정에 들어있었기 때문에 엄청난 불 속에서도 몸의 털끝 하나 그을리지 않았다. 얼마 후 벽지불이 멸진정에 든 지 칠일 째 되는 날 멸진정에서 나와 자리에서 일어나더니 먼지를 툴툴 털고 떠나가 버렸다. 사마와띠 왕비와 궁녀들이 처음에 풀 더미에 불을 지른 것은, 살인하려는 의도적 행위가 아니었기 때문에 과보를 초래하지 않지만, 나중에 불을 지른 것은 고의적 행위였으므로 끔찍한 과보를 초래하게 되어 그들 모두 지옥에 떨어져 십만 년 동안 계속 뜨거운 불에 탔다. 그러고도 과보가 끝나지 않았기 때문에 금생에서도 그들은 모두 궁에 갇혀 불에 타게 되었던 것이다. 이어서 부처님께서는 게송 세 편을 읊으셨다.

35) 불방일: (첨부 9. "방일과 불방일" 참조)

36) 빠알리어 "amata"는 "열반. 죽음이 없는 상태. 불사(不死), *deathless*" 라는 의미이다. 열반을 체험하면 다시는 태어나지 않으므로 죽을 일이 없어진다.

37) 선정에는 대상을 지향하는 선정(사마타 선정)과 특징을 지향하는 선정 (위빳사나 선정) 두 가지가 있다. (첨부 3. "사마타 수행과 위빳사나 수행" 참조.)

38) '이 사실을 분명히 아는'이란 '방일한 자에게는 윤회의 수레바퀴에 서 벗어날 길이 없다. 방일하지 않은 자에게는 윤회의 수레바퀴에 서 벗어날 길이 있다는 것을 분명히 아는'이라는 뜻이다. 이를 아는 자는 방일하지 않고 열심히 사띠 확립 수행을 하는 현자이다.

'성자의 경지'란 '성자는 부처님들, 벽지불들과 그 제자들'을 말하 고, '경지'는 '37보리분(첨부 14 참조)과 아홉 가지 출세간법(4가지 도, 4가 지 과, 열반)'을 말한다.

'언제나 열심히 노력'이란 '목표에 도달할 때까지 중간에 그만두지 않고 계속해서 노력'한다는 뜻이다.

'열반에 도달'은 '네 가지 도와 네 가지 과를 통해서 열반을 경험'한 다는 뜻이다. (『법구경-담마빠다』, 284-286쪽 참조)

24 부모의 재산을 되찾은 꿈바고사까[39)]

힘써 노력하고 사띠하며[40)]
행위가 청정하고 신중하게 행동하며
절제하고 바르게 생계를 유지하는
불방일한 이의 명성은 점점 높아진다.

39) 라자가하에 역병이 퍼진 적이 있었다. 그 병은 라자가하의 유명한 은행가의 집에도 닥쳐 주인 부부도 병에 걸리고 말았다. 그러자 부

부는 숨겨 둔 황금과 보석이 있는 곳을 아들인 꿈바고사까에게 가르쳐 준 다음 그를 친척집으로 대피시켰는데 그러고 나서 얼마 지나지 않아 부부는 모두 죽었다. 역병이 완전히 사라져서 아들이 다시 집으로 되돌아왔을 때는 그로부터 12년이나 흐른 뒤였기 때문에 성인이 된 그를 친지들조차도 알아보지 못했다. 그는 집을 떠나기 전 부모가 알려준 곳에 가서 보물을 찾아보니 다행히 잘 보존되어 있었다. 그는 재산을 꺼내서 쓴다면 사람들로부터 의심을 받으리라고 생각하고 보물엔 손도 대지 않은 채 일자리를 찾아 일을 했다. 그가 찾은 일거리는 아침마다 일꾼들을 깨워서 일터로 보내는 것이었다. 어느 날 아침 일찍 여느 때처럼 그가 일꾼들을 큰 소리로 깨우고 있었는데 그 소리를 빔비사라 왕이 듣게 되었다. 왕은 그 목소리의 주인공이 대단한 부자임에 틀림없다고 생각하고 사람을 시켜 조사했다. 그리하여 꿈바고사까에 대한 모든 것을 상세히 알게 된 왕은 그가 놀랄 만큼 생각이 깊고 용의주도하다고 판단하였다. 그래서 왕은 자기 딸을 그에게 시집보내야겠다고 마음먹고, 꿈바고사까를 재정관에 임명했다. 그러고 나서 빔비사라 왕은 꿈바고사까를 데리고 부처님을 찾아뵙고 그간의 전말을 말씀드렸다. 왕의 이야기를 다 들으신 부처님께서 게송을 읊으시자 꿈바고사까는 수다원과를 성취하였다.

40) "사띠(sati. *mindfulness*)"는 "관찰, 주시, 새김, 마음챙김, 마음 깨어 있음, 마음을 대상에 붙임, 선법에 관련된 것을 기억, 정념(正念)"으로 번역한다. 사띠는 마음을 자신의 내부로 기울여서 자신의 몸과 마음을 관찰하는 마음부수인데 불선심과는 함께 생기지 않는다. ("첨부 5. 사띠" 참조.)

25 쫄라빤타까 장로의 깨달음[41]

힘써 노력하고 방일하지 않으며
절제하고 단련함으로써
현자는 섬을 만들어야 한다.
홍수가 덮칠 수 없는 안전한 섬을.[42]

---

41) 마하빤타까와 쫄라빤타까 형제 중 형 마하빤타까가 먼저 출가하여
아라한이 되었다. 형을 부러워한 쫄라빤타까도 출가하였지만 그는
머리가 둔했던 탓으로 비구가 된 지 넉 달이 되도록 게송 한 편도
제대로 외우지 못했다. 그래서 형은, 동생이 수행을 할 수 없을 뿐
만 아니라 신도들의 존경을 받을 수도 없으리라 판단하여, 집으로
돌려보내야겠다고 마음먹고 있었다. (게송 407 참조) 이런 사정을 아신
부처님께서 쫄라빤타까를 부르셔서 그를 동쪽을 향해 마루에 앉게
하신 다음 깨끗한 수건을 주시면서 이렇게 이르셨다.
"쫄라빤타까야, '때를 닦는다.'라고 마음속으로 말하면서 이 수건을
손으로 비비도록 하여라." 쫄라빤타까가 태양을 향해 앉아서 '때를
닦는다.'라고 말하면서 더운 날씨에 땀이 난 손으로 수건을 문지르
자 수건이 점점 더러워졌다. 그때 그 수건의 변화는 그에게 모든 조
건 지어진 것은 변한다는 진리를 깨닫게 해주었다. 신통력으로 이
사실을 아신 부처님께서 쫄라빤타까 앞에 모습을 나타내시고 말씀
하셨다.

42) 홍수는 윤회의 바다에서 생사가 거듭되는 것을 비유한 말이다. 존
재를 존재의 영역에 가라앉게 하고 보다 높은 상태나 열반으로 향
하는 것을 용납하지 않기 때문에 홍수라고 한다. 번뇌의 홍수에는

①감각적 쾌락에 대한 욕망 홍수 ②존재 홍수 ③사견 홍수 ④무명 홍수 모두 네 가지가 있다. '안전한 섬을 만들라는 것'은 스스로 아라한과인 섬을 만들어야 윤회의 바다에서 빠져나올 수 있다는 것이다. (『법구경-담마파다』, 290-291쪽 참조)

26-27 바보들의 축제[43]

26 지혜가 없고 어리석은 사람은
    방일하게 살아가지만
    지혜로운 사람은 불방일을
    귀중한 보물처럼 보호한다.

27 방일하게 살지 말고
    감각적 즐거움에 빠지지 말라.
    방일하지 않고 선정에 드는 사람은
    크나큰 행복에 도달한다.

---

43) 사왓티 성에서는 매년 "바보들의 축제"가 열렸다. 그날이 되면 젊은 사람들은 몸에 쇠똥과 재를 물에 섞어서 바르고 스스로 바보가 되어 아무에게나 허튼 소리와 욕설을 퍼붓는 등의 이해할 수 없는 행동을 하며 남의 집 앞에서 떠들다가 동전을 몇 푼 받으면 다른 곳으로 갔다. 이레 만에 축제가 끝났을 때 신도들은 부처님과 비구들을 초청하여 공양을 올린 다음 부처님께 여쭈었다.

"부처님, 저희들은 지난 이레 동안 고통이 심했습니다. 집 안에 갇혀 지내야 했을 뿐만 아니라 어리석은 자들의 거친 말 때문에 고막이 찢어지는 것 같았습니다." 그러자 부처님께서 말씀하셨다.

"이런 축제는 앞으로도 계속될 것이다. 그러나 지혜로운 사람들은 귀중한 보물을 다루듯 불방일을 보호하여 죽음을 초월하는 열반에 도달한다."

이어서 부처님께서 게송 두 편을 읊으셨다.

28 마하깟사빠 장로[44]

방일을 불방일로 물리치고
슬픔에서 벗어난 현명한 자는
지혜의 전당에 올라
슬퍼하는 사람들을 내려다본다.
산 위에 오른 현명한 자가
지상의 어리석은 자들을 내려다보듯.[45]

---

[44] 어느 날 마하깟사빠 장로는 삡팔리 동굴에서 천안으로 중생들이 어떤 업에 따라 태어나고 죽는지를 알고 싶어 했다. 부처님께서는 사왓티 교외의 제따와나 정사에서 신통력으로 마하깟사빠 장로를 보시고 그의 지혜로는 그것을 알아낼 수 없으리라고 생각하시어 마하깟사빠 존자와 마주앉으신 것과 같은 모습으로 그의 앞에 나타나셔서 말씀하셨다.

"깟사빠여, 중생이 태어나고 죽은 다음에 다시 새 어머니의 모태에 들어가는 것은 네 힘으로는 알기 어렵다. 네 능력은 아주 적은 것이며, 여래만이 이에 관한 진실을 꿰뚫어 안다."

이어서 부처님께서 게송을 읊으셨다.

45) '방일을 불방일로 제거'하라는 것은 '연못으로 흘러드는 물이 오래된 물을 밀어내듯, 지혜로운 사람은 불방일로 방일을 제거'한다는 뜻이다. 방일을 제거한 이는 자신에게 유익한 행동을 함으로써 지혜의 전당으로 가는 계단에 오를 수 있다.

'지혜의 전당'은 하늘 높이 솟은 궁전인데 여기서는 천안(天眼) 즉 '보다 높은 마음으로 구성된 지혜'를 상징한다. 거기에는 슬픔의 화살이 뽑혔기 때문에 슬픔이 없다.

'슬퍼하는 사람들'이란 '고통이라는 화살을 뽑지 못했기 때문에 슬퍼하며 죽어서 다시 태어나는 사람들'을 말한다.

'산 위에 오른 현명한 자가 지상의 어리석은 자들을 내려다보듯'이라는 것은, '번뇌가 없는 아라한이 다시 태어나는 어리석은 중생들을 볼 수 있다'는 것이다. (『법구경-담마파다』, 294-295쪽 참조)

29 방일한 비구와 불방일한 비구[46]

방일한 자들 가운데서 방일하지 않고
잠든 자들 가운데서 늘 깨어 있는 현자는
앞으로 나아간다.
둔마를 제치는 준마처럼.

46) 게으른 비구와 부지런한 비구가 부처님으로부터 수행주제를 받아 숲 속으로 들어갔다. 게으른 비구는 날마다 아침 일찍부터 화로에 불을 피워 놓고 사미와 행자들을 데리고 이런 저런 이야기를 하면서 시간을 보냈다. 그러나 부지런한 비구는 초저녁을 경행과 좌선으로 균형 있게 보낸 다음 한밤중에 방에 들어가 쉬고 새벽에 일어나 수행에 꾸준히 매진하여 얼마 지나지 않아 사무애해를 갖춘 아라한이 되었다.

우기 석 달이 지난 후 그들은 부처님을 친견하러 갔다. 게으른 비구는 부처님께 부지런한 비구는 잠만 잤지만 자신은 초저녁부터 불을 피워놓고 몸을 따뜻하게 하면서 잠을 자지 않았다고 말씀드렸다. 그러나 두 비구가 어떻게 정진했는지 이미 알고 계신 부처님께서는 게으른 비구를 꾸짖으셨다.

"방일하고 게으르게 시간을 보낸 너는 노쇠하고 비루먹은 말과 같고, 부지런히 수행한 나의 아들은 잘 달리는 준마와 같다." 이어서 부처님께서 게송을 읊으셨다.

30 불방일로 제석천왕이 된 마가[47]

불방일에 의해 제석천왕은
신들의 왕이[48] 되었다.
불방일은 칭찬 받고
방일은 언제나 비난 받는다.

47) 부처님께서 릿차위 국의 왕자 마할리에게 제석천왕이 전생에 어떤

일을 했기에 금생에 제석천왕이 되었는지에 대해서 다음과 같이 법문해 주셨다.

제석천왕은 과거에 '마가'라는 이름의 젊은이로 마짤라 마을에 살고 있었다. 그는 친구 삼십 명과 함께 길을 닦고 휴게소를 만들어 모든 여행객들이 편안하게 쉬어가도록 했으며, 평소에 친구들과 함께 일곱 가지 의무를 성실하게 지키기 위해 스스로 노력하면서 다른 사람에게도 권장했다.

첫째, 부모님을 정성껏 모시고 뜻을 잘 받든다.

둘째, 나이 많은 어른들을 존경하고, 그분들의 어려움을 해결해 드리기 위해 전력을 다한다.

셋째, 일생 동안 고운 말씨를 쓰며, 결코 욕설이나 비난하는 말을 하지 않는다.

넷째, 남을 험담하거나 중상하지 않는다.

다섯째, 인색하지 않고 베푸는 마음으로 가난한 사람들을 늘 돕는다.

여섯째, 일생 동안 진실을 말한다.

일곱째, 일생 동안 자신의 감정을 절제하여 흥분하지 않는다.

그는 그렇게 선업을 닦으면서 착한 행동, 올바른 생활 태도를 견지했기 때문에 금생에 제석천왕이 된 것이었다.

이어서 부처님께서 게송을 읊으시자 마할리 왕자는 수다원과를 성취하였다.

48) 제석천왕(帝釋天王)은 사대왕천(四大王天)과 삼십삼천(三十三天. 도리천)의 왕이지 모든 천상계의 왕은 아니다. (『법구경-담마파다』, 297쪽)

31 산불을 보고 아라한이 된 비구[49]

불방일을 즐거워하고
방일의 두려움을 보는[50] 비구는
작거나 큰 족쇄를[51]
불태우듯 태워버린다.

---

49) 한 비구가 부처님으로부터 수행주제를 받고 숲으로 가서 열심히 정
진했지만 아라한과를 성취하지 못했다. 그래서 그는 다른 수행주제
를 받기 위해 부처님이 계신 제따와나로 가려고 길을 떠났다.

가는 도중에 산불을 만난 그는 불을 피해 산꼭대기로 올라가서 훨
훨 타오르는 불길을 내려다보다가 문득 '저 불은 계속 번져서 크고
작은 것들을 모두 태워 버리는구나. 나도 성스러운 도의 지혜라는
불로써 크고 작은 모든 족쇄를 다 태워 버려야겠다.'라는 생각이 들
었다. 부처님께서는 제따와나의 향실(香室)에 계시면서 그의 생각을
아시고, 자신의 모습을 광명으로 비구 앞에 나타내시고 마치 그의
얼굴을 마주 보듯이 앉아서 게송을 읊으시자 비구는 아라한과를 성
취하였다.

50) 방일은 악처에 태어나는 근본원인이기 때문에 두려움을 본다고 한
것이다.

51) 족쇄에는 유신견(사견), 행실의례 집착, 의심, 감각욕망, 적의(성냄), 색
계 애착, 무색계 애착, 자만, 들뜸, 무명 모두 열 가지가 있다. (첨부 11.
족쇄" 참조.)

32 검소한 니가마와시 띳사 존자[52)

불방일을 즐기고
방일의 두려움을 보는 비구는
퇴보할 수 없으니
열반에 가까워진다.

[52) 니가마와시 띳사는 시골 읍에서 태어나고 자라나서 이십 세에 비구
가 되었다. 그는 검소하게 생활하며, 작은 것에 만족하고, 조용한 곳
에서 홀로 지내면서, 순수한 마음과 굳은 결심으로 열심히 정진했
다. 그가 사는 마을은 사왓티에서 가까웠지만, 그는 아나타삔디까
장자나 신도들이 특별하게 맛있는 음식을 올리는 공양 행사에 참
석하지 않고, 오직 자기 친척들이 사는 마을로만 탁발을 다녔다. 그
런데 일부 비구들은 그가 마을의 친척들과 친밀한 관계를 유지하
며 살아가느라고 바빠서, 아나타삔디까 장자나 신도들이 올리는 공
양에는 참석하지 않는다고 비난했다. 부처님께서 그를 불러 소문의
진상을 물으시자 그가 대답했다.
"부처님, 그것은 사실이 아닙니다. 저는 단지 친척들에게서 먹을 만
큼의 음식을 얻을 뿐입니다. '맛있는 것이든 거친 것이든 내 몸을
지탱하는데 필요한 양의 음식을 구할 수 있는데, 굳이 맛있는 음식
을 얻으려고 도시로 가는 것이 무슨 이익이 있겠는가?' 라는 생각
에 가지 않은 것입니다. 부처님, 저는 친척들과 긴밀한 관계를 유지
하며 살고 있지 않습니다." 그의 대답에 아주 만족하신 부처님께서
는 다른 비구들에게 니가마와시 띳사 비구를 본받아야 한다고 말씀
하셨다. 이어서 부처님께서는 게송을 읊으셨다.

제3장

마음
(Cittavagga)

33-34 부처님을 홀로 두고 수행하러 간 메기야 장로[53]

33 흔들리고 동요하며
    지키기 어렵고 제어하기 어려운 마음을
    현자는 바로 잡는다.
    활제조공이 화살을 바로 잡듯이.

34 물에서 잡혀 나와
    땅바닥에 던져진 물고기처럼
    이 마음은 펄떡거린다.
    마라의 영토에서 벗어나려고.[54]

---

53) 부처님을 시봉하고 있던 메기야 장로는 후임 시자가 온 다음에 떠나라는 부처님의 만류에도 불구하고 망고 숲으로 수행하러 갔다. 그러나 그는 마음 속에 끊임없이 탐욕, 성냄, 어리석음이 생겨서 수행이 되지 않자 다시 부처님께 되돌아왔다. 그러자 부처님께서 말씀하셨다. "메기야여, 내가 혼자 있으니 다른 비구들이 올 때까지 기다리라고 하지 않았느냐? 그런데 너는 내 말을 듣지 않고 시자의 책임도 던져버리고 수행하러 가버렸다. 비구는 변덕스러운 마음을 항상 잘 자제해야 한다." 이어서 부처님께서는 게송 두 편을 읊으셨다.

54) 마음은 오욕락의 대상(형상, 소리, 냄새, 맛, 감촉)에 묶여 있다. 수행자는 거기에서 벗어나기 위해 수행주제에 마음을 기울이려고 열심히 노력하지만 집중이 잘 되지 않음을 마음이 펄떡거린다고 표현한 것이다. 잘 안 되더라도 자리를 벗어나지 말고 마음을 가다듬고 할 일을

계속해야 한다. (『법구경-담마파다』, 305쪽 참조)

35 타심통이 있는 여자 재가신도 [55]

제어하기 어렵고 재빠르며
원하는 곳 어디든지 내려앉는
마음을 길들이는 것은 훌륭한 일이다.
길들여진 마음이 행복을 가져온다.

---

[55] 마띠까 마을 촌장의 어머니인 마띠까마따는 예순 명의 비구들에게
수행법을 배운 다음, 열심히 정진하여 스승인 비구들보다 먼저 아
나함이 되는 동시에 사무애해(첨부10. 참조)와 신통력도 갖추게 되었
다. 그녀는 신통력으로 비구들이 무슨 생각을 하는지 알 뿐만 아니
라, 비구들이 음식이 입에 맞지 않아서 수행의 진전이 느린 것까지
알고, 각 개인에게 맞는 음식을 제공하였다. 그러자 마음이 안정된
비구들은 사무애해를 갖춘 아라한이 되었다.
　이 소식을 들은 제따와나의 한 비구도 마띠까 마을에 가서 수행하
고 싶어서 길을 떠났다. 그러나 그는 막상 마을에 도착하자 자신의
생각을 그녀가 타심통으로 모두 알고 있다고 생각하니 수행하고 싶
었던 마음이 사라져 다시 부처님께 돌아갔다. 비구로부터 수행하지
않고 되돌아온 사연을 들으신 부처님께서 말씀하셨다.
　"비구여, 한 가지를 꼭 지킬 수 있겠느냐?"
　"그것이 무엇입니까?"
　"너는 이제부터 네 마음 하나만을 잘 보호하도록 하여라. 마음은 매

우 보호하기 어렵고 다스리기 어려운 것이다. 너는 이제부터 너 자신에 관한 일이 아니면 상관하지 말라."

이어서 부처님께서 게송을 읊으시자 그는 다시 마띠까 마을로 돌아가 마띠까마따의 도움을 받으며 수행을 하였고 얼마 지나지 않아 아라한이 되었다.

36 승가생활에 만족하지 못하는 비구[56]

아주 보기 어렵고 아주 미묘하고
원하는 곳 어디든지 내려앉는
마음을[57] 현자는 보호해야 한다.
보호된 마음이 행복을 가져온다.

---

56) 장자의 아들이 출가하여 '아누뿝바'라는 비구가 되었다. 은사 스님은 그에게 아비담마를, 계사 스님은 계율을 계속 반복해서 가르치며 훈계했다. 이렇게 두 스님 사이에서 시달리는 상황이 되풀이되자 짜증이 난 그는 부처님께 말씀드렸다.
"부처님, 저는 윤회에서 벗어나기 위해서 출가하여 비구가 되었습니다. 그러나 제 스승은 아비담마를 배우라고 하시고, 저에게 계를 주신 스승은 율장을 배우라고 하십니다. 저는 제 몸과 마음을 어찌해야 좋을지 모르겠으니, 차라리 집으로 돌아가 해탈하는 방법을 찾아보는 것이 낫겠습니다."
부처님께서 아누뿝바 비구에게 물으셨다.

"비구여, 네가 한 가지만 잘 지킬 수 있다면 나머지는 지키지 않아도 된다."

"부처님, 그것이 무엇입니까?"

"그것은 네 마음이다. 너는 그 한 가지만 잘 지키도록 하여라." 이어서 부처님께서 게송을 읊으셨고, 게송을 들은 아누뿜바 비구와 많은 비구들은 아라한과를 성취하였다.

57) 마음은 얻을 수 있는 것이나 얻을 수 없는 것이나, 적당한 것이나 적당하지 않은 것이나, 계급이나 가문이나 나이와 무관하게, 원하는 곳이면 어디든지 정착하는 특성을 지녔다. (『법구경-담마파다』, 308쪽 참조)

37 스승의 머리를 내려친 상카락키따[58]

멀리 가고 홀로 다니며[59]
형체도 없이 동굴에 사는[60]
마음을 제어하는 사람들은[61]
마라의 속박에서 벗어나리라.

---

58) 장로인 외삼촌의 제자로 출가하여 비구가 된 상카락키따는 스승에게 부채질을 하면서 이런 망상을 했다. '선물로 받은 가사를 시장에 가서 팔면 암염소 한 마리를 살 수 있을 것이다. 암염소가 낳은 새끼를 키워 팔아서 결혼을 하자. 아내가 아들을 낳으면 외삼촌에게 인사를 드리러 아내와 함께 아들을 데리고 정사에 올 수 있으리라. 정사에 오는 동안에 아내에게 아이는 내가 안고 가겠다고 하면 아내는 자기가 안고 있을 테니 마차나 잘 몰라고 하겠지? 그렇게 실

랑이하다가 아내가 아이를 놓칠 것이다. 그러면 떨어진 아이 위로 수레바퀴가 지나갈 테고, 그 끔찍한 장면에 충격을 받은 나는 아내를 채찍으로 내리칠 것이다.' 그 순간 그는 자신도 모르게 손에 들고 있던 부채로 장로의 머리를 때리고 말았다. 신통력으로 조카가 왜 자기의 머리를 때리는지 아는 장로가 "너는 네 아내 대신 이 늙은 비구를 때리는구나." 라고 소리치자 그제야 정신을 차린 상카락키따는 도망치기 시작했다. 그러자 정사 안에 있던 사람들이 그를 붙잡아 부처님이 계신 곳으로 데리고 갔다. 부처님께서는 이야기를 다 들으시고 말씀하셨다.

59) "마음이란 원래 좋아하는 대상을 찾아 끊임없이 방황하는 것이다. 그러니 탐욕과 성냄과 어리석음으로부터 벗어나기 위해 끊임없이 노력해야 한다." 이어서 부처님께서는 게송을 읊으셨고, 게송 끝에 조카 상카락키따 비구는 수다원과를 성취하였다.

60) 마음은 멀리 있는 대상을 파악하고, 홀로 생겼다가, 홀로 사라진다는 것이다.

61) 마음은 심장에 의존해서 생기므로 동굴에 산다고 표현된다.
마음을 다스리는 사람들이란 사띠를 확립해서 이미 생긴 번뇌는 제거하고, 번뇌가 아예 생기지 않도록 마음을 다스리는 재가신도나 출가자를 말한다. (『법구경-담마파다』, 310-311쪽 참조)

38-39 여섯 번 환속한 찟따핫타 장로[62]

38 마음이 안정되어 있지 않고
    바른 가르침을 알지 못하며
    믿음이 확고하지 않으면
    지혜는 완성되지 않는다.

39 마음에 탐욕이 없고
    성냄에 불타지 않으며
    선과 악을 모두 초월하여
    깨어있는 이에게 두려움은 없다.[63]

---

[62] 찟따핫타는 출가한 후 환속했다가 다시 출가하기를 여섯 번이나 되풀이했다. 그가 그렇게 방황하는 동안 아내는 임신을 했다. 어느 날 밤 그는 침실로 들어갔다가 큰 충격을 받았다. 아내가 옷은 반쯤 벗겨진 채 입으로는 침을 질질 흘리면서 코를 골며 잠자고 있는 모습이 마치 부풀어 오른 시체처럼 보였기 때문이었다. 바로 그 순간 그에게 '이 몸은 영원하지 않고 끊임없이 변하는 괴로운 것'이라는 가르침이 떠올라서, 그는 자기가 출가와 환속을 반복한 원인을 깨닫게 되었다. 그가 그 길로 '이 몸은 영원하지 않고 끊임없이 변하는 괴로운 것'이라는 말을 수없이 외우면서 정사로 달려가는 동안 그는 수다원이 되었다. 일곱 번째로 다시 출가한 찟따핫타는 비구가 된지 며칠이 지나지 않아 사무애해를 갖춘 아라한이 되었다. 찟따핫타의 비구 생활이 이전과 달리 오래 계속되자 다른 비구들은 그에게 왜 집으로 돌아가지 않는지 물었다. 그러자 찟따핫타는 "나

는 이제 가족에 대한 애착과 미련을 완전히 끊었으니 다시는 환속하지 않을 겁니다."라고 말했다. 비구들이 그가 거짓말을 하고 있다고 부처님께 말씀드리자 부처님께서 말씀하셨다. "찟따핫타가 마음이 확고하지 못하고 바른 법을 이해하지 못했을 때는 출가와 환속을 반복했었다. 그러나 그는 이제 선과 악을 모두 초월한 아라한이 되었다." 이어서 부처님께서는 게송 두 편을 읊으셨다.

63) 아라한에게는 두려움이 없다는 뜻이다. 아라한이 깨어있다고 하는 것은 그가 다섯 가지 깨달음의 고리인 믿음, 정진, 사띠, 집중, 지혜를 갖추고 있기 때문이다. 그래서 잠을 자건 깨어 있건 번뇌가 들어오지 않기 때문에 그에게는 번뇌에 대한 두려움이 없다. (『법구경-담마파다』, 314쪽 참조)

40 자애경을 설하게 된 인연 ⁽⁶⁴⁾

이 몸은 항아리처럼 깨지기 쉬우니
이 마음을 성채처럼 굳건하게 만들어서
지혜의 칼로 마라를 물리쳐라.
성취한 것을 지키고 집착하지 말아야 한다. ⁽⁶⁵⁾

64) 오백 명의 비구들이 부처님으로부터 수행주제를 받고 수행 장소를 찾아 길을 떠났다. 그들은 넓고 깊은 숲을 발견하고 그곳을 수행 장소로 정했다. 그러자 숲속의 나무에 사는 목신들은 자기들이 자리 잡은 터에 비구들이 머무는 것이 못마땅했다. 그래서 그들은 비구

들을 쫓아내려고 매일 밤 머리는 있고 몸이 없다든지, 몸은 있는데 머리가 없는 흉측한 모습으로 나타나 비구들을 놀라게 했다. 비구들이 수행으로 귀신들에 대한 불안, 공포, 놀람을 이겨 보려 했지만 뜻대로 되지 않자, 부처님을 찾아뵙고 도움을 청했다. 부처님께서는 비구들에게 모든 두려움을 이기는 힘이 되는 자애를 가지고 가면 괜찮으리라고 말씀하신 후 자애경(① 『수행독송집』, 한국마하시선원, 92-99쪽. ② 『예경독송문』, 빤디따라마, 100-107쪽 참조)을 설법해주셨다. 그렇게 부처님으로부터 자애경을 배운 비구들이 숲 입구에 들어서면서부터 경을 외기 시작하자 목신들은 비구들에게 갖고 있던 적대감을 버리고 환영해 주었으며, 그 이후부터는 목신들의 장난이 사라졌다. 그래서 비구들은 편안한 마음으로 몸과 마음에서 생기고 사라지는 현상을 주의 깊게 관찰하여 '이 몸은 부서지기 쉽고 실체가 없는 것이 마치 항아리와 같다.'는 지혜가 생겼다. 부처님께서는 제따와나에 계시면서 비구들에게 위빳사나 지혜가 생기기 시작했다는 것을 아시고, 광명을 보내시어 마치 부처님께서 그들 앞에 계신 듯 모습을 나타내셔서 말씀하셨다. "이 몸은 부서지기 쉽고 실체가 없는 것이 마치 항아리와 같다." 이어서 부처님께서 게송을 읊으셨고, 오백 명의 비구들은 모두 아라한이 되었다.

65) '마음을 성채처럼 굳건하게 만든다.'는 것은 '위빳사나 수행에 몰두한다.'는 것을 말한다. '지혜'란 '위빳사나 지혜(첨부 13 참조)와 도의 지혜'이고, '마라'는 '번뇌'를 말한다. 위빳사나 지혜가 마라의 정체를 알아내고 도의 지혜가 마라를 죽인다. '성취한 것을 지키고 집착하지 말아야 한다.'는 것은 '수행자가 획득한 위빳사나 지혜를 지켜야 한다. 즉 조건에 따라 생기고 사라지는 물질과 정신(몸과 마음)을 계속 관찰해서 위빳사나 지혜가 생기도록 해야 한다. 그래야 도의 지혜가 생

겨서 번뇌라는 마라를 정복한다. 그러나 성취한 것에 만족하여 그것
을 즐기기만 하고, 반복해서 조건 따라 생기는 것을 관찰하지 않으
면, 도와 과에 도달할 수 없다. 그러므로 성취한 것을 지키지만 집착
하지는 말아야 한다.'는 것이다. (『법구경-담마파다』, 315-316쪽 참조)

41 종기로 고생하는 뿌띠갓따 띳사 장로[66]

아, 머지않아 이 몸은
땅 위에 누울 것이고
의식 없이 버려질 것이다.
쓸모없는 나무토막처럼.

---

[66] 띳사 장로는 어느 날 몸에 종기가 생기더니 곧 몸 전체로 퍼졌다.
처음에는 겨자씨만 했던 것이 강낭콩만 하다가 점점 더 커져 대추
씨만 해졌고 금방 자두만큼 부풀어 올랐다. 마침내 종기가 터지자
온 몸이 종기와 피고름으로 뒤덮이며 썩은 냄새가 진동했다. 그래
서 사람들은 그를 뿌띠갓따(악취 나는 몸) 띳사 장로라고 불렀다. 병이
계속 악화되어 그의 뼈마디가 모두 풀려버렸고, 가사는 터져 나온
피고름으로 범벅이 되어 마치 옷에 물감으로 그림을 그려놓은 듯
했다. 동료 비구들이 그를 더 이상 돌볼 수 없게 되자 방 밖에 내놓
았다.
부처님께서는 향실에서 신통력으로 세상을 살피시다가, 버림받은
띳사 장로가 여래 외에는 의지할 사람이 없으며 또한 그가 아라한

이 될 만큼 바라밀이 성숙했다는 것을 아셨다. 부처님께서는 따뜻한 물을 가지고 가셔서 그를 치료하신 후, 목욕을 시키고 가사도 세탁하여 햇볕에 말려서 그에게 입히신 다음 편안히 누워 있는 장로의 침상 곁에 서서 설법하셨다.

"비구여, 너의 마음이 몸을 떠나면 육신은 아무 쓸모가 없어 나무토막처럼 흙바닥에 뒹굴게 된다."

이어서 부처님께서 게송을 읊으셨고, 게송이 끝나자 띳사 장로는 아라한과를 성취하고 바로 반열반(완전한 열반. 부처님, 벽지불이나 아라한의 죽음. 더 이상 태어나지 않음)에 들었다.

42 목동 난다 [67]

적이 적을 해치는 것이나
원수가 원수를 해치는 것보다
잘못된 의도를 가진 마음이
자신을 더 많이 해친다.

---

[67] 남의 소를 기르는 목동이었지만 자기 재산도 많은 난다는, 부처님을 자신의 집에 초대했으나 부처님께서는 그의 지혜가 무르익기를 기다리며 응하지 않으셨다. 어느 날 그의 지혜가 무르익자 부처님께서는 그의 집 근처에 있는 나무 아래에 앉아 계셨다. 난다는 부처님께 다가가 삼배를 올리고 부처님과 비구들을 공양에 초청하였다. 그리고 일주일 동안 온갖 맛있는 음식으로 공양 올렸다. 일주일째 되는 날 부처님께서는 난다에게 보시, 지계, 천상에 나는 가르침,

감각욕망의 허물, 감각욕망에서 벗어남의 이익, 사성제를 순차적으로 가르치셨다. 이 법문 끝에 난다는 수다원과를 성취하였다. 법문이 끝난 후 부처님께서 길을 나서시자 난다는 부처님의 발우를 들고 먼 곳까지 배웅해 드린 다음 자기 집으로 돌아가다가, 전생에 그에게 원한이 있던 사냥꾼이 쏜 화살에 맞아 죽었다. 부처님을 뒤따라가며 시중을 들던 비구들이 그 비보를 듣고 부처님께 여쭈었다.

"부처님, 난다는 부처님을 잘 공양했습니다. 그리고 부처님을 존경하여 먼 길까지 따라 나와 배웅했는데 화살에 맞아 죽고 말았습니다. 부처님께서 그를 찾아가지 않으셨다면 그는 죽지 않았을 것이 아닙니까?"

부처님께서는 대답하셨다.

"비구들이여, 내가 난다를 찾아가든 찾아가지 않든, 그는 자기에게 다가오는 죽음을 피할 수가 없었다. 강도나 원수가 해를 끼치는 것보다 나쁜 마음이 더 큰 해를 끼친다."

이어서 부처님께서 게송을 읊으셨다.

43 남자에서 여자가 된 소레이야 장로[68]

어머니도 아버지도 해 줄 수 없고
다른 친척도 해 줄 수 없지만
바른 의도를 가진 마음이[69]
자신을 더 이롭게 해 준다.

---

[68] 사왓티의 소레이야 장자는 친구들과 함께 수레를 타고 교외로 목욕

하러 갔다가 돌아오는 길에 마하깟짜야나 장로가 탁발을 하려고 시내로 들어오는 것을 보았다. 그는 그때 '아, 희고 고우면서도 빛나는 살결을 가진 저 비구가 나의 아내가 된다면!'하는 생각이 들었다. 그 생각은 매우 강렬했는데, 이상하게도 그 순간 그의 몸은 여자로 변해가고 있었다. 그는 자기 모습에 소스라치게 놀라 수레에서 뛰어내린 다음 한참동안 숲속을 헤매고 돌아다녔는데 그 사이에 완전히 여자로 바뀌어 버렸다.

여인이 된 그는 우연히 만난 상인들을 따라 딱까실라로 향하는 수레를 탔다. 상인들은 딱까실라에 사는 장자의 아들에게 소레이야를 소개시켰는데, 그는 그녀의 눈부시게 아름다운 모습에 첫눈에 반해 그녀와 결혼했다. 그녀는 두 아들을 낳아서 사왓티에 있는 두 아들을 합해 모두 네 아들의 어버이가 되었다. 어느 날 장사를 하려고 딱까실라에 온 소레이야의 친구가 그의 정체를 알아 보았다. 그는 소레이야가 마하깟짜야나 장로를 보고 내 아내가 되었으면 좋겠다는 생각을 해서 여자로 바뀐 거라며, 장로님께 가서 용서를 구하라고 권했다. 친구의 조언대로 소레이야는 장로에게 가서 용서를 구했고, 장로가 용서하자 소레이야의 몸은 곧 남자로 회복되었다.

처음에는 남자였다가 여자로 바뀌고, 다시 남자가 된 소레이야는 마하깟짜야나 장로에게 출가하여 비구가 되었다. 장로는 그와 함께 사왓티로 갔고, 거기서 그는 소레이야 비구로 불리었다. 사람들은 그를 신기하게 생각하여 질문했다. "스님은 처음에는 두 아들의 아버지였고, 그 다음에는 다른 두 아들의 어머니였군요. 그중 어느 쪽의 아들에게 더 애정이 느껴지던가요?" 소레이야는 "두 쪽 다 애정이 가지만, 굳이 구분한다면 어머니였을 적의 아들에게 더 애정이 갑니다."라고 대답했다. 얼마 후 수행이 깊어져서 아라한이 된 소레이야는 사람들의 질문에 "나는 어느 쪽의 아들에게도 애정이 가지 않습니다."라고 대답했다.

소레이야 비구의 대답이 전과 달라지자 비구들이 부처님께 그가 진실을 말하지 않는다고 말씀드렸다. 그러자 부처님께서 말씀하셨다. "나의 아들 소레이야는 거짓말하고 있는 것이 아니다. 그는 바른 마음으로 도과를 성취한 후부터 자식에 대한 애정이 끊어졌다. 부모도 아라한을 성취하는데 도움을 줄 수 없다. 바른 길에 들어선 마음만이 아라한을 성취하는데 도움을 줄 수 있다." 이어서 부처님께서 게송을 읊으셨다.

69) 바른 의도를 가진 마음이란 열 가지 선행("첨부 16. 열 가지 악행과 선행" 참조)을 실천하는 길 위에 잘 정립된 마음을 말한다. (『법구경-담마파다』, 320쪽 참조)

제4장

꽃
(Pupphavagga)

44-45 마음이라는 땅[70)

44 누가 이 땅과 사악처와[71)
   인간계와 천상계를 잘 알겠는가?
   화환을 만드는 자가 꽃을 고르듯
   누가 훌륭하게 설해진 법을 잘 알겠는가?[72)

45 유학이 이 땅과 사악처와
   인간계와 천상계를 잘 알 것이다.
   화환을 만드는 자가 꽃을 고르듯
   유학이 훌륭하게 설해진 법을 잘 알 것이다.[73)

---

70) 어느 날 저녁, 지방을 여행하고 돌아온 오백 명의 비구들이 법당에
   모여 이야기를 나누고 있었다. 그들은 자기들이 지나온 마을들이
   어떤 특색을 갖고 있으며, 재배하는 농작물들이 지방의 토질에 따
   라 어떻게 다른지, 그리고 길이 부드러웠는지, 거칠었는지, 넓었는
   지, 좁았는지에 대해서 말했다. 이를 아신 부처님께서 말씀하셨다.

   "비구들이여, 너희들이 말한 것들은 모두 외부의 땅이다. 너희들은
   자기 내부의 땅을 어떻게 하면 청정하게 할 것인가에 대해 이야기
   해야 한다." 이어서 부처님께서는 게송 두 편을 읊으셨다.

71) "이 땅"은 "자기 자신의 몸"을 말한다.

72) 훌륭하게 설해진 법: 37보리분인 네 가지 사띠 확립(四念處) 네 가지
   바른 노력(四正勤), 네 가지 성취수단(四如意足), 다섯 가지 기능(五根), 다
   섯 가지 힘(五力), 일곱 가지 깨달음 구성요소(七覺支), 여덟 가지 성스

러운 도 팔정도(八正道)를 말한다. ("첨부 14. 37보리분" 참조.)

73) 유학(有學. 아라한이 되지 않은 수다원 사다함 아나함)이 훌륭하게 설해진 법을
잘 알고 꿰뚫어 보고 구현한다는 뜻이다. (『법구경-담마파다』, 324쪽 참조)

46 신기루를 보고 아라한이 된 비구[74)]

이 몸이 물거품과 같고
신기루와 같음을 깨달아
마라의 꽃을 꺾어버린 이[75)]
죽음의 왕의 시야에서 벗어나리라.[76)]

74) 한 비구가 부처님으로부터 수행주제를 받아 숲으로 들어갔다. 그는
열심히 정진했으나 아라한이 되지 못하자 다른 수행주제를 받으려
고 부처님께서 계신 곳을 향하여 길을 떠났다.
그는 길을 가다가 신기루를 보게 되었는데 신기루는 물이 있는 것
처럼 보이지만 가까이 가서 보면 물이 없다는 것을 알고 몸도 신기
루처럼 실체가 없음을 깨닫게 되었다. 그는 그렇게 몸에 실체가 없
음을 주제로 삼아 수행하면서 아찌라와띠 강에 도착했다. 그는 강
가의 나무 밑에 앉아 강물위에 커다란 물거품이 생겼다가 사라지는
것이 반복되는 것을 보면서 몸이 무상하다는 것을 깨달았다.
향실에 앉아 계시던 부처님께서는 모든 것을 아시고, 그의 앞에 모
습을 나타내시어 "내 아들아, 그렇다. 이 몸도 물거품처럼 무상하고
신기루처럼 실체가 없다."고 말씀하신 다음 게송을 읊으셨고, 게송

이 끝나자 비구는 아라한과를 성취하였다.

75) "마라의 꽃": 마라의 화살. 세 가지 회전인 번뇌의 회전(무명, 갈애, 취착)과 업의 회전(형성, 존재[業有])과 과보의 회전(의식, 정신물질, 여섯 감각장소, 접촉, 느낌, 존재[生有], 태어남, 노사)을 말한다. 주석서에 의하면 회전(굴레)은 성자의 도의 지혜라는 칼에 의해 파괴된다.

76) "죽음의 왕의 시야에서 벗어나리라.": 열반에 도달함을 말한다.

47 석가족을 몰살시킨 위두다바 [77)

오로지 꽃을 따는데
마음을 빼앗긴 사람을 [78)
죽음이 휩쓸어간다.
잠든 마을을 홍수가 휩쓸어가듯.

---

77) 꼬살라국 빠세나디왕은 부처님 친척의 딸을 왕비로 삼고 싶어서 까삘라왓투의 석가족에게 공주를 한 명 보내라고 요구했다. 석가족은 회의를 열어 마하나마 왕과 노예 사이에서 태어났지만 뛰어나게 아름다운 와사바캇띠야를 보냈다. 빠세나디 왕은 그녀를 왕비로 책봉했고, 왕비는 얼마 후에 아들 위두다바를 낳았다. 위두다바는 어렸을 때부터 외가에 가 보고 싶어 했으나 왕비는 자신이 노예라는 것이 드러날까 봐 아들을 친정에 보내지 않았다. 그러나 위두다바가 계속 졸라댔기 때문에 왕비는 열여섯 살이 되던 해에 그를 석가족에게 보냈다. 그가 그곳에 도착하기 전에 왕비는 석가족에게 자기는 꼬살라국의 왕비가 되어 매우 행복하게 살고 있으며, 아들이 외

가를 방문하러 떠났으니 왕자에 합당한 대우를 해달라는 내용의 편지를 보냈다. 그 편지를 받은 석가족은 위두다바 왕자를 일단 객사에 쉬게 하고, 나이 어린 공주나 왕자들은 모두 지방으로 여행을 보내서 자식들을 노예의 아들인 위두다바 왕자와 만나지 않도록 했다. 그래서 위두다바 왕자는 석가족의 어른들에게만 인사를 하게 되었다. 그가 그들에게 이곳엔 어린 왕자나 공주가 없느냐고 묻자 그들은 어린 왕자와 공주들이 모두 지방으로 여행을 떠났다고 대답했다. 위두다바는 그 말을 별로 의심하지 않고 얼마 더 머물다가 까삘라왓투를 떠났다. 위두다바가 떠난 후 궁녀들이 그가 묵었던 방을 청소하면서 노예의 아들이 묵었던 곳이라고 중얼거리는 소리를 그때 마침 위두다바의 친위대원이 놓고 간 소지품을 찾으려고 왔다가 들었다. 그래서 위두다바는 석가족이 자신을 노예의 자식이라고 차별 대우한 것을 알게 되었다.

그 일로 석가족에게 원한을 품고 있던 위두다바는 왕위에 오르자 전쟁을 일으켜 석가족을 몰살시키고 자신의 외할아버지인 석가족의 마하나마 왕도 체포하여 물에 빠져 죽게 만들었다. 그러나 위두다바도 귀국 도중에 아찌라와띠 강가의 모래사장에 막사를 치고 잠을 자다가, 밤중에 강의 상류에서 큰 폭우가 내려 순식간에 강물이 불어나는 바람에, 급류에 휩쓸려 물고기의 밥이 되고 말았다.

부처님께서는 석가족이 멸망한 것과, 위두다바를 비롯한 많은 병사들이 물에 휩쓸려 가버렸다는 비참한 소식을 전해 들으시고 말씀하셨다.

"금생만을 따지면 석가족이 그렇게 비참하게 집단학살을 당한 것은 공정하지 못하다. 그러나 그들은 과거생에서 강물에 독약을 풀어 많은 물고기들을 죽인 적이 있었다. 그 악업을 감안하면 인과의 법칙은 아주 공정한 것이다." 부처님께서는 이어서 말씀하셨다.

"너희들은 거센 홍수가 얼마나 무서운 것인지 위두다바의 일을 계기로 다시금 느꼈으리라. 거센 홍수가 잠자는 마을을 휩쓸어 가듯이, 죽음이라는 홍수도 감각적 쾌락에 집착하는 중생들을 휩쓸어 간다." 이어서 부처님께서는 게송을 읊으셨다.

78) 꽃을 따는데 마음을 빼앗긴 사람이란 오욕락에 빠져 있는 사람을 말한다.

48 전생의 남편을 그리워하는 빠띠뿌지까[79]

오로지 꽃을 따는데
마음을 빼앗긴 사람을
죽음이 먼저 끌고 가리라.
욕망이 다 채워지기도 전에.

---

79) 부처님께서 제따와나에 계실 때, 천신의 아내인 천녀 '빠띠뿌지까'는 삼십삼천에서 다른 천녀들과 함께 꽃목걸이를 만들 꽃을 따다가 갑자기 죽어서 곧바로 사왓티에 여자로 태어났다. 전생을 아는 능력을 타고난 그녀는 자신이 전생에 천상에서 천신의 아내였다는 것을 기억하고 있었다. 그녀는 결혼하여 아들을 넷이나 낳았지만, 비구들에게 정성껏 공양을 올리며 천상의 남편을 다시 만날 수 있게 해 달라고 매일 서원했다. 오계를 지키며 수행도 열심히 하던 그녀는, 어느 날 갑자기 병들어 앓기 시작하더니 얼마 지나지 않아 죽었다.

그녀는 죽자마자 예전의 삼십삼천(삼십삼천의 하루는 인간세상의 100년에 해당함)에 다시 태어났다. 그곳에서는 그녀가 죽기 전의 하루가 계속되고 있었으며 다른 천녀들은 여전히 꽃을 따고 있었다. 그녀를 본 천상의 남편은 백 년밖에 살지 못하는 인간이 보시 지계 수행 등의 공덕을 쌓지 않고 방일하게 세월을 보내는 것이 참으로 안타깝다고 말했다.

한편 사왓티의 비구들이 빠띠뿌지까가 죽었다고 말씀드리자 부처님께서 말씀하셨다.

"그녀는 자신의 서원대로 천상의 남편에게로 돌아갔다. 인간의 생명이란 그렇게 짧고 무상한 것이어서, 사람들이 미처 감각쾌락을 충분히 즐기기도 전에 죽음이 그들을 덮친다." 이어서 부처님께서는 게송을 읊으셨다.

49 구두쇠 꼬시야를 교화한 마하 목갈라나 장로[80]

마치 벌이
꽃의 모양이나 향기를 해치지 않고
꿀만 가지고 떠나는 것처럼
성자는 마을에서 탁발하여야 한다.

---

80) 부처님께서 제따와나에 계실 때 '작게리'라는 도시에 '꼬시야'라는 부자가 살고 있었다. 그는 지독한 구두쇠여서 식용유 한 방울도 남

에게 주지 않았으며, 자기가 식용유를 쓸 때에도 풀잎 끝에 조금 적셔서 쓸 정도였다. 어느 날 꼬시야는 다른 사람들 몰래 아내와 함께 자기 집 7층에서 팬케이크를 굽고 있었다. 그때 부처님께서는 그것을 아시고 마하목갈라나 장로를 부르시어 말씀하셨다. "꼬시야에게 가서 보시가 얼마나 훌륭한 일인지를 가르치고, 그와 그의 아내, 그리고 그가 준비한 팬케이크를 이곳으로 옮겨 오너라. 여래는 오백 명의 비구들과 함께 그걸로 공양하겠다." 마하목갈라나 장로는 즉시 작게리에 있는 꼬시야의 집 7층 창가에 나타났다. 그리고 여러 가지 신통력으로 꼬시야 부부를 감화시켜, 그들이 음식을 정사로 가져와서 부처님과 오백 명의 비구들에게 공양하도록 했다. 부처님께서 꼬시야 부부의 공양 공덕을 칭찬하시고 설법을 해주셨는데 그들은 부처님 말씀이 끝나자 수다원이 되었다. 부처님께서 비구들에게 말씀하셨다.

"비구들이여, 재가신도들을 교화하려면 그들의 자존심을 상하게 하지 않으며, 믿음을 건드리지 않고, 그들의 재산에 손해도 끼치지 않으며, 마음에 피곤함이나 압박감을 느끼지도 않게 하여야 한다. 마치 벌이 꽃에서 꿀을 빨지만 꽃의 향기나 모양을 해치지 않는 것과 같이 여래의 덕과 지혜를 깨닫게 해야 한다." 이어서 부처님께서는 게송을 읊으셨다.

50 나체 수행자 빠티까와 여자신도[81]

남의 거친 말이나
남이 했거나 하지 않은 행위를 살피지 말고,

**자신이 이미 했거나
하지 않은 행위만을 살펴야 한다.**

---

81) 부처님께서 제따와나에 계실 때 사왓티에 사는 한 여인이 나체수행
자인 '빠티까'를 양자로 삼고 자기 집에 머물게 하면서 필요한 모든
것을 해주고 있었다. 어느 날 부처님의 법문이 훌륭하다는 친구의
말을 들은 그녀는 부처님을 집으로 초대하여 공양을 올려야겠다고
마음먹었다. 부처님께서 초대 받으신 날 아침 일찍 자기 집에 오시
자 여인은 오체투지로 예를 올리고 정성껏 준비한 음식을 올렸다.
공양을 잘 드신 부처님께서 감미로운 목소리로 법문하시자 그녀는
너무 기뻐 연신 "사-두, 사-두, 사-두!"라고* 찬탄했다.
*사-두(sādhu): "훌륭합니다. 좋습니다. 잘했습니다. 그대로 되기를
바랍니다. 선재(善哉)"
그때 뒷방에 숨어서 몰래 법문을 듣고 있던 나체수행자는 그 소리
를 듣고 방을 뛰쳐나오며 흥분하여 소리쳤다.
"저런 사람의 법문을 듣고 박수치고 찬탄하다니 제정신인가?"
그가 그렇게 모욕적인 말을 퍼붓고 가버리자, 마음이 산란해진 그
녀는 더 이상 부처님의 설법에 집중할 수 없었다. 그때 부처님께서
그녀에게 물으셨다.
"재가신도여, 그대는 나의 법문에 주의를 기울일 수 없는가?"
"네, 부처님, 나체수행자의 모욕적인 말에 저는 마음이 완전히 흐트
러져 버렸습니다." 부처님께서는 그녀에게 말씀하셨다.
"이교도의 말에 신경 쓰지 말고 자신이 한 행위나 하려는 행위가
선한지 악한지를 잘 살펴야 한다."
이어서 부처님께서 게송을 읊으시자 그녀는 수다원이 되었다.

51-52 찻따빠니와 빠세나디 왕[82)]

51 아름답고 빛깔은 좋지만
향기가 없는 꽃처럼
훌륭한 가르침이라도
실천하지 않으면 무익하다.

52 아름답고 빛깔이 좋고
향기로운 꽃처럼
훌륭한 가르침을
실천하면 유익하다.

---

82) 사왓티에 사는 '찻따빠니'는 재가신도였지만 아나함이었다. 어느 날 찻따빠니가 제따와나 정사에서 부처님의 법문을 듣고 있을 때, 꼬살라국의 빠세나디 왕이 법당으로 들어왔다. 찻따빠니는 이 상황에서 왕에게 예를 갖추면 그와 비교할 수 없을 만큼 위대하신 부처님께는 결례가 된다고 생각해서 일어나지 않고 그대로 자리에 앉아 있었다. 빠세나디 왕은 불쾌했지만 잠자코 부처님께 오체투지로 절을 올리고 부처님 옆에 공손하게 앉았다. 왕이 무슨 생각을 하는지 정확하게 아시는 부처님께서는 왕에게 찻따빠니는 경율론 삼장에 통달했으며, 아나함과를 얻은 현명한 사람이라고 칭찬했다. 그러자 왕은 깊은 감명을 받고 그에게 호감을 갖게 되었다.

얼마 후 빠세나디 왕은 찻따빠니를 다시 만났을때 왕비들에게 설법을 해 달라고 그에게 청했으나, 그는 재가신도가 설법하기는 어려우니 스님을 초청하시라고 말했다. 그리하여 아난다 존자가 정기적으로 왕궁을 방문하여 말리까 왕비와 와사바캇띠야 왕비를 가르치게 되었다. 어느 날 부처님께서 아난다 존자에게 물으셨다.

"아난다여, 네 여자 신도들은 담마(법)에 통달해 가고 있느냐?"

"부처님, 말리까 왕비는 매우 믿음이 깊고 배운 것을 부지런히 외우며 잘 이해하고 실천에도 능숙합니다. 그런데 부처님의 친척인 와사바캇띠야 왕비는 그렇지 못합니다."

"법을 열심히 듣지도 않고 배우지도 않고 외우지도 않고 실천하지도 않는 사람에게 나의 법문은, 빛깔은 좋지만 향기가 없는 꽃과 같다. 반대로 법문을 열심히 듣고 배우고 외우고 실천하는 사람에게는 풍성한 열매와 많은 축복이 되어 돌아온다." 이어서 부처님께서 게송 두 편을 읊으시자 많은 사람들이 수다원, 사다함, 아나함이 되었다.

53 위사카 부인의 일생[83]

산더미처럼 많은 꽃으로
꽃다발을 많이 만들듯이
이렇게 태어난 중생들도
선한 일을 많이 해야 한다.[84]

---

83) 큰 부잣집에서 태어난 위사카 부인은 일곱 살 때 할아버지와 함께 부처님을 친견하고 수다원이 되었다. 그리고 그녀는 열여섯 살에 나형외도 니간타를 믿는 가문으로 시집을 가서 시아버지를 부처님께 귀의시켜 수다원이 되게 하였다.

위사카는 열 명의 아들과 열 명의 딸을 낳았고 그들도 어머니처럼 열 명의 아들과 열 명의 딸을 낳았다. 또한 그녀는 구천만 냥으로 사왓티 성의 동쪽에 거대한 정사를 지었는데, 그것이 유명한 뿝빠라마 정사이다. 위사카는 정사를 완공한 날 부처님과 비구 승단에 기증하는 행사를 마친 다음 가족을 모아놓고

"나는 이제 소원하던 바를 모두 다 이루었다. 더 이상 아무것도 원하는 게 없다." 라고 말하고 기쁜 마음으로 게송을 읊으며 정사 주위를 돌고 또 돌았다. 그러자 그 모습을 본 비구 몇 명이 그녀가 제정신이 아니라고 생각하여 부처님께 보고를 드리자 부처님께서 말씀하셨다.

"비구들이여, 오늘은 위사카가 과거와 현재의 모든 서원을 다 성취한 날이다. 그녀는 지금 자신이 성취한 것에 대해 매우 만족하여 훌륭한 게송을 읊으며 정사 주위를 돌고 있는 것이지 정신이 이상해진 것이 아니다. 위사카는 과거 여러 생에서 언제나 널리 베푸는 보시자였고, 과거 부처님 때부터 가르침을 열성적으로 포교하는 사람이었다. 그녀는 전생에서부터 많은 선업을 쌓아 왔다. 그것은 마치 화훼 전문가가 넓은 화원에서 꽃을 꺾어 꽃다발을 많이 만드는 것과도 같은 일이다." 이어서 부처님께서는 게송을 읊으셨다.

84) 꽃을 많이 갖고 있는 유능한 화훼 전문가는 다양하고 많은 꽃다발을 만들 수 있다. 마찬가지로 믿음도 확고하고 재산도 많으면 좋은 일을 많이 할 수 있다. 위사카 부인이 그런 사람이므로 그녀와 관련하여 이러한 게송이 설해진 것이다. (『법구경-담마파다』, 337쪽 참조)

54-55 아난다 장로의 향기에 대한 질문⁸⁵⁾

54 꽃향기는 바람을 거스르지 못한다.
전단향, 따가라향, 재스민향도 그러하다.⁸⁶⁾
그러나 계행의 향기는 바람을 거슬러 가기도 한다.
계행을 갖춘 참사람의 향기는 모든 방향으로 퍼진다.

55 전단향, 따가라향, 연꽃향
재스민향이 있지만
그 어떤 향기보다
계행의 향기가 으뜸이다.

---

85) 아난다 장로가 바람을 거슬러가는 향기가 있는지를 질문하자 부처
님께서 말씀하셨다.
"아난다여, 향기에는 바람을 따라가기만 하는 것이 있고, 바람을 따
라 가기도 하고 바람을 거슬러 가기도 하는 것이 있다. 이 세상 사
람들 중에 삼보에 의지하면서, 오계를 지키고, 몸과 말과 마음으로
짓는 업을 청정히 하며, 모든 불선업은 멀리하고 선업은 행하며, 남
의 고통과 안타까움에 동참하고, 계를 철저히 지키며, 정의롭게 살
아가는 사람이 있다. 그는 그렇게 함으로써 번뇌로부터 벗어나 고
통의 노예 상태에서 풀려나서, 모든 수행자들로부터 찬탄을 받게
된다. 이와 같이 어디에 살든지 바르게 행동함으로써 명예와 찬탄
을 얻는다면, 그 명성의 향기는 바람을 따라가기도 하고 바람을 거
슬러 가기도 하면서 널리 퍼지게 된다." 이어서 부처님께서는 게송
두 편을 읊으셨다.

따가라(Tagara): 남아메리카와 아시아에 서식하는 꽃으로 한국의 영
산홍과 비슷하다. 뿌리를 가공하여 향료로 사용한다.

56 마하깟사빠 장로에게 공양 올린 제석천왕[87]

따가라향과 전단향의
향기는 미미하지만
계를 지키는 이의 향기는
천상까지 퍼지는 최상의 향기다.

---

87) 어느 날 마하깟사빠 장로가 이레 동안의 멸진정에서 나와 탁발하기
위해 라자가하의 가난한 사람들이 사는 거리로 갔다. 멸진정에서
나온 수행자에게 맨 처음 공양을 올리면 크나큰 공덕이 되므로, 장
로는 그 공덕을 가난한 사람들에게 주고 싶었던 것이다.

그때 천상의 제석천왕이 좋은 기회를 놓칠 수 없다고 생각하여 아
내와 함께 지상으로 내려와서 베 짜는 가난한 늙은이로 변신하고
장로를 기다렸다. 이윽고 장로가 가까이 오자 제석천왕은 그의 발
우를 받아 들고 집으로 들어가 아주 좋은 향기가 은은하게 풍겨 나
오는 쌀밥과 카레를 담아 올렸다.

가난한 집에서 그렇게 향기로운 음식을 만들 수 없다고 생각한 장
로는, 여인을 추궁하여 그녀가 제석천왕의 부인이라는 것을 알아냈
다. 제석천왕은 자신의 정체가 드러나자 멸진정에서 나온 성자에게
공양을 올리려는 욕심에서 그랬노라고 장로에게 고백했다.

한편 이 모든 상황을 아신 부처님께서는 비구들에게 그 일에 대해

이야기를 해 주셨다. 그러자 비구들은 제석천왕이 마하깟사빠 장로가 멸진정에서 나오는 것을 어떻게 알았는지 궁금해 했다.

부처님께서 말씀하셨다.

"발우에 의지하여 다른 자를 부양하지 않고 자신을 부양하는, 고요하고 방일하지 않는 비구를 신들은 사랑한다. 비구들이여, 제석천왕은 계의 향기를 지닌 나의 아들에게 다가와 공양을 올렸다."

이어서 부처님께서는 게송을 읊으셨다.

57 자살 직전에 해탈한 고디까 장로[88]

계를 잘 지키고
방일하지 않고 살아서
바르게 깨달아 해탈한 이들의 길을
마라는 알지 못한다.

---

88) 마가다국의 이시길리 산 바위 위에 앉아서 부지런히 수행하던 고디까 장로는, 방일하지 않고 열심히 정진하여 일시적으로 마음이 해탈(세간의 선정을 말함)하였다. 그러나 그는 중병에 걸리는 바람에 마음의 해탈에서 물러났다. 그 후에도 그는 정진을 계속하여 일시적으로 마음의 해탈을 이루었으나, 그때마다 병 때문에 물러나기를 여섯 차례나 되풀이했다. 그는 일곱 번째 일시적 마음의 해탈에 들어갔을 때 '나는 여섯 번이나 일시적인 마음의 해탈에서 물러났다. 이러느니 차라리 칼로 목숨을 끊는 것이 낫겠다.'고 생각하고 스스로 칼로 목을 그어 자살했다.

자살에는 두 가지가 있다. 하나는 삶에 대한 비관처럼 성이 나서 자살하는 경우인데, 이런 자살은 불선업이므로 사악처에 떨어진다. 다른 하나는 몸과 마음을 혐오하여 해탈하려는 마음으로 자살한 경우인데, 고디까 장로가 여기에 해당된다. 고디까 경의 주석서에 따르면 그가 칼로 목을 긋자 고통이 생겼다. 하지만 그는 그 끔찍한 고통을 이겨내며 고통을 주제로 위빳사나 지혜를 계발했다. 그는 죽는 순간에 아라한이 되어 모든 번뇌가 사라졌다. (무념·응진 역, 『법구경 이야기 1』, 옛길, 2008 608~610쪽 참조)

고디까 장로가 죽은 것을 안 마라는 부처님 앞에 나타나 고디까 장로가 어느 곳에 태어났는지 알려 달라고 청했다. 이에 부처님께서 대답하셨다.

"마라여, 그대는 고디까가 태어난 곳을 알려고 해도 결코 알아내지 못한다. 왜냐하면 그는 아라한이 되어 모든 번뇌로부터 해탈하여 다시 태어나지 않기 때문이다." 이어서 부처님께서는 게송을 읊으셨다.

58-59 불자인 시리굿따와 이교도 가라하딘나[89)]

58 큰길에 내다버린
쓰레기 더미에서
향기롭고 사랑스런
연꽃이 피어나듯,

59 쓰레기 같이

눈멀고 어리석은 자들 속에서
부처님의 제자는
지혜로 밝게 빛난다.

89) 사왓티에 '시리굿따'와 '가라하딘나'라는 두 친구가 살고 있었다. 시리굿따는 부처님을 따르는 재가신도였고, 가라하딘나는 나형외도 니간타의 신도였다.

시리굿따는 과거와 현재, 그리고 미래의 모든 일을 모두 알고 있다고 주장하는 니간타들에게 공양을 올리라는 가라하딘나의 요청을 받고 니간타들을 초청했다. 하지만 평소 니간타를 못마땅해 하던 시리굿따는 그들을 골탕 먹이려고 구덩이를 파서 속에 똥과 오물을 가득 채우고 그 위를 나뭇잎과 흰 천으로 덮은 후 그곳에 의자들을 늘어놓았다.

상황을 모르는 니간타들은 의자에 앉는 순간 모두 오물 구덩이에 빠졌다. 그 사건으로 자신들이 과거와 현재 미래를 잘 알고 있다는 니간타들의 주장은 거짓말임이 드러났다.

화가 난 가라하딘나도 부처님과 오백 명의 비구들을 초청하여 같은 방법으로 망신을 주려고 했으나, 부처님께서 신통력으로 수레바퀴만한 연꽃을 피우셔서 그 잎으로 똥통을 덮었기 때문에 부처님과 오백명의 비구들은 안전하게 공양을 받으셨다.

그 광경을 목격한 가라하딘나는 부처님의 위대함을 깨닫고 부처님을 믿게 되었다. 그러자 마음에 기쁨과 행복감이 넘쳤다. 공양이 끝난 뒤 부처님께서 말씀하셨다.

"중생들은 지혜의 눈이 없기 때문에 붓다와 가르침과 승가의 공덕을 알지 못한다. 그들에게 지혜의 눈이 없는 것은 마치 눈먼 사람과

같다. 오직 현명한 사람만이 이런 진실을 안다." 이어서 부처님께서
는 게송 두 편을 읊으셨고, 설법 끝에 가라하딘나와 시리굿따는 수
다원이 되었다.

제5장

어리석은 자
(Bālavagga)

60 남의 여인을 넘본 빠세나디 왕[90]

잠 못 이루는 자에게 밤은 길고
피곤한 나그네에게 길은 멀다.
바른 진리 모르는 어리석은 자에게
윤회는 참으로 길기만 하다.

---

90) 빠세나디 왕은 자기 마음에 든 유부녀를 뺏기 위해 그녀의 남편을
죽이려고 마음먹었다. 왕은 그에게 1요자나(유순. 11km 정도) 떨어진 강
변에 가서 빨간 진흙, 그리고 흰색과 푸른색의 연꽃을 구해서 다음
날 저녁 때까지 돌아오라고 명령한 후, 성문지기에게는 성문을 일
찍 닫으라고 했다. 다음 날 남편은 왕이 시킨 것들을 용왕의 도움으
로 겨우 구했지만 문이 닫혀 성안으로 들어갈 수가 없게 되자 밤을
보내려고 제따와나 정사로 갔다. 그날 밤 왕은 여인에 대한 욕망 때
문에 잠들지 못하고 밤새 뒤척이다 잠깐 잠이 들었다가도 단말마의
비명을 질러대기를 밤새 계속했다. 다음 날 날이 새자마자 왕은 밤
새 자기가 공포에 시달렸던 것이 무슨 징조인지 알아보려고 제따와
나 정사로 가서 부처님께 여쭈었다. 부처님께서 말씀하셨다.
"대왕이시여, 두려워하지 마시오. 그 소리는 깟사빠 부처님 시절에
남편이 있는 여자라도 예쁘기만 하면 돈을 주고 유혹해서 즐긴 자
들이 화탕지옥의 끓는 쇳물 속에서 괴로워하는 소리였소." 그러자
자신의 잘못을 깊이 뉘우친 왕은 부처님께 말씀드렸다. "부처님, 어
젯밤 저는 잠 못 이루는 자에게 밤이 얼마나 긴가를 뼈저리게 느꼈
습니다." 그때 그 옆에 있던 여자의 남편은 피곤한 자에게 1요자나
의 거리가 얼마나 멀게 느껴지는지를 말씀드렸다. 부처님께서는 어

리석은 자에게 윤회는 참으로 길다고 말씀하신 다음 게송을 읊으셨고, 게송이 끝나자 여인의 남편은 수다원이 되었다.

61 마하깟사빠 장로의 반항적인 제자[91]

자신보다 뛰어나거나 비슷한 도반을[92]
만나지 못 했다면
차라리 홀로 수행하라.
어리석은 자를 도반으로 삼지 말라.

---

91) 마하깟사빠 장로가 라자가하 근처의 동굴에서 제자들과 함께 수행할 때, 제자들 중 한 명이 게으르면서 신심도 없고 불평만 많았다. 어느 날 그 제자는 스승이 탁발을 나간 사이에 장로를 받드는 신도 집에 가서 장로가 편찮으시니 이러저러한 음식을 준비해 달라고 거짓말을 해서 음식을 받아가지고 돌아오다가 중간에서 다 먹어 버렸다. 그것을 알게 된 장로는 그를 준엄하게 꾸짖었다. 다음 날 장로가 그 비구만 남겨두고 탁발 나갔는데 혼자 남은 비구는 모든 집기들을 다 불태워 버리고 그 곳을 떠나 버렸다. 그러고 나서 얼마 후 그 비구는 죽어서 무간지옥에 떨어졌다. 그 이야기를 들으신 부처님께서 말씀하셨다.

"마하깟사빠가 제자를 두지 않고 혼자 수행했더라면 그런 일은 생기지 않았을 것이다. 깟사빠가 그 같은 고통을 겪은 것은 어리석은 자와 함께 있었기 때문이다." 이어서 부처님께서 게송을 읊으셨다.

92) 도반(道伴): 도반은 진리를 찾아 나선 사람을 격려해 주고 이끌어주

며 가르쳐줄 수 있는 친구이다. 계율을 청정히 지키거나, 도과를 얻은 사람이라면 도반이 될 만한 조건이 된다. 어리석은 자에게 이런 덕이 있을 리 없다. (『법구경 이야기 2』, 41쪽 참조)

62 재수 없는 아이로 태어난 구두쇠[93]

'내 자식, 내 재산'이라고
어리석은 이는 괴로워한다.[94]
자신도 자신의 의지처가 되지 못하거늘
어찌 자식이나 재산이 의지처가 되겠는가.[95]

---

[93] 사왓티에 아난다라는 재정관이 살고 있었는데 그는 사억냥의 재산을 가진 부자였다. 그러나 그는 어찌나 인색한지 궁색하게 생활하며 자기 가족에게 절대로 남에게 아무 것도 주지 말라고 입버릇처럼 말했다. 그러던 그가 갑자기 죽는 바람에 그는 아들 '물라씨리'에게 보물항아리 다섯 개가 묻혀있는 곳을 미처 알려주지 못했다. 그는 죽어서 손발이 뒤틀리고 이목구비가 제 위치에 붙어 있지 않은 기형으로 불가촉천민 가정의 남자아이로 태어났다.

아기 어머니는 그 아기를 업고 구걸을 다녔지만 사람들은 아기의 흉한 모습에 모두들 고개를 돌리며 아무것도 주지 않았다. 그러자 할 수 없이 그녀는 아기를 놓아두고 나가서 약간의 음식을 얻어 와 겨우 살아갔다. 그러다 아기가 겨우 걸을 정도가 되었을 때 여인은 아기에게 찌그러진 그릇을 쥐어주고 혼자 살아가라고 내보냈다. 세월이 흘러 아이는 이 집 저 집 다니며 구걸하다 우연히 전생에 자기 집이었던 재정관의 저택에 가게 되었다.

문 앞에 아무도 제지하는 사람이 없자 집안까지 들어간 아이의 흉측한 모습을 본 물라씨리가 놀라 울음을 터뜨리는 바람에 하인들이 뛰어나와 아이를 내쫓았다. 그때 부처님께서 그 소동을 목격하시고, 아이가 다섯 개의 보물항아리를 찾게 하셨다. 그것을 본 물라씨리는 흉측하게 생긴 아이가 전생에는 자기 아버지였다는 것을 믿게 되어 삼보에 귀의했다. 이어서 부처님께서는 게송을 읊으셨다.

94) 어리석은 자는 자식과 재산에 대한 애착 때문에 걱정하고 괴로워한다. 그는 '나의 자식이 죽었다, 죽어가고 있다, 죽을 것이다.'라고 생각하며 괴로워한다. 또한 '나는 재산을 잃었다, 잃고 있다, 잃을 것이다.'라고 생각하며 괴로워한다. 그는 그렇게 여섯 가지로 낮이나 밤이나 '자식을 먹여 살려야 한다.'고 생각하며 걱정한다. (『법구경-담마파다』, 352쪽 참조)

95) 죽어가는 순간에 자식이나 재산이 죽음의 고통을 없애주지 못한다는 뜻이다.

63 두 명의 소매치기 96)

어리석은 자가 자신이 어리석은 줄 안다면
그만큼은 현명한 사람이다.
어리석은 자가 자신을 현명하다고 생각한다면
그는 참으로 어리석은 자이다.

96) 두 명의 소매치기가 있었는데 그 중 한 명은 정사에서 부처님의 설법을 진지하게 듣고 수다원이 되었고, 다른 한 명은 설법 도중에 지갑을 훔쳤다. 돈을 훔친 소매치기는 자신의 집에서 밥을 해 먹었으나 수다원이 된 자의 집에는 먹을 것이 없었다. 소매치기는 수다원이 된 친구를 보고 "너는 너무 영리해서 음식을 살 돈도 벌지 못하는구나."라고 빈정거렸다.

수다원이 된 자는 '이 자는 자신이 어리석으면서 스스로 영리하다고 착각하고 있구나.'라고 생각하고 부처님께 이 일을 말씀드렸다. 그러자 부처님께서는 게송을 읊으셨다.

64 국자는 국 맛을 모른다[97]

어리석은 자는 평생을
지혜로운 이와 함께 살아도
진리를 깨닫지 못한다.
국자가 국 맛을 모르듯이.

97) 우다이 존자는 별로 아는 것도 없으면서 아는 체하기를 좋아했다. 어느 날 제따와나 정사를 처음 방문한 비구들이 법상에 앉아 있는 우다이 존자에게 오온에* 대해 질문을 했는데 그는 대답하지 못했다. 우다이 존자가 자기들이 생각한 만큼 지혜로운 사람이 아니라는 것을 알게 되자 놀란 비구들이 부처님께 보고 드리자 부처님께서 게송을 읊으셨다.

*주: 오온(五蘊)이란 다섯 가지 무더기인 물질 무더기(色蘊), 느낌 무더기(受蘊), 인식 무더기(想蘊), 형성 무더기(行蘊), 의식 무더기(識蘊)를 말한다.

65 혀는 국 맛을 안다[98]

슬기로운 이는 잠시라도
지혜로운 이와 함께 하면
진리를 금방 깨닫는다.
혀가 국 맛을 알듯이.

---

[98] 부처님께서 '이시빠따나'에서 우루웰라로 가시던 도중에, 기생을 찾아 헤매는 삼십 명의 젊은이들을 교화시켜 비구가 되게 하셨다. 출가한 후 오랫동안 여기저기 유행하면서 열세 가지 두타행을 실천하며 수행하던 그들이 제따와나로 오자 부처님께서는 "그대들이 시작을 알 수 없는 오랜 세월 윤회하면서 목이 잘려 흘린 피가 사대양의 물보다 더 많다. 이제 그대들은 모든 조건 지어진 것에서 해탈하기에 충분하다."라고 법문하셨다. (삼십 명 경 (상윳따 니까야 15:13) 참조) 그들은 법문을 듣고 그 자리에서 아라한이 되었다. 다른 비구들이 그들이 어떻게 그렇게 짧은 시간에 깨달을 수가 있었는지에 대해 궁금해 하자 부처님께서 게송을 읊으셨다.

66 나병환자 숩빠붓다[99]

나야말로 나의 원수.
지혜가 부족한 어리석은 이들은
스스로 악행을 저지르고
혹독한 과보를 받는다.

---

[99] 나병환자 숩빠붓다는 부처님의 설법을 듣고 수다원이 되었다. 설법
이 끝나고 대중들이 모두 흩어졌을 때 그는 부처님께 다가가서 자
기가 성취한 깨달음에 대해 말씀드리려고 했다. 그때 제석천왕은
숩빠붓다의 믿음을 시험해 보려고 그의 앞에 나타나, 삼보가 필요
없는 것이라고 말하기만 하면 막대한 돈을 주겠다고 말했다. 그러
나 숩빠붓다는 자기에게는 성자의 재산 일곱 가지가* 있으니 재산
이 많다고 대답했다. 그러고 나서 그는 부처님께 가서 삼배를 드리
고 자기가 성취한 깨달음을 말씀드리고 돌아가다가 어린 송아지를
거느린 암소에게 받혀 죽었다. 그가 죽었다는 소식을 들은 부처님
께서는 비구들에게 그가 천상에 태어났으며, 그가 이번 생에 나병
환자로 태어난 것은 전생에 벽지불께 침을 뱉은 악행 때문이었다고
말씀하시고 게송을 읊으셨다.

*주: 성자의 재산 일곱 가지: 믿음[信], 지계[戒], 양심[慚. hirī], 수치심[愧. ottappa],
법문을 들음[聞], 보시[施], 지혜[慧].

67 도둑으로 몰린 농부[100]

하고 나서 후회하거나
눈물 젖은 얼굴로 울면서
과보를 받게 되는
그런 행위는 하지 말아야 한다.

---

[100] 여러 명의 도둑들이 부잣집을 털어서 훔친 현금과 귀중품을 가지고
도망치다 한 농부의 밭까지 오게 되었다. 그들은 주위에 인기척이
없는 것을 확인하고 훔친 것들을 나누어 가진 다음 곧바로 뿔뿔이
흩어져 사라졌다. 그런데 그들 중 한 명이 허둥대다 실수로 일천 냥
이 든 보따리를 떨어뜨리고 그대로 떠나버렸다. 한참 후 농부가 일
하러 밭에 왔다가 그 보따리를 발견했다. 그는 그것을 자기 집으로
가져가려고 몇 걸음 가다가 꺼림칙한 생각이 들어 도로 원래 있던
자리에 놓은 다음, 다른 사람들의 눈에 띄지 않게 흙으로 덮어 놓고
돌아 갔다. 그리고 나서 한참 후 도둑들을 잡으러 나선 사람들이 도
둑들의 발자국을 따라 농부의 밭까지 오게 되었다. 사람들은 밭과
그 주변을 샅샅이 뒤지다 마침내 흙 속에서 돈 보따리를 발견했다.
그들은 그 돈이 도둑들과 한 패거리인 농부가 부잣집에서 훔친 돈
이라고 단정하고, 농부를 처벌해 달라고 왕에게 넘겼다. 왕은 농부
에게 사형선고를 내렸지만, 이 모든 과정을 신통력으로 알고 계신
부처님의 증언으로 그는 무죄로 풀려났다. 부처님께서는 당신께서
증언을 하지 않았더라면 농부는 죄 없이 당하고 말았을 거라고 하
시면서 게송을 읊으셨다. 게송을 들은 농부는 수다원이 되었다.

68 꽃장수 수마나[101]

하고 나서 후회하지 않고
기뻐하고 즐거워하면서
과보를 받게 되는
행위는 하는 것이 좋다.

---

100) 빔비사라 왕에게 꽃을 납품하는 수마나는 어느 날 많은 비구들을 거
느리고 탁발하시는 부처님을 만났다. 그는 부처님의 거룩한 상호를
보고, '왕이 나를 죽이거나 왕국에서 추방하더라도 꽃을 부처님께 바
쳐야겠다.'고 결심하고 가지고 있던 꽃들을 부처님의 양옆과 앞뒤에
흩뿌렸다. 그러자 위로 던져진 꽃들은 공중에 머물러 부처님의 머리
위에서 일산(日傘)과 같은 모양이 되었고, 옆으로 던져진 꽃들은 성벽
처럼 부처님을 감싸면서 부처님께서 움직이실 때마다 같이 움직였
다. 부처님께서 탁발하시는 동안 꽃들이 부처님의 몸에서 나오는 여
섯 가지 색깔의 빛과 함께 움직이자, 부처님 일행을 뒤따르는 수천
명의 시민들은 그 아름답고 희귀한 광경에 감탄하면서 부처님께 예
경 드렸다. 그러자 수마나는 그런 시민들의 모습을 보면서 희열이 자
신의 몸 전체로 파도처럼 퍼져나가는 것을 느꼈다. 그 일을 알게 된
왕은 대단히 기뻐하면서 수마나에게 여덟 마리의 코끼리 등을 상으
로 내렸다. 아난다 장로가 수마나는 어떤 선한 과보를 얻겠는지 여
쭙자 부처님께서 "그는 자신의 목숨을 걸고 여래에게 꽃을 공양하였
다. 그는 그 공덕으로 십만 겁 동안 사악처에 태어나지 않을 것이며,
마침내는 벽지불이 될 것이다."라고 대답하시고 게송을 읊으셨다.

69 웁빨라완나 장로니 1[102]

악행의 과보가 나타나기 전까지
어리석은 자는 악행을 꿀처럼 여긴다.
그러나 악행의 과보가 나타나면
어리석은 자는 고통을 겪는다.

---

[102] 사왓티의 한 부자에게 나이 찬 딸이 있었는데 그녀는 얼굴이 너무나 예뻐서 마치 푸른 연꽃과도 같았으므로 웁빨라완나(푸른 연꽃)라고 불렸다. 그녀의 미모는 널리 퍼져 고관대작들의 집에서 청혼이 잇따랐다. 하지만 그녀는 부처님의 설법에 큰 감동을 받고 출가하여 비구니가 되었다. 어느 날 그녀는 램프를 켜놓고 그 불꽃에 마음을 집중하여 삼매를 얻었다. 그러고 나서 그녀는 선정을 성취하고 위빳사나 수행으로 전환하여 사무애해와 신통력을 갖춘 아라한이 되었다.

여러 마을로 유행을 떠난 그녀가 한적한 숲속 오두막에 머무르고 있던 어느 날, 그녀가 탁발을 나간 사이에 출가 전부터 그녀에게 연정을 품고 있던 사촌 아난다가 몰래 오두막에 들어와 침상 밑에 숨었다. 탁발에서 돌아온 웁빨라완나는 자기 방에 침입자가 숨어 있는 것을 발견하고 조용한 목소리로 타일렀다. "어리석은 자여! 나에게 해를 끼치면 그대에게 엄청난 불행이 닥칠 것이다."

그러나 아난다는 웁빨라완나의 충고를 무시하고 그녀에게 달려들어 강제로 그녀를 범했다. 그러고 나서 그가 오두막을 나오는데 그 순간 땅이 갈라져 그는 아비지옥에 떨어졌다. 이 이야기를 들으신 부처님께서 게송을 읊으시자 많은 사람들이 수다원이 되었다.

70 나체수행자 잠부까[103]

어리석은 자가 오랜 세월동안
풀잎 끝에 묻은 음식만 먹는다고 해도
그는 진리를 깨달은 사람의
십육 분의 일만큼의 가치도 없다.

---

[103] 나체수행자인 '잠부까'는 밤에는 사람들이 배설한 대변을 몰래 주워 먹고 낮에는 하루 종일 다리 하나를 세우고 서서 얼굴을 하늘로 향하고 있었다. 그렇게 55년이 지나자 부처님께서 잠부까가 깨달을 때가 된 것을 아시고 그에게 가셔서, 그가 그렇게 사는 것은 전생의 과보라고 알려 주셨다. 그러자 잠부까는 무서움과 함께 부끄러움을 느끼고 전생의 악행을 후회하며 발가벗은 몸을 부들부들 떨었다. 부처님께서 그에게 가사를 주시며 몸을 가리도록 하신 후 법문을 하시자, 그는 사무애해를 갖춘 아라한이 되었다. 그가 부처님께 삼배를 올리고 비구계를 받겠다고 말씀드리자 부처님께서 오른손을 내밀며 "오라, 비구여, 성스러운 삶을 살아라."라고 말씀하셨다. 그 순간 그의 모습이 육십 년 정도 수행을 한 장로의 모습으로 바뀌었다.

얼마 후에 잠부까를 스승으로 높이 받들던 앙가국과 마가다국에 사는 재가신도들이 그곳에 왔다가 자신들의 스승과 부처님께서 같이 있는 것을 보고, 누가 누구의 스승인지 몰라서 당황해 하자, 잠부까가 부처님께서 자신의 스승임을 분명히 밝혔다. 부처님께서 그들에게 "너희들의 스승은 극히 적은 음식을 먹으면서 한 발로 서서 잠을 자지 않는 고행을 55년간이나 해왔다. 그러나 그 고행은 짧은 시간을 수행하더라도 법을 이해한 사람의 16분의 1만큼의 가치에도 미치지 못한다."라고 말씀하시고 게송을 읊으셨다.

71 **뱀 형상의 아귀**[104]

갓 짜낸 우유가 즉시 변하지 않듯이
악행의 과보가 바로 나타나지는 않지만
어리석은 자를 불태우면서 뒤따라온다.
재로 덮인 불씨처럼.

---

104) 마하목갈라나 장로가 탁발을 하다가 머리는 사람이지만 몸은 뱀의 형상인 아귀를 보았다고 부처님께 말씀드리자, 부처님께서 그 아귀에 대해 설명하셨다.

"아주 오래 전에 벽지불께서 머물고 계시던 초암(草庵. 꾸띠)에 어떤 농부가 불을 지르는 바람에 벽지불께서 그곳을 떠나셨다. 농부는 그 악행에 대한 과보로 아비지옥에 태어나 엄청난 고통을 받다가 겨우 풀려나와, 악행에 대한 나머지 과보를 받느라고 아귀로 태어났다." 이어서 부처님께서는 "하나의 행동에 대한 과보는 시간이 흐름에 따라 여러 가지 형태로 나타나 행한 자를 뒤쫓는다. 자기가 행한 선행에는 선한 과보를, 악행에는 불선한 과보를 받게 되는 것을 누구도 피할 수 없다."고 설법하시고 게송을 읊으셨다.

72 큰 망치 아귀¹⁰⁵⁾

어리석은 자의 재주는
전혀 이익이 되지 않는다.
그것은 그의 공덕을 무너뜨리고
파괴자가 되어 그를 죽여 버린다.

---

105) 마하목갈라나 장로는 락카나 장로와 함께 탁발하다가 몸이 아주 큰
삿티꾸따 아귀를 보았는데, 그 아귀는 수많은 망치가 쉴 새 없이 머
리를 내리쳐서 두개골이 박살이 났다가 잠시 후 원래의 모습으로
되돌아가는 일이 반복되고 있었다. 그 아귀와 관련하여 부처님께서
다음과 같이 설명하셨다.
"전생에 삿티꾸따는 돌을 던져서 물건을 맞히는 솜씨가 대단했다.
어리석은 그는 자기의 솜씨를 자랑하기 위해서 탁발 중인 벽지불을
향해 돌멩이를 던졌다. 그런데 돌멩이가 벽지불의 한쪽 귀로 들어
가 다른 쪽 귀로 나오는 바람에 벽지불께서는 세상을 떠나시고 말
았다. 화가 난 벽지불의 신도들이 그를 때려죽였는데 그는 죽어서
아비지옥에 태어났다. 그는 지옥에서 벗어난 다음 머리가 엄청 나
게 큰 아귀가 되었다. 그래서 그는 어마어마한 머리무게에다가 그
머리를 쇠망치로 끝없이 얻어맞는 이루 형언할 수 없는 고통을 받
는 것으로 자기가 범한 악행에 대한 과보를 채우고 있는 것이다." 부
처님께서는 "어리석은 자의 기술이나 지식은 아무 쓸모가 없고 오
히려 스스로에게 해를 입힐 뿐이다."라고 말씀하시고 이어서 게송
을 읊으셨다.

73-74 찟따 장자와 수담마 장로[106]

73 어리석은 비구는 존경받기를 원하고
    비구들 가운데에서 대접받기를 바란다.
    정사에서는 마음대로 하기를 원하고
    관계없는 사람들로부터도 존경받으려 한다.

74 나에 의지해서 모든 일이 이루어진다고
    재가자나 출가자나 모두 생각하기를 바라고
    크고 작은 일들이 모두
    오직 내 뜻대로 되기를 바라는
    어리석은 비구의 욕심과 자만은 늘어만 간다.[107]

---

106) 찟따 장자는 자기의 망고 동산에 정사를 지어 비구들을 머물게 하
    고, 사리뿟따 장로의 법문을 듣고 사무애해를 갖춘 아나함이 되었
    다. 그 뒤 그는 사리뿟따 장로와 마하목갈라나 장로를 자기 집으로
    초청했는데, 그때 수담마 장로도 함께 초청했다. 그러자 수담마 장
    로는 "그대가 두 장로를 먼저 초청한 다음에 나를 초청한 것이 불
    쾌해서 가지 않겠소."하며 몹시 화를 내면서 공양도 받지 않고 정사
    를 떠나 버렸다.
    수담마 장로가 곧장 부처님께서 계시는 제따와나 정사에 가서 찟따
    장자네 집에서 일어났던 일을 보고 드리자 부처님께서 말씀하셨다.
    "너는 너를 믿음과 보시로 극진히 뒷받침해 온 재가신도를 크게 모
    욕하였구나. 당장 돌아가서 네 잘못을 사과해야 한다."
    수담마 장로는 부처님께서 시키시는 대로 찟따 장자 집으로 가서

자기의 잘못을 용서해 달라고 했지만 장자는 용서하지 않았다. 수담마 장로가 다시 부처님께서 계신 곳으로 돌아오자 부처님께서는, 그의 자만심을 꺾기 위해서 용서를 구하는 방법을 가르치지 않고 그를 다시 찟따 장자에게 가라고 하셨다. 그래서 그는 다시 30요자나를 걸어갔지만 장자가 용서하기를 또 거절해서 수담마 장로는 완전히 기가 죽어서 되돌아왔다.

그러자 부처님께서는 동료 비구와 함께 그를 다시 보내시며 말씀하셨다.

"이 도반과 함께 가서 장자에게 용서를 구해라."

이어서 부처님께서 법문하셨다.

"비구는 '이 절은 내 절이다. 이 방은 내 방이다. 이 남자신도는 내 신도다. 이 여자신도는 내 신도다.'라고 생각해서는 안 된다. 그렇게 생각하면 탐욕과 자만이 늘어날 것이다."

이어서 부처님께서는 게송 두 편을 읊으셨다. (게송 303 각주 참조)

107) 부처님의 게송을 듣고 나서 수담마 장로는 동료 비구와 함께 찟따 장자에게 갔다. 그는 장자가 보는 곳에서 동료 비구에게 참회하고 난 다음 장자에게 용서를 구했다. 장자는 수담마 장로를 용서하고 "스님, 저도 잘못한 게 있으면 용서해 주십시오."라고 말했다.

그 후 수담마 장로는 부처님의 훈계를 가슴 깊이 새기고 열심히 정진하여 얼마 지나지 않아 사무애해를 갖춘 아라한이 되었다.

75 큰 복덕을 지닌 와나와시 띳사 사미[108]

세속의 이익을 구하는 것과
열반으로 향하는 길은 전혀 다르다.
이것을 잘 이해한 부처님의 제자 비구는
명성을 즐기지 말고[109]
멀리 떠남에 매진해야 하리라.[110]

---

108) 사왓티에 사는 재산가의 아들인 와나와시 띳사는 일곱 살이 되던
해에 사리뿟따 장로에게 출가하여 사미가 되었다. 그는 수행주제를
받고 깊은 숲속으로 들어가서 열심히 수행하여 석 달 뒤에 아라한
이 되었다. 비구들이 부처님께 말씀드렸다.

"부처님, 띳사 사미는 나이가 어린데도 불구하고 어려운 일을 참으
로 잘 해냈습니다. 그가 제따와나 정사에 있었으면 많은 친척과 친
구가 찾아와 편안했을 텐데도 그는 그것들을 다 포기하고 숲속으로
들어가서 열심히 수행한 결과 아라한이 됐습니다."

그러자 부처님께서 말씀하셨다.

"비구들이여, 비구는 신도들로부터 풍부한 공양을 받으리라고 기
대해서는 안 된다. 비구가 세상의 명예와 세간적인 장래의 욕망을
완전히 포기하고 고요한 숲속에서 부지런히 여래의 가르침을 실천
하면 반드시 아라한이 될 수 있다."

이어서 부처님께서는 게송을 읊으셨다.

109) 비구가 여법(如法)하지 못한 네 가지 필수품 받기를 즐겨서도 안 되
고 여법한 네 가지 필수품을 거절해서도 안 된다는 것이다. (『법구경-
담마빠다』, 371쪽 참조)

110) 멀리 떠남(홀로 있음)은 빠알리어 'viveka(*solitude, detachment,* 遠離)'의 번역어인데 여기에는 세 가지가 있다. ① 몸에서 멀리 떠남(kāya viveka): 친구들과의 만남이나 세속의 잡다한 일상사에서 멀리 떠나 숲에 들어가 홀로 조용히 자신을 돌아보며 수행하는 것이다. ② 마음에서(citta) 멀리 떠남: 8선정 중 하나에 들어 마음이 일시적으로 번뇌에서 멀리 떠난 경우이다. 즉 내면의 욕망에서 벗어난 것이다. ③ 갈애에서(upadhi) 멀리 떠남: 열반을 체험하여 갈애와 집착에서 영원히 멀리 떠난 경우이다.

복잡한 세속을 벗어나 산으로 들어가는 것이 멀리 떠남(출가)이라고 생각한다면 불교를 염세주의나 허무주의로 오해할 소지가 있다. 하지만 진정한 멀리 떠남은 몸이 어느 곳에 있든 마음이 외부 대상에 흔들리지 않고 항상 깨어 있는 것이다. (『법구경 이야기 2』, 120쪽 참조)

제6장

현명한 자
(Paṇḍitavagga)

76 훈계를 잘 받아들이는 라다 비구[111]

숨겨진 보물을 알려주는 사람처럼
나의 허물을 보고 꾸짖는 현명한 이를 만나면
그런 이를 가까이해야 한다.
그런 이를 가까이하는 이에게
좋은 일만 있고 나쁜 일은 없다.

---

111) 절에서 비구들의 심부름을 하면서 사는 가난하고 늙은 바라문 라다
는, 사리뿟따 장로에게 밥 한 숟갈을 공양한 적이 있었다. 그 공덕
으로 그는 장로의 도움을 받아 출가한 후 장로의 훈계를 겸손하게
받아들이고 열심히 수행하여 오래지 않아 아라한이 되었다. 이에
대해 부처님께서 말씀하셨다. "누구든지 지도를 받을 때는 저 라다
비구처럼 겸손하게 받아들여야 한다. 스승의 가르침과 훈계에 대해
서 화를 내지 말아야 하며, 자신의 부족한 점을 지적해도 대들거나
거부해서는 안 된다." 이어서 부처님께서 게송을 읊으셨다.

77 계율을 지키지 않는 비구들[112]

훈계하고 가르쳐야 하고
악행으로부터 보호해 주어야 한다.
착한 이들은 그런 이를 좋아하지만
착하지 않은 이들은 좋아하지 않는다.

112) 앗사지 비구와 뿌납바수까 비구를 비롯한 오백 명의 비구들은 끼따 기리 마을에 살면서, 꽃을 재배하여 여인들에게 선물하고, 춤과 노래 공연을 보러가거나, 노래를 부르는 등 여러 가지 계율을 범했다. 게다가 그들은 아무 집에나 들어가서 정사에 필요한 물건을 가져오기 일쑤였다. 그래서 그곳은 청정비구들이 살 수 없는 곳이 되었다. 그 이야기를 들은 부처님께서는 그들을 승단에서 추방하기 위해 사리뿟따 장로와 마하목갈라나 장로를 보내시면서 말씀하셨다. "지시에 따르지 않는 자는 축출하고, 순종하는 자는 훈계하고 경책하라. 어리석은 자들은 훈계와 경책을 싫어하고, 지혜로운 자들은 훈계와 경책을 좋아하고 소중히 받아들인다." 이어서 부처님께서는 게송을 읊으셨다.

78 최고의 벌을 받은 찬나 장로[113)

악한 친구와 사귀지 말고
저속한 사람과 사귀지 말라.
선한 친구와 사귀고
최상의 사람과 사귀어라.[114)

113) 부처님께서 왕성을 떠나 출가하실 때 말을 몰던 마부 '찬나'는 부처님에 의해 비구가 되었다. 그는 비구가 된 뒤 아주 거만하고 건방진 태도로 "주인께서 왕성을 떠나실 때 그분 주위에는 나 외에는 아무도 없었다. 그런데 지금에 와서는 사리뿟따라든가 마하목갈라나가

상수제자라고 뽐내는 꼴이라니."라고 말하곤 했다.

그때마다 부처님께서 그를 훈계하셨는데, 그는 부처님 앞에서는 조용히 말씀을 듣는 척하다가, 그 자리를 벗어나자마자 두 제자를 비웃고 조롱하기를 계속했다. 그래서 부처님께서는 세 번이나 그를 불러 엄하게 타이르셨다. "찬나여, 그 두 상수제자들은 그대의 선한 친구이고* 세상에서 가장 고귀한 성자들이다. 그런 훌륭한 사람들과 사귀어야 한다." 이어서 부처님께서는 게송을 읊으셨다.

*선한 친구[善友]란 정신적 안내자, 선지식을 말한다,
빠알리어로는 kalyāṇa mitta.

114) 찬나는 계속해서 상수제자를 험담했다. 그러자 부처님께서 반열반하시는 날 아난다 장로를 부르시어, 찬나와 대화를 나누지 말고 무시해 버리는 최고의 처벌을 찬나에게 내리라고 이르셨다. 찬나는 그 사실을 알고 크게 뉘우치며 기절했다 깨어나기를 세 번 반복하고 나서 자기의 허물을 용서해 달라고 여러 비구들에게 간청했다. 그때부터 그는 행동과 표정이 달라졌으며, 수행도 열심히 해서 사무애해를 갖춘 아라한이 되었다.

79 왕위를 버리고 출가한 마하깝삐나 장로[115]

법의 희열을 맛본 이는
깨끗한 마음으로 행복하게 살아간다.
성자가 설한 법 안에서
현자는 언제나 즐거워한다.

115) 꾹구다와따 국의 마하깝삐나 왕은 어느 날 사왓티에서 온 상인에게 부처님께서 출현하셨다는 소식을 들었다. 그는 즉시 천 명의 관리들과 함께 부처님께 가서 출가하여 아라한이 되었는데, 그 뒤를 따라서 왕비와 관리들의 아내들도 출가하여 수다원이 되었으며 얼마 후에는 그녀들도 모두 아라한이 되었다.

그 후 마하깝삐나 왕은 밤에 잠자리에서나 낮에 혼잣말로 자주 '아, 얼마나 행복한가!'하고 중얼거리곤 했다. 그 말을 전해 들으신 부처님께서는 "여래의 아들 마하깝삐나는 법의 맛을 알고 마음을 고요히 하여 매우 행복하게 살고 있기 때문에 그 말을 반복하는 것이다."라고 말씀하시고 게송을 읊으셨다.

80 빤디따 사미의 깨달음[116]

농부는 물길을 만들어 물을 끌어들이고,
화살 만드는 사람은 화살을 곧게 편다.
목수는 나무를 곧게 다듬고
현자는 마음을 잘 다스린다.

116) 사왓티에 사는 부자의 아들 빤디따는 일곱 살에 출가하였다. 그는 사미가 된 지 여드레째 되던 날 사리뿟따 장로를 따라 탁발을 나갔다가 농부가 자기 논에 물을 끌어들이는 것을 보고 장로에게 "마음이 없는 물을 농부가 원하는 대로 끌어들일 수 있습니까?"라고 물었다. 그러자 장로가 "그렇다."고 대답했다. 사미는 탁발을 계속하면서 화살 만드는 사람이 구부러진 대나무 화살을 바로잡는 것과

목수가 나무로 수레바퀴를 만드는 것을 보면서 '마음이 없는 물이지만 논에 끌어들여 곡식을 자라게 할 수 있고, 마음이 없는 구부러진 대나무이지만 똑바로 펼 수 있고, 마음이 없는 나무이지만 유용한 물건을 만들 수 있다. 그렇다면 마음을 가진 내가 내 마음을 길들여서 열심히 정진하여 아라한과를 성취하지 못할 리가 있겠는가?'라는 생각이 들자, 그 길로 바로 정사로 돌아와 방문을 잠그고 앉아서 수행에 몰두했다. 부처님께서는 그가 계속 정진하면 곧 아라한과를 성취할 수 있다는 것을 신통력으로 아시고, 빤디따 사미의 점심을 가지고 사미의 방에 들어가는 사리뿟따 장로의 발걸음을 지체시키기 위해, 그에게 여러 가지 질문을 하시는 사이에 빤디따는 사미가 된 지 여드레 만에 아라한과를 성취하였다. 부처님께서는 그와 관련하여 게송을 읊으셨다.

81 바위 같은 라꾼다까 밧디야[117]

단단한 바위가
바람에 흔들리지 않듯이
지혜로운 사람은
비난과 칭찬에 흔들리지 않는다.

---

[117] 밧디야 비구는 키가 아주 작아서 사미들이 난쟁이(라꾼다까)라고 놀렸다. 그런데 그 놀림이 지나쳐서 사미들이 그의 머리를 쓰다듬거나 귀를 당기고 코를 비틀어도 그는 조금도 화를 내거나 불쾌하게 여기지 않았다. 이에 대해서 부처님께서 말씀하셨다. "아라한

은 화을 내거나 원한을 품지 않는다. 마치 단단한 바위처럼 비난이나 칭찬에 의해서 흔들리지도 않는다." 이어서 부처님께서 게송을 읊으셨다.

82 남편에게 이혼 당한 까나[118]

깊은 호수가 맑고 고요하듯
지혜로운 사람은
가르침을 듣고서 고요해진다.

---

118) 부처님께 대한 믿음이 두터운 재가 여자신도의 딸 까나는 집에서 멀리 떨어진 마을로 시집을 갔다. 그녀가 오랜 만에 친정에서 며칠을 보내고 있었는데 그녀의 남편은 까나에게 집으로 돌아오라고 재촉하며, 빨리 오지 않으면 이혼하겠다고 했다. 그러자 까나의 어머니는 '하루만 기다리면 맛좋은 과자를 너와 네 남편이 먹을 수 있게 준비해 주겠다.'며 딸을 붙들었다. 그러나 다음 날 그녀의 어머니가 과자를 다 만들었을 때 마침 탁발을 나온 비구들과 마주치게 되었고 과자를 모두 비구의 공양 그릇에 넣어 드렸다. 그런 일이 계속 되풀이되자 친정을 떠나지 못한 까나는 끝내 남편으로부터 이혼을 당하고 말았다. 일이 그렇게 되니 까나는 비구들 때문에 자기가 이혼을 당했다며 그들을 비난하며 욕설을 해댔다.
부처님께서는 까나가 비구들을 비난한다는 이야기를 들으시고 까나의 어머니 집을 직접 방문하셨다. 까나의 어머니는 부처님께 우

유죽과 밥을 공양 올렸다. 하지만 까나는 자기가 스님들을 비난하고 욕설한 것이 괴로워서 나타나지도 않았다. 공양을 다 드신 부처님께서 까나를 오라고 해서 물으셨다. "나의 비구들은 받은 것을 가져갔는가, 받지 않은 것을 가져갔는가?" 그러자 까나는 자신이 잘못했다는 것을 깨닫고 "존자들은 잘못이 없고, 잘못한 것은 저입니다."라고 말했다. 부처님께서 까나에게 법을 설하자 그녀는 수다원이 되었다.

그 소식을 들은 빠세나디 왕은 부자인 신하가 그녀를 양녀로 삼게 했다. 신하는 자신의 전 재산을 그녀에게 주면서 그녀가 원하는 대로 얼마든지 보시해도 좋다고 했다. 까나는 그때부터 탁발을 나오는 비구들에게 매일 공양을 올렸다. 부처님께서는 그 이야기를 들으시고 말씀하셨다. "까나의 마음은 한동안 안개에 가린 것처럼 혼란스러웠으나 지금은 여래의 법문에 의해 청정하고 고요하게 되어 공양을 그처럼 즐겁게 행하는 것이니라." 이어서 부처님께서 게송을 읊으셨다.

83 오백 명의 깝삐야들[119]

참사람들은[120] 모든 집착을 버리며
욕망 때문에 쓸데없는 말을 하지 않는다.
현자는 행복이나 불행을 만나도
우쭐하거나 좌절하지 않는다.

119) 부처님께서 비구 오백 명과 웨란자 지방에 머물고 계실 때 그곳에 흉년이 들었다. 그래서 사람들은 탁발을 나오는 비구들에게 말 먹이인 보리를 조금씩 줄 수밖에 없었지만 비구들은 그것이나마 매일 먹을 수 있다는 것을 다행으로 여겼다. 얼마 후 부처님께서 오백 명의 비구들과 함께 사왓티에 있는 제따와나 정사로 돌아오시자 사람들은 부처님이 돌아오신 것을 환영하며 여러 가지 음식을 준비하여 올렸다. 부처님과 비구들의 식사가 끝나자 오백 명의 깝삐야(절에서 비구들을 도와주는 재가불자)들은 남은 음식을 배불리 먹고 실컷 잠자고 일어나서는 노래하고 뛰고 춤추며 야단법석을 떨었다. 부처님께서는 그 모습을 보시고 말씀하셨다. "저것은 어리석은 자들의 일반적인 행동으로, 그들은 일이 잘못되어 갈 때는 슬퍼하고 당황하며, 잘 되어 갈 때는 좋아서 정신을 차리지 못한다. 그러나 지혜로운 사람들은 즐거울 때나 괴로울 때나 마음이 흔들리지 않는다." 이어서 부처님께서 게송을 읊으셨다. (『법구경-담마빠다』, 385쪽 참조)

120) 참사람(sappurisa)이란 벽지불과 부처님의 제자들을 말한다. (『맛지마 니까야 1』, 대림 스님 옮김, M1 뿌리에 대한 법문 경 138쪽 참조.)

84 출가하여 깨달은 담미까 장로[121]

자신을 위해서도 남을 위해서도
자식과 재산과 권력을 위해서도 악행하지 않고
여법(如法)하지 않으면 자신의 성공을 바라지 않는 이가
계를 지키며 지혜롭게 사는 여법한 사람이다.

121) 사왓티에서 살고 있던 담미까는 임신한 아내에게 집을 떠나 비구
가 되고 싶다고 말했다. 그러나 아내가 아기를 낳을 때까지만 기다
려 달라고 애원해서 그는 그냥 집에 눌러 앉았다. 몇 달 후 아내가
아기를 낳자 그가 다시 비구가 되겠다고 했으나, 아내는 아이가 걸
을 수 있을 때까지만 참아 달라고 또다시 간절하게 요청하는 것이
었다. 이에 담미까는 아내의 허락을 받아 비구가 된다는 것은 불가
능한 일이므로 자신이 결단해야 한다고 생각하여 집을 떠나 비구가
되었다. 그는 부처님에게서 법문을 듣고 수행주제를 받아서 숲속으
로 들어가 맹렬히 수행에 전념하여 마침내 아라한이 되었다. 몇 해
가 지난 후 담미까 장로는 아내와 아들에게 법을 가르치려고 예전
의 자기 집을 찾아갔는데, 그들도 이미 출가하여 아라한이 되어 있
었다. 이에 대해서 부처님께서 말씀하셨다.
"현명한 사람은 악행을 하면서까지 자기가 부유하고 번창해지기를
바라지 않는다. 그는 다만 생사윤회의 고통으로부터 해탈하기 위
해 법을 공부하고 법에 따라 열심히 노력할 뿐이다." 이어서 부처님
께서 게송을 읊으셨다.

85-86 철야법회에서 법문 듣는 신도들[122]

85 사람들 가운데
저 언덕으로 가는 이는 드물다.[123]
대부분의 사람들은
이 언덕에서 헤매고 있다.

86 잘 설해진 가르침을 경청하고서
법대로 실천하는 사람들은
건너기 어려운 죽음의 왕국을 넘어서
저 언덕에 도달할 것이다.

---

122) 사왓티 사람들이 비구들을 마을에 모셔서 공양을 올리고, 철야법회를 열어 밤새도록 법문을 듣기로 했다. 하지만 막상 철야법회가 시작되자 정신을 집중하여 법문을 듣는 사람은 몇 명 안 되고, 어떤 이는 성욕을 이기지 못하여, 어떤 이는 성냄을 이기지 못해 집으로 돌아가고, 남아 있는 사람들은 대부분 법회 내내 졸았다. 이에 대해서 부처님께서 다음과 같이 말씀하시고 게송 두 편을 읊으셨다.
"대부분의 사람들은 이 세상(五蘊)에 강하게 집착하고 있다. 저 언덕으로 가서 열반을 성취하는 사람은 극히 드물다."

123) '저 언덕(彼岸)'은 괴로움과 갈애가 소멸한 열반을 말한다.

87-89 안거를 마친 오십 명의 비구[124]

87 현자는 어두운 법을 버리고
밝은 법을 닦아야 한다.
집을 떠나 집 없는 삶으로 와서
그 즐기기 어려운 멀리 떠남을 닦아야 한다.

88 현자는 감각욕망을 버리고 무소유로
그 열반을 즐기기를 바라야 한다.
현자는 마음의 번뇌로부터
자신을 깨끗하게 해야 한다.

89 깨달음 구성요소로 마음을 잘 닦은 이들은
집착을 버리고 집착을 버렸음에 기뻐하며
번뇌가 없어 빛나는 그들은
무더기 세상에서 반열반에 든다.[125]

---

124) 꼬살라 지방에서 석 달 동안의 안거를 보낸 비구 오십 명이 부처님을 뵙기 위해 제따와나 정사에 도착했다. 부처님께서는 이들 각자의 성품에 적합한 게송 세 편을 읊으셨다.

125) 일곱 가지 깨달음 구성요소(七覺支)는 사띠 깨달음 구성요소(염각지), 법을 간택하는 깨달음 구성요소(택법각지), 정진 깨달음 구성요소(정진각지), 희열 깨달음 구성요소(희각지), 편안함 깨달음 구성요소(경안각지), 삼매 깨달음 구성요소(정각지), 평온 깨달음 구성요소(사각지)를 말한다. ("첨부 14. 37보리분" 참조.)

제7장

아라한

(Arahantavagga)

90 부처님과 지와까[126]

여정을 끝내고, 슬픔이 없고[127]
모든 것에서 벗어나[128]
모든 매듭을 끊어버린 이에게[129]
고뇌는 존재하지 않는다.

---

126) 데와닷따가 부처님을 해치려고 깃자꾸따(영취산) 정상에서 굴린 바위가 두 개의 돌출한 바위에 부딪쳐 산산조각 나면서 한 조각이 부처님의 발에 떨어지는 바람에 발에 멍이 들었다. 부처님의 주치의인 지와까는 거기에 약을 바르고 붕대로 조심스럽게 감은 다음 다른 환자들을 돌보기 위해 떠나면서 저녁때 다시 돌아와서 붕대를 풀어드리겠다고 했다. 그렇지만 지와까가 약속한 시간에 오지 않자 부처님께서는 아난다에게 붕대를 풀게 하셨는데, 발은 별다른 부작용 없이 나아 있었다. 이튿날 아침 일찍 도착한 지와까가 부처님께 간밤에 큰 고통을 당하지나 않으셨는지 여쭙자 부처님께서 대답하셨다. "지와까여, 보리수의 보좌에 오른 이래 여래에게 고통은 사라졌다." 부처님의 이 설법 끝에 많은 사람들이 수다원이 되었다.

127) '여정을 끝내고'란 '여정을 끝낸 자에게'라는 뜻이다. 험난한 지형을 가는 경우와 윤회의 길을 가는 경우가 있다. 험난한 지형을 가는 자는 목적지에 도달하지 않은 한 여행자이다. 그가 목적지에 도달하면 여정을 끝낸 자이다. 윤회의 소용돌이에 말려든 자도 그 소용돌이 속에서 사는 한 여행자이다. 흐름에 든 성자도 여행자이다. 그러나 번뇌를 부순 아라한은 윤회의 소용돌이가 종식되었기 때문에 여정을 끝낸 자이다. (『법구경-담마파다』, 392쪽 참조)

128) 모든 것에서 벗어났다는 것은 오온, 12처, 18계의 현상에서 해탈한 것을 말한다.

129) 탐욕의 축적에 의한 매듭(gantha), 악의의 축적에 의한 매듭, 행실의 례 취착에 의한 매듭, ('이것만이 진리이다.'라는) 독단적 견해의 고집에 의한 매듭이라는 네 가지 속박을 말한다.

91 무소유 무집착의 마하깟사빠 장로[130]

사띠하는 이들은 힘써 정진하고
세속적인 생활에 집착하지 않고
거주처에서도 떠나간다.
호수를 버리고 떠나는 백조들처럼.

---

130) 라자가하의 웰루와나 정사에서 많은 비구들과 안거를 보내고 계시던 부처님께서 안거가 끝나기 보름 전에, 안거가 끝나는 대로 떠날 테니 준비하라고 비구들에게 이르셨다. 그러자 이곳의 많은 재가신도들로부터 존경을 받고 있는 마하깟사빠 장로도 자기 가사를 세탁하며 떠날 준비를 했다. 그것을 본 몇몇 비구들은 깟사빠 장로는 그에게 필요한 모든 것들을 공급해 주는 신도들이 많은 여기를 떠나지 않을 거라고 수군거렸다.

보름이 지나고 안거가 끝나는 날 저녁이 되자 부처님께서는 그 도시에 사미의 수계, 공양을 올리는 의식, 장례 등 여러 가지의 행사가 있으므로 모든 비구들이 한꺼번에 다 떠나는 것은 옳지 못하니,

마하깟사빠 장로를 비롯한 몇 사람의 비구를 지명하시며 정사에 남으라고 하셨다.

그래서 마하깟사빠와 중간 정도의 법랍을 지닌 몇 사람은 라자가하에 남게 되었다. 그러자 몇몇 비구들이 마하깟사빠 장로를 비웃으며 이렇게 말했다.

"마하깟사빠 장로는 부처님과 함께 가지 않게 되었다. 이건 우리가 예측한 대로지 뭐냐!" 이 말을 들으신 부처님께서는 그들에게 충고하셨다.

"비구들이여, 너희는 여래의 아들 마하깟사빠가 라자가하의 신도들과 그들이 바치는 물품에 집착하고 있다고 말하려는 것이냐? 그렇다면 너희는 참으로 잘못 생각하고 있다. 마하깟사빠는 그것에 집착해서가 아니라 여래의 지시에 따라서 여기에 남는 것이다." 이어서 부처님께서 게송을 읊으셨다.

92 음식을 저장한 벨랏타시사 장로 [131)

아무 것도 축적하지 않고
음식을 완전히 알며 [132)
비어 있고 표상이 없는
해탈에 노니는 그들의
자취는 찾을 수 없다.
허공을 나는 새처럼.

131) 벨랏타시사 장로는 매일 탁발하는 것이 번거로워서, 탁발한 음식을 길거리에서 다 먹은 후, 또 탁발하여 쌀밥만을 받아 정사에 가지고 와서 건조시켜 저장해 놓고 며칠 선정에 들었다가 나왔을 때 물에 불려 먹고 다시 선정에 들곤 했다.

그것을 본 비구들이 장로가 밥을 저장해 놨다가 먹는다고 부처님께 보고하자 부처님께서 음식을 저장하는 것을 금하는 계율을 새로 정하셨다. 그러나 부처님께서는 장로가 밥을 저장한 것은 계율을 정하기 전의 일이며 또한 탐욕으로 저장한 것이 아니므로 그에게 잘못이 없다고 선언하시고 게송을 읊으셨다.

132) 축적에는 업의 축적과 필수품의 축적 두 가지가 있다. 업의 축적에는 선한 것과 불선한 것이 있고, 필수품의 축적에는 네 가지 필수품이 있다. 앎에는 ① 지혜로 앎 ② 판단으로 앎 ③ 버림으로 이끄는 앎이 있는데, 음식을 완전히 아는 자에게는 두 가지 방식의 축적이 없다. 유미죽이 유미죽인 것을 안다는 것은 ① 지혜로 앎: 궁극적인 혐오의 인식으로 음식을 완전히 아는 것 ② 판단으로 앎: 물질적 음식에 대한 욕망과 집착을 몰아내는 앎 ③ 버림으로 이끄는 앎이라는 세 가지 형태를 수단으로 음식을 완전히 안다는 뜻이다. (『법구경-담마파다』, 395쪽 참조)

93 아누룻다 장로를 시봉한 천녀[133]

번뇌가 완전히 제거되어[134]
음식에 집착하지 않으며

비어 있고 표상이 없는
해탈에 노니는 그들의
자취는 찾을 수 없다.
허공을 나는 새처럼.

---

133) 아누룻다 장로는 자신의 가사가 낡아서 새 가사를 만들려고 쓰레기
장에서 남들이 버린 옷 조각들을 줍고 있었다. 그때 천상에 살고 있
던 그의 전생의 아내 잘리니는 그 모습을 보고 즉시 천상의 좋은 옷
감 세 조각을 쓰레기 더미에 넣고 끄트머리가 밖에서 보이게 해두
었다. 얼마 후 쓰레기장을 헤집고 다니던 아누룻다 장로가 그 옷감
을 발견하고 정사로 가져와 가사를 만들기 시작했다. 부처님께서는
팔십 명의 장로들과 오백 명의 비구들을 거느리고 오시어 아누룻다
가 바느질하는 것을 도와주셨다.

때마침 잘리니는 젊은 여인으로 변신하여 정사에 내려왔다가 그 모
습을 보고 마을 사람들에게 부지런히 맛있는 음식을 만들어 부처님
이 계시는 정사로 가지고 가라고 권했다. 그리하여 모든 스님들이
먹을 만큼 충분한 음식이 공급되었는데 그것을 본 몇몇 비구들이
아누룻다 장로를 비난했다.

"아누룻다 장로는 아마도 이 기회에 자기가 얼마나 많은 음식을 받
고 있는지, 얼마나 많은 신도들의 존경을 받고 있는지 과시하고 싶
었나 보다." 그러자 부처님께서는

"비구들이여, 여래의 아들 아누룻다가 친척이나 신도들에게 음식
을 요구했다고 생각하지 말라. 그는 아무것도 요구하지 않았다. 아
라한은 음식이나 의복 등을 요구하지 않는다. 오늘 아침 정사에 온
음식은 천녀에 의한 것이지 사람에 의한 것이 아니다." 라고 말씀하

시고 이어서 게송을 읊으셨다.

134) 번뇌(아사와)에는 감각적 쾌락 번뇌, 존재 번뇌, 사견 번뇌, 무명 번뇌
모두 네 가지가 있다.

94 제석천왕의 존경을 받는 마하깟짜야나 장로 [135]

마부에 의해 잘 길들여진 말처럼
아라한의 감각기관은 매우 고요하다.
자만과 번뇌에서 벗어난 아라한을
천상의 신들도 부러워한다.

135) 안거가 끝나는 날 자자(自恣) 행사를 시작하려고 할 때, 제석천왕은
부처님께 문안 인사를 드리기 위해 많은 천신들을 거느리고 뿝빠라
마 정사로 내려왔다. 당시에 마하깟짜야나 장로는 아완띠국에 있었
지만 멀리서 와서 부처님의 가르침을 경청하곤 했다. 그래서 장로
들은 그의 자리를 비워두고 있었다. 제석천왕은 부처님께 꽃과 향,
향수 등을 바치고 공손하게 예를 올린 다음, 마하깟짜야나 장로의
자리가 비어 있는 것을 보며, 장로가 빨리 오면 자기가 존경의 예를
표할 수 있게 될 것이라고 생각하고 있었는데 바로 그 순간 장로가
도착했다. 그러자 그는 매우 기뻐하면서 정성스럽게 장로에게도 꽃
과 향, 향수 등을 올리며 예를 올렸다.
그 광경을 본 대부분의 비구들은 매우 놀라고 탄복했으나 몇몇 비구
들은 제석천왕이 마하깟짜야나 장로에게 표하는 존경이 너무 지나치

다고 생각했다. 그러자 부처님께서 말씀하셨다. "나의 아들 마하깟짜 야나는 감관의 문을 잘 수호하여 신들과 인간의 사랑을 받는다." 이어서 부처님께서는 게송을 읊으셨다. (『법구경-담마파다』, 399쪽 참조)

95 사리뿟따 장로의 사자후[136]

아라한은 대지처럼 잘 참고
성문의 기둥처럼 흔들리지 않으며
진흙이 없는 호수와 같다.[137]
그러한 아라한에게 윤회는 없다

---

136) 한 비구가 세존께 "사리뿟따 장로가 저를 모욕하고 때렸습니다."라고 말씀드렸다. 그러자 세존께서는 사리뿟따를 불러서 동료 비구를 때리고 미안하다는 사과 한 마디 없이 유행을 떠났느냐고 물으셨다. 그러자 사리뿟따 장로가 말했다.

"세존이시여, 몸에 대한 사띠를 확립하지 못한 자는 다른 비구를 모욕하고도 용서를 구하지 않고 유행을 떠날 것입니다. 예를 들면 사람들이 땅에 깨끗한 것이나 더러운 것을 던지기도 하고, 똥이나 오줌을 누기도 하고, 침을 뱉기도 하고, 고름을 짜서 버리기도 하고, 피를 흘리기도 하지만, 땅은 놀라지도 않고 주눅 들지도 않고 넌더리치지도 않는 것처럼, 저는 ①땅과 같이 풍만하고 광대하고 무량하고 원한 없고 고통 없는 마음으로 살아갑니다. 예를 들면 … ②물과 같이 … ③불과 같이 … ④바람과 같이 … ⑤먼지 닦는 걸레와 같이 … ⑥천민의 자식과 같이 … ⑦뿔이 잘린 황소와 같이 … 풍만하고, 광대하고, 무량하고, 원한 없고, 고통 없는 마음으로 살아갑니다. 예를 들면 치장을 좋아하는 젊은 여자나 남자가 머리를 감은 뒤, 뱀이나 개, 혹은 사람의 시체를 자기의 목 주위에 감으면, 전율을 느끼고 혐오스러워 하고 넌더리를 치는 것처럼, 저는 ⑧썩어문드러질 이 몸에 대해서 전율을 느끼고 혐오스러워하고 넌더리를 칩니다.

예를 들면 터지고 금이 가서 기름이 새어 뚝뚝 떨어지는 단지를 이고 가는 사람처럼, 저는 ⑨터지고 금가고 번뇌가 새어 나와 뚝뚝 떨어지는 이 몸을 가지고 다닙니다. 몸에 대한 사띠를 확립하지 못한 자는 다른 비구를 모욕하고도 용서를 구하지 않고 유행을 떠날 것입니다. 그러나 저는 그렇지 않습니다."

사리뿟따 장로의 말이 끝나자 비구는 자리에서 일어나 세존의 발에 머리를 조아리며

"세존이시여, 저는 잘못을 범했습니다. 제가 어리석어 거짓말로 사리뿟따 장로를 비방했습니다. 세존께서는 제가 미래에 다시는 이런 잘못을 범하지 않고 제 자신을 단속할 수 있도록 제 참회를 받아 주소서."라고 말했다. 그러자 세존께서는

"비구여, 참으로 그대는 잘못을 범했다. 그대는 어리석어 거짓말을 하여 사리뿟따 장로를 비방했다. 그러나 그대는 잘못을 인정하고 법에 맞게 참회했다. 그러므로 우리는 그대를 받아들인다. 잘못을 범했다고 인정한 다음 법에 따라서 참회하고 미래에 저지르게 될지도 모르는 잘못을 단속하는 자는 성스러운 율에서 향상하기 때문이다."라고 말씀하신 다음 사리뿟따 장로를 불러서 말씀하셨다.

"사리뿟따여, 이 어리석은 자의 머리가 일곱 조각으로 갈라지기 전에 그를 용서하라."(이상 대림 스님 옮김, 『앙굿따라 니까야 5』, 396-401쪽 (안거를 마침 경 A9:11) 참조.)

비구는 사리뿟따 장로에게 자기가 어리석었음을 크게 뉘우치며 정중하게 사과하고 용서를 빌었고, 장로도 그의 참회를 받아들이는 한편, 자기도 혹시 그에게 잘못한 일이 있었다면 용서해 달라고 말했다.

그러자 그 자리에 있던 모든 대중은 사리뿟따 장로를 칭찬해 마지않았다. 이에 부처님께서 말씀하셨다.

"비구들이여, 사리뿟따와 같은 비구들은 화내거나 미워하는 마음이 생기지 않는다. 사리뿟따의 마음은 대지와 같고, 성문의 기둥과 같고, 고요한 호수와 같다." 이어서 부처님께서는 게송을 읊으셨다.

137) 진흙이란 감각적 쾌락에 대한 욕망을 말한다.

96 띳사 장로와 한쪽 눈을 잃은 사미[138]

바르게 깨달아 해탈하여
고요하고 흔들리지 않는 아라한은
마음이 고요하고
말과 행동도 고요하다.

---

138) 띳사 장로는 일곱 살 소년을 시자로 받아들이고 나서 그의 머리를 깎기에 앞서 몸 구성요소 중 처음 다섯 가지에 대한 수행법을 가르쳤다. 장로가 가르침을 끝내고 소년의 머리에 삭도를 갖다 대는 순간 소년은 사무애해를 갖춘 아라한이 되었다. 그리고 나서 장로는 사미 아라한을 데리고 부처님을 친견하기 위해 사왓티로 떠났

다. 여행 도중 그들은 어느 마을의 승원에서 하룻밤을 지내게 되었는데, 방을 한 개밖에 구하지 못해 하는 수 없이 두 사람은 같이 지내야 했다. 날이 저물자 범부였던 장로는 아무 생각 없이 금방 잠이 들었으나 사미는 '오늘이 스승과 함께 잠을 잔지 사흘째이다. 내가 누워 잠들었다가 해가 뜰 때까지 일어나지 못하면 장로님은 빠찟띠야 계율을 범하게 되니 앉은 채 밤을 새워야겠다.'고 생각하고 스승의 침상 곁에 바르게 앉아 밤을 지새웠다.

아침 일찍 잠이 깬 장로는 사미를 깨우려고 침상에서 종려나무 잎으로 만든 부채를 쥐고 일어나다가 부채 손잡이의 끝 부분으로 사미의 눈을 찌르고 말았다. 그러나 사미는 조금도 동요하지 않고 다친 한쪽 눈을 가린 채 연로한 장로를 위해 세숫물을 떠와 스승의 손과 입, 얼굴을 씻겨 드리고, 정사의 마당과 방도 쓸었다. 사미가 물을 한 손으로 자기에게 주자 장로는 사미에게 어른들께는 무엇이든 두 손으로 공손히 올려야 한다고 타일렀다. 묵묵히 장로의 말씀을 다 듣고 난 사미는 장로가 부채 손잡이로 눈을 찌르는 바람에 한 눈을 잃어 다친 눈을 가리느라고 한 손으로 물을 드릴 수밖에 없었다고 말씀드렸다. 그때서야 장로는 자신이 엄청난 잘못을 저질렀다는 것을 알고 매우 괴로워하며 제자에게 사과했다.

그러나 사미는 자기가 눈을 다친 것은 그 누구의 잘못도 아닌 업의 결과일 뿐이라고 담담하게 말하며, 너무 유감스럽게 생각하실 것이 없다고 도리어 장로를 위로했다. 그러나 장로는 이 불행한 사고를 잊을 수가 없었다. 그들이 사왓티의 제따와나 정사에 도착해서 부처님을 뵈었을 때 장로는, 여행하는 동안 있던 일을 보고 드리면서 함께 간 어린 사미는 자기가 태어나서 처음 보는 훌륭한 성자라고 말씀드렸다. 그러자 부처님께서는 "아라한은 그 누구에게도 화내거나 증오를 품지 않는다. 그는 감각을 잘 다스려 완전히 고요하고 평온하기 때문이다.”라고 말씀하시고 이어서 게송을 읊으셨고, 게송이 끝나자 띳사 장로는 사무애해를 갖춘 아라한이 되었다.

97 사리뿟따 장로의 진정한 믿음[139]

맹신하지 않고[140] 무위도 깨달았고[141]
윤회의 속박을 끊었고
새로운 업을 제거했고, 욕망을 버린 사람
그가 진정 고귀한 사람이다.[142]

---

139) 한때 서른 명의 비구들이 부처님을 친견하기 위해 제따와나 정사에 도착했는데, 그들이 모두 아라한이 될 시기가 되었음을 아신 부처님께서는 사리뿟따 장로를 부르시어 서른 명의 비구 앞에서 질문하셨다.

“사리뿟따여, 그대는 다섯 가지 기능(五根 : 믿음 기능, 정진 기능, 사띠 기능, 삼매 기능, 통찰지 기능)에 대해서 명상하면 열반을 실현한다는 사실을 믿는가?” 사리뿟따 장로가 대답했다. (오근에 대해서는 “첨부 14. 37보리분” 참조)

“세존이시여, 제가 ‘다섯 가지 기능에 대해서 명상하면 열반을 실현한다는 사실을 받아들이는 것은 세존에 대한 믿음 때문이 아닙니다. 그러나 열반을 체험하지 못한 사람이 ‘다섯 가지 기능에 대해서 명상하면 열반을 실현한다.’는 사실을 받아들이는 것은 타인에 대한 믿음 때문입니다.” 사리뿟따 장로의 대답을 듣고 올바로 이해하지 못한 비구들은 이렇게 수군거렸다. “사리뿟따 장로는 그릇된 견해를 말했다. 그는 부처님께 대한 진실한 믿음을 갖고 있지 않다."
그러자 부처님께서는 그들에게 사리뿟따 장로가 한 말의 의미를 분
명하게 밝혀주셨다. "비구들이여, 사리뿟따는 다섯 가지 기능을 닦
고 사마타와 위빳사나 수행을 통하여 열반을 실현한다는 사실을 의
심 없이 받아들인다. 그러나 그것은 자기 자신이 스스로 수행하여
깨달음에 도달한 체험에 의한 것이지, 여래가 그렇게 말했거나 다
른 사람이 그렇게 말했기 때문이 아니다. 사리뿟따는 여래에 대한
믿음이 깊으며, 그는 선한 행동과 악한 행동에 따르는 결과도 잘 믿
고 있다." 이어서 부처님께서는 게송을 읊으셨고, 게송이 끝나자 서
른 명의 비구들은 아라한이 되었다.

140) 자신의 덕성을 갖춘 자는 타인의 이야기를 무조건 맹신하지 않는
다. 그는 세간적인 덕목만이 아니라 수행, 통찰지 등의 출세간적인
덕목을 스스로 깨닫는다.

141) 무위(無爲, akata)란 만들어지지 않은 것인 열반을 뜻한다. (『법구경 이야기
2』, 213쪽 참조)

142) 고귀한 사람이란 아홉 가지 출세간법을 꿰뚫어 보기 때문에 사람들
가운데 가장 탁월한 위치에 도달한 사람을 말한다. (『법구경-담마빠다』,
403쪽 참조)

98 아카시아 숲에 사는 레와따 장로[143]

마을이든 숲속이든
낮은 곳이거나 높은 곳이거나

아라한이 머문다면
그곳은 즐거운 곳이다.

143) 부처님의 상수제자 사리뿟따 장로의 동생들 중에서 비구가 아닌 사람은 막내 동생 레와따뿐이었다. 그의 부모는 레와따를 결혼시키려고 많은 노력을 한 끝에 겨우 일곱 살인 아들을 그 또래의 소녀와 맺어 주게 되었다. 그런데 결혼식 피로연장에서 레와따는 120살이 된 할머니를 보고 모든 인간은 반드시 늙게 된다는 것을 깨닫고는 피로연 도중 도망쳐 나와 곧장 서른 명의 비구들이 있는 정사로 갔다. 그런데 사리뿟따 장로는 비구들에게 자기의 막내 동생이 정사에 오면 즉시 출가시켜 달라고 미리 부탁해 두었기 때문에 비구들은 레와따가 정사에 도착하자마자 사미로 만들고 나서 사리뿟따 장로에게 보고했다. 사미가 된 레와따는 비구들한테 아라한에 이르는 수행주제를 받아서 가사와 발우를 들고 유행을 떠났다. 그는 혼자 30요자나 떨어진 아카시아 숲속에 머물면서 열심히 정진한 끝에, 삼 개월 안거가 끝나기 전에 사무애해를 갖춘 아라한이 되었다.

그즈음 사리뿟따 장로가 부처님께 레와따 사미를 찾아가 보겠노라고 말씀드리자 부처님께서도 함께 가시겠다고 하셨다. 부처님께서는 사리뿟따 장로와 시왈리 장로 등 오백 명의 비구들을 거느리시고 길을 떠나셨다. 그들은 사람이 살지 않는 험한 곳도 지나며 매우 먼 길을 여행했는데 여행하는 동안 필요한 것들은 모두 천상의 신들이 공급해 주었으며, 매 요자나마다 부처님 일행이 쉬어갈 수 있는 정사도 마련되었다. 일행이 하루에 1요자나의 속도로 여행을 계속하는 동안 사미 레와따는 부처님께서 자기가 있는 곳으로 몸소 오시는 것을 알고 신통력으로 일행이 머물 수 있는 정사를 건립하고, 필요한 모든 것들을 다 사전에 갖추어 놓았다.

그리하여 부처님 일행은 아카시아 숲속에서 여러 날을 편히 보내신 다음 사왓티로 돌아가려고 길을 나섰다. 일행은 돌아갈 때도 하루에 1요자나씩 여행하여 그달 그믐쯤에 사왓티 동쪽에 있는 뿝빠라마 정사에 도착하여, 그 정사를 기증한 위사카의 집에 가시어 탁발하셨다. 부처님께서 공양을 끝내셨을 때 위사카가 부처님께 여쭈었다. "부처님, 레와따 사미가 수행하고 있는 커다란 숲속에서는 즐거우셨습니까?" 부처님께서는 게송으로 대답하셨다.

99 비구를 유혹한 기생[144]

숲은 즐거운 곳이지만
범부는 즐거워하지 않는다.
그러나 탐욕 없는 이들은 즐거워한다.
그들은 욕망을 추구하지 않기에.

---

144) 한 비구가 부처님으로부터 수행주제를 받고 황폐한 놀이동산에서 수행하고 있었다. 그때 마침 기생 한 명이 자기가 만나기로 약속한 남자가 나타나지 않아 낙담하여 근처를 배회하다가 비구를 보고 유혹하기 시작했다. 그녀가 비구 앞에서 속옷을 입었다 벗었다 하고, 머리를 풀어헤쳤다 다시 묶었다 하고, 손뼉을 치고 깔깔거리기도 하자 비구는 흥분하여 온 몸이 달아올랐다.

그때 부처님께서는 향실에 계시면서 여인의 유혹이 비구를 혼란에 빠뜨리고 있다는 것을 아시고 신통력으로 그에게 광명을 놓으셨다. 그러자 비구는 그 빛이 부처님으로부터 온 것을 알아차렸다. 부처님께서는 그에게

"여래의 아들이여, 세상 사람들은 감각적인 쾌락을 추구하지만 비구는 그래서는 안 된다. 세상 사람들이 아무런 쾌락도 찾을 수 없는 숲속에서도 비구는 즐거움을 찾아야만 한다."라고 말씀하시고 이어서 게송을 읊으셨는데 게송이 끝나자 비구는 사무애해를 갖춘 아라한이 되었다.

제8장

천(千)

(Sahassavagga)

100 사형집행자 땀바다티까[145]

쓸데없는
천 마디 말보다
들으면 마음이 평온해지는
한 마디의 말이 더 낫다.

---

[145] 죄수의 목을 자르는 망나니로 55년 동안 일하고 은퇴한 땀바다티까는 사리뿟따 장로를 집으로 초청해서 쌀죽을 아주 공손하게 올렸다. 공양을 마친 장로가 설법을 하자 그는 고요한 마음으로 귀 기울여 열심히 듣고 거의 수다원도에 이르렀다. 하지만 그는 장로를 전송하고 집으로 돌아가다 귀신 들린 암소의 뿔에 받혀 죽고 말았다. 비구들이 부처님께 땀바다티까가 어디에서 다시 태어났는지 여쭙자 부처님께서는 도솔천에 태어났다고 말씀하셨다. 그러나 오랫동안 많은 사람을 죽인 사람이 법문을 한 번 듣고 어떻게 그런 큰 보상을 받았는지 비구들이 의아해하자 부처님께서 말씀하셨다. "법문을 얼마나 많이 들었는가보다 법문이나 게송을 단 한 마디라도 바르게 이해하는 것이 더 낫다." 이어서 부처님께서는 게송을 읊으셨다.

101 법문을 듣자마자 깨달은 바히야 다루찌리야[146]

쓸데없는
천 구절의 시보다
들으면 마음이 평온해지는
한 구절의 시가 더 낫다.

---

[146] 나무껍질로 몸을 가리고 아라한 행세를 하던 바히야는, 전생에 도반이었던 범천의 충고를 듣고 부처님을 찾아갔다. 그가 아침 일찍 사왓티 성에서 탁발하고 계시던 부처님을 만나 뵙고 법을 설해 주십사고 여러 번 간청하자 부처님께서는 다음과 같이 간단히 법을 설하셨다.

"볼 때는 보기만 하고, 들을 때는 듣기만 하고, 냄새 맡을 때는 냄새 맡기만 하고, 맛볼 때는 맛보기만 하고, 닿을 때는 닿았음을 느끼기만 하고, 알 때에는 알기만 한다면, 그대는 그것과 함께 하지 않을 것이다. 그것과 함께 하지 않을 때 거기에 그대가 없다. 거기에 그대가 없을 때, 그대에게는 이 세상도 없고 저 세상도 없고, 그 둘 사이의 어떤 세상도 없다. 이것이 고통의 소멸이다." (오원탁 옮김, 『부처님의 제자들』, 147-161쪽 참조)

부처님의 법문이 끝나자마자 바히야는 사무애해를 갖춘 아라한이 되었다. 그가 비구가 되겠다고 하자 부처님께서는 그에게 가사와 발우를 구해 오라고 하시고 탁발을 계속하셨다. 그런데 그는 가사와 발우를 준비하다가 귀신 들린 암소의 뿔에 받혀 그만 죽고 말았다. (과거에 비구에게 가사와 발우를 보시한 적이 있는 사람은, 저절로 가사와 발우가 생겨서 '오라, 비구여!'라는 말로 비구계를 받을 수가 있다. 그러나 바히야는 지금까지 한 번도 가사와 발우를 보시한 적이 없기 때문에 스스로 구해와야만 했다.) 부처님께서는 제따와나 정사의 비구들에게 바히야는 아라한이 되었다고 말씀하셨다. 비구들은 바히야가 어떻게 몇 마디의 법문만을 듣고 아라한이 될 수 있는지 의아하게 생각했다. 이에 부처님께서 말씀하셨다. "쓸데없는 천 마디의 말보다 들어서 안온해지는 한 마디의 말이 낫다." 이어서 부처님께서 게송을 읊으셨다.

102-103 강도와 결혼했다 출가한 꾼달라께시[147]

102 쓸데없는
백 개의 시를 읊는 것보다
들으면 마음이 평온해지는
한 마디 진리의 말씀이 더 낫다.

103 전쟁터에서 백만 명을
이기는 자보다
자기 자신을 정복한 자야말로
진정한 전쟁의 승리자이다.

---

147) 여인 '꾼달라께시'는 자기를 죽이고 금은보석을 빼앗으려는 남편을 살해하고 유행녀(여자 출가수행자)의 사원에 들어가서 유행녀가 되었다. 두뇌가 명석했던 그녀가 천 개의 교리에 통달하게 되자 스승은 "이제 그대는 모든 것을 완벽하게 배웠으니 인도 전역을 돌아다

니면서 유명한 사람들에게 도전해 보아라."라고 그녀에게 말했다.
스승의 말씀대로 그녀는 여기저기 다니며 토론을 했는데 그녀를 이
기는 사람이 없었다. 그러던 어느 날 그녀는 사리뿟따 장로를 만나
토론을 했는데 장로는 그녀가 묻는 천 개의 질문에 모두 답했지만,
그녀는 장로가 "하나가 무엇인가?"라고 묻자 답을 하지 못했다. 그
녀가 장로에게 문제의 답을 알려달라고 하자 장로는 그녀가 출가
해야만 알려주겠다고 했다. 그녀가 비구니가 되겠다고 하자 장로는
그녀를 데리고 부처님께 갔다. 부처님께서 말씀하셨다. "천 개의 무
의미한 교리보다 사람의 마음을 고요하고 평온하게 해 주는 단 하
나의 게송이 더 낫다." 이 법문 끝에 그녀는 아라한이 되었고 부처
님께서는 직접 그녀에게 비구니계를 주셨다.

얼마가 지나서 비구들이 법당에서 그녀에 대해 "가르침을 거의 듣
지 못했는데도 승단에 들어와 도둑과의 전쟁에서 승리했다."고 이
야기하자 부처님께서는 "자신의 악행인 도둑을 처부수는 것이 진
정한 승리이다."라고 말씀하시고 게송 두 편을 읊으셨다.

104-105 도박과 아낫타뿟차까 바라문[148]

104-105 남을 이기는 것보다 자신을 이기는 것이
　　　　　진실로 훌륭하다.
　　　　　언제나 자제하고 실천하면서 자신을 다스리는 사람,
　　　　　그런 성품을 지닌 사람을 패배시키는 것은
　　　　　신도 간답바도 마라도 범천도 하지 못한다.[149]

148) 바라문인 아낫타뿟차까는 제따와나 정사로 부처님을 찾아와서 여쭈었다. "부처님께서는 이익에 대해서만 알고 손해에 대해서는 모르십니까?" 그러자 부처님께서 당신은 이익과 손해 두 가지 다 안다고 하시면서, "해가 높이 뜰 때까지 자고, 게으르고, 늦은 달밤에 돌아다니고, 사치스럽게 살고, 남의 아내와 간통하려고 돌아다니면, 손해만 있지 이익이 되지 않는다."라고 구체적인 예를 드셨다. 그러고 나서 부처님께서 바라문에게 어떻게 생활하느냐고 물으시자 그는 도박으로 살아간다고 대답했다. 부처님께서는 또 그에게 도박을 하면 이기는지 지는지 질문하셨는데, 바라문은 어떤 때는 이기고 어떤 때는 진다고 대답하였다. 이에 부처님께서는 "도박에서 이기는 것을 어떻게 번뇌를 이기는 승리에 비길 수 있으랴?"라고 말씀하시고, 게송 두 편을 읊으셨다.

149) 간답바(gandhabba)는 천상의 음악가이고, 범천(brahma)은 색계 천상의 천신을 말한다. (『법구경 이야기 2』, 259쪽 참조)

106 사리뿟따 장로의 외삼촌[150]

백 년 동안 매달 천 냥으로 제사를 지내는 것보다
잘 수행한 사람에게 한 번 공양 올리는 것이 더 훌륭하다.

150) 사리뿟따 장로가 외삼촌에게 어떤 공덕행을 하고 있는지 물었다. 그러자 그는 범천 세상에 태어나려고 매달 천 냥에 해당하는 물품을 니간타들에게 헌납한다고 말했다. 그러자 사리뿟따 장로는 "외

삼촌의 스승은 범천 세상에 이르는 길을 모릅니다."라고 외삼촌의 잘못된 믿음을 지적한 뒤에, 그와 함께 부처님께 가서 범천 세상에 태어나는 법을 가르쳐 주십사고 청했다. 그러자 부처님께서 말씀하셨다. "바라문이여, 그대가 그렇게 백 년을 공양 올리는 것보다, 청정한 믿음을 갖고 나의 제자에게 밥 한 숟갈 올리는 것이 더 큰 과보를 가져온다." 이어서 부처님께서는 게송을 읊으셨고, 게송이 끝나자 외삼촌은 수다원이 되었다.

107 사리뿟따 장로의 조카[151]

백 년 동안 숲속에서
불을 섬기는 것보다
잘 수행한 사람에게
한 번 공양 올리는 것이 더 훌륭하다.

---

151) 어느 날 사리뿟따 장로는 자기 조카에게 어떤 공덕행을 하고 있는지 물었다. 그러자 그는 매달 염소를 잡아 불을 숭배하는 스승에게 제사를 올리면서 사후에 범천으로 태어나기를 바라고 있다고 대답했다. 그러자 사리뿟따 장로는 "네 스승은 범천에 이르는 길을 모른다."라고 말하고 조카를 부처님께 데리고 갔다. 부처님께서는 그에게 범천으로 태어나는 법을 가르치신 다음 말씀하셨다. "바라문이여, 그대가 불의 신에게 백 년 동안 제사를 올리는 것보다, 나의 제자에게 밥 한 숟갈 올리는 것이 더 큰 과보를 가져온다." 이어서 부처님께서는 게송을 읊으셨고, 가르침이 끝나자 그는 수다원이 되었다.

108 사리뿟따 장로의 친구¹⁵²⁾

세상에서 여러 가지 제사나 공양이나
공덕을 쌓으려고 일 년 내내 헌공해도
바른 길에 들어선 이에게 올린 예경의¹⁵³⁾
4분의 1에도 미치지 못한다.

---

152) 사리뿟따 장로는 친구인 바라문에게 어떤 공덕행을 하고 있는지 물었다. 그러자 그는 다음 생에 범천으로 태어나기를 서원하면서 큰 규모로 제사를 올리는 일을 계속하고 있다고 말했다. 장로는 친구에게 말했다.
"자네 스승은 자신이 범천으로 태어나는 길을 알지 못하는데 어떻게 다른 사람들을 그곳에 태어나게 해줄 수가 있겠는가?"
장로는 친구를 데리고 부처님께 갔다. 부처님께서는 그에게 말씀하셨다.
"바라문이여, 잠시나마 성자들에게 공손히 예경하는 것이 일 년 내내 제사를 지내는 것보다 훨씬 훌륭하다."
이어서 부처님께서는 게송을 읊으셨고, 설법이 끝나자 그는 수다원이 되었다.

153) 바른 길에 들어선 이: 수다원, 사다함, 아나함, 아라한을 말한다.

109 수명이 늘어난 아유왓다나 [154]

항상 어른들을 공경하는 이들,
계를 잘 지키는 이를 존경하는 이들은,
수명, 용모, 행복과 힘이라는
네 가지 공덕이 증가한다.

---

154) 디가람비까의 바라문에게 아들이 태어났다. 그는 친구인 사문으로 부터 아들의 수명이 일주일뿐이라는 말을 듣고 부처님께 찾아가서 아이의 운명을 바꿀 방법을 알려 주십사고 간청했다. 그러자 부처 님께서 아기를 살리려면 집 앞에 정자를 짓고 그 안에 아기를 뉘인 다음 비구들이 『보호경』("첨부 12. 보호경" 참조)을 7일 동안 독송하면 된 다고 일러주셨다. 그래서 부부는 즉시 정자를 지었고, 비구들이 7 일간 주야로 보호경을 독송하였으며, 마지막 날에는 부처님께서도 직접 참석하셨다. 그때 천상계의 모든 천왕들과 천신들도 그곳에 모여 들었다.

이때 야차 '아와룻다까'는 아이를 데려가려고 정자 문 밖에서 비구 들이 자리를 뜰 때만을 기다리고 있었다. 그러나 아와룻다까는 자 기보다 위력이 센 천왕들이 직접 그 자리에 참석하는 바람에 자리 를 비켜 주다 보니, 마침내는 아기로부터 2요자나나 되는 거리까지 밀려나게 되어 아기를 데려가는데 실패했다.

다음 날 아침 부모가 아이를 데려와서 인사드리자 부처님께서는 "오래 살아라!"라고 축복하셨다. 부모는 아이의 이름을 아유왓다나 (수명을 더 받은 아이)라고 지었고, 아이는 이름대로 120세의 수명을 누 릴 수 있게 되었다.

어른이 된 아유왓다나는 오백 명의 재가신도들을 가르치는 스승이 되었다. 오랜 세월이 흐른 다음 그는 제자들과 함께 나이 많은 이들에게 인사를 드리고 선물을 하며 전국을 돌아다니다가 마침내 제따와나 정사에 오게 되었다. 그를 기억하는 비구들이 부처님께 여쭈었다.

"중생이 수명을 연장하려면 어떻게 해야 합니까?"

부처님께서 게송으로 대답하셨고, 게송이 끝나자 아유왓다나와 오백 명의 재가신도들은 모두 수다원이 되었다.

110 오백 명의 도둑을 교화한 상낏짜 사미[155]

**계를 어기고 삼매에 안 들면서
백 년을 사는 것보다
계를 지키고 선정에 들면서
하루를 사는 것이 더 훌륭하다.**

---

[155] 서른 명의 비구들이 부처님으로부터 멀리 떨어진 곳에서 열심히 수행하고 있었다. 하루는 근처 숲속에 사는 오백 명의 도둑들이 비구 한 명을 자기네 보호신에게 올릴 제물로 바치라고 그들을 협박했다. 그러자 나이가 많은 비구부터 젊은 비구까지 서로 자기가 가겠다고 나섰다. 그들 중에 사리뿟따 장로의 추천으로 온 '상낏짜'라는 사미가 있었는데 그는 일곱 살이지만 이미 아라한이었다. 상낏짜는 사리뿟따 장로께서 이미 이런 일이 일어날 것을 미리 아시고 자기

를 파견하신 만큼 자기가 가야 한다고 극구 주장했다. 그래서 결국
은 상낏짜가 도둑들에게 잡혀가게 되었다.

도둑두목은 앉아서 선정에 들어있는 상낏짜의 목을 칼로 힘껏 내리
쳤다. 그러나 놀랍게도 사미의 목은 조금도 다치지 않았고, 오히려
두목의 칼날이 뭉그러졌을 뿐이었다. 몹시 당황한 두목은 칼날을
바르게 편 다음 다시 상낏짜의 목을 내리쳤지만 역시 그는 상처 하
나 입지 않았고 칼의 손잡이가 구부러져 버렸다. 그러자 두목은 칼
을 내던지고 부하들과 함께 그의 발 앞에 무릎을 꿇고 엎드려 용서
를 구하며 자기들을 비구로 만들어 달라고 했다. 그리하여 상낏짜
는 도둑 오백 명을 사미로 만든 다음, 그들을 데리고 사리뿟따 장로
를 찾아뵙고 인사를 드린 다음 부처님을 친견했다. 자초지종을 들
으신 부처님께서 말씀하셨다.

"사미들이여, 악행을 저지르고 남의 물건을 강탈하면서 백 년을 사
는 것보다, 계를 지키며 단 하루를 사는 것이 더 낫다."

이어서 부처님께서는 게송을 읊으셨다.

111 오백 명의 도둑을 교화한 카누 꼰단냐 장로[156]

지혜가 없고 삼매에 안 들면서
백 년을 사는 것보다
지혜를 갖추고 선정에 들면서
하루를 사는 것이 더 훌륭하다.

---

156) 카누 꼰단냐 장로는 부처님한테 수행주제를 받아 숲속으로 들어가

열심히 수행하여 아라한과를 성취했다. 어느 날 그는 부처님께 인사를 드리기 위해 제따와나 정사로 가던 중 날이 저물자 넓은 바위 위에 앉아서 선정에 들었다. 그때 한밤중에 도둑 오백 명이 마을을 털어서 약탈한 물건을 가지고 도망치다가 장로가 선정에 들어 있는 곳까지 오게 되었다. 매우 어두운 밤이었던지라 장로를 나무 그루터기로 착각한 도둑들은, 장로의 몸에 자기들이 훔쳐온 값진 물건들을 걸다가 장로가 몸을 움직이자 장로를 귀신이라고 착각하고 놀라 달아나 버렸다.

날이 밝은 다음 도둑들이 다시 그곳으로 돌아왔을 때 장로는 자신이 비구이니 놀라지 말라고 말했다. 도둑들은 장로를 귀신이라고 착각한 것을 용서해 달라고 말하고 나서 자기들을 제자로 받아달라고 했다. 그렇게 그는 도둑 오백 명을 출가시킨 다음, 그들을 데리고 부처님을 찾아가 자기가 어떻게 그들을 데리고 오게 되었는지 보고 드렸다. 그러자 부처님께서 말씀하셨다.

"비구들이여, 강도짓하면서 어리석게 백 년을 사는 것보다 지혜롭게 수행하면서 하루를 사는 것이 더 낫다."

이어서 부처님께서는 게송을 읊으셨다.

112 삭도로 자살을 시도한 삽빠다사 장로[157]

나태하고 정진을 게을리 하면서[158]
백 년을 사는 것보다
열심히 정진하면서
하루를 사는 것이 더 훌륭하다.

157) 비구 생활에 보람을 느끼지 못하던 삽빠다사 장로는 날카로운 면도
칼로 자기 숨통을 끊어 죽으려고 했다. 그런데 날카로운 면도날이
자기 목에 닿는 순간, 그는 자신의 수행생활이 티 없이 맑은 보름달
처럼, 단 하나의 잘못도 저지르지 않은 청정한 삶이었다는 것을 알
았다. 그 순간 그의 온 몸이 짜릿한 황홀감으로 가득 차올랐으나,
그 느낌을 극복하고 위빳사나 지혜를 계발하여 사무애해를 갖춘 아
라한이 되었다.

그가 정사로 돌아오자 비구들은 그에게 어디를 다녀왔으며 왜 손
에 면도칼을 들고 있느냐고 물었다. 그래서 그가 모든 것을 이야기
하자 비구들은 죽으려고 했는데 왜 죽지 않고 돌아왔느냐고 되물었
다. 이에 그가 대답했다.

"나는 지혜라는 칼로 모든 번뇌를 끊어 버렸소."

그러나 비구들은 그의 말이 믿어지지 않아 부처님께 여쭈었다.

"부처님, 이 비구가 면도칼로 숨통을 끊으려고 하는 순간에 아라한
과를 성취했다고 말했는데, 그렇게 짧은 시간에 아라한과를 성취할
수 있습니까?"

그러자 부처님께서 말씀하셨다.

"비구들이여, 온 힘을 기울여 정진하는 비구는 발을 들어 올리는 순
간이나, 발을 내리는 순간이나, 발이 땅에 닿는 짧은 순간에도 아라
한과를 성취할 수 있다. 게으르게 백 년을 사는 것보다 한 순간일지
라도 온 힘을 기울여 정진하는 것이 더 낫다."

이어서 부처님께서는 게송을 읊으셨다.

158) 나태하고 정진을 게을리 한다는 것은 눈 귀 등을 만족시키고 마음
을 즐겁게 하는 형상 소리와 같은 감각적 쾌락의 욕망에 매인 사유,
다른 사람을 해치려는 분노에 매인 사유, 다른 사람을 위협하고 억

압하는 폭력에 매인 사유를 하면서 정진하지 않는 것을 말한다. (『법구경-담마파다』, 421쪽 참조)

113 가족을 모두 잃고 미쳐버린 빠따짜라[159]

생기고 사라지는 것을 관찰하지 못하면서[160]
백 년을 사는 것보다
생기고 사라지는 것을 관찰하면서
하루를 사는 것이 더 훌륭하다.

---

[159] '빠따짜라'는 남편과 두 아들 그리고 부모와 오빠 언니 동생을 하루 사이에 다 잃고 미쳐버렸다. 부처님을 만나 제 정신이 든 그녀는 부처님의 법문과 게송 두 편(288, 289게송)을 듣고 수다원이 된 다음 출가하였다.

어느 날 빠따짜라는 항아리에 있는 물로 발을 씻고 나서 버린 물이 대부분 땅에 흡수되어 버리는 것을 보았다. 호기심이 생긴 그녀는 항아리의 물을 또 퍼서 땅에 버리니 이번에는 좀 더 멀리 흘러갔다. 세 번째 퍼서 버린 물은 훨씬 더 멀리 흘러가는 것을 본 그녀는, 중생들이 단명하고 장수하는 것도 그와 같다는 것을 깨달았다.

이때 부처님께서는 제따와나 정사에 계시면서 신통력으로 빠따짜라를 보시고, 광명을 나타내시어 그녀와 마주보고 있는 것처럼 말씀하셨다.

"빠따짜라여, 오온이 생기고 사라지는 것을 보지 못하고 백 년을 사는 것보다 하루라도 오온이 생기고 사라지는 것을 보면서 사는 것이 더 낫다."

이어서 부처님께서 게송을 읊으셨고, 게송 끝에 **빠따짜라**라는 사무애해를 갖춘 아라한이 되었다.

160) 생기고 사라지는 것이란 오온(五蘊 다섯 가지 존재의 무더기)이 무명(無明), 갈애(愛), 행위(業), 음식(食), 접촉(觸)이라는 다섯 가지를 통해서 생기고 사라지는 것을 말한다. 오온이란 중생을 구성하고 있는 것인 물질 무더기(色蘊), 느낌 무더기(受蘊), 인식 무더기(想蘊), 형성 무더기(行蘊), 의식 무더기(識蘊)를 말한다. (『법구경-담마파다』, 422쪽 참조)

114 아들을 살리려고 겨자씨를 구하러 다닌 끼사고따미[161]

죽음을 초월하는 열반을 보지 못하고
백 년을 사는 것보다
열반을 보는 이의
단 하루의 삶이 더 훌륭하다.

161) 끼사고따미는 사억 냥의 재산을 가진 부자와 결혼해서 아들을 낳았다. 그러나 아들이 겨우 걸음마를 시작할 무렵에 갑자기 죽고 말았다. 죽음에 대해서 알지 못했던 그녀는 죽은 아들을 안고 이 사람 저 사람을 찾아다니며 살려낼 수 있는 약을 달라고 애원했으나 아무도 답을 해 주는 사람이 없었다. 그녀가 마지막으로 부처님을 찾

아가 아들의 시신을 내려놓고 울면서 죽은 아들을 살려달라고 애원하자, 부처님께서는 사람이 죽은 적이 없는 집에 가서 겨자씨 한 줌을 얻어 오라고 하셨다. 그녀는 수많은 집을 돌아다녔지만 겨자씨를 한 톨도 얻을 수 없었다.

그리하여 그녀는 모든 사람은 결국 죽는다는 것을 깨달았다. 그러자 부처님께서는 설법하셨다. "고따미여, 모든 생명은 반드시 죽는다. 중생이 자기 욕망을 다 채우기도 전에 죽음은 그를 데려가 버린다." 끼사고따미는 설법을 듣고 수다원이 되었고 출가하여 비구니가 되었다.

어느 날 그녀는 램프에 불을 붙이면서 램프불이 펄럭거리는 것을 바라보았다. 어떤 불꽃은 확 타오르고 어떤 불꽃은 꺼질 듯 말 듯 가물거리다가 사그라져 갔다. 그녀는 그것을 깊이 관찰하여 모든 중생들도 피어올랐다가 가물거리며 사그라져 가지만, 완전히 깨달은 사람은 더 이상 태어나고 죽지 않는다는 것을 깨달았다.

부처님께서 제따와나 정사에서 그녀 앞에 몸을 나타내시어 말씀하셨다. "열반을 보지 못하고 백 년을 사는 것보다 열반을 보고 하루를 사는 것이 낫다." 이어서 부처님께서 게송을 읊으셨는데 그 게송이 끝나자 끼사고따미는 사무애해를 갖춘 아라한이 되었다.

115 바후뿟띠까와 은혜를 모르는 자식들 [162]

최상의 진리를 깨닫지 못하고 [163]
백 년을 사는 것보다
최상의 진리를 깨닫고
하루를 사는 것이 더 훌륭하다.

---

162) 아들딸이 14명인 '바후뿟띠까'는 남편이 죽자 자식들에게 재산을 물려주지 않은 채 살고 있었다. 그런데 자식들이 '잘 모실 테니 재산을 물려 달라'고 자꾸 조르는 바람에 결국 모든 재산을 그들에게 똑같이 나누어 주었다. 그러나 재산을 받은 어느 자식도 자신을 부양하지 않을 뿐만 아니라 심지어 구박까지 하자, 마음에 큰 상처를 입은 그녀는 출가하여 비구니가 되었다. 바후뿟띠까 비구니는 자신은 나이가 많으니 시간을 낭비하지 말고 수행에 몰두하며 여생을 보내야겠다고 단단히 마음먹고 밤을 꼬박 새워가면서 수행했다. 부처님께서는 그런 그녀를 신통력으로 보시고, 마치 그녀 앞에 앉아 계신 듯이 모습을 보이시며 설법하셨다.
"설사 백 년을 산다 해도 여래의 가르침에 의지하며 수행하지 않는 사람의 삶은 아무런 의미가 없다."
이어서 부처님께서는 게송을 읊으셨다.

163) 최상의 진리: 네 가지 출세간도, 네 가지 출세간과, 열반 모두 아홉 가지를 말한다.

제9장

악

(惡, Pāpavagga)

116 옷이 한 벌뿐인 쭐라 에까사따까 [164)

선행은 서두르고
악행은 억제하라.
선행을 게을리 하면
마음은 악행을 즐긴다.

---

164) 사왓티에 사는 '쭐라 에까사따까'라는 바라문 부부는 옷이 단 한 벌
뿐이어서 부부가 함께 외출할 수 없었다. 그래서 낮에는 아내가 정
사에 가서 부처님의 설법을 듣고 밤에는 남편이 가곤 했다. 그러던
어느 날 밤 바라문은 부처님의 설법을 듣고 너무나 기뻐서, 자기가
입고 있는 유일한 외출복을 부처님께 공양하고 싶었다. 그러나 옷
이 한 벌뿐이므로 망설이다가 초야(저녁 6시에서 밤 10시 사이)와 중야(밤
10시에서 새벽 2시까지)가 지나간 다음에 후야(새벽 2시에서 새벽 6시까지)에 과
감하게 부처님께 공양하고 기쁨에 넘쳐서 "나는 이겼다!"라고 외
쳤다. 이를 알게 된 꼬살라 국왕 빠세나디는 그에게 일곱 가지 물건
을 네 개씩 하사했다. 그것은 코끼리 네 마리, 말 네 마리, 사천 냥의
돈, 남자 종과 여자 종 각각 네 사람, 심부름하는 아이 넷, 그리고 네
개의 마을이었다. 그 소식을 들은 부처님께서 말씀하셨다.
"만약 초야에 공양했다면 그는 일곱 가지 물건들을 열여섯 개씩 보
상 받았을 것이고, 중야에 그렇게 했다면 여덟 개씩 보상받았을 것
이다. 그런데 후야에 공양했기 때문에 네 개씩 받게 된 것이다. 보
시를 하려면 기쁨이 처음 생겼을 때 미련 없이 해야 한다. 망설이면
보상도 적고 과보도 늦게 나타난다. 다른 선행을 할 때에도 선행을
뒤로 미루다보면, 병들거나 죽게 되어 선행을 하지 못하는 경우도

생긴다. 왜냐하면 사람의 마음은 선행을 할 때에는 기쁨을 잘 느끼지 못하지만, 악행을 하면 훨씬 더 쉽게 쾌락에 빠지기 때문이다."

이어서 부처님께서는 게송을 읊으셨다.

117 출가생활에 적응하지 못하는 세이야사까[165]

**악행을 했으면 다시는 하지 말고
그것에 뜻을 두면 안 된다.
악행이 쌓이면 고통스럽다.**

---

165) '세이야사까'라는 비구는 습관적으로 수음을 하고 있었다. 그 이야기를 들으신 부처님께서 비구를 불러 그런 행동은 도와 과를 성취하는 것과는 거리가 먼 어리석기 짝이 없는 짓이라고 꾸짖으셨다. 이어서 부처님께서는 계율을 정하시어 비구들이 그러한 성적 쾌락에 탐닉하는 것을 금지시켰다. 그리하여 그 같은 파계 행위를 하는 비구는 승단으로부터 일시적으로 승려의 자격을 정지당하고, 스무 명의 비구들에 의해 감시당하며, 다시는 그가 그런 행위를 저지르지 않을 것이라고 비구들이 인정해야 비구 자격을 회복할 수 있게 하였다. 부처님께서는 덧붙여 훈계하셨다. "이런 종류의 파계 행위는 금생에는 물론 다음 생에서도 업보를 받게 된다." 이어서 부처님께서 게송을 읊으셨다.

118 마하깟사빠 장로를 시봉하는 라자 천녀¹⁶⁶⁾

선행을 했으면 계속해서 해야 하고
그것에 뜻을 두어야 한다.
선행이 쌓이면 행복하다.

---

166) 마하깟사빠 장로에게 공양 올린 공덕으로 천상에 태어난 라자 천녀
는, 매일 아침 장로가 수행하고 있는 정사에 가서 마당을 쓸고 화장
실의 물통에 물을 채워 놓곤 하였다. 그러자 장로가 천녀에게 그러지
말라고 일렀다. 왜냐하면 일반 신도들의 눈에 띄게 되면 말이 많아질
것이기 때문이었다. 그러나 라자는 복을 지어 좀 더 많은 공덕을 받
을 수 있는 기회를 빼앗지 말아 달라고 장로에게 울며 애원했다.
이때 제따와나 정사에서 천이통으로 그녀가 우는 소리를 들으신 부
처님께서는, 그녀 앞에 모습을 나타내시고 말씀하셨다.
"라자 천녀여, 너를 정사에 오지 못하게 하는 것은 마하깟사빠의 임
무이니, 너는 이제 더 이상 정사에 오지 말아야 한다. 그렇다고 공
덕을 쌓지 말라는 것은 아니다. 공덕 쌓는 것은 꼭 필요하므로 반드
시 공덕을 쌓아야 한다. 공덕을 쌓으면 이 세상과 다가오는 세상에
행복이 찾아온다." 이어서 부처님께서는 게송을 읊으셨고, 설법이
끝나자 라자 천녀는 수다원이 되었다.

119-120 아나타삔디까와 여신¹⁶⁷⁾

119 악이 무르익지 않은 동안은 악한 자도 행복을 누린다.
악이 무르익었을 때 악한 자는 악의 결과를 겪는다.

120 선이 무르익지 않은 동안은 선한 자도 불행을 겪는다.
선이 무르익었을 때 선한 자는 선의 결과를 겪는다.

---

167) 아나타삔디까는 1천8백만 냥을 친구에게 빌려주고는 돌려받지 못해서 가난해졌다. 그런데 그의 집 대문을 지키는 여신이 아나타삔디까에게 5천4백만 냥이 생기도록 해 주었다. 깜짝 놀란 그는 여신과 함께 부처님께 가서 인사를 올렸다. 부처님께서는 그들에게 설법하셨다.

"악한 사람도 악의 과보인 고통을 오래 겪지 않는 경우가 있다. 그리고 착한 사람도 선의 과보인 행복을 오래 누리지 못하는 경우가 있다. 그렇지만 그것은 일시적인 현상일 뿐이고, 시간이 지나면 그 과보는 어김없이 나타나고 만다." 이어서 부처님께서는 게송 두 편을 읊으셨고, 이 설법 끝에 아나타삔디까의 집 대문을 지키던 여신은 수다원이 되었다.

121 작은 악행의 힘[168]

'과보가 내게 닥치지 않을 것이다.'라며
악을 가벼이 여기지 말라.
한 방울씩 떨어지는 물로 항아리가 가득 차듯,
어리석은 자는 조금씩 쌓은 악으로 가득 찬다.

---

168) 한 비구가 의자나 공구를 사용한 다음에 언제나 정사 밖 아무데나 놓아두는 바람에 그것들이 햇빛에 빛이 바래고 비에 젖기도 하고

개미가 깔려 상하기도 했다. 그래서 비구들이 그를 비난하면 그는 도리어 화를 내면서, 자기가 일부러 그렇게 한 것이 아닐 뿐더러 피해도 아주 사소하다며 행동을 고치지 않았다. 그것을 아신 부처님께서 그를 부르시어 말씀하셨다. "비구여, 그래서는 아니 된다. 그것이 비록 사소한 것일지라도 계속하면 습관이 되어 결국은 큰 잘못을 저지르게 된다." 이어서 부처님께서는 게송을 읊으셨다.

122 작은 선행의 힘[169]

'이것이 내게 영향을 미치지 않을 것이다.'라며
선을 가벼이 여기지 말라.
한 방울씩 떨어지는 물로 항아리가 가득 차듯,
현자는 조금씩 쌓은 선으로 가득 찬다.

---

169) 재가신도가 부처님과 비구들을 자기 집에 초청해 놓고, 동네 사람들에게 "내일 아침에 부처님과 제자들께서 우리 동네로 탁발을 오시니, 여러분들은 물건이나 음식을 준비하여 공양을 올리시고 복을 지으십시오."라고 널리 알렸다. 그 말을 들은 재산가 '발랄라빠다까'는 "저런 시답잖은 친구가 있나? 제 능력만큼만 공양하면 될 것을, 분에 넘치게 많은 수행자를 초대해 놓고는 동네 사람들에게 그 짐을 떠넘기다니!"하며 재가신도를 못마땅하게 생각하고 아주 조금씩만 보시했다. 다음 날 아침 재가신도는 부처님과 스님들을 모시고 와서 자리를 제공하고 말씀드렸다. "부처님 저의 제안으로 주

민들이 모두 공양 올리는데 동참했습니다. 제가 보시하도록 권한
모든 사람이 자신의 능력껏 쌀과 여러가지 재료들을 시주했습니다.
이 모든 사람들이 복을 많이 받기를 기원합니다."

그 말을 들은 발랄라빠다까는 자기가 재가신도를 크게 오해했다는
것을 깨달았다. 그래서 그는 그처럼 선한 사람을 의심한 것에 대해
용서를 구하지 않는다면, 자기는 사악처에 태어나는 과보를 면치
못할 것이라고 생각하고, 재가신도에게 다가가 "선한 친구여, 나는
당신을 나쁘게 생각했었소. 부디 내 어리석음을 용서해 주시오."라
고 말했다. 부처님께서 그 장면을 보시고 말씀하셨다.

"아무리 작은 선행일지라도 계속해서 행하게 되면 마침내 큰 선행
으로 발전한다." 이어서 부처님께서는 게송을 읊으셨고, 이 설법 끝
에 재산가 발랄라빠다까는 수다원이 되었다.

123 강도들을 잘 피한 마하다나[170)]

재산은 많지만 일행이 적은 상인이
위험한 길을 피하듯
살고자 하는 사람이 독을 피하듯
현자는 악을 피해야 한다.

---

170) 사왓티의 돈 많은 상인 마하다나는 오백 대의 수레에 상품을 가득
    싣고 장사하러 떠나는 길에, 목적지가 같은 오백 명의 비구들도 동
    행했다. 하루는 그들이 어느 마을에 머물렀는데 오백 명의 도둑들
    이 길목을 지키고 있었다. 그들은 그것을 알고 사왓티로 되돌아가

려고 했지만 도둑들은 그쪽으로 가는 길목에도 매복하고 있었다. 그래서 일행 모두가 어쩔 수 없이 여러 날을 그 마을에서 오도 가도 못하게 되자, 상인은 비구들만 먼저 사왓티로 돌아가도록 했다. 비구들이 사왓티에 도착해서 이런 사정을 부처님께 말씀 드리자 부처님께서 말씀하셨다.

"상인이 강도들이 기다리고 있는 길을 피하듯이, 사람들이 독약을 피하듯이, 비구들은 삼계(욕계, 색계, 무색계)를 윤회하는 여행길이 마치 강도들로 둘러싸여 있는 길처럼 위험하다는 것을 깨닫고, 거기서 벗어나기 위해 조그마한 악행도 하지 말아야 한다." 이어서 부처님께서 게송을 읊으셨고, 이 설법 끝에 오백 비구들은 모두 수다원이 되었다.

124 부처님께 활을 겨눈 사냥꾼과 아내[171]

손에 상처가 없으면
손으로 독을 만져도 된다.
상처 없는 이를 독이 해치지 못하듯
악행을 하지 않는 이를 악이 해치지 못한다.

---

[171] 어렸을 때 부처님의 설법을 듣고 수다원이 된 라자가하의 부잣집 딸은 사냥꾼의 늠름한 모습을 보고 사랑에 빠져 그와 결혼하였다. 그들은 자기들이 낳은 일곱 명의 아들이 성장하여 결혼한 다음에도 모두 데리고 함께 살고 있었다. 어느 날 부처님께서 신통력으로 그들이 모두 수다원이 될 때가 되었음을 아시고, 사냥꾼이 덫을 놓은

곳으로 가시어 덫 옆에 큰 발자취를 남겨 놓으신 뒤 가까운 숲 속 나무 밑에 앉아 계셨다. 얼마 후 그곳에 돌아온 사냥꾼은 자기가 놓아 둔 덫에 짐승은 걸리지 않고 주변에 사람 발자국만 있는 것을 보고 누군가가 덫에 걸린 짐승을 풀어 주었다고 추측했다. 그는 자기 일을 망친 훼방꾼을 찾으려고 주변을 살펴보다가 숲 속 나무 밑에 앉아 계시는 부처님을 발견했는데 그는 훼방꾼이 바로 부처님이라고 짐작하고 즉시 화살 통에서 화살을 꺼내어 부처님을 향하여 겨누었다. 그러자 부처님께서는 신통력으로 그의 활시위를 당긴 순간의 모습 그대로 돌처럼 굳게 만들었다. 곧 이어 사냥꾼을 뒤따라오던 일곱 명의 아들들도 부처님께 활을 겨누자 그들도 아버지처럼 굳어 버렸다. 사냥꾼의 아내는 남편과 아들들이 늦게까지 안 돌아오자 그들을 찾으려고 며느리들을 데리고 숲속으로 갔다가 돌처럼 굳어 있는 그들을 발견했다. 아내가 그들에게 "아버님께 활을 쏘지 마세요!"하고 소리치자 사냥꾼과 아들들은 부처님을 장인어른과 외할아버지로 여기게 되어 마음이 누그러졌다. 그때 사냥꾼의 아내는 남편과 아들들에게 부처님께 용서를 빌라고 했다. 그러자 부처님께서는 사냥꾼과 아들들의 마음이 부드러워진 것을 아시고 그들이 움직일 수 있도록 풀어 주시며, 그들에게 활과 화살을 버리라고 말씀하셨다. 그러자 그들은 활과 화살을 모두 버리고 부처님께 다가가 공손히 인사를 올렸다. 부처님께서는 사냥꾼과 일곱 아들과 일곱 며느리에게 차제설법(次第說法. 이해하기 쉽고 실천하기 쉬운 보시 그리고 지계를 가르친 다음에 수행을 가르치는 것)을 하셨고, 법문이 끝나자 그들은 모두 수다원이 되었다. 부처님께서는 정사로 돌아오셔서 비구들에게 그날 아침 일찍 사냥꾼과 그의 가족이 모두 수다원이 되었다고 말씀하셨다. 그러자 비구들이 의아해 하면서 여쭈었다. "사냥꾼의 아내는 남편과 자식들에 앞서 이미 수다원을 성취한 사람이었습니다. 그런 그녀가 남편에게 살생 도구인 그물이나 활, 화살, 칼 등을 챙겨 주면서 그가 생명을 해치도록 한 것은 악업이 되지 않습니까?" 부처님께서 대답하셨다.

"비구들이여, 수다원은 살생을 하지도 않고 다른 사람들이 살생하는 것도 원하지 않는다. 사냥꾼의 아내는 남편의 명령에 따라 필요한 물건들을 준비해 주었을 뿐이다. 마치 상처가 없는 손으로 독약을 만져도 독의 영향을 받지 않는 것처럼 그녀는 그런 행위 때문에 과보를 받지는 않는다. 그녀는 악행을 저지른 것이 아니다." 이어서 부처님께서 게송을 읊으셨다.

125 사냥꾼 꼬까 [172]

청정하고 순수한 사람,
허물이 없는 사람을 괴롭히면,
악의 과보가 그 어리석은 자에게 되돌아온다.
바람을 향해 던진 먼지가 되돌아오듯.

---

[172] 어느 날 아침 사냥꾼 꼬까가 사냥개들을 데리고 사냥하려고 길을 나서다가 탁발하러 마을로 들어가는 비구를 만났다. 그는 불길한 징조라고 생각하고 "재수 없는 놈을 만났으니 오늘 한 마리도 못 잡을 것 같다."라고 중얼거렸다. 그는 예상했던 대로 아무 것도 못 잡고 집으로 돌아오는 길에 탁발을 마치고 정사로 돌아가는 그 비구를 또 만나자 분통이 터져 비구를 향해 개들을 풀어 놓았다. 비구

가 재빨리 나무로 올라가서 겨우 개들을 피하자 사냥꾼은 나무 밑으로 가서 화살촉으로 비구의 발바닥을 쿡쿡 찔렀다. 그러자 비구가 너무 고통스러워 몸을 움직이는 바람에 가사가 흘러내려 사냥꾼의 머리위에 떨어져 그의 온몸을 덮어 버렸다. 그러자 노란 가사를 뒤집어쓰고 있는 사냥꾼을 비구로 착각한 사냥개들이 일제히 덤벼들어 물어 죽였다. 그때 비구가 나무 위에서 마른 나뭇가지를 꺾어 개들에게 던지자, 그제야 개들은 자기들이 공격한 것이 주인이라는 것을 알고 숲속으로 도망쳐 버렸다.

나무에서 내려온 비구는 사냥꾼이 자기의 가사 때문에 죽게 되었으니 사냥꾼에게 미안한 마음이 듦과 동시에 자기에게도 책임이 있는 것이 아닌가 하는 생각에 부처님께 가서 여쭈었다. 그러자 부처님께서 말씀하셨다. "내 아들아, 그 사냥꾼이 죽었다고 해서 그대가 계를 어긴 것은 아니다. 그 사냥꾼은 해를 끼쳐서는 안 되는 사람에게 큰 해를 끼쳤기 때문에 스스로 파멸을 자초한 것이다." 이어서 부처님께서는 게송을 읊으셨고, 이 설법 끝에 비구는 아라한이 되었다.

126 보석을 삼킨 거위와 띳사 장로 [173)]

어떤 자는 인간으로 태어나고
악행을 한 자는 지옥에 태어나며
선행을 한 자는 천상계에 태어나고
번뇌가 없는 아라한은 반열반에 든다.

173) 꼬살라 국왕이 사왓티에 사는 보석세공인에게 광택을 내라고 맡긴 루비를 그의 집에서 키우는 거위가 삼켜 버렸다. 마침 그때 탁발을 나온 아라한인 띳사 장로가 루비를 훔쳐갔다고 오해한 세공인은 그를 작대기로 마구 두들겨 패며 자백을 강요했다. 장로의 코와 귀와 머리에서 피가 뚝뚝 흐르는 것을 보고 거위가 다가가 그 피를 먹으려고 하자, 잔뜩 화가 나 있던 세공인이 발로 걷어차는 바람에 거위는 즉사하고 말았다. 피투성이가 된 채 아무 말 없이 그 장면을 보고만 있던 장로는 거위가 죽은 것을 확인한 뒤 부드러운 목소리로 말했다. "루비는 저 거위가 삼켰다오." 세공인이 반신반의하면서 칼로 거위의 배를 가르자 그 속에 루비가 들어 있었다. 그제야 그는 자기가 엄청난 잘못을 했다는 것을 알고 두려움에 온몸을 부들부들 떨며 장로의 발 앞에 엎드려 용서를 빌었다. 그러나 장로는 아무 말 없이 처음의 자리로 돌아가 탁발하는 자세로 서 있을 뿐이었다. 한참을 말없이 세공인이 흐느끼는 모습을 보고만 있던 장로는 그에게 말했다.

"이것은 당신과 내가 과거생에 지어 놓았던 행위의 결과일 뿐이오. 우리는 생사윤회 속에서 이런 빚 갚음을 수도 없이 주고받는다오. 나는 조금도 당신을 원망하고 있지 않소." 그로부터 얼마 지나지 않아 장로는 심하게 맞은 후유증으로 세상을 떠나고 말았다. 비구들이 부처님께 이 사건에 관련된 사람들은 죽어서 어디에 태어났는지 여쭙자 부처님께서 대답하셨다.

"거위는 죽어서 그 집의 아들로 태어났으며, 보석세공인은 죽어서 지옥에 태어났고, 띳사는 아라한이었기 때문에 반열반에 들었다."
이어서 부처님께서 게송을 읊으셨다.

127 악행의 과보를 피할 수 있는 곳[174]

공중이나 바다 한가운데도 아니고
깊은 산 동굴 속도 아니다.
악행의 과보를 피할 수 있는 곳은
이 세상 그 어디에도 없다.

---

174) 전생에서 한 행위가 어떤 과보로 나타나는지에 대해 부처님께서 세 가지 이야기를 하셨다.

첫 번째, 어느 농부는 자기 황소가 게으른 것을 참지 못해 황소의 목에 볏짚을 감아 묶고 거기에 불을 질러 황소를 타 죽게 했다. 그 악행으로 그는 지옥에서 오랫동안 고통을 겪었고, 부처님께서 세상에 계실 때에는 까마귀로 태어났는데 불에 타 죽었다.

두 번째, 늘 개를 데리고 다니는 여인이 있었다. 그런데 길을 가던 젊은이들은 그 개를 볼 때마다 낄낄거리며 쿡쿡 찔렀고, 어떤 때는 여인도 쿡쿡 찌르며 놀렸다. 그런 일이 반복되자 여인은 모래를 가득 넣은 항아리에 개의 목을 묶은 다음 항아리를 물에 던져서 개를 죽였다. 이 같은 악행으로 그녀는 여러 생을 지옥에 태어나서 고통을 받았으며, 부처님 재세 시에는 그녀가 배를 타고 가는데 배 안의 사람들이 그녀를 재수 없는 여인이라고 지목하여 바다에 던지는 바람에 익사했다.

세 번째, 언덕에 있는 굴속으로 도마뱀이 들어가는 것을 본 목동 일곱 명이 굴 입구를 막아놓은 채 모두 그대로 집으로 갔다. 목동들이 그 일을 까마득히 잊고 엿새를 보내는 바람에 도마뱀은 그 동안 아무것도 먹지 못하고 꼼짝없이 갇혀 있을 수밖에 없었다. 이레 째 되는 날 자기들이 한 일이 생각난 목동들은 굴로 가서 입구를 막아놓았던 것을 치우고 도마뱀을 놓아 주었다. 그 목동들은 부처님 재세시에 모두 비구가 되었는데, 그 악행으로 이레 동안 굴속에 갇혀 물한 모금 마시지 못했다. 부처님의 이야기를 다 듣고 나서 한 비구가 탄식했다. "아, 실로 나쁜 행동을 하면 그 과보를 도저히 피할 수가 없습니다. 공중에 있거나 바다 속에 있거나 동굴 속에 있거나 말입니다!" 그 소리를 들으신 부처님께서 게송을 읊으셨다.

128 부처님을 모욕한 숩빠붓다 왕의 죽음 [175)]

공중이나 바다 한가운데도 아니고
깊은 산 동굴 속도 아니다.
죽음이 닥치지 않는 곳은
이 세상 그 어디에도 없다.

---

175) 숩빠붓다 왕은 데와닷따와 야소다라의 아버지이며, 싯다르타 태자의 장인이기도 했다. 숩빠붓다 왕은 태자가 자기의 딸 야소다라 태자비를 홀로 남겨 놓고 왕궁을 떠났고, 자기의 아들 데와닷따마저 부처님에게 출가하여 비구가 되었기 때문에 부처님한테 큰 반감을 가지고 있었다. 어느 날 그는 부처님의 탁발을 방해하기로 마음을 먹고 길을 막고 술에 취한 채 누워 있었다. 비구들이 부처님께서 오신다고 말해도 왕은 버티면서 그들에게 부처님께서 무슨 말을 하는지 알아오라고 했다. 그때 부처님께서 비구들과 함께 길을 돌아가면서 미소를 지으시는 것을 본 아난다 장로가 부처님께 그 이유를

묻자 부처님께서는 "숩빠붓다는 여래에게 커다란 죄를 지었다. 칠일 뒤에 궁전의 계단 입구에서 땅속으로 삼켜질 것이다."라고 말씀하셨다. 그러자 왕은 궁전의 모든 계단을 제거하고 모든 문을 폐쇄한 후 문마다 건장한 부하 두 사람이 지키도록 했다. 그 소식을 들으신 부처님께서는 "비구들이여, 숩빠붓다가 궁전의 칠층 꼭대기에서 내려오지 않는다고 하여도 공중을 날거나 배를 타고 항해하거나 산의 동굴에 들어가도 여래의 말은 피하기 어렵다."라고 말씀하시고 이어서 게송을 읊으셨다.

그로부터 이레가 지나자 숩빠붓다 왕은 궁전이 일층부터 무너져 내리는 바람에 그 속에 파묻혀 죽었다. 그는 아비지옥에 태어났다.

제 10 장

폭력
(Daṇḍavagga)

129 여섯 비구 1 [176)]

모두가 폭력을 두려워하고
모두가 죽음을 무서워한다.
입장을 바꿔 생각해서
남을 해치거나 죽이지 말라.

---

176) 비구 열일곱 명이 제따와나 정사에서 자기들의 처소를 청소하고 있
었다. 그때 다른 데 머물고 있던 비구 여섯 명(육군 비구)이 다가와 그
들에게 위협적으로 "너희보다 훨씬 법랍이 높은 우리가 이 처소를
사용할 테니 내놓아라."라고 했다. 그러나 열일곱 명의 비구들이 양
보하지 않자 여섯 비구들이 그들을 두들겨 패는 바람에 얻어맞은
비구들은 울고불고 야단이었다. 정사가 갑자기 소란스러워지자 다
른 비구들이 상황을 파악한 다음 부처님께 보고 드렸다. 그러자 부
처님께서는 육군 비구와 열일곱 비구 모두를 부르시어 엄하게 꾸짖
으신 다음, 비구들끼리 서로 싸우는 것을 금지하는 계율을 만드셨
다. 이어서 부처님께서는 게송을 읊으셨다.

130 여섯 비구 2 [177)]

모두가 폭력을 두려워하고
모두가 자기의 생명을 소중히 여긴다.
입장을 바꿔 생각해서
남을 해치거나 죽이지 말라.

177) 그 일이 있은 뒤에도 육군 비구와 열일곱 비구는 같은 건물 안에서
지냈는데 그러다가 또 다시 서로 다투게 되었다. 그때는 이미 부처
님께서 비구들의 싸움을 금지하는 계율을 정한 뒤여서 서로 맞대
놓고 치고받으며 싸우지는 못하였으나, 법랍이 높은 육군 비구들이
열일곱 비구들에게 주먹을 쥐어 높이 쳐들고 때릴 듯이 위협하며
깨끗한 건물을 내놓으라고 윽박질렀다. 이에 열일곱 명의 비구들이
놀라 도망치며 아우성치자, 부처님께서는 여섯 비구들을 불러 꾸짖
으시며 계율을 다시 정하시어, 비구들이 다른 사람을 향해 주먹을
쥐어 위협적으로 높이 쳐드는 것을 금지하셨다. 이어서 부처님께서
는 게송을 읊으셨다.

131-132 뱀과 소년들[178]

131 자신의 행복을 위해서
　　행복을 바라는 다른 존재들을
　　폭력으로 해치는 자는
　　죽은 뒤에 행복을 못 얻는다.

132 자신의 행복을 위해서
　　행복을 바라는 다른 존재들을
　　폭력으로 해치지 않는 자는
　　죽은 뒤에 행복을 얻는다.

178) 어느 날 부처님께서는 사왓티 시내에서 탁발하시다가 소년들이 막

대기로 뱀 한 마리를 두들겨 패는 것을 보셨다. 부처님께서 이유를 물으시자, 그들은 뱀이 자기들을 물까 봐 겁이 나서 그런다고 대답했다. 그러자 부처님께서 말씀하셨다. "너희가 해를 당하고 싶지 않거든 너희도 다른 중생을 해쳐서는 안 된다. 너희가 다른 중생을 해친다면 너희는 다음 생에 행복할 수 없다." 이어서 부처님께서는 게송 두 편을 읊으셨고, 그들은 모두 수다원이 되었다.

133-134 여인의 환영이 따라다니는 꾼다다나 장로[179]

133 남에게 거친 말을 하면
그도 거친 말을 할 것이다.
격분의 말은 괴로움일 뿐이니
보복의 몽둥이가 그대를 때릴 것이다.

134 깨진 징처럼
자신을 동요하지 않게 할 수 있다면
그는 열반에 이른 것이니
격분은 그대에게 찾아볼 수 없다.

---

[179] 꾼다다나 장로는 비구가 된 이래 한 여인의 환영이 그의 뒤를 따라다녔다. 그런데 이상하게도 그 환영은 다른 사람들에게는 분명히 보였으나 장로에게는 보이지 않았다. 비구들이 꾼다다나는 여인을 데리고 다니는 타락한 비구라고 비난하자 그는 자기는 그러지 않았

다고 반박했다. 부처님께서 그를 부르시어 말씀하셨다.

"여래의 아들이여, 너는 전생에 삼십삼천의 여신이었다. 그때 서로
친하게 지내는 두 명의 비구가 있었는데, 너는 그 두 비구를 떼어
놓으려고 여인으로 가장하여 그 중 한 비구의 뒤를 따라다녔다. 그
행위 때문에 지금 네 뒤에 여인의 환영이 따라다니게 된 것이다. 그
러니 너는 이런 일로 남과 다투지 말고 깨진 징처럼 소리 내지 말고
묵묵히 참아내고 열심히 정진하라. 그러면 열반에 도달할 것이다."
이어서 부처님께서는 게송 두 편을 읊으셨다. 꾼다다나 장로는 부
처님의 가르침을 듣고 아라한이 되었다.

135 포살을 지키는 위사카와 여자신도들[180]

목동이 채찍으로
소 떼를 목장으로 몰아가듯
늙음과 죽음이
중생들의 목숨을 몰아간다.

---

[180] 오백 명의 여자신도들이 사왓티 성으로부터 조금 떨어진 곳에 있는
뿝빠라마 정사에서 포살("첨부 17. 오계, 생계 제8계, 포살 8계, 자자"참조)에 참가
하고 있었다. 그때 위사카는 여자신도 한 명 한 명에게 8계를 받고
포살을 지키는 이유를 물어 보았다. 나이가 많은 여인들은 이 세상
을 떠난 다음 천상에 태어나 행복하게 살기 위해서, 중년 여인들은
자기 남편이 둘째 아내와 단 하루도 밤을 같이 보내지 못하게 하고
싶어서, 갓 결혼한 젊은 여자들은 첫 아기가 아들이기를 소원해서,

처녀들은 인물 좋고 인정 많으며 돈 많은 남자에게 시집가고 싶어서라고 대답했다. 위사카가 그들을 모두 부처님께 데리고 가서 여신도들이 이야기한 것에 대해서 보고 드리자 부처님께서 말씀하셨다.

"위사카여, 중생세계에서 가장 활발하게 일어나고 있는 일이 태어나고, 늙고, 병들고, 죽는 것이다. 태어났기 때문에 늙고, 병들고, 마침내 죽게 되는 것이 아니냐? 그럼에도 불구하고 중생은 이 고통스러운 생사윤회에서 해탈하려고 발원하여 힘써 노력하지 않고 오히려 생사윤회의 밧줄로 자신을 꽁꽁 묶고자 애쓴다." 이어서 부처님께서는 게송을 읊으셨다.

136 구렁이 아귀[181]

악행을 하면서도 어리석은 자는
그것이 악행임을 모른다.
지혜가 부족한 자는
자신의 업으로 불에 타듯 괴로워한다.

---

181) 락카나 장로와 함께 깃짜꾸띠 산에서 내려오던 마하목갈라나 장로는 구렁이 아귀의 긴 몸이 불에 활활 타고 있는 것을 보고 미소를 지었다. 락카나 장로가 이유를 묻자 마하목갈라나 장로는 "스님, 지금은 대답하기 적당한 때가 아니니 부처님 앞에 갔을 때 다시 질문해 주십시오."라고 대답했다. 락카나 장로가 탁발을 마치고 웰루와나 정사로 돌아와 부처님 앞에서 다시 묻자, 마하목갈라나 장로가

대답했다. "스님, 그때 나는 구렁이 아귀를 보았는데 전에는 한 번도 본 적이 없어서 미소를 지었던 것입니다." 그러자 부처님께서는 당신께서도 깨달음을 성취한 직후 그 구렁이를 보았으나 아무 말도 하지 않으셨다고 하셨다. 왜냐하면 이야기를 해도 사람들은 믿으려 하지 않을 것이며, 그러면 중생들이 부처님에 대해 그릇된 생각을 품을 수 있었기 때문이었다. 계속해서 부처님께서 말씀하셨다.

"이제 마하목갈라나가 그 구렁이를 보았으니 여래는 그에 대해 말하겠다. 그 구렁이 아귀는 깟사빠 부처님 당시에 도둑이었다. 그는 아주 잔인하여 어느 부잣집에 일곱 번이나 불을 질렀고, 그러고도 모자라 그 부자가 헌납하여 부처님이 머무셨던 향실까지도 불을 질러 태워 버렸다. 그때 마침 부처님께서는 탁발을 나가시어 화를 당하시지는 않으셨으나, 그 과보로 도둑은 오랜 세월을 지옥에서 고통을 당했고, 지금도 아귀가 되어 나머지 과보를 받고 있는 것이다. 그는 길고 굵은 몸에 불이 붙어 머리로부터 꼬리까지 끊임없이 번쩍거리면서 불에 타는 고통을 당하는데, 다 타고 나면 다시 불이 붙기 때문에 고통은 끝이 없다.

비구들이여, 어리석은 자는 악행을 저지를 때 그 악행이 자기를 해치는 일인 줄 알지 못한다. 그렇지만 악행의 결과는 어김없이 나타나니, 결코 그것을 피할 수 없다." 이어서 부처님께서는 게송을 읊으셨다.

137-140 마하목갈라나 장로의 최후 [182]

137 비폭력적이고 해를 끼쳐서는 안 될 이를
    폭력으로 해치는 자는
    열 가지 중의 한 가지 괴로움을 [183]
    반드시 겪게 된다.

138 심한 고통이나 재산의 상실, [184]
    신체불구, 중병,
    정신병에 걸리거나,

139 왕의 형벌,
    중상모략을 당하거나,
    친척들의 몰락,
    재산의 피해, [185]

140 또는 그가 사는 집을
    불이나 번개가 불태운다.
    그런 뒤에도 어리석은 자는
    목숨이 다하면 지옥에 태어난다.

---

182) 니간타 고행자들은 마하목갈라나 장로를 살해하면 부처님의 명예
    와 공덕을 손상시킬 수 있다고 생각하고, 라자가하에서 자객들을
    돈으로 매수하여 장로를 살해하라고 사주했다. 자객들이 장로가 수
    행하고 있는 정사를 포위하자, 장로는 신통력으로 포위망을 두 차

례 벗어났지만, 세 번째에는 과거 악행의 과보를 받아야 한다고 생각하고 도망가지 않았다. 마침내 장로를 잡은 자객들은 그를 잡자마자 가혹하게 두들겨 팼고, 칼로 찔렀으며, 모든 뼈마디를 바스러뜨려 만신창이로 만들고는, 다시 살아나지 못하리라 생각하고 숲속에 던져 버렸다. 그러나 장로는 선정의 힘으로 몸과 마음을 추슬러 가까스로 움직여서 제따와나 정사에 가서 부처님께 작별인사를 드리며 반열반하겠다고 말씀드렸다. 그러자 부처님께서는 비구들에게 고별 법문을 한 뒤 떠나라고 말씀하셨다.

그 말씀을 받들어 장로는 마지막으로 전체 비구들에게 여러 가지 신통력을 보여주고 자신의 고향인 나란다로 가서 열반하였다. 마하목갈라나 장로가 자객들의 손에 의해 희생되었다는 소식을 들은 라자가하의 아자따삿뚜 왕은 매우 놀라고 분개하여, 그 일에 관련된 자들과 자객들을 모두 붙잡아 산채로 불태워 처형하였다. 비구들은 마하목갈라나 장로처럼 위대한 인물이 어찌하여 자객들의 손에 비참하게 죽지 않으면 안 되었는지 의아하게 생각했다. 이에 대해 부처님께서 말씀하셨다.

"비구들이여, 마하목갈라나가 금생에 이룬 성자로서의 고귀한 생활을 보면 그는 그런 죽음을 당하지 않았어야 한다. 그러나 전생에서 그는 젊었을 때는 효자여서 장님인 부모를 극진하게 모셨지만, 결혼한 다음에는 아내의 사주를 받아 나이 많은 부모를 숲속으로 유인하여 살해하는 엄청난 악행을 저질렀기 때문에 그런 죽임을 당한 것이다." 이어서 부처님께서는 게송 네 편을 읊으셨다.

183) 열 가지는 다음의 138~140게송에 수록되어 있다.

184) '재산의 상실'은 어렵게 모은 것을 잃는 것을 말한다.

185) '재산의 피해'는 집에 있는 곡식이 썩거나, 황금이 석탄으로 변하거
나, 돈이 깨진 그릇조각이 되거나, 짐승들이 눈이 멀거나 마비가 된
다는 뜻이다.

141 부자인 바후반디까 비구¹⁸⁶⁾

**벌거벗거나 상투를 틀거나 몸에 진흙을 바르거나
단식하거나 맨땅에서 자거나
먼지를 뒤집어쓰거나 쪼그려 앉는 고행을 해도
의심을 극복하지 못한 자는 청정해지지 않는다.**

186) 사왓티의 부유한 젊은이 바후반디까는 출가하기 전 미리 자기가 지
낼 정사를 세우는 등 풍족하게 살 수 있도록 모든 준비를 해 놓았기
때문에, 비구가 된 다음에도 여전히 호화로운 생활을 하고 있었다.
이 보고를 들으신 부처님께서 말씀하셨다.
"여래는 너희들에게 검소할 것을 가르쳐 왔는데 너는 어찌하여 그
렇게 많은 재산과 물건을 가지고 출가했느냐?" 그러자 그는 화를
내면서 "알겠습니다. 이렇게 하면 되는 겁니까?"라고 말하더니 위
가사를 벗어 내팽개치는 것이었다. 그것을 보시고 부처님께서 말씀
하셨다.
"비구여, 너는 전생에 야차였을 때에도 악행에 대해서 부끄러움과
두려움을 알았다. 그런데 지금 너는 세속을 버리고 출가한 비구로
서 잘못하고도 부끄러움과 두려움을 모르고 사부대중 앞에 서 있는
가?"

부처님의 간곡한 말씀에 그는 비로소 자신의 행동이 잘못되었음을 깨닫고 공손한 태도로 인사를 올리면서 용서를 구했다. 그러자 부처님께서 말씀하셨다.

"네가 위 가사도 입지 않고 그렇게 서 있는 것은 실로 옳지 않은 일이다. 네가 단지 가사를 벗어 버린다고 해서 그것이 검소한 생활을 보장해주는 것은 아니며, 모름지기 비구는 일체의 의심을 버려야만 한다."

이어서 부처님께서는 게송을 읊으셨고, 게송이 끝나자 바후반디까를 비롯한 많은 사람들이 수다원이 되었다.

142 애인의 죽음에 충격 받은 산따띠 장관[187]

잘 갖춰 입었어도 평온하게 살며
고요하고 자제하고 청정범행을 실천하고
모든 존재들에 대한 폭력을 버렸다면
그가 바라문이자 사문이며 비구이다.[188]

---

187) 산따띠 장관이 국경 지역의 반란을 평정하자 국왕 빠세나디는 많은 하사품을 내리고 화려한 연회를 베풀고 어여쁜 기생들이 그를 이레 동안 모시도록 해주었다. 마지막 날 밤에 춤을 추기로 한 산따띠가 사랑하는 기생은 장관의 마음에 들려고 날씬한 몸매를 유지하기 위해 이레 동안 금식에 가까운 정도의 음식만 먹어서 아주 쇠약해진 몸으로 열심히 춤을 추다가 급사해 버리고 말았다. 사랑하는 여인을 잃어버린 충격을 감당할 수 없었던 장관은 제따와나 정사로 가

서 부처님께 말씀드렸다. "부처님, 저의 슬픔을 없애시고, 저의 의지처가 되어 주십시오." 그러자 부처님께서 대답하셨다.

"그대는 이미 슬픔을 없애 줄 수 있는 사람 앞에 와 있으니 안심하여라. 윤회하는 동안 그 여인이 죽었을 때마다 그대가 흘린 눈물이 저 사대양의 물보다 더 많다." 이어서 부처님께서는 다음과 같은 의미의 게송으로 법문을 하셨다. "과거의 번뇌를 생각하지 않고, 미래에 번뇌가 생기지 않고, 현재의 대상에 대해서도 번뇌가 생기지 않도록 위빳사나 관찰을 잘 하면 모든 번뇌가 다 사라질 것이다." 설법이 끝나자 산따띠 장관은 사무애해를 갖춘 아라한이 되었다. 그리고 그는 자신의 수명이 얼마 남지 않았다는 것을 알고 부처님께 말씀드렸다. "부처님, 제가 지금 반열반에 드는 것을 허락해 주십시오." 부처님께서 침묵으로써 승낙하시자 산따띠는 하늘 높이 자란 야자나무만큼의 높이로 허공으로 솟아오르더니 결가부좌를 한 채 불(火)의 삼매에 들어 그 자리에서 반열반에 들었다. 그의 몸은 불꽃에 휩싸여 화장되었고, 뼈는 사리가 되어 떨어졌다. 어느 날 비구들이 부처님께 여쭈었다.

"산따띠는 장엄한 장식이 달린 장관의 관복을 입은 채 반열반에 들었습니다. 그를 사문이라고 불러야 하겠습니까? 아니면 바라문이라고 불러야 하겠습니까?" 이에 대해 부처님께서 말씀하셨다. "그를 사문이라고 불러도 옳고 바라문이라고 불러도 옳다." 이어서 부처님께서는 게송을 읊으셨다.

188) 외형적으로 보면 바라문은 태생이 고귀한 바라문 계급에 속하며 제사를 지내는 성직자이다. 사문은 바라문교를 제외한 교단들(불교 포함)로 출가한 자이고, 비구는 불교로 출가한 사문이다. 하지만 이 게송에서 말하는 내면적인 의미를 살펴보면, 구경의 깨달음을

성취한 아라한이 진정으로 고귀한 사람이며, 마음속의 모든 번뇌를 제거하고 청정범행을 완성한 수행자가 진정한 비구이다. (『법구경 이야기 2』, 403쪽)

143-144 누더기가 스승인 삘로띠까 장로[189]

143 부끄러움으로 나쁜 생각을 가로막고
　　비난을 야기하지 않는 사람을,
　　이 세상에서 찾아보기 힘들다.
　　채찍질이 필요 없는 준마처럼.

144 채찍으로 길들여진 준마처럼
　　열심히 노력하고 경각심을 가져야 한다.
　　믿음, 지계, 정진, 삼매와 법에 대한 통찰과
　　지혜와 실천을 갖추고[190] 사띠를 확립함으로써
　　이 끝없는 괴로움을 버려라.

---

[189] 어느 날 아난다 장로는 초라한 누더기를 입고 찌그러진 그릇에다 음식을 구걸하는 소년을 보고 깊은 동정심을 느껴 그를 데려다가 사미로 만들었는데, 그는 초라한 누더기(삘로띠까)에서 이름을 따와 삘로띠까라고 불리었다. 사미가 된 소년은 구걸 다니며 입던 누더기와 그릇을 보자기에 소중히 싸서 정사 뒷산 나무에 매달아 두었다. 얼마 후 그는 비구가 되어 사람들이 부처님께 바친 음식을 마음

껏 먹고 값비싼 가사를 입고 지내다 보니 살이 찌고 출가생활이 지루해지자 '비구 생활보다는 차라리 구걸을 하며 살던 때가 더 좋았던 것이 아닐까?'하는 생각이 들었다. 그래서 그는 뒷산으로 올라가 자신을 꾸짖어 마음을 가라앉힌 다음 정사로 돌아왔다. 그러나 이삼일쯤 지나서 또 그런 생각이 들자 그는 그곳으로 가서 마음을 가다듬었다. 그렇게 그는 비구생활이 지루해 질 때마다 뒷산에 가서 마음을 다잡고 돌아오기를 계속했다.

그러자 비구들은 그가 이처럼 수시로 정사 뒷산을 오르내리는 것이 이상해서 그에게 뒷산에 자주 가는 까닭을 묻자, 그때마다 그는 스승을 뵈러 갔었다고 대답했다. 그렇게 그는 누더기 옷을 수행주제로 삼아 열심히 수행하여 마침내 오온이 무상한 것을 깨달아 아라한이 되었으며, 아라한이 된 다음부터는 더 이상 그곳에 가지 않았다. 그러자 비구들은 왜 산에 가지 않느냐고 그에게 물었다. 그는 "내가 세상에 집착했을 때는 스승이 필요했으나, 이제 나를 세상에 묶는 끈을 잘랐으니 더 이상 스승에게 가지 않습니다."라고 대답했다. 이 이야기를 들으신 부처님께서는 그가 말한 것이 진실이며 그는 아라한이 되었다고 말씀하셨다. 이어서 부처님께서 게송 두 편을 읊으셨다.

190) "지혜와 실천을 갖추고"는 명행족(明行足) 즉 여덟 가지 명지와 열다섯 가지 실천행을 갖춘 것을 말한다. 여덟 가지 명지는 숙명통지(宿命通智), 천안통지(天眼通智), 누진통지(漏盡通智), 위빳사나 지혜, 마음창조 신통지(마음으로 만든 신통지), 신족통지(神足通智), 천이통지(天耳通智), 타심통지(他心通智)이고, 열다섯 가지 실천행은 계 단속, 감관 단속, 음식의 적정량을 아는 것, 깨어있음에 몰두하는 것, 믿음, 사띠, 양심, 수치심, 정진, 배움, 통찰지, 초선정, 이선정, 삼선정, 사선정이다. (비

구 일창 담마간다, 『가르침을 배우다』, 46-47쪽 참조)

145 수카 사미의 깨달음[191]

농부는 물길을 만들어 물을 끌어들이고,
화살 만드는 사람은 화살을 곧게 편다.
목수는 나무를 곧게 다듬고
선한 사람은 마음을 잘 다스린다.[192]

---

191) 수카는 일곱 살 때 사리뿟따 장로에 의해서 사미가 되었다. 사미가
된 지 여드레째 되는 날 그는 사리뿟따 장로를 따라 탁발을 나갔다.
거리에서 수카 사미는 게송 80번 이야기의 빤디따 사미와 동일한
일을 겪었으며, 이에 대해 부처님께서는 게송을 읊으셨다.

192) 선한 사람: 충고와 가르침을 잘 따르는 사람. (『법구경-담마파다』, 460쪽
참조)

제11장

늙음
(Jarāvagga)

146 술 취한 위사카의 동료들¹⁹³⁾

언제나 불길에 휩싸인 처지에
어떻게 웃고 즐길 수가 있는가?
암흑으로 둘러싸인 그대들은
어찌하여 등불을 찾지 않는가?

---

193) 위사카와 함께 부처님이 계시는 정사에 간 오백 명의 여인들은 몰래 가지고 간 술을 마시고 취해서 노래를 부르고 춤을 추었다. 부처님께서는 마라의 장난으로 여인들이 제정신이 아님을 아시고, 남색의 짙은 광명을 놓으셔서 방을 아주 깜깜하게 만드셨다. 그러자 갑작스런 사태에 당황한 여인들은 시간이 흐르자 차츰 정신을 차렸다. 그 순간 부처님께서는 앉아 계시던 의자에서 순식간에 수미산 정상으로 가셔서 하얀 광명을 일직선으로 비쳐 보내시니, 하늘에 퍼진 그 빛은 일천 개의 달이 뜬 것보다 더 밝았다. 부처님께서는 이와 같이 위대하신 힘을 내보이심으로써 오백 명의 여인들이 자기들의 초라한 모습을 부끄러워하도록 만드셨다. 그들 모두가 온전히 제정신으로 돌아왔을 때 부처님께서 말씀하셨다.
"그토록 마음이 산란한 상태였다면 그대들은 처음부터 정사에 오지 말았어야 했다. 마라(어리석음)가 그대들이 정사 안에서 춤추고 노래하고 떠들며 무질서하게 행동하게 한 것이다. 이제부터 각자 자기 안에 있는 탐욕과 성냄과 어리석음을 다스리기 위해 스스로 힘써 노력하여라." 이어서 부처님께서는 게송을 읊으셨고, 설법이 끝나자 오백 명의 여인들은 모두 수다원이 되었다.

147 기생 시리마를 짝사랑한 비구 [194]

보라! 아름답게 꾸며진 모습,
상처더미를 쌓아놓은 것,
병들고, 망상으로 가득 찼고,
영원하지도 견고하지도 않은 것을!

---

[194] 라자가하에 사는 고급 기생 '시리마'는 수다원인 여자 재가신도 '웃따라'에게 뜨거운 기름을 부은 적이 있었다. 시리마는 웃따라의 집으로 가서 부처님 앞에서 그녀에게 용서를 구하고, 부처님의 법문을 듣고 수다원이 되었다. (게송 223 각주 참조) 그녀는 수다원이 된 다음 매일 여덟 명의 비구들에게 공양을 대접했다. 어느 날 한 비구가 그 공양을 마치고 3요자나 떨어진 어떤 정사에 갔는데 그곳 비구들이 "여기 오기 전에 어떤 공양을 드셨습니까?"라고 묻자, 그는 시리마가 제공하는 최상의 맛있는 음식을 먹었으며, 그보다 더 즐거운 것은 그녀의 아름다움을 보는 것이었다고 말했다. 그 이야기를 듣고 그녀를 한 번도 본 적이 없으면서도 사랑에 빠진 한 젊은 비구가, 다음 날 다른 비구들과 함께 시리마의 집으로 탁발을 나갔다. 그때 마침 시리마는 몸이 몹시 아파서 하녀들을 시켜 공양을 올렸고 공양이 끝난 다음에는 하녀들의 부축을 받아 비구들을 배웅했다. 그녀를 처음 본 젊은 비구는 '병들었어도 저렇게 아름다우니 건강할 때는 얼마나 아름다웠을까?'라는 생각이 들면서 그때부터 그에게 헤아릴 수 없이 오랜 세월 동안 쌓인 번뇌가 일어나 그는 식음을 전폐했다. 그런데 시리마는 비구들이 다녀간 날 밤에 죽고 말았다. 왕이 부처님께 시리마가 죽었다는 전갈을 보내자 부처님께서는 왕에

게 '시리마의 시체를 묻지 말고 화장터에 놓고 까마귀나 개들이 먹지 않도록 조치하십시오.'라고 전했고, 왕은 그대로 했다. 나흘이 지나자 그녀의 시신은 부풀어 오르고 상처 같은 아홉 구멍에서 구더기들이 나와서, 그녀의 몸전체가 끓는 밥을 담은 금간 항아리와 같았다. 부처님께서는 비구들과 함께 그곳으로 가셨는데 그때 식음을 전폐한 젊은 비구도 동행했다. 그녀의 시신을 가리키시며 부처님께서 비구들에게 말씀하셨다. "비구들이여, 이 여인이 살아있을 때는 남자들이 그녀와 하룻밤을 보내기 위해서 수천 냥의 돈을 지불했다. 그러나 지금은 이 여인을 그냥 준다고 해도 받는 사람이 없다. 이처럼 여인의 아름다움이란 사라져 버리는 무상한 것이다. 비구들이여, 이 시체가 썩어가는 모습을 자세히 보라." 이어서 부처님께서는 게송을 읊으셨고, 게송이 끝나자 젊은 비구는 수다원이 되었다.

148 백 이십 세에도 탁발하는 웃따라 비구니[195]

노쇠한 그대의 몸은
병의 소굴이며 쉽게 부서진다.
부패한 몸은 파괴되어 버리고
삶은 반드시 죽음으로 끝난다.

---

[195] 어느 날 120세인 웃따라 장로니(장로 비구니)가 탁발해서 돌아오다가 한 비구를 만났다. 그녀는 그에게 탁발한 음식을 공양 올리고 싶다고 하자 생각이 깊지 못한 비구가 음식을 모두 다 받아 버리는 바람

에, 그녀는 하루 종일 아무것도 먹지 못하고 말았다. 그녀는 두 번째 날에도 세 번째 날에도 똑같은 장소에서 똑같은 비구를 만나게 되자 탁발한 음식을 모두 비구에게 주었다. 네 번째 날에 그녀는 탁발하다가 사람이 많은 곳에서 부처님을 만나자 뒤로 물러나다가 실수로 자신의 가사자락을 밟는 바람에 몸을 가누지 못하고 넘어졌다. 그때 부처님께서 그녀에게 다가와 말씀하셨다.

"비구니여, 그대의 몸은 이제 나이가 들고 다 낡아서 얼마가지 않아 흩어질 것이다."

이어서 부처님께서 게송을 읊으셨고, 게송이 끝나자 웃따라 장로니는 수다원이 되었다.

149 깨달았다고 착각한 비구들[196]

가을에 버려진 조롱박처럼
잿빛으로 퇴색한 뼈를 보라.
그것들을 보고 어찌 즐거워하겠는가?

---

[196] 오백 명의 비구들이 부처님한테 법문을 듣고 수행주제를 받아 숲속으로 들어갔다. 그들은 열심히 수행에 몰두하여 선정을 성취하자 자기들은 번뇌로부터 자유롭게 되었으니 아라한이 됐다고 착각했다. 그래서 그들은 부처님을 뵙고 출가한 목표를 달성했다고 말씀드리려고 제따와나 정사로 향했다. 그들이 정사 입구에 이르렀을 때 부처님께서 아난다 장로에게 말씀하셨다.

"아난다여, 비구들은 지금 나를 만나도 아무 소용이 없다. 먼저 화장터에 들른 다음에 나에게 오게 하여라."

그들은 화장터로 가서 하루나 이틀 지난 시체를 보자 불쾌하고 비위가 거슬렸지만, 죽은 지 얼마 되지 않아서 아직 풋풋한 여인의 시체를 보자 욕정이 생겼다. 그들은 그제야 자기들에게 번뇌가 사라지지 않았다는 것을 알았다. 그때 부처님께서는 제따와나 정사의 향실에 앉아 광명의 모습을 나타내시어 마치 얼굴을 마주 보고 있는 것처럼 앉아서 말씀하셨다.

"비구들이여, 저런 뼈 무더기를 보면서 감각욕망을 일으키는 것이 옳은 일인가?"

부처님께서는 이어서 게송을 읊으셨고, 게송이 끝나자 오백 명의 비구들은 모두 아라한이 되었다.

150 자신의 미모에 자부심이 대단한 루빠난다 [197)

뼈를 쌓아올리고
살과 피를 발라놓은 이 몸속에
늙음과 죽음과
자만과 위선이 감추어져 있다.

---

197) **루빠난다**(별칭: 자나빠다 깔리야니＝경국지색)의 약혼자인 부처님의 이복동생 난다는 결혼식 날 부처님을 따라가 비구가 되었다. 그러자 루빠난다는 "큰 오빠와 남편, 어머니가 출가하였다. 온 가족이 다 출가했는데 나 혼자 세속에 남아 누구를 의지하고 살아간단 말인가?"하는 생각이 들어 그녀 역시 비구니가 되었다. 하지만 그녀가 비구니가

된 것은 믿음이 있어서가 아니라 가족에 대한 그리움 때문이었다. 그녀는 다른 비구니들로부터 부처님께서 몸은 무상하고, 괴로움이며, 거기에 '나'라는 실체가 없다고 설법하신다는 이야기를 듣고 부처님을 멀리했다. 그러나 다른 비구니들의 부처님에 대한 존경과 찬탄이 대단했기 때문에, 호기심이 생겨 몰래 숨어서 법문만 들으려고 부처님께서 설법하시는 장소로 갔다.

부처님께서 비구니들 가운데 루빠난다가 있는 것을 멀리서 보시고, 열여섯 살쯤 되는 아주 빼어난 미녀가 부처님께 부채질을 해드리고 있는 영상을 만드시어 루빠난다만 볼 수 있게 하셨다. 그 모습을 멀리서 본 루빠난다는 그 여인이 맑은 호숫가에 노니는 백조라면 자기는 보기 흉한 늙은 까마귀에 지나지 않는다고 생각했다.

부처님께서는 미녀를 점점 나이든 여인으로 바꾸어 보여 주다가 결국 몸도 제대로 가누지 못하는 노파로 만들어 자신의 똥과 오줌 속에서 구르다 죽게 만들었다. 그리고 시간이 흐르자 노파의 시신이 부패되어 아홉 구멍으로부터 썩은 고름이 흐르며, 구더기가 기어 다니고, 까마귀와 개들이 달려들어 뜯어먹었다.

루빠난다는 그 광경을 보고 자신의 몸도 늙고 병들고 죽을 것이라는 사실을 알았다. 그때 부처님께서 오온이 무상하고 불만족스럽고 실체가 없다고 법문하시자 그녀는 수다원이 되었다. 이어서 부처님께서 게송을 읊으셨고, 게송이 끝나자 루빠난다는 아라한이 되었다.

151 지옥에 갔다가 도솔천에 태어난 말리까 왕비[198]

화려한 왕의 마차가 낡아가듯
육체도 늙어간다.
그러나 참사람의 법은 쇠퇴하지 않는다.
참사람이 참사람에게 전하기 때문에.[199]

---

[198] 어느 날 말리까 왕비가 욕실에 들어가서 발을 씻을 때, 애완견이 그
녀의 뒤로 접근하여 이상한 짓을 했다. 왕비는 개가 그렇게 하는 것
을 은근히 내버려두고 있었는데, 마침 빠세나디 왕이 침실 창문을
통해서 그 장면을 보고 화가 나서 소리쳤다. "이 음란한 여인아! 욕
실 안에서 개하고 무슨 짓을 하는 거냐?" 왕비는 속으론 굉장히 놀
랐으나 짐짓 아무 일도 아니라는 듯 "저는 다만 욕실 안에서 발을
씻고 있었을 뿐 잘못한 게 없습니다."라고 말했다. 왕비는 간신히
위기를 모면하기는 했지만 거짓말한 것에 대해 양심의 가책을 느
꼈다. 그녀는 남편과 함께 부처님께 비할 바 없이 큰 공양을 올리는
등의 많은 선행을 쌓았다. (게송 177 각주 참조) 그러나 그녀가 죽는 순간
그녀에게 떠오른 것은 자신이 생전에 행한 선행이 아니라 자기가
잘못한 것이 떠올랐기 때문에 그녀는 죽어서 지옥에 태어났다. 왕
비의 장례식이 끝나자 왕은 부처님을 찾아가 왕비가 어디에 태어났
는지 여쭈려고 했다. 그러나 부처님께서는 신통력으로 왕의 생각을
다른 데로 돌려놓으셨기 때문에, 왕은 부처님과 다른 대화만 나누
다가 돌아갔다. 한편 말리까 왕비는 지옥에서 이레를 보낸 뒤 도솔
천에 태어났다. 여드레 째 되는 날 부처님께서 탁발하러 왕궁으로

들어가시자 왕은 부처님께 공양을 올리고 나서 침통한 표정으로 왕비가 어디에 태어났는지를 여쭈었다. 부처님께서 왕비가 도솔천에 태어났다고 말씀하시자 왕은 기뻐하면서도 "그녀가 저 세상으로 떠난 이래 저는 허무하기 짝이 없습니다."라고 말했다. 부처님께서는 "저기 당신의 할아버지가 타시던 마차는 세월이 흐름에 따라 모두 낡아 버렸소. 당신의 몸도 저 수레와 같이 늙고 있으며 죽어가고 있소. 오직 법만이 영원히 변치 않습니다."라고 말씀하시고 게송을 읊으셨다.

199) 참사람의 법 아홉 가지(네 가지 도와 네 가지 과와 열반)는 그 가르침을 따르는 자에게 어떤 위험도 마주치게 하지 않고, 세대를 초월해 전해진다는 의미에서 늙거나 부패하지 않는다고 한 것이다.

152 때와 장소에 맞지 않는 말을 하는 랄루다이 비구[200]

배운 것이 적은 사람은
황소처럼 늙어만 간다.
그의 몸은 살찌지만
지혜는 자라지 않는다.

---

200) 랄루다이 비구는 재치가 없을 뿐 아니라 태만하고 어리석었다. 그렇기 때문에 그는 때와 장소에 적합한 말을 하는 적이 별로 없었는데, 예를 들면 경사스러운 날에 슬프고 언짢은 이야기를 하곤 하는

식이었다. 더욱 가엾은 것은 자기에게 이런 약점이 있다는 것을 자신이 모른다는 것이었다. 이에 답답함을 느낀 비구들이 랄루다이 비구의 문제점에 대해 부처님께 보고 드렸다. 그러자 부처님께서는 "랄루다이 처럼 아주 적은 지혜밖에 없는 사람은 마치 황소와 같다."라고 말씀하시고 게송을 읊으셨다.

153-154 부처님의 오도송[201]

153 집을 짓는 자를 찾으려 했지만 찾지 못하여[202]
　　수많은 생을 윤회했다.
　　거듭 태어남은 고통이다.

154 집을 짓는 자여, 이제 그대를 보았으니
　　그대, 다시는 집을 짓지 못하리라.
　　모든 서까래는 부서졌고 대들보는 산산 조각났으며[203]
　　나의 마음은 열반에 이르러 갈애는 파괴되었다.

---

201) 다음의 게송 두 편은 싯다르타 태자(보살)가 정등각을 이루시어 부처님이 되시는 순간의 장엄하고 영광스러운 감회를 토로하신 깨달음의 시이다.

　　보살(붓다가 되기를 서원하고 일체지를 갖추기 위해 십바라밀을 닦는 사람)은 6년 고행으로 깨달음을 얻지 못하자 고행이 해탈로 가는 길이 아니라고 결론을 내렸다. 그리고 어렸을 때 농경제 행사를 하는 중에 초선(初禪)에 들었던 기억을 되살리고 그 길이 깨달음으로 가는 길이라고 확신했다. 보살은 고행을 멈추고 우유죽으로 몸을 회복하고 나서, 보리수 아래 앉아 초선, 제2선, 제3선, 제4선을 차례로 성취했다.

그것을 바탕으로 초야에 숙명통을 얻은 보살은 수메다 선인이었을 때 처음 수기를 받은 생보다 더 이전의 생부터, 도솔천에서 세따께뚜 천신으로 살았던 바로 앞 생에 이르기까지 어떤 이름, 종족, 용모, 수명 등으로 살았는지 상세하게 알게 되었다. 그러고 나서 '내가 전생에 또 그 이전의 전생에 수없이 태어났는데 이것은 전부 정신과 물질의 무더기일 뿐이구나. 나라고 할 만한 것은 없구나.'라고 관찰하여 알았다. 숙명통을 통해 '정신물질 구별의 지혜(첨부 13. 참조)'를 깨닫게 된 것이다.

그 다음 중야에는 천안통을 증득했다. 보살은 자신을 제외한 다른 중생들의 과거 전생을 보는 천안통을 통해 많은 중생들이 전생에 어떤 이름, 종족, 용모, 수명으로 살았는지도 알게 되었다. 또한 이 사람은 이런 선업을 지어 이런 좋은 세상에 태어나고, 저 사람은 저런 악업을 지어 저런 나쁜 세상에 태어난다는 것을 알았다. 그리고 이런 원인에 의해 이런 결과를 받는다는 것도 관찰하여 알았다. 천안통을 통해 '조건 파악의 지혜'를 깨닫게 된 것이다.

마지막 후야에는 중생들이 태어나고 죽는 원인과 결과를 밝히기 위해 십이연기(十二緣起)를 관찰했다. 이때 보살은 십이연기를 괴로움의 발생구조[流轉門. 順觀]와 소멸구조[還滅門. 逆觀]로 관찰하고 동이 틀 무렵 깨달음을 얻고 아라한이 되었다. 그러자 부처님께서는 깨달음의 감흥을 이렇게 읊으셨다.

202) '집'은 존재를 구성하는 오온(五蘊)을 말하고, '집을 짓는 자'는 오온을 계속 생기게 하는 원인인 갈애를 말한다.

203) '서까래'는 번뇌를 말하고, '대들보'는 무명을 말한다.

155-156 거지가 된 부자의 아들 마하다나[204]

155 젊었을 때 청정한 삶을 살지 않고
　　재산을 모으지도 못한 자들은
　　물고기 없는 연못에 사는
　　늙은 백로처럼 죽어간다.

156 젊었을 때 청정한 삶을 살지 않고
　　재산을 모으지도 못한 자들은
　　활을 떠나 힘없이 땅에 떨어진 화살처럼
　　누워서 과거를 한탄한다.

---

204) '바라나시'라는 큰 도시에 사는 부호의 아들 마하다나는 어렸을 때
　　공부를 즐기지 않았다. 그는 나이가 차서 부잣집 딸과 결혼했는데
　　결혼하고 얼마 지나지 않아 부부의 양쪽 부모 네 사람이 모두 세상
　　을 떠나면서 십육억 냥이라는 엄청난 재산을 남겨준 덕에 부부는
　　대단한 부자가 되었다. 그러나 부부는 너무나 어리석었으므로 일이
　　라고는 하지 않고 친구들과 어울려 쾌락에 빠져 들었다. 그러다 보
　　니 그들은 유산을 모두 탕진하고 심지어는 가구까지 팔아서 다 써
　　버렸다.
　　그렇게 결국 거지가 된 부부가 어느 날 정사의 양지바른 담에 기대
　　앉아 있을 때 사미 한 사람이 자기가 먹다 남은 음식을 갖다 주었
　　다. 그때 부처님께서 그 장면을 보시고 미소를* 지으셨다. 이에 아
　　난다 장로가 부처님께서 왜 그들을 보시며 미소를 띠시는지 여쭙자
　　부처님께서 말씀하셨다. (*주: 웃음에는 ① 가늘게 뜬 눈의 미소 ② 치아를 조금 드러

내 보이는 미소 ③ 즐거운 소리로 웃는 웃음 ④ 어깨나 머리를 흔들며 웃는 웃음 ⑤ 눈물이 나오도록 웃는 웃음 ⑥ 팔다리 등 몸을 던지며 웃는 웃음 모두 여섯 가지가 있다. 이중에서 ①②는 부처님, 벽지불, 아라한 ③④는 평범한 사람 ⑤⑥은 저열한 사람의 웃음이다. 유학은 ①~④로 웃는다. 참조: 강종미 편역, 『아비담마 해설서 I』, 161쪽)

"아난다여, 저 부호를 보아라. 그는 일생을 통해 아무 의미나 목적이 없는 생활을 해왔다. 만약 그가 청년 시절에 재산을 잘 키우고 관리하는 법을 배웠더라면 그는 지금 이 도시에서 으뜸가는 재산가가 되었을 것이다. 그리고 그가 청년 시절에 비구가 되었더라면 아라한이 되었을 것이며, 그의 아내가 비구니가 되었다면 그녀도 아나함에 이르렀을 것이다. 만약에 그가 중년 시절에 재산을 잘 키우고 관리하는 법을 배웠더라면 그는 지금 이 도시에서 두 번째 가는 재산가가 되었을 것이요, 그가 그때 출가하였다면 그는 아나함이 되고, 그의 아내는 사다함이 되었을 것이다. 아난다여, 그가 노년이 되었을 때라도 재산을 잘 키우고 관리하는 법을 배웠더라면 그는 이 도시에서 세 번째 가는 재산가가 되었을 것이요, 그가 그때 출가하였다면 그는 사다함, 그의 아내는 수다원을 이루었을 것이다. 그러나 그는 이제 세속의 재산을 다 날려버리고 출세간의 깨달음도 멀어져 버렸다. 그는 물이 말라 바닥이 쩍쩍 갈라진 연못의 늙은 백로 신세가 되었다."

이어서 부처님께서는 게송 두 편을 읊으셨다.

제12장

자기 자신

(Attavagga)

157 자식이 없는 보디 왕자[205]

자신을 소중히 여긴다면
자신을 잘 보호해야 한다.
현자는 인생의 세 시기 가운데
적어도 한 번은 자신을 잘 돌봐야한다.[206]

---

205) 부처님께서 보디 왕자에게 자녀가 없는 이유는 과거생에 불선업을
지었기 때문이라고 말씀하시고 왕자의 전생 이야기를 해 주셨다.
과거생에도 부부였던 왕자와 왕자비는 어느 날 배로 항해하다가 큰
풍랑을 만나 배가 완파되어 배를 타고 있던 다른 사람들은 모두 죽
고 그들 부부만 널빤지 하나에 몸을 의지하여 겨우 살아났다. 파도
에 밀려 바다 위를 떠다니던 그들은 아무도 살지 않는 무인도에 상
륙했다. 그 섬에는 다른 먹을 것이 없어서 그들은 그곳에 사는 새의
알을 먹었지만, 그것만으로 부족하여 새끼 새와 다 큰 새도 잡아먹
었다. 하지만 그들은 살생하고 있다는 양심의 가책을 전혀 느끼지
않으면서 청춘과 중년과 노년을 살았다. 부부는 그렇게 인생의 세
시기 중 단 한 시기도 방일하지 않고 계율을 지키는 삶을 살지 않았
기 때문에 그 과보로 금생에 자녀가 없는 것이다.
이어서 부처님께서는 보디 왕자에게 말씀하셨다.
"자신의 삶을 소중히 여기는 사람이라면 인생의 세 시기동안 방일
하지 않고 살아서 자기를 잘 보호해야 한다. 그렇게 할 수 없다면
세 시기 중의 어느 한 시기라도 방일하지 않으면서 살아가야 한다."
이어서 부처님께서는 게송을 읊으셨고, 부처님의 설법이 끝나자 보
디 왕자는 수다원이 되었다.

206) 인생의 세 시기인 초년, 중년, 노년 중 한 시기만이라도 방일하지 말고, 계를 지키고, 자신의 몸과 마음을 관찰(사띠)하면서 선행을 하여 자신을 잘 보호하라는 뜻이다.

158 탐욕스런 우빠난다 장로 ²⁰⁷⁾

자기 자신을 먼저
올바르게 한 뒤에
다른 사람을 가르쳐야 한다.
그러한 현자는 비난 받지 않을 것이다.

---

207) 우빠난다 장로는 화술이 뛰어나 설법을 설득력 있게 잘했다. 그는 대중들에게 욕심을 내지 말고 적은 것으로 만족할 줄 알라고 항상 강조하곤 했으며 자기를 위해 쌓아 두는 것보다 남에게 베푸는 것이 더 큰 저축이라고 말했다. 하지만 정작 자신은 자기가 남에게 말하는 그대로 살지 않았을 뿐 아니라, 자기의 설법을 듣고 감화 받은 사람들이 보시한 물품을 가져다가 잔뜩 쌓아 두었다.

어느 날 여행 중인 두 비구가 시주 받은 거친 가사 두 벌과 값비싼 담요 하나를 놓고, 서로 좋은 것을 가지려고 다투다가 우빠난다에게 이 문제를 조정해 달라고 요청했다. 그들의 제의에 흔쾌히 응한 우빠난다는 두 비구의 의견을 다 들은 뒤, 가사 두 벌은 두 비구가 한 벌씩 갖고 비싼 담요는 조정자인 자기에게 주는 게 옳다고 판정했다. 그들은 판정이 마음에 들지 않았지만 일단 받아들인 다음 부처님께 가서 우빠난다 장로의 판정에 대해 말씀드렸다. 그러자 부처님께서 말씀하셨다.

"다른 사람을 가르치려는 자는, 우선 자신이 가르치고자 하는 대로 실천한 다음에 남을 가르쳐야 한다." 이어서 부처님께서 게송을 읊으셨고, 부처님의 설법 끝에 두 비구는 수다원이 되었다.

159 실천하지 않으면서 남을 가르치는 빠다니까 띳사 장로[208]

남을 가르치는 사람은
자신의 가르침대로 실천해야 한다.
자신을 잘 다스려야 남을 다스릴 수 있다.
자신을 다스리기는 참으로 어렵다.

---

208) 빠다니까 띳사 장로는 젊은 비구 오백 명과 함께 한적한 정사에 갔다. 거기서 그는 비구들에게 열심히 수행하라고 훈계한 다음 자신은 방에 가서 잠만 잤다. 오백 명의 비구들은 초야까지 좌선과 경행을 번갈아 하고 중야가 되자 방으로 들어가려는데, 그때까지 자고 있던 장로가 방에서 나오더니 그들에게 돌아가서 수행을 계속하라고 했다. 비구들은 다시 정진을 계속하다가 후야가 되자 또 다시 졸음이 몰려와 각자의 방으로 들어가려는데, 또 다시 장로가 수행을 계속하라며 그들을 돌려보냈다. 그렇게 장로는 비구들이 쉬는 것을 허락하지 않고 엄격하게 몰아쳤기 때문에 비구들은 계속 마음이 불편했으며, 졸리고 피곤한 나머지 집중이 잘 되지 않았고, 경전도 잘

외워지지 않았다. 그런데 비구들이 장로도 자기들처럼 엄격하게 수행을 하고 있는지 알아보니 어이없게도 그는 잠만 자고 있었다.

그렇게 모두 피곤에 지칠대로 지쳐 어느 누구도 수행이 향상되지 않은 채 우기 안거 석 달이 모두 끝났다. 그들은 무거운 몸을 이끌고 부처님께 인사를 올린 다음 자기들이 지난 석 달을 어떻게 보냈는지를 말씀드렸다. 이야기를 다 들으신 부처님께서 말씀하셨다.

"비구들이여, 다른 사람을 가르칠 때에는 먼저 자신을 다스려야 한다. 자신을 잘 다스리고 난 후에야 남을 가르칠 수 있다."

이어서 부처님께서는 게송을 읊으셨고 부처님의 설법이 끝나자 오백 명의 비구들은 모두 수다원이 되었다.

160 비구니의 아들 꾸마라 깟사빠[209)

나만이 나의 의지처.
남이 어찌 나의 의지처가 되리.
나를 잘 다스려야만
얻기 어려운 의지처를 얻으리.[210)

---

209) 꾸마라 깟사빠 장로의 어머니는 라자가하 시의 부호의 딸이었다. 그녀는 결혼한 지 얼마 되지 않아 아이를 가졌지만 자기가 임신한 줄 모른 채 남편의 허락을 받고 데와닷따의 교단에 들어가 비구니가 되었다. 얼마 후 그녀가 임신했다는 것이 드러나자 데와닷따는 즉각 그녀를 환속시키라고 비구들에게 지시했다. 그러나 그녀는 거기서 나와 부처님이 계시는 제따와나 정사로 갔다. 부처님은 그녀

가 비구니가 되기 전에 임신한 것이 분명하므로 계를 어긴 게 아님을 선포하셨다. 그녀는 아들을 낳고 이름을 꾸마라(어린) 깟사빠라 지었다. 일곱 살에 사미로 출가한 꾸마라는 나이가 차서 정식 비구가 되었다. 그는 부처님한테 수행주제를 받아 열심히 수행하여 얼마 지나지 않아서 아라한이 되었다. 그러나 그는 아라한이 된 다음에도 12년간 계속 숲속에서 살았다. 꾸마라 장로의 어머니 비구니는 오랫동안 만나지 못했던 아들을 보려고 숲으로 갔다. 숲속에서 아들을 발견한 그녀는 기뻐 울면서 아들의 이름을 불렀다. 그러나 꾸마라 장로는 어머니가 자기에 대한 애착이 깊다는 것을 알고 일부러 단호하고 차갑게 말했다. "출가한 비구니가 아들에 대한 애착에서 아직도 벗어나지 못했단 말입니까?" 아들의 말에 엄청난 충격을 받은 그녀는 자기의 귀를 의심하며 다시 물었다. "사랑하는 아들아, 방금 뭐라고 했느냐?" 그가 심한 말을 되풀이하자 그녀는 '아, 내가 이런 매정한 녀석 때문에 12년 동안이나 눈물을 흘리며 살다니! 아들이 이 모양인데 내가 애착한들 무슨 의미가 있겠는가?' 하는 생각이 들어 그 자리에서 아들에 대한 애착을 뽑아버리고 열심히 수행하여 바로 그날 그녀는 아라한이 되었다. 어느 날 한 비구가 부처님께 여쭈었다. "부처님, 만약 꾸마라 깟사빠의 어머니가 데와닷따의 정사에 계속 머물러 있었다면 비구니와 그 아들이 아라한이 될 수 없었을 것입니다. 부처님께서는 그들의 의지처가 되어 주셨습니다." 이에 대해 부처님께서 대답하셨다. "비구들이여, 천상에 태어나거나 아라한과를 성취하려고 하는 사람은, 남에게 의지해서는 안 되고, 스스로 열심히 노력해야 한다." 이어서 부처님께서는 게송을 읊으셨다.

210) 천상계에 태어나기 위해 노력하는 자, 그리고 도의 지혜와 과의 지

혜를 계발하려는 자는 자기가 자신의 의지처이다. 그 어떤 사람도 나의 의지처가 될 수 없다. 여기서 '얻기 어려운 의지처'란 아라한 과를 말한다. (『법구경-담마파다』, 481쪽 참조)

161 도둑으로 오해 받아 살해당한 마하깔라[211]

자기 스스로 행하고
자기에게서 생기고 자기로부터 비롯된 악행은
어리석은 자를 산산조각 낸다.
돌에서 나온 금강석이 보석을 부수듯.

---

211) 남자 신도 마하깔라는 음력 팔일 포살일에(첨부 17 참조) 제따와나 정사에 가서 8계를 받고 밤 새워 법문을 들었다. 그날 밤 한 무리의 도둑이 어떤 집에 침입해서 물건을 훔치고 있을 때 집주인이 그릇이 달그락거리는 소리에 잠에서 깨자 도둑들은 도망치기 시작했다. 집주인이 쫓아오자 도둑들은 사방으로 흩어졌고, 그 중 한 명은 정사 쪽으로 난 길을 따라 도망갔다. 한편 밤새 법문을 들은 마하깔라가 정사의 연못가에서 세수하고 있는데 마침 도망치던 도둑이 마하깔라 앞에 훔친 물건을 던져버리고 달아났다. 그리고 곧이어 나타난 주인이 그를 도둑으로 오인하여 전후 사정을 알아보지도 않고 사정없이 두들겨 패서 죽여 버렸다. 아침 일찍 마하깔라의 시신을 본 비구들이 부처님께 가서 말씀드렸다. "부처님, 마하깔라가 어젯밤에 계를 받고 설법을 들은 뒤 귀가하던 중 도둑으로 오인 받아 맞아 죽

었습니다. 이는 죽임을 당하지 않아야 할 사람이 죽은 것 아니겠습니까?" 그러자 부처님께서는 대답하셨다.

"비구들이여, 그가 한 금생의 착한 행동만을 가지고 판단한다면 그는 그렇게 죽지 않았어야 한다. 그의 죽음은 과거생에 지은 악행 때문이다. 그는 과거생에 왕의 부하였는데, 다른 사람의 아내를 연모하여 그 여인을 차지할 욕심으로 그녀의 남편을 사람을 시켜 때려 죽였다. 그 악행 때문에 그는 금생에 그렇게 살해당한 것이다." 이어서 부처님께서는 게송을 읊으셨다.

162 부처님을 시해하려고 한 데와닷따 [212]

덩굴 식물이 살라 나무를 휘감아 죽이듯
지나친 범계가 그를 파괴한다.
그는 적이 그에게 바라는 것처럼
그렇게 자신에게 행한다.

---

[212] 비구들이 부처님께 "데와닷따는 아자따삿뚜에게 아버지를 죽인 다음 왕이 되라고 충동질했습니다. 그뿐만이 아니라 그는 세 번이나 부처님의 생명을 노렸습니다. 데와닷따는 이 같이 아주 사악하여 교화할 수 없는 자인 것 같습니다."라고 말했다. 그러자 부처님께서 말씀하셨다. "데와닷따는 금생에서만이 아니라 과거생에서도 여러 차례 여래를 죽이려고 했다." 이어서 부처님께서는 그의 전생 이야기를 들려주셨다.
과거 브라흐마닷따 왕이 바라나시를 다스리고 있을 때 보살(미래의

부처님)이 사슴으로 태어났다. 그때 데와닷따는 사슴 사냥꾼이었다. 어느 날 데와닷따는 나무 밑에서 사슴 발자국을 발견하고, 그 나무 아래에 대나무로 함정을 만들어 놓고 창을 들고 다른 나무 뒤에 숨어서 사슴이 나타나기를 기다렸다. 사슴이 아주 조심스럽게 다가오자 사냥꾼은 사슴을 유인하려고 과일을 마치 나무에서 떨어지는 것처럼 착각하게끔 던졌다. 그러나 꾀가 많은 사슴은 그럴수록 더 조심스러운 몸짓으로 마치 사냥꾼을 보지 못한 것처럼 뒤로 돌더니 천천히 걸어갔다. 연신 뒤를 돌아보며 한참을 걷기만 하던 사슴은 사냥꾼의 창이 미치지 못하는 거리가 되자 사냥꾼 쪽을 보며 나무에게 말했다.

"오, 나무여, 그대는 언제나 과일을 위에서 아래로 똑바로 떨어뜨리더니 오늘은 자연의 법칙을 어기고 옆으로 떨어뜨리는군요. 당신이 그처럼 자연의 법칙을 어겼기 때문에 나는 당신을 떠나 다른 나무에게 가겠소." 말을 마치고 유유히 돌아가는 사슴을 보고 사냥꾼은 손에 쥔 창을 힘없이 늘어뜨리며 말했다. "그래, 너는 다른 곳으로 가거라. 오늘은 내 계산이 틀린 것을 인정하마." 그러자 사슴이 대꾸했다.

"사냥꾼이시여, 당신은 오늘 참으로 계산을 잘못했소. 그러나 당신이 행한 악한 행동만은 틀림없이 차곡차곡 쌓여서 언제까지나 당신을 따라다닐 거요."

부처님께서는 이같이 데와닷따가 당신을 해치려 한 적은 과거에도 수없이 많았으나 한 번도 성공한 적은 없었다고 말씀하셨다. 이어서 부처님께서는 "비구들이여, 계를 지키지 않는 악한 사람은, 그 악한 성품 때문에 생긴 갈애가 그를 지옥으로 떨어뜨린다. 마치 덩굴 식물이 살라 나무를 감아서 말려죽이듯."이라고 말씀하

신 뒤 게송을 읊으셨고, 부처님의 설법 끝에 많은 비구들이 수다
원이 되었다.

163 승가의 분열을 획책한 데와닷따[213]

그릇되고 해로운 일을
자신에게 하기는 쉽고
유익하고 옳은 일을
자신에게 하기는 가장 어렵다.[214]

---

213) 어느 날 데와닷따가 승가를 분열시키려고 돌아다니다가 탁발하
고 있던 아난다 장로에게 자신의 계획을 이야기했다. 아난다 장로
는 데와닷따가 한 말을 부처님께 가서 말씀드렸다. (게송 17번 각주 참조)
"부처님, 오늘 아침에 제가 가사를 입고 발우를 들고 라자가하에 탁
발하러 갔습니다. 그때 데와닷따가 저에게 다가와서 '아난다여, 오
늘부터 나는 포살을 부처님과 따로 행하고 승가의 업무도 따로 볼
것입니다.'라고 말했습니다. 데와닷따는 오늘 승가를 둘로 분열시
켜 포살을 따로 행하고 승가의 업무도 따로 볼 것입니다."
이때 부처님께서는 가슴에서 우러나오는 감흥어를 읊으셨다.
"선한 사람은 선행하기 쉽고, 악한 사람은 선행하기 어렵네.
악한 사람은 악행하기 쉽고, 고귀한 사람은 악행하기 어렵네." 이어
서 부처님께서는 게송을 읊으셨다.

214) 그 후에 데와닷따와 그를 따르는 오백 명의 비구들은 부처님의 비
구 승단에서 갈라져 나와 가야시사 언덕에 올라가 계율이 더 엄격

한 새로운 비구 승단을 구성했다. 부처님께서는 상수제자인 사리뿟따 장로와 마하목갈라나 장로를 가야시사 언덕에 보내시어 데와닷따를 따라갔던 비구들이 그릇된 견해에 더 깊이 빠지기 전에 데려오라고 하셨다. 두 제자가 가야시사에 가서 비구들에게 잘못을 깨닫고 부처님 앞에 돌아오면 다 용서해 줄 것이라고 전하자 그들은 자신들의 어리석음을 뉘우치고 다시 부처님에게 돌아왔다.

164 질투가 심한 깔라 장로[215]

아라한과 성자와
법대로 사는 이들의 가르침을[216]
자신의 사견으로 비난하는 어리석은 자는[217]
대나무의 열매처럼
스스로를 파멸로 이끈다.[218]

---

215) 나이 많은 한 여자 재가신도가 '깔라' 장로를 친자식처럼 보살펴 오고 있었다. 그러던 어느 날 그녀는 이웃집에 사는 여인에게 제따와나 정사에 계시는 부처님은 참으로 위대하신 분이라는 말을 듣고, 장로의 극성스러운 반대에도 불구하고 제따와나 정사에 가서 부처님 법문을 들었다. 이를 알게 된 깔라 장로는 어머니처럼 자기를 보살펴 주던 여자 신도를 잃게 되리라는 생각이 들어 분노를 참을 수가 없었다. 그는 즉시 정사로 가서 그녀가 부처님의 설법에 열심히 귀를 기울이고 있는 것을 확인한 후, 부처님 곁에 다가가 정중하게 인사를 올린 다음 "부처님, 저기 앉아 있는 여인은 아주 감

각이 둔하고 지적 수준도 낮아서 위빳사나 수행법 같은 것은 이해하지 못합니다. 그러니 저 여인에게는 보시와 계율에 관해서만 설해 주는 게 낫겠습니다."라고 말했다. 그러자 부처님께서는 깔라 장로가 여인에게 나쁜 마음을 품고 있음을 아시고 말씀하셨다. "비구여, 너는 너 자신의 어리석음과 잘못으로 감히 여래의 가르침을 훼손하려는 것이냐? 저 여인이 어리석고 둔한 것이 아니라, 오히려 네가 어리석고 둔하여 자신을 스스로 망치고 있구나. 비구여, 너는 그런 마음가짐이 네 자신을 파멸시킨다는 것을 모르는구나."
이어서 부처님께서는 게송을 읊으셨고, 부처님의 설법 끝에 나이 많은 여자 재가신도는 수다원이 되었다.

216) 가르침이란 부처님의 가르침을 말한다.

217) 어리석은 자는 지혜가 모자라고, 얻은 것을 잃을까봐 두려워하고, 사견을 갖고 있으며, 가르침을 듣거나 보시하려는 사람들을 방해하는 자를 말한다.

218) 어리석은 자의 사견은 갈대와 같다. 왜냐하면 갈대는 열매가 열리면 자기 자신의 파멸을 향해 간다. 마찬가지로 대나무가 열매를 맺는 것은 대나무의 죽음을 의미한다. 열매가 열리면 죽는 식물은 바나나 나무와 갈대와 대나무이다. 자신의 임신으로 죽는 동물은 암노새이다. (『법구경-담마파다』, 486쪽 참조)

165 기생들의 도움으로 살아난 쭐라깔라[219]

악행을 하여 스스로 더러워지고
선행을 하여 스스로 깨끗해진다.
깨끗함과 더러움은 자신에게 달린 것
어느 누구도 남을 깨끗하게 할 수 없다.

---

[219] 남자 재가신도 쭐라깔라는 밤새 정사에서 법문을 듣고 다음 날 아침 일찍 사왓티로 돌아가고 있었다. 그때 도둑들이 훔친 물건을 가지고 도망치다가 쭐라깔라 앞에 내던지고 사라져버렸다. 도둑들을 뒤쫓아 오던 사람들은 자기네가 잃어버린 물건이 쭐라깔라 앞에 놓여 있는 것을 보고 그를 도둑으로 단정하여 두들겨 패기 시작했다. 그때 마침 근처를 지나다 처음부터 그 광경을 목격한 기생들이 그가 도둑이 아니라고 증언하자 사람들은 그를 풀어주었다. 쭐라깔라는 다시 정사로 가서 비구들에게 이 사건에 대해 이야기했다. 이 이야기를 전해 들으신 부처님께서 말씀하셨다.

"쭐라깔라는 기생들이 도와주었고, 또 스스로 결백했기 때문에 목숨을 구할 수 있었다. 이 세상의 중생들은 자기가 지은 악행 때문에 지옥 등에서 괴로워한다. 그러나 선행을 한 사람은 자신을 구하여 천상에 가거나 반열반에 든다."

이어서 부처님께서는 게송을 읊으셨고, 부처님의 설법 끝에 쭐라깔라는 수다원이 되었다.

166 홀로 정진하는 앗따닷타 장로[220]

남을 위한 일이 아무리 대단해도
자기가 할 일을 소홀히 하지 말라.[221]
자기를 위해 해야 할 일을 완전히 알고서
자기가 할 일에 전념해야 한다.

---

220) 부처님께서 '지금부터 넉 달 후에 반열반에 들겠다.'고 비구들에게
선언하시자 아직 수다원이 되지 못한 범부인 비구들은 크게 걱정하
며 어쩔 줄을 몰랐다. 그들은 남은 시간이 얼마 없으니 부처님 곁에
가까이 있어야 좋으리라 생각하여 잠시도 부처님을 떠나려고 하지
않았다. 이때 앗따닷타 장로만은 부처님께서 세상에 머물러 계시
는 동안 아라한이 되어야겠다고 굳게 결심하고, 부처님 곁에 얼씬
도 하지 않은 채 구석진 자기 방에 남아서 수행에 몰두했다. 그런
그의 진심을 이해하지 못한 비구들이 그를 부처님에게 데리고 가서
말씀드렸다.
"부처님, 이 비구는 부처님을 존경하고 사랑하지 않습니다. 그는 다
만 자기만을 아낄 뿐입니다."
그러자 앗따닷타 장로는 자기가 계속 방에 혼자 있었던 이유를 설
명했다. 이에 부처님께서는 비구들에게 말씀하셨다.
"비구들이여, 나를 진실로 존경하는 사람은 앗따닷타처럼 행동해
야 한다. 꽃과 향을 올리는 사람이 나를 진실로 존경하는 사람이 아
니라, 도과를 성취하기 위하여 열심히 수행하는 사람이 나를 진실
로 존경하는 사람이다." 이어서 부처님께서는 게송을 읊으셨고, 부
처님의 설법 끝에 앗따닷타 장로는 아라한이 되었다. (205, 364게송의 배

경이야기와 비슷함.)

221) 재가신도는 남의 목적은 천금의 가치가 있고 자신의 목적은 동전 한 닢의 가치 밖에 없다고 하더라도 자기 자신의 목적을 잃지 말아야 한다. 자기의 목적은 자신의 생존 수단이기 때문이다. 이것을 비구에게 적용하면, 스승에 대한 의무나 탑의 수리와 같은 의무가 중요하더라도, 수행주제 같은 것을 소홀히 하지 말라는 뜻이다. 수행주제에 대한 수행을 통해서 고귀한 경지에 이를 수 있기 때문이다. (『법구경-담마파다』, 488-489쪽 참조)

세상
(Lokavagga)

167 젊은 비구²²²⁾

저열하게 살지 말고
방일하게 살지 말라.
그릇된 견해를 따르지 말고
세상을 키우는 자 되지 말라.²²³⁾

---

222) 어느 날 한 장로가 젊은 비구와 함께 위사카 부인의 집을 방문해서 그 집에서 준 쌀죽을 먹은 후, 젊은 비구는 남겨두고 자기는 다른 집으로 갔다. 그때 시중을 들고 있던 위사카의 손녀가 젊은 비구에게 물을 따라주다가 그릇에 비친 자기 얼굴을 보고 미소를 지었다. 젊은 비구가 그걸 보고 같이 웃자 소녀가 "까까머리도 웃을 줄 아는 모양이군."이라고 말했다. 그러자 젊은 비구는 "네가 까까머리다. 네 부모도 머리를 깎았다."라고 응수했다. 그러자 소녀는 울면서 자기 할머니에게 달려갔다. 그러자 위사카 부인은 젊은 비구에게 다가가 "제 손녀에게 화를 내지 말아 주세요. 그리고 어쨌거나 비구께서는 머리를 깎으신 게 사실이니 제 손녀가 한 말이 틀리다고는 할 수 없지 않습니까?" 라고 하자 젊은 비구도 지지 않고 맞받았다. "그렇습니다만 내가 머리를 깎은 것을 두고 이러니저러니 하며 문제 삼을 것은 없잖습니까?" 비구의 당당한 태도에 위사카 부인도 잠시 주춤했다. 그때 마침 부처님께서 위사카의 집에 오셨다. 젊은 비구와 위사카 손녀사이에 있었던 다툼에 대해 들으신 부처님께서는 짐짓 비구의 편을 들며 위사카의 손녀에게 물으셨다. "소녀여, 여래의 아들이 그처럼 머리를 깎았기에 여래의 교단에 들어올 수 있었던 게 아니더냐?" 부처님께서 자기를 두둔해 주시자 젊

은 비구는 감동을 받아 부처님 앞에 무릎을 꿇고 공손히 인사를 올리면서 말했다. "위대하신 부처님, 실로 부처님만이 저를 이해해 주십니다." 그러자 부처님께서는 비구가 마음이 풀려서 당신의 가르침을 받아들일 만하게 되었다고 생각하시어 설법하셨다. "비구여, 감각욕망에 사로잡혀 여자에게 미소를 짓는 것은 저속한 일이다. 그러므로 네가 위사카의 손녀에게 한 행위는 옳지 않다." 이어서 부처님께서는 게송을 읊으셨고, 부처님의 설법이 끝나자 젊은 비구는 수다원이 되었다.

223) '세상을 키우는 자'란 마음이 대상에 흔들리며 갈애와 집착으로 번뇌 망상이 끊임없이 흘러가는 사람을 말한다. 즉 생사가 끝이 없는 것을 말한다. (『법구경 이야기 2』, 505쪽 참조)

168-169 숫도다나 왕의 깨달음[224]

168 탁발 의무에 방일하지 말라.
　　잘 실천한 법대로 행해야 한다.
　　법대로 실천하는 이는 행복하리라.[225]
　　이 세상에서도 저 세상에서도.

169 잘 실천한 법대로 행해야 한다.
　　잘못 실천한 법대로 행해서는 안 된다.[225-1]
　　법대로 실천하는 이는 행복하리라.
　　이 세상에서도 저 세상에서도.

224) 부처님께서 숫도다나 부왕의 요청으로 까삘라왓투를 방문하셨을 때, 왕은 당연히 부처님께서 궁으로 오시리라 생각하며 음식을 준비해 놓았다. 그러나 부처님께서는 비구들을 거느리고 시내로 탁발을 나가셨다. 왕은 부처님께 가서 왕궁 안에 많은 음식이 준비되어 있으니 어서 궁으로 들어가시자고 청했다. 그러자 부처님께서는 수행자가 탁발을 나가는 것은 과거 모든 부처님 때부터 끊임없이 이어져 내려오는 고귀한 전통이며, 미래의 부처님도 그것을 지킬 것이므로, 당신도 지키는 것이 당연하다고 대답하셨다. 이어서 부처님께서는 게송 두 편을 읊으셨고, 부처님의 설법 끝에 숫도다나 왕은 수다원과를 성취하였다.

225) 적절하게 탁발하는 이는 잠 잘 때만 행복한 것이 아니라, 이 세상과 저 세상에서 걷거나, 서 있거나, 앉아 있거나, 누워 있을 때, 언제나 행복하게 산다는 것이다. (『법구경-담마파다』, 492쪽 참조)

225-1) 기생집 등과 같은 부적절한 장소에 탁발하러 가지 말라는 것이다.

170 통찰지를 계발한 오백 명의 비구[226]

물거품처럼 보고
신기루처럼 보라.
이렇게 세상을 보는 이를[227]
죽음의 왕은 찾아내지 못한다.

226) 비구 오백 명이 부처님한테 수행주제를 받아 수행하러 숲속으로 들어갔다. 그들은 상당한 기간 열심히 수행했으나 별 진전이 없자 부처님께 자기들에게 맞는 수행주제를 다시 받으려고 길을 떠나 제따와나 정사로 향했다. 그들은 한참을 걷던 중에 신기루가 나타나자 그것을 관찰했다. 그들이 정사에 도착하자마자 폭우가 내리기 시작했다. 비구들이 그 빗줄기를 자세히 관찰해 보니, 굵은 빗방울이 땅바닥에 고여 있는 물 위에 떨어지면 물거품이 생겼다가 즉시 사라지는 것을 알 수 있었다. 그것을 본 비구들은 자기들의 몸도 물거품처럼 생겼다가 사라지게 된다는 것을 깨닫고, 오온이 무상하다는 것을 알게 되었다. 그때 부처님께서는 향실에서 광명의 모습을 나타내시어 마치 비구들과 마주 보고 있는 것처럼 게송을 읊으셨다. 부처님의 설법 끝에 오백 명의 비구들은 모두 아라한이 되었다.

227) 세상은 오온(몸, 느낌, 인식, 형성, 마음이라는 다섯 가지 무더기)을 말한다.

171 무희를 잃고 슬퍼하는 아바야 왕자[228]

왕의 화려한 마차와 같은
이 세상을 와서 보라.
어리석은 자는 거기에 빠져들지만
현명한 자는 집착하지 않는다.

228) 아바야 왕자는 변방에서 일어난 반란을 진압하고 개선하였다. 그래서 빔비사라 왕은 기분이 흡족하여 왕자에게 춤과 노래 솜씨가 뛰

어난 무희를 보내 시중들게 하고 일주일 동안 왕국의 통치권을 물려주었다. 일주일 동안 왕자는 궁을 떠나지 않고 왕의 영광을 누렸다. 팔일 째 되는 날 연회장에서 춤추고 노래하던 무희가 갑자기 아랫배를 칼로 찌르는 것 같은 통증으로 몸부림치다 바로 죽는 현장을 목격한 아바야 왕자는 비통한 마음을 가눌 길이 없어 고통스러워 쩔쩔매다가, 자신을 위로해줄 사람은 부처님뿐이라고 생각하고 부처님께 가서 청했다.

"부처님, 저의 슬픔을 가라앉혀 주십시오."

부처님께서 말씀하셨다.

"왕자여, 시작을 알 수 없는 끝없는 윤회 속에서 무희가 그렇게 갑작스럽게 죽은 경우는 무수히 많고, 그대가 그녀 때문에 눈물을 흘렸던 적도 무수히 많다."

이 법문으로 그의 슬픔이 어느 정도 가라앉았다는 것을 알고 이어서 부처님께서 말씀하셨다.

"왕자여, 슬퍼하지 말라. 어리석은 사람들만이 스스로 슬픔의 바다 속으로 빠져든다." 부처님께서는 이어서 게송을 읊으셨고, 게송이 끝나자 왕자는 수다원이 되었다.

172 하루 종일 청소하는 삼문자니 장로[229]

전에는 방일했더라도
지금은 방일하지 않는 이,
그가 이 세상을 밝게 비춘다.[230]
구름을 벗어난 달처럼.

229) 삼문자니 장로가 하루 종일 청소하는 동안 레와따 장로는 대부분의 시간을 수행에 전념했다. 삼문자니 장로는 '이 게으름뱅이는 신도들이 믿음으로 베풀어 주는 음식을 얻어먹고 하는 일도 없이 빈둥거리고 앉아 있구나.' 라고 생각하며 레와따 장로를 못마땅해 했다. 레와따 장로는 삼문자니 장로의 마음을 읽고 진정한 출가의 삶이 무엇인지 알게 하려고 그에게 몸을 깨끗하게 씻고 오라고 말했다. 그가 목욕하고 돌아와서 레와따 장로 앞에 공손하게 앉자 장로는 이렇게 훈계했다.

"스님, 비구는 하루 종일 청소나 하는 것이 아니고 아침 일찍 일어나 청소하고 탁발을 가야 합니다. 탁발 후에는 법당에 앉아서 서른두 가지 몸의 구성요소를 관찰하여 오온이 무상하다는 것을 잘 알아야 하고, 경전도 독송해야 합니다. 그러고 나서 하고 싶으면 그때 또 청소를 해도 됩니다." 삼문자니 장로는 레와따 장로의 충고를 그대로 실천하여 얼마 후 아라한이 되었다. 그런데 정사 곳곳에 쓰레기가 쌓이자 비구들은 삼문자니 장로에게 왜 더 이상 하루 종일 청소를 하지 않느냐고 물었다. 그러자 그가 대답했다. "내가 방일했을 때는 하루 종일 청소했지만 나는 이제 방일하지 않습니다." 비구들은 삼문자니 장로의 대답을 믿지 않고 부처님께 가서 말씀드렸다. "부처님, 삼문자니 장로는 자기가 아라한이라고 거짓 주장하고 있습니다." 그러자 부처님께서 말씀하셨다. "그렇지 않다. 삼문자니는 아라한이 되었다." 이어서 부처님께서는 게송을 읊으셨고, 게송이 끝난 다음 많은 사람들이 수다원 등이 되었다.

230) 도와 과의 행복 속에서 살아가며, 도에서 얻어진 지혜로 달이 구름에서 벗어나 허공을 밝히듯, 오온이라는 이 세상을 밝힌다. (『법구경-담마파다』, 495쪽 참조)

173 살인마 앙굴리말라의 귀의[231)

자신이 행한 악행을
선행으로 완전히 덮는 이,
그가 이 세상을 밝게 비춘다.
구름을 벗어난 달처럼.

---

231) 앙굴리말라('손가락 목걸이'라는 뜻)는 한 사람당 손가락을 1개씩, 모두
1,000개를 잘라오면 비밀스런 가르침을 알려주겠다는 스승의 말을
믿고 999명을 죽이고, 마지막으로 자기 어머니를 죽이려고 했다.
그것을 아신 부처님께서 앙굴리말라가 무간지옥에 떨어지는 것을
막기 위해 그를 교화시켜 비구로 만들었다. 비구가 된 앙굴리말라
는 열심히 수행하여 얼마 지나지 않아 아라한이 되었다. 어느 날 그
는 탁발하러 나갔다가 사람들이 돌멩이를 마구 던지면서 패싸움을
하는 곳을 지나가게 되었다. 앙굴리말라는 날아오는 돌멩이에 머리
를 맞아 치명상을 입었으나 조금도 성내는 기색이 없이 모든 것을
이전에 저지른 자기의 행위에 대한 과보라고 생각하며, 피투성이가
된 몸을 이끌고 부처님이 계시는 정사로 돌아왔다. 부처님께서 그
에게 말씀하셨다.
"내 아들 앙굴리말라여, 참아라. 그대가 지옥에 떨어져 헤아릴 수
없는 세월 동안 받을 악행의 과보를 지금 여기에서 받고 있는 것이
다." 부처님의 설법이 끝난 뒤 앙굴리말라는 평화롭게 반열반에 들
었다.
다른 비구들이 부처님께 여쭈었다.
"앙굴리말라는 어디에 태어났습니까?"

"여래의 아들은 반열반에 들었다."

"수많은 사람을 죽인 그가 어떻게 반열반에 들 수 있습니까?"

"앙굴리말라가 전에는 좋은 스승이 없어서 악행을 저질렀지만 좋은 스승을 만나 훌륭한 가르침을 받고 방일하지 않고 깨어 있는 삶을 살았다. 그렇게 해서 선행(아라한도)이 악행을 덮어버린 것이다."

이어서 부처님께서는 게송을 읊으셨다.

174 수다원이 된 직조공의 딸[232)]

이 세상 사람들은 눈이 멀었고
이 중에 소수의 사람들만 분명하게 관찰한다.
몇몇 새들만 그물을 벗어나듯
몇몇 사람들만 천상에 태어난다.[233)]

232) 부처님께서 알라위 국의 한 마을에 초청을 받아 가셨다. 거기서 부처님께서는 죽음에 대해 명상할 것을 사람들에게 간곡하게 권하셨다. 죽음을 바르게 인식하고 철저하게 이해함으로써 죽음에 대한 공포를 이겨 낼 수가 있기 때문이다. 그러나 대부분의 사람들은 법문에 주의를 기울이지 않았고 수행도 하지 않았지만, 나이가 열여섯인 길쌈하는 소녀 한 명만이 죽음에 대한 명상을 열심히 했다. 삼 년이 지난 어느 날, 부처님께서는 그 소녀가 수다원과를 성취할 시기가 성숙했음을 아시고 비구 오백 명과 함께 알라위 국으로 가셨다. 부처님께서 자기 마을에 오신다는 소식을 들은 소녀는 기쁨에 들떠 부처님을 뵙는 날만 간절하게 기다리고 있었다. 그런데 부

처님 오시는 날 아침, 베 짜는 공장에서 일하는 아버지로부터 빨리 북 실을 감아오라는 전갈이 왔다. 법문을 듣는 것이 중요한 일이긴 하지만, 분부를 듣지 않으면 아버지가 화를 내며 자기를 때리고, 여러 날 동안 괴롭힐 것이 틀림없었으므로 소녀는 북 실을 감아 아버지께 가지고 가는 길에 부처님을 뵙고 법문을 들어야겠다고 생각했다.

그날 부처님께서는 공양을 마치시고 나서 다른 때와 달리 설법하시지 않고 특별히 소녀가 올 때까지 기다리셨다. 드디어 소녀는 북 실을 담은 바구니를 옆에 끼고 급한 걸음으로 나타나 부처님과 대중이 침묵하고 계시는 법당의 맨 뒤에서 부처님을 먼발치로 바라보며 기쁨에 젖어 있었다. 그때 부처님께서 그윽이 소녀를 바라보시자 가까이 오라는 부처님의 뜻을 눈치 챈 소녀는 부처님 앞으로 다가갔다. 부처님께서는 소녀에게 네 개의 질문을 하셨는데 소녀는 아무 망설임 없이 또박또박 대답하는 것이었다. "어디서 오는가?" "모릅니다." "어디로 가는가?" "모릅니다." "모르는가?" "압니다." "아는가?" "모릅니다."

부처님께서는 소녀가 여래의 질문에 잘 대답하였다고 칭찬하시고, 사람들의 이해를 돕기 위해 소녀에게 방금 여래와 주고받은 대화의 의미를 설명하라고 하셨다. 그러자 소녀가 말씀드렸다.

"부처님께서는 제가 저희 집에서 출발하여 이곳에 도착한 것을 잘 알고 계십니다. 그런데도 부처님께서 어디서 왔느냐고 물으셨습니다. 저는 부처님께서 제가 과거 전생의 어느 곳에서 태어났느냐고 물으신다고 생각했습니다. 그래서 모른다고 말씀드렸습니다. 또한 부처님께서 제게 너는 어디로 가느냐고 물으신 것은 제가 죽게 되면 어느 곳으로 가서 태어날지 아느냐고 물으신다고 생각하여, 모른다고 말씀드렸습니다. 세 번째로 부처님께서 제가 언젠가는 꼭 죽는다는 사실을 아느냐고 물으신 것으로 생각하여 안다고 말씀드렸습니다. 마지막으로 부처님께서 언제 죽을지 아느냐고 물으신 것으로 생각하여 모른다고 대답하였던 것입니다." 소녀의 이야기를 들으신 부처님께서는 매우 만족해하시며 말씀하셨다. "그대들은 대부분 그녀의 대답을 이해하지 못하고 불쾌해 했다. 지혜의 눈이 없는 사람은 볼 수 없고, 지혜의 눈이 있는 자만이 볼 수 있다." 이어서 부처님께서 게송을 읊으셨고, 부처님의 설법 끝에 소녀는 수다원과를 성취하였다.

그리고 나서 소녀는 아버지가 옷감을 짜는 공장으로 갔다. 소녀가 그곳에 도착한 순간, 베틀 위에 앉아 졸고 있던 소녀의 아버지는 딸의 인기척에 깜짝 놀라 잠에서 깨어나면서, 엉겁결에 북 줄을 힘껏 당겼다. 그 바람에 북이 베틀에서 튀어나와 뾰족한 북 끝이 소녀의 가슴을 찌르는 바람에 소녀는 그 자리에서 죽고 말았다. 소녀의 아버지는 자기 잘못으로 딸이 죽었다고 크게 슬퍼하며 부처님을 찾아가 제자로 받아달라고 간청하였다. 비구가 된 그는 열심히 수행한 끝에 아라한이 되었다.

233) 보통 사람들은 통찰지가 없으며 아주 적은 수의 사람만이 이 세상의 무상, 괴로움, 실체 없음을 통찰하고 천상계 혹은 열반에 도달한다는 뜻이다. (『법구경-담마파다』, 497쪽 참조)

175 신통력 있는 아라한이 된 서른 명의 비구[234]

백조들이 허공을 날아가듯
신통력 있는 이들도 허공을 날아간다.
현자들은 마라와 그 군대를 물리치고[235]
세상에서 벗어난다.[236]

---

234) 어느 날 비구 서른 명이 부처님을 친견하기 위해 제따와나 정사에 왔다. 그들이 부처님께서 머무시는 향실에 들어가 부처님을 뵙고 있는 동안, 아난다 장로는 밖에서 그들을 기다렸다. 그런데 꽤 긴 시간이 지났는데도 비구들이 부처님 처소에서 나오지 않자 그가 안으로 들어가 보니 어찌된 셈인지 비구들의 모습이 보이지 않았다. 이에 당황한 그가 부처님께 서른 명의 비구들의 행방을 여쭈었다. 그러자 부처님께서는 대답하셨다. "아난다여, 그들은 여래의 법문을 듣고 아라한이 되는 동시에 신통력까지 생겨서 허공을 통해 이곳을 떠났다." 이어서 부처님께서는 게송을 읊으셨다.

235) 마라의 군대 10가지 (첨부 6 참조)

236) 열반에 도달한다는 뜻이다. (『법구경-담마파다』, 500쪽 참조)

176 부처님을 모함한 찐짜마나위까[237]

하나의 법을 어기고[238]
거짓말을 하는 자,

다음 세상을 포기한 자가
하지 못할 악행은 없다.

237) 이교도의 사주를 받은 유행녀(여자 출가수행자) 찐짜마나위까가 둥근 나무를 배에 대고 몸에 묶은 다음 그 위에 헝겊을 대고 헐렁한 임산부 옷을 입었다. 그런 다음 그녀가 부처님께서 법문하고 계신 법당으로 가서 자기가 부처님의 아기를 가졌다고 떠들어대자 그 순간 제석천왕의 보좌가 뜨거워졌다. 제석천왕은 그 원인이 찐짜마나위까가 거짓말로 부처님을 모함하고 있기 때문이라는 것을 알고 네 명의 천신들과 함께 그리로 갔다. 천신들이 쥐로 변해 찐짜마나위까의 배에 묶어놓은 둥근 나무를 묶은 줄을 갉아서 끊어버리니 나무토막이 그녀의 발등 위로 떨어져서 그녀는 발을 다쳤다. 그러나 거기서 그치지 않고 제석천왕이 바람을 크게 일으켜 그녀의 옷을 날려 보내자 그녀의 터무니없는 거짓말은 백일하에 드러나 버리고 말았다.

그 모습을 본 신도들이 불같이 화를 내며 그녀를 붙잡아 때리면서 꾸짖었다. "이 거짓말쟁이, 사특한 사기꾼 같으니라고! 감히 스승의 명예를 더럽히려 들다니!" 신도들에 의해 건물 밖으로 내쫓긴 찐짜마나위까가 몇 발자국 걸어가자 갑자기 땅이 갈라지면서 불꽃이 치솟았고, 그녀는 순식간에 그 속으로 사라졌다. 다음날 비구들이 그 일에 대해 이야기하고 있는데 부처님께서 오셔서 말씀하셨다.

"비구들이여, 진실을 말하지 않는 사람, 거짓말을 확인하지도 않고 믿는 사람, 다음 세상을 포기한 사람이 행하지 못할 악행이 없다."

이어서 부처님께서는 게송을 읊으셨다.

238) 여기서 하나의 법은 진실(sacca, truthfulness)인데, 이것은 거짓말을 하

지 않고 사실을 말해서 남이 나를 믿도록 하는 것이다. 부처님은 보살이셨을 때 열 가지 바라밀 중에서 다른 것은 어긴 적이 있지만, 진실 바라밀은 한 번도 어긴 적이 없다. (『부처님을 만나다』, 110-111쪽 참조)

177 비할 바 없이 큰 공양 [239)]

인색한 자들은 천상에 갈 수 없고
어리석은 자들은 보시를 칭찬하지 않는다.
현명한 자는 보시를 기뻐하기에
다음 세상에서도 행복하다.

---

239) 말리까 왕비가 "오백 명의 스님들이 앉을 수 있는 거대한 천막을 세우라고 하세요. 오백 개의 일산을 준비하게 하고, 오백 마리의 코끼리로 하여금 코로 일산을 들고 오백 명의 스님들에게 드리우게 하세요. 열 대의 황금 배를 천막 한 가운데 놓으라고 하세요. 스님들 사이에는 귀족 출신 소녀를 한 명씩 앉혀서, 향기 나는 풀을 비벼서 향기를 물씬 풍기라고 하세요. 귀족 출신 소녀를 한 명씩 배치하여 부채로 부치라고 하세요. 귀족 출신 소녀에게 향기 나는 풀을 비벼서 황금 배에 집어넣어, 스님들에게 향기를 맡게 하세요. 귀족 출신 소녀에게 푸른 연꽃을 가져오도록 해서 향과 섞어서 황금 배에 넣으라고 하세요."라고 제안한 대로, 빠세나디 왕은 하루 동안 일억 사천 냥을 들여 부처님께 비할 바 없이 큰 공양을 올렸다.
왕의 대신 깔라는 그 공양에 대해 '단 하루 만에 왕의 재산 일억 사천 냥을 낭비하다니! 사문들은 진수성찬을 먹고 돌아가 잠이나 자

겠지!'라고 생각했고, 또 다른 대신 준하는 '왕이 정말 훌륭한 공양을 올렸다. 얼마나 감사한 일인가!'라고 생각했다.

왕은 공양을 마치신 부처님께서 축원 법문을 해 주실 거라고 생각하며 발우를 받아들었다. 부처님께서는 모인 사람들을 살펴보다가 두 대신의 마음을 읽고 '내가 왕이 올린 공양에 걸맞은 축원법문을 하게 되면, 깔라는 점점 더 불만을 품게 되어 결국 그의 머리가 일곱 조각으로 갈라지고 말 것이고, 준하는 수다원과를 성취할 것이다.'라고 생각하시고 왕을 위해 네 구절로 된 한 편의 게송만 읊으시고 바로 정사로 돌아가셨다. 크게 낙심한 왕은 그 많은 스님들에게 최상의 공양을 올렸는데 부처님께서 평소에 올리는 공양과 같은 정도로만 축원법문을 하신 것에 대해 의문이 생겨 정사로 가서 부처님께 여쭈었다.

"부처님, 어찌하여 제가 올린 공양에 알맞은 축원을 하시지 않으셨습니까?"

부처님께서는 왕에게 두 대신이 어떤 생각을 했는지 말씀하신 후 깔라에 대한 연민 때문에 법문을 간단히 했다고 답하셨다. 그 말씀을 들은 왕은 궁으로 되돌아와서 깔라에게 물었다.

"깔라여, 그대가 그런 생각을 품었다는데 사실이오?"

"폐하, 사실입니다."

"나는 그대의 재산으로 공양 올린 게 아니라 내 재산만으로 공양 올렸소. 그런데 무엇이 잘못되었소? 당장 나의 왕국에서 떠나시오."

왕은 깔라를 왕국에서 추방하고 준하를 불러 말했다.

"준하여, 그대가 그런 생각을 했다는데 사실이오?"

"폐하, 사실입니다."

"아주 훌륭하오. 신하들을 데리고 일주일 동안 공양을 올리도록 하시오.” 왕은 일주일 동안 그에게 왕국을 넘겨주었다. 그러고 나서 왕은 준하를 데리고 정사로 가서 부처님께 말씀드렸다.

“부처님, 공양은 제가 올렸는데 깔라가 역정을 냈습니다.”

“대왕이여, 그렇습니다. 어리석은 자는 남이 올리는 공양에도 즐거워하지 않아 가난하거나 낮은 세계에 태어납니다. 현명한 사람은 남이 올리는 공양에 같이 기뻐하여 죽으면 천상에 태어납니다.” 이어서 부처님께서 게송을 읊으셨는데 게송이 끝나자 준하는 수다원이 되었으며 거기 모인 대중들도 법문을 듣고 많은 이익을 얻었다. 준하는 부처님께 일주일 동안 공양을 올렸다.

178 법문을 듣는 조건으로 돈을 받은 깔라[240]

지상에서 유일한 왕이 되는 것보다
천상에 태어나는 것보다
온 세상을 지배하는 것보다
수다원과를 성취하는 것이 더 낫다.

---

[240] 아나타삔디까의 아들 깔라는 부처님을 뵈러 가지도 않고, 부처님께서 집에 오셨을 때도 만나 뵈려고 하지 않았으며, 법문을 듣거나 스님들에게 시중을 들지도 않았다. 그러자 아나타삔디까는 아들에게 포살일에 제따와나 정사에 가서 하룻밤을 새면서 법문을 듣고 오면 일백 냥을 주겠다고 약속했다. 그러나 깔라는 정사에 가기는 했지만 법문도 듣지 않고 그저 시간만 보내다 왔다. 그래도 아버지는 아들이 정사에 갔다 온 것만도 대견해서 아침 죽을 먹으라고 권하자

아들은 돈부터 달라고 해서, 아버지는 아들에게 돈을 주었다.

다음날 아나타삔디까는 아들에게 게송 한 구절을 배워서 외우면 일천 냥을 주겠다고 약속했다. 그러자 깔라는 정사에 가서 부처님께 인사를 올리고 무엇이든 배우고 싶다고 청했다. 깔라에게 짧은 게송 한편을 가르쳐 주시며 그것을 외우면 아주 좋을 것이라고 말씀하신 부처님께서는 깔라가 그 게송을 외울 수 없도록 만드셨다. 깔라는 게송을 외우려고 무척 애를 썼으나 끝내 외우지는 못했다. 하지만 게송을 몇 번이고 되풀이해서 읽으니 그 의미를 완전히 깨닫게 되어 수다원과를 성취했다.

아나타삔디까는 정사에서 돌아온 아들이 대견해서 일천 냥을 상금으로 내놓았다. 그러나 놀랍게도 아들은 부끄러워하며 돈을 받지 않았다. 아나타삔디까가 여러 번 아들에게 돈을 주려고 했지만, 아들이 아주 겸손한 태도로 거절하자 부처님께 가서 말씀드렸다.

"부처님, 제 아들이 아주 달라졌습니다. 이제는 아들의 태도가 마음에 듭니다." 아나타삔디까는 자기가 어떻게 아들이 포살일에 정사에 가서 지내도록 했는지를 비롯해서 그간에 있었던 일들을 자세히 말씀드렸다. 그러자 부처님께서 말씀하셨다.

"아나타삔디까여, 그대의 아들 깔라는 이제 세계를 다스리는 왕이 되는 것이나 천신이나 범천으로 태어나는 것보다 더 훌륭한 수다원과를 성취했다." 이어서 부처님께서는 게송을 읊으셨다.

제14장

부처님
(Buddhavagga)

179-180 마간디야 바라문을 깨닫게 한 부처님[241]

179 붓다의 승리에 다시 패배란 없고
　　그 승리를 따라올 자도 없다.
　　경지도 무한하고 자취도 없는
　　붓다를 그대들은 무슨 수로 끌고 가겠는가?

180 어딘가로 옭아매고 들러붙는
　　갈애가 붓다에게는 존재하지 않는다.
　　경지도 무한하고 자취도 없는
　　붓다를 그대들은 무슨 수로 끌고 가겠는가?[242]

---

241) 꾸루 국에 사는 바라문 마간디야(Māgandiya)에게는 딸이 있었는데 그녀의 이름은 마간디야(Māgandiyā)였다. 그녀는 천상의 천녀처럼 아름다웠기 때문에 바라문은 딸에 어울리는 사윗감을 찾을 수 없었다. 어느 날 부처님께서 바라문 마간디야와 그의 아내가 아나함의 경지를 성취할 조건이 갖춰진 것을 아시고 바라문의 집을 방문하셨다. 부처님의 빼어난 풍채를 보고 바라문은 자기 딸을 드리겠다고 말씀드렸다. 부처님께서는 승낙도 거절도 하지 않으시고, 부처님께서 깨달으신 직후에 마라의 세 딸인 갈애(딴하), 혐오(아라띠), 애욕(라가)이 부처님을 유혹했을 때, 부처님께서 "갈애와 성냄과 어리석음이 사라진 여래에게는 무슨 수단을 써서 유혹해도 아무 소용이 없다."라고 말씀하셨던 이야기를 해 주셨다.(『부처님을 만나다』, 203쪽 참조) 이어서 부처님께서는 두 게송을 읊으셨다. 그 게송 끝에 많은 천신들이 법을 이해하게 되었고 마라의 세 딸들은 그곳에서 사라졌다.

242) 부처님께서 마간디야 바라문에게 말씀하셨다.

"예전에 내가 황금처럼 아름다우며, 더러운 분비물도 없고 불순물 도 없이 깨끗한 마라의 세 딸들을 보았을 때도 사랑을 즐기고 싶다 는 생각이 전혀 일어나지 않았다. 그녀들에 비하면 너의 딸은 서른 두 가지 요소로 가득 차 있는 더러운 시체에 분칠한 것과 같다. 네 딸이 내 발에 입 맞추려 해도 내 발바닥에도 닿지 않게 하겠다." 이 어서 부처님께서는 게송을 읊으셨다.

"갈애, 혐오, 애욕이라는 마라의 세 딸을 보았을 때도 사랑하고픈 생각이 없었는데, 오줌과 똥으로 가득 찬 그대의 딸을 왜 원하겠는 가? 그 더러운 몸을 나의 발바닥조차도 닿지 않게 하겠다."

게송 끝에 바라문 마간디야와 그의 아내는 아나함과를 얻었으며, 그 후 부부는 딸을 동생에게 맡기고 출가하여 아라한이 되었다. 한 편 바라문의 딸은 부처님의 말씀에 심한 모욕감을 느껴서 반드시 부처님에게 복수하리라고 결심하게 되었다.

181 아비담마 설법 후 인간계로 내려오시는 부처님[243]

선정에 몰두하는 현자들은
멀리 떠나 적멸한 곳에서 즐긴다.[244]
올바르게 깨닫고 사띠가 확립된 성자들을
천신들도 좋아하고 존경한다.

---

243) 부처님께서 사왓티에 계실 때 삼십삼천(도리천)으로 올라가 아비담

마를 설법하셨는데, 부처님의 모친이었던 산뚜시따 천왕도 도솔천에서 내려와 법문을 들었다. 설법이 끝나자 범천계의 범천들, 산뚜시따 천왕과 다른 천신들, 그리고 여러 천왕들과 천신들이 수다원과를 성취하였다. 우기 안거가 끝나는 음력 9월 보름달이 뜨는 날 밤, 부처님께서 천상에서 지상으로 내려오실 때 오른쪽에는 범천왕과 그 일행이, 왼쪽에는 헤아릴 수 없이 많은 천왕과 천신들이 부처님을 옹위했다. 이때 도시 전체가 부처님의 몸에서 나오는 광명으로 밝게 빛났다. 사리뿟따 장로는 너무나도 아름답고 찬란한 광명과 그 장엄한 모습에 경외감을 금할 수 없어서 "부처님, 저희들은 오늘처럼 거룩하고 찬란히 빛나고, 웅대한 모습을 뵌 적이 없습니다."라고 말씀드리자 부처님께서 말씀하셨다. "사리뿟따여, 범천과 천신과 인간들이 여래가 지닌 탁월한 자질을 진실로 부러워한다." 이어서 부처님께서는 게송을 읊으셨고, 부처님의 설법 끝에 사리뿟따 장로의 제자인 오백 명의 비구들은 모두 아라한과를 성취하였으며, 행사에 참석했던 대중 가운데 많은 사람들이 수다원과를 성취하였다.

244) '멀리 떠나 적멸한 곳에서 즐긴다.'는 것은 출가가 아니라 번뇌가 부서진 열반의 즐거움을 말한다. (『법구경-담마파다』, 508쪽 참조)

182 에라까빳따 용왕 245)

사람으로 태어나기 어렵고
목숨을 길게 유지하기 어렵다.

바른 가르침을 듣기 어렵고
붓다들의 출현도 어렵다.

---

245) 에라까빳따 용왕은 깟사빠 부처님 당시 비구였다. 어느 날 그는 타고 가던 배에서 내리면서 강둑에 있는 나무를 잡았는데 나무 잎이 뜯겨졌다. 그것은 빠찟띠야(살아 있는 초목을 해치면 참회해야 함)를 범한 것이다. 그는 정사에 돌아가면 그것을 꼭 참회하겠다고 결심했지만 실행하지 못했고, 그 후로도 계속 참회하지 못해서 죽는 순간에 후회하면서 죽었기 때문에 갠지스 강에 에라까빳따 용왕으로 태어났다. 그는 태어나면서 자신이 축생인 용왕의 모습인 것을 알고 눈물을 흘리며 한탄했다. 얼마 후 그는 태어난 딸을 보며 부처님께서 세상에 출현하셨는지 알아보기 위해 '딸에게 춤추면서 노래로 문제를 내어 대답하는 자에게 딸을 주겠다고 하자. 부처님께서 출현하셨으면 문제의 답을 아는 사람이 있을 것이다.'라고 생각하고, 딸이 성장한 다음에 딸에게 다음과 같이 노래하며 춤추게 했다. (비구 일창 담마간다 옮김,『어려운 것 네 가지』, 참조.)

"무엇을 지배하는 자를 진정한 왕이라 하는가? 어떤 왕이 번뇌의 지배를 받는가? 어떻게 번뇌에서 벗어나는가? 어떤 사람을 어리석은 자라고 하는가?"

그 노래를 들은 많은 남자들이 그녀를 얻으려고 했으나 실패했다. 그렇게 한 부처님 시기가 지나고 현세의 부처님 시기가 도래했다. 어느 날 아침 일찍 부처님께서는 바라문 청년 웃따라가 여래가 가르쳐 준 노래의 대답을 듣고 수다원이 될 것을 예측하셨다. 부처님께서는 베나레스에서 멀지 않은 곳에 있는 일곱 그루의 시리사까 나무로 가서 그 아래 앉아 계셨다. 용왕의 딸을 얻으려고 근처를 지나던 웃따라에게 부처님께서는 그에게 노래의 대답을 가르쳐 주셨다.

"몸의 여섯 가지 문을* 지배하는 자가 진정한 왕이다. 번뇌를 즐기는 자가 번뇌의 지배를 받는 왕이다. 번뇌를 즐기지 않으면 번뇌에서 벗어난다. 번뇌를 즐기는 자를 어리석은 자라고 한다." (*주: 몸의 여섯 가지 문이란 눈 귀 코 혀 몸 마음의 문이다.)

이 말씀을 듣고 웃따라는 수다원이 되었다. 그러고 나서 그가 용왕의 딸에게 가서 노래의 대답을 한 구절씩 노래로 답하자 그것을 들은 용왕은 부처님께서 출현하셨음을 알고 웃따라에게 물어서 부처님 계신 곳으로 갔다.

부처님께서는 어려운 것 네 가지 즉 사람으로 태어나는 것, 목숨을 길게 유지하는 것, 바른 가르침을 듣는 것, 부처님께서 세상에 출현하는 것이 얼마나 어려운 것인가에 대해 설법하시고 이어서 게송을 읊으셨다. 법문이 끝나자 많은 사람들이 이익을 얻었지만, 에라까빳따 용왕은 사람이 아니라 동물이었으므로 수다원과를 얻을 수 없었다.

183-185 훈계 계목(칠불통계)[246]

183 모든 악행을 하지 말고,
　　선행을 하며
　　자신의 마음을 깨끗이 하는 것
　　이것이 붓다들의 가르침이다.[247]

184 인욕이 최고의 고행이며
  열반이 거룩하다고 붓다들께서 말씀하신다.
  남을 해치는 자는 출가자가 아니고,
  남을 괴롭히는 자는 사문이 아니다.[248]

185 남을 비난하지 않고, 해치지 않고,
  계율을 잘 지키고, 음식의 양을 알고[249]
  한적한 곳에 머물며, 높은 마음을 힘써 닦는 것[250]
  이것이 붓다들의 가르침이다.

---

246) 아난다 장로는 고따마 부처님께서 비구들에게 가르치시는 기본적
  인 법과 계율이 과거의 부처님들이 비구들에게 가르치신 것들과
  똑 같은지에 대해 여쭈어 보았다. 부처님께서는 위빳시 부처님은
  칠 년에 한 번, 시키 부처님은 육 년에 한 번, 까꾸산다 부처님과 꼬
  나가마나 부처님은 매년 한 번, 깟사빠 부처님은 여섯 달마다 한 번
  포살을 하셨지만, 제자들을 지도하시고 경책하시는 기본적인 내용
  과 게송은 모두 같다고 일러주시고, 이어서 게송 세 편을 읊으셨다.

247) 이 게송을 과거 일곱 부처님들의 공통된 훈계라는 뜻에서 칠불통게
  (七佛通偈)라고 하고, 중국에서는 "제악막작(諸惡莫作), 중선봉행(衆善奉
  行), 자정기의(自淨其意), 시제불교(是諸佛教)"로 번역한다. 이 게송을 두
  가지로 해석하면 다음과 같다. (『법구경 이야기 2』, 607쪽 참조)
  ① 일반적인 해석
  모든 악행을 하지 말고: 탐욕 성냄 어리석음이 생기지 않도록 노력
  하라.

선행을 하며: 탐욕 없음(보시), 성냄 없음(자애), 어리석음 없음(지혜)이 생기도록 노력하라.

자신의 마음을 깨끗이 하는 것: 항상 청정한 마음을 유지하라.

② 수행 측면의 해석

모든 악행을 하지 말고: 계를 지켜라.

선행을 하며: 사마타 수행으로 선정을 닦아 다섯 가지 장애(감각욕망, 성냄, 해태와 혼침, 들뜸과 후회, 의심)를 극복하라.

자신의 마음을 깨끗이 하는 것: 위빳사나 수행으로 지혜를 계발하여 모든 번뇌를 제거하여 도과를 증득하라.

248) 『부처님을 만나다』, 251쪽 참조

249) 음식의 양을 알고: "즐기기 위해서도 아니고, (약물이나 술에) 취하기 위해서도 아니며, 치장을 위해서도 아니고, 장식을 위해서도 아니며, 단지 몸을 유지하고, 불편함을 사라지게 하고, 청정한 생활을 계속하기 위해서 음식을 먹는다. 그리하여 나는 과거의 느낌(배고픔)을 멈추게 하고 새로운 느낌(배부름)은 생기지 않게 하여, 건강하고 비난 받지 않고 편안하게 살아갈 것이다."라고 지혜롭게 숙고하면서 음식을 먹는다는 뜻이다. 혹은 포만감을 느끼기 않도록 4~5수저를 덜 먹어서, 눕거나 축 늘어지거나 졸리지 않게 함으로써, 비난 받지 않고, 걷고, 서고, 앉고, 눕는 네 가지 자세로 바르게 수행하기 때문에 편안하게 살아갈 것이라고 생각하면서 식사한다는 뜻이다. (①『맛지마 니까야 제1권』, (M2) 185-186쪽 ② 대림 스님 옮김, 『청정도론 제1권』, (Ⅰ.89-94) 172-176쪽 참조)

250) 높은 마음[증상심(增上心. adhicitta)]: 높은 계[증상계(增上戒. adhisīla)], 높은 지혜[증상혜(增上慧. adhipaññā)]와 함께 언급되는 단어로서, 계정

혜(삼학)에 '높은'이라는 수식어를 붙인 것이다. 높은 마음은 색계선정 4가지와 무색계선정 4가지를 말한다. ("첨부 18. 계정혜 삼학" 및 『법구경 이야기 2』, 608쪽 참조)

186-187 환속하려는 비구를 훈계하신 부처님[251]

186 금화가 소나기처럼 쏟아진다 해도
감각욕망에 만족이란 없다.
감각욕망에 약간의 달콤함은 있지만
괴로움이 많음을 현자는 잘 안다.

187 이를 잘 아는 정등각자의 제자는
천상의 감각욕망에 대해서도
즐거워하지 않고
갈애의 소멸(열반)을 즐거워한다.

---

251) 부친의 사망으로 백 냥을 상속 받은 비구가 환속하고 싶어 하자 부처님께서 말씀하셨다. "비구여, 그 돈은 아주 적어서 네 욕망을 충족시킬 수 없다. 현겁의 초기에 전륜성왕은 팔을 한 번 흔들기만 하면 보석이 비처럼 쏟아져 허리까지 쌓였다. 그는 왕이 된 다음 8만4천년의 영화를 누리고 나니 지루해져서 인간세상보다 더 즐거운 사대왕천으로 올라가 사대왕천의 영화를 누렸다. 세월이 흐르니 그것도 지루해져서 삼십삼천으로 올라갔다. 제석천왕이 그를 환영하면

서 절반씩 영화를 누리자고 제안하여 그는 그렇게 했다. 그때는 인간의 수명이 1아승기였기 때문에 삼십삼천의 천신보다 수명이 더 길어서 그는 35명의 제석천왕의 수명이 다하는 것을 지켜봤다. 36번째 제석천왕 시대가 됐을 때, 제석천왕을 죽이고 자신이 삼십삼천 전체를 다스리면 좋겠다는 생각이 들기까지 했다. 그러나 그 제석천왕의 시대가 거의 끝나갈 무렵 전륜성왕의 수명도 끝나가기 때문에 그는 인간세상으로 내려와서 '내가 인간 세상과 사대왕천의 영화를 누렸고, 삼십삼천에 가서 36명의 제석천왕이 바뀔 때까지 영화를 누렸지만 갈애를 충족시키지 못했다. 그러니 갈애는 절대로 충족시키지 못하는 법이다.'라는 말을 남기고 죽었다. 이어서 부처님께서 게송 두 편을 읊으셨다. (한국마하시선원의 아비담마 423강 2020년 1월 28일 참조.)

188-192 악기닷따 바라문의 깨달음[252)

188 사람들은 두려움 때문에
    여러 의지처로 간다.
    산이나 숲이나
    공원이나 나무나 탑으로.

189 그런 곳은 안전한 의지처가 아니고
    최상의 의지처도 아니다.
    그런 곳을 의지처로 삼더라도
    모든 괴로움에서 벗어날 수 없다.

190-191 누구든지 붓다와 가르침과
승가를 의지처로 삼는다면
올바른 지혜로
사성제[253] 즉 괴로움, 괴로움의 원인
괴로움의 완전한 소멸
괴로움의 소멸로 이끄는 팔정도를[254] 깨닫는다.

192 이것이 바로 안전한 의지처이고
최상의 의지처이다.
이것을 의지처로 삼으면
모든 괴로움에서 벗어난다.

---

252) 왕실의 제사장이었던 악기닷따는 재산을 모두 바라문 교단에 헌납
하고 이교도의 교단으로 출가했다. 자신을 따라 출가한 1만명의 스
승이 된 그는 제자들에게 이렇게 가르쳤다.
"산이나 숲속 공원이나 정원에 있는 큰 나무를 찾아가서 음식을 바
치고 예배하며 공경하시오. 당신들이 열심히 음식을 바치고 기도하
면 그곳의 천신이나, 지신, 목신이 당신들을 모든 질병으로부터 보
호해 주어 자유롭고 건강하게 살아갈 수 있소."
어느 날 부처님께서 신통력으로 악기닷따와 그의 제자들이 모두 아
라한과를 성취할 시기가 되었음을 아시고, 먼저 마하목갈라나 장로
를 악기닷따에게 보내시면서 당신께서도 뒤따라 가시겠다고 말씀
하셨다. 마하목갈라나 장로는 악기닷따와 그의 제자들이 있는 곳에
도착하여 그들과 정중하게 인사를 나누고 하룻밤 쉬어갈 곳을 마련
해 달라고 청했다. 그러나 악기닷따는 낯선 손님은 받지 않는다며

거절했다. 하지만 장로가 정중하게 재삼 청하자 무서운 용왕이 사는 모래 언덕의 동굴로 장로를 안내하면서 하루 밤 쉬어갈 것을 허락은 하지만 신변의 안전은 보장할 수 없다고 은근히 겁을 주었다. 용왕은 마하목갈라나 장로가 오는 것을 보고 '저 사문이 내가 여기 있는 것을 모르는 모양이지? 저자를 죽여야겠다.'라고 생각하고 독 연기를 뿜었다. 장로도 그에 맞서 연기를 뿜으며 강력하게 대응해 결국 용왕을 굴복시켰다. 싸움에서 패배한 용왕은 자기 몸으로 똬리를 틀어 장로가 그 위에 편안히 앉게 하는 한편, 복종의 상징으로 머리를 높이 쳐들어 일산 모양을 만들어 장로의 머리에 햇빛이 비치지 않게끔 보호하는 자세를 취했다. 다음날 아침 악기닷따와 제자들은 그 광경을 보고 소스라치게 놀랐다. 바로 그때 부처님께서 모래 언덕에 도착하셨다. 마하목갈라나 장로는 자리에서 일어나 부처님께 공손히 인사를 올린 후, 악기닷따와 제자들에게 부처님께서 자기의 스승이라고 말했다. 그들은 마하목갈라나 장로의 능력에 이미 압도 당해 있었던 터라, 부처님께서 그보다 더 위대한 스승이라는 말에 그만 기가 완전히 질려 아무 말도 하지 못했다. 그때 부처님께서 잔잔한 음성으로 말씀하셨다.

"악기닷따여, 사람들이 숲이나 공원이나 나무에 귀의한다고 해서 고통에서 벗어나는 것이 아니다. 부처님과 가르침과 승가라는 삼보에 귀의해야 고통에서 벗어나는 것이다." 이어서 부처님께서는 게송 다섯 편을 읊으셨고, 부처님의 설법이 끝나자 악기닷따와 그의 제자들은 모두 아라한과를 성취하고 비구가 되었다.

253) 사성제는 첨부 1 참조.

254) 팔정도는 첨부 2 참조.

193 부처님이 태어나는 가문[255]

붓다를 만나기란 참으로 어렵고
아무데서나 태어나지 않는다.
붓다가 태어나는 가문은
행복하게 번영한다.

---

255) 어느 날 아난다 장로는 '부처님께서 예전에 혈통 좋은 코끼리는 찻
단따와 우뽀사타 종에서만 태어나고, 혈통 좋은 말은 왈라하까 종
에서만 태어나며, 혈통 좋은 황소는 데칸 종에서만 태어난다고 하
셨는데, 부처님은 어디서 태어나는지 말씀하시지 않으셨다.'라는
생각이 떠올라서 부처님께 가서 그것에 대해 질문을 하자 부처님께
서 대답하셨다. "아난다여, 여래는 아무데서나 태어나지 않는다. 왕
족 가문이나 바라문 가문에서만 탄생한다." 이어서 부처님께서 게
송을 읊으셨다.

194 세상에서 가장 행복한 일[256]

붓다의 출현이 행복이요,
참된 가르침도 행복이다.
승가의 화합도 행복이요,
화합한 이들의 수행도 행복이다

256) 오백 명의 비구들이 이 세상에서 무엇이 가장 행복한지에 대해서 제각기 자신의 의견을 피력했다. "통치의 행복에 비교할 게 없지요." "사랑의 행복보다 더한 행복이 있을까요?" "쌀밥에 고기를 구워먹는 것이 가장 행복합니다." 그때 부처님께서 오셔서 말씀하셨다. "비구들이여, 그대들이 말하는 행복은 윤회의 고통을 초래할 뿐이다. 반면에 이 세상에 붓다가 출현하는 것과 법문을 듣는 것과 승가가 화합하는 것이 참으로 행복한 것이다." 이어서 부처님께서 게송을 읊으셨다.

195-196 탑을 세울만한 사람들[257)]

195 붓다와 그 제자들,
사량확산을 초월하여[258)]
슬픔과 비탄을 건너버리신
예경 받을 만한 분들에게 예경하는 이들,

196 열반을 실현하여 두려움이 없는 분들에게
예경하는 이들의 공덕이
이만큼이라고 그 누구도
헤아리는 것이 가능하지 않다.

257) 부처님께서 비구들과 함께 바라나시로 여행하시다가 또데이야 마을 근처에 있는 탑에 도착하셨다. 부처님께서는 아난다 장로에게 근처에서 쟁기로 논을 갈고 있는 바라문 농부를 불러 오게 하셨다.

그런데 바라문은 와서 부처님께 인사도 하지 않고 탑에 삼배를 올리는 것이었다. 그러자 부처님께서 왜 탑에 예경 하냐고 묻자 그는 "이 탑은 조상 대대로 내려오는 것이기 때문에 예경하는 것입니다."라고 대답했다. 그러자 부처님께서 "바라문이여, 탑에 예경하는 것은 공덕을 쌓는 일이다."라고 말씀하시자 그는 기뻐했다. 그렇게 그의 마음을 부드럽게 하신 부처님께서는 신통력으로 깟사빠 부처님의 황금탑을 공중에 솟아오르게 하시고 말씀하셨다. "바라문이여, 부처님, 벽지불, 부처님의 성제자들, 그리고 전륜성왕은 탑을 세워 기념할 만한 분들이며, 그러한 사람에게 예경하는 것은 더욱 훌륭한 일이다." 이어서 부처님께서 게송 두 편을 읊으셨고, 부처님의 설법 끝에 바라문 농부는 수다원과를 성취하였다.

258) '사량확산'은 '빠빤짜(papañca)'를 번역한 것인데 '희론, 사량분별, 망상, 생각이 이어지는 것'이라고도 번역한다. 사량확산에는 갈애에서 만들어진 사량확산, 사견에서 만들어진 사량확산, 자만에서 만들어진 사량확산 모두 세 가지가 있는데, 이것들은 모두 느낌, 인식, 사유에서 생긴다. '꿀 덩어리 경(맛지마 니까야 18)'은 인식과정을 통해서 사량확산이 다음과 같이 발생한다고 설명하고 있다. '눈과 형상(대상)을 조건으로 눈 의식이 생긴다. 이 세 가지의 만남이 접촉이다. 접촉을 조건으로 함께 생긴 조건 등에 의해 느낌이 생긴다. 느낌이 느낀 그 대상을 인식(산냐)이 인식한다. 인식이 인식한 바로 그 대상을 사유(위딱까)가 생각한다. 사유가 생각한 바로 그 대상을 사량확산한다. 사량확산한 것을 원인으로 하여, 과거와 현재와 미래의 눈으로 아는 형색들에 대해 사량확산이 함께한 인식의 더미가 사람에게 생긴다.' (『법구경-담마빠다』(524-525쪽) 및 『맛지마 니까야 제1권』(대림 스님 옮김, 490-491쪽) 참조)

제15장

행복
(Sukhavagga)

197-199 부처님 친인척 간의 화해 [259)]

197 원한 품은 사람들 속에서 원한 없이
참으로 행복하게 살아가자.
원한 품은 사람들 속에서 원한 없이 지내자.

198 고통스러워하는 사람들 속에서 고통 없이
참으로 행복하게 살아가자.
고통스러워하는 사람들 속에서 고통 없이 지내자.

199 욕심 많은 사람들 속에서 욕심 없이 [260)]
참으로 행복하게 살아가자.
욕심 많은 사람들 속에서 욕심 없이 지내자.

---

259) 사끼야족과 꼴리야족이 로히니 강물 문제로 전쟁을 준비하고 있는
것을 아신 부처님께서 그리로 가셔서 말씀하셨다. "강물이 더 소중
한가, 그대들의 몸에 흐르는 피가 더 소중한가? 사소한 강물을 가
지고 소중한 생명을 희생시켜서는 안 된다. 그대들은 상대방을 적
으로 여겨 증오하면서 사는데, 여래는 누구도 증오하지 않으며, 누
구와도 적이 되지 않는다. 그대들이 지금 시작하려는 싸움은 탐욕
과 성냄과 어리석음이 원인이다. 그러나 여래는 그것들을 제거하여
해탈하였다. 그대들은 감각적 쾌락을 얻으려고 노력하지만, 여래는
모든 감각적 쾌락을 떠나 고요하고 평화로운 경지에 이르렀다." 이
말씀을 듣고 로히니 강변 양쪽에 있던 두 부족 사람들은 자기들의
이기적인 생각을 부끄럽게 여겨 무기를 버리고 화해하였다. 그러자

부처님께서는 게송 세 편을 읊으셨으며, 게송이 끝나자 많은 사람들이 수다원이 되었다.

260) 형상, 소리, 냄새, 맛, 감촉이라는 다섯 가지 감각적 쾌락의 대상[五欲樂]에 물들지 않는 것을 말한다. (『법구경-담마파다』, 529쪽 참조)

200 부처님의 탁발을 방해한 마라[261]

우리 비록 가진 것은 없지만[262]
참으로 행복하게 살아가자.
광음천의 범천들처럼[263]
희열을 음식 삼아 살아가자.

---

261) 부처님께서 빤짜살라 마을에 머무르실 때, 오백 명의 처녀들이 마라의 농간으로 부처님께 공양을 올리지 못한 것을 본 마라가 "붓다여, 오늘 아침은 탁발을 조금도 받지 못하여 배가 몹시 고프겠구려!"라고 비아냥거렸다. 그러자 부처님께서는 마라를 향해 조용히 말씀하셨다. "사악한 마라여, 여래는 오늘 아침 아무것도 먹지 않았다. 그러나 여래는 광음천의 범천들처럼 삼매의 희열 속에서 살아간다." 이어서 부처님께서는 게송을 읊으셨고, 설법 끝에 빤짜살라 마을에 사는 오백 명의 처녀들은 모두 수다원과를 성취하였다.

262) 감각적 쾌락에 대한 욕망 등이 우리에게서 발견되지 않는 것을 의미한다. (『법구경-담마파다』, 530쪽 참조)

263) 광음천(光音天)은 이선정(二禪定)에 든 사람들이 태어나는 곳이다. 광

음천의 범천들은 몸에서 빛이 나는 것이 특징이고, 이선정에서는 희열이 강하기 때문에 이들은 빛을 먹고 산다고 한다. (『법구경 이야기 3』, 541쪽 참조)

201 아자따삿뚜와의 전쟁에서 패한 꼬살라 국왕[259)]

승리는 원한을 낳고
패배자는 고통 속에 살아간다.
적멸에 든 성자는[265)]
승리와 패배를 버리고 행복하게 살아간다.

---

264) 꼬살라 국의 빠세나디 왕은 조카인 마가다 국의 아자따삿뚜 왕과의 전쟁에서 패하여 국토의 일부를 빼앗기게 되자, 자신의 늙음과 기력의 쇠잔함을 통감한 나머지 수치와 좌절의 번민에 빠져 음식을 거부하고 침상에 누워서만 지냈다. 소식을 들으신 부처님께서 비구들에게 말씀하셨다. "비구들이여, 남을 정복한 자에게는 증오와 원망이 뒤따르고, 남에게 패배한 자에게는 절망과 고통이 뒤따른다." 이어서 부처님께서 게송을 읊으셨다.

265) 적멸에 든 성자란 번뇌를 모두 버린 아라한을 말한다. (『법구경-담마빠다』, 531쪽 참조)

202 신부에게 정신 팔린 신랑[266)

애착보다 더 큰 불길이 없고,
성냄보다 더 큰 악행이 없다.
오온과 같은 괴로움이 없고,
적정보다 나은 행복이 없다.

---

266) 어여쁜 처녀가 시집을 가게 되어 신부의 부모는 신랑 신부의 행운
과 번영을 축복해 주십사고 부처님과 제자들을 결혼식에 초청했다.
결혼식 날 신부는 곱게 단장한 뒤 부처님과 제자들에게 공양을 올
리느라고 이리저리 뛰어 다녔다. 신부의 아름다운 모습을 본 신랑
은, 부처님과 비구들에게 공양은 제대로 올리지 않고 그녀를 껴안
고 싶다는 생각만 하고 있었다. 부처님께서는 신랑의 마음을 아시
고 신통력으로 신랑에게는 신부의 모습이 안 보이도록 하셨다. 신
랑은 갑자기 신부가 보이지 않자 고개를 돌려 부처님을 바라보았
다. 부처님께서는 게송을 읊으셨고, 게송이 끝나자 신랑과 신부는
수다원과를 성취하였다.

203 배고픈 농부의 깨달음[267)

배고픔이 가장 큰 병이요,
형성들이 가장 큰 괴로움이다.[268)
이것을 있는 그대로 알면
최고의 행복인[269) 열반에 도달한다.

267) 부처님께서 알라위의 가난한 농부가 수다원과를 성취할 인연이 무르익었다는 것을 아시고 비구들과 함께 30요자나를 걸어서 그리로 가셨다. 주민들이 부처님과 비구들에게 공양을 올리고 나서 부처님의 법문을 들으려고 했으나 부처님께서는 잃어버린 소를 찾으러 숲으로 간 농부가 돌아온 다음에 법문을 시작하겠다고 하셨다. 얼마 후 소를 찾은 농부가 법문을 들으러 왔을 때 부처님께서는 그가 몹시 배고픈 상태라는 것을 아시고, 사람들에게 그에게 음식을 갖다 주라고 하셨다. 농부는 식사를 해서 배고픔이라는 괴로움이 사라지자 마음이 고요해졌다. 부처님께서는 차제설법 즉 보시, 지계, 천상에 탄생, 마지막에 네 가지 성스러운 진리[四聖諦]를 설하셨으며 법문 끝에 가난한 농부는 수다원과를 성취하였다. 비구들이 가난한 농부에게 음식을 갖다 주라고 말씀하신 것에 대해서 불평하자 부처님께서 말씀하셨다. "내가 30요자나의 먼 길을 걸어 여기에 온 것은 순전히 이 신도가 수다원과를 성취할 인연이 무르익었다는 것을 알았기 때문이다. 그는 이른 아침에 숲으로 들어가 배고픔을 참고 잃어버린 소를 찾아 돌아다녔다. 그래서 나는 배고픈 사람에게는 법문을 해도 이해하지 못할 것이라고 생각해서 음식을 갖다 주라고 말한 것이다. 비구들이여, 이 세상에 배고픔의 고통보다 더한 고통은 없다."이어서 부처님께서는 게송을 읊으셨다.

268) 형성들은 조건 지어진 것들인 오온을 의미한다. (『법구경-담마파다』, 533쪽 참조)

269) 이것을 있는 그대로 안다는 것[如實知見]은 형상(소리, 냄새, 맛, 감촉, 법)들이 무상(無常)하고 괴롭고[苦] 실체가 없는 것[無我]이라고 있는 그대로 통찰지(위빳사나 지혜)로 보는 것이다. 이렇게 보면, 형상에 마음이 동요하지 않는다. 마음이 동요하지 않으면 평온하다. 느낌, 갈

애, 집착이 생기는 것을 있는 그대로 관찰하고, 사라지면 사라지는 것을 있는 그대로 관찰한다. 관찰하면 생기고 사라지는 것에 동요하지 않는다. 동요하지 않으면 마음이 평온하다. 탐욕, 성냄, 어리석음이 생기는 것을 있는 그대로 관찰하고, 사라지면 사라지는 것을 있는 그대로 관찰한다. 관찰하면 생기고 사라지는 것에 동요하지 않는다. 동요하지 않으면 마음이 평온하다. 마음이 평온한 상태가 계속되면 마음은 열반으로 향한다. (『법구경 이야기 3』, 30쪽 참조)

204 음식을 절제하지 못하는 빠세나디 왕 [270]

건강이 최고의 이익이고,
만족이 최고의 재산이다.
신뢰가 최고의 친척이고,
열반이 최고의 행복이다.

---

270) 어느 날 꼬살라 국왕 빠세나디는 한 양동이 분량(4.5리터)의 밥과 반찬을 먹은 뒤 부처님을 뵙기 위해 제따와나 정사에 갔다.(상윳따 니까야 3:13 '양동이 분량의 음식 경' 참조) 그런데 그는 부처님의 설법을 듣는 도중 식곤증에 시달려 졸았다. 그 모습을 보신 부처님께서는 왕에게 앞으로는 매 끼니 때마다 쌀을 한 홉씩 줄여 밥을 짓고, 식사 끝에도 마지막 밥 한 숟갈을 남기는 습관을 들여 식사 양을 줄여보라고 권하셨다. 그 뒤부터 왕은 부처님의 충고를 열심히 실천하여 끼니 때마다 조금씩 식사량을 줄여나가 평소에 한 접시(300그램) 정도의 밥과 반찬만 먹었다. 그리하여 몸이 가벼워지고 건강도 전보다 훨

씬 좋아진 왕은 부처님을 찾아뵙고 가르침대로 식사량을 줄이니 건강이 훨씬 좋아지고 졸음에 시달리지도 않는다고 말씀드렸다. 그의 이야기가 끝나자 부처님께서 게송을 읊으셨다.

205 부처님을 진정으로 존경하는 띳사 장로[271]

멀리 떠남의 맛을 보고
적정의 맛을 보고[272]
진리의 희열도 맛본 이는
두려움과 악에서 벗어난다.

---

271) 부처님께서 넉 달 후에 반열반에 들겠다고 선언하시자 범부인 비구들은 흘러내리는 눈물을 참지 못하고 삼삼오오 모여 앞으로 어찌해야 할지를 걱정했다. 그러나 띳사 장로는 "부처님께서 사 개월 후에 반열반에 드신다는데 나는 아직 탐욕에서 벗어나지 못했다. 그러니 부처님이 살아 계실 때 열심히 노력해야겠다."라고 생각하고, 자기 방에서 수행에 몰두했다.
비구들은 띳사 장로의 이해할 수 없는 행동에 대해 부처님께 말씀드렸다. 띳사 장로를 불러 혼자 수행에 몰두하는 이유를 들으신 부처님께서 비구들에게 말씀하셨다.
"비구들이여, 나를 진실로 존경하는 사람은 띳사처럼 행동해야 한다. 꽃과 향을 올리는 사람이 나를 진실로 존경하는 사람이 아니라, 높고 낮은 도과를 성취하기 위하여 열심히 수행하는 사람이 나를 진실로 존경하는 사람이다." 이어서 부처님께서는 게송을 읊으셨다.

272) 적정(寂靜)은 빠알리어 "upasama"를 번역한 것인데 사전에는 "고요,
평온, 평화, 적멸(寂滅), *calm, quiet, appeasement*"라고 나와 있다.
여기서는 탐욕과 성냄과 어리석음 등의 번뇌가 모두 소멸하여 평온
하게 된 열반의 상태를 말한다. (곽철환 편저,『시공 불교사전』참조.)

206-208 부처님의 병수발을 한 제석천왕[273)

206 성자들을 보는 것은 좋은 일이고,
함께 살아가면 언제나 행복하다.
어리석은 자를 만나지 않음도
언제나 행복한 일이다.

207 어리석은 자와 함께 지내는 자는
오랫동안 슬퍼한다.
어리석은 자와 사귀는 것은,
원수와 사는 것처럼 항상 괴롭다.
현명한 자와 사귀는 것은,
친척들과 함께 사는 것처럼 행복하다.

208 확고하고 지혜로우며 많이 배웠고
인내심이 강하고 성실한 성자,[274)
그런 현명한 참사람을 따라야 한다.
마치 달이 천체의 궤도를 따르듯.

273) 부처님께서 수명이 다해 가실 때 극심한 이질에 시달리셨다. 제석
천왕이 병수발 하러 와서 손수 부처님의 발을 문질러드리자 부처님
께서 말씀하셨다. "제석천왕이여, 인간의 냄새는 신들에게 백 요자
나 밖에서도 목구멍에 걸린 썩은 고기처럼 지독한 냄새를 풍깁니
다. 그러니 병수발은 그만두고 돌아가시오. 병수발 할 시자가 있습
니다." 그러자 제석천왕은 "부처님, 저는 팔만사천 요자나 밖에서
도 부처님 덕의 향기를 맡았기 때문에 여기에 온 것입니다. 저 혼자
서 부처님의 병수발을 들겠습니다."라고 말했다. 제석천왕은 부처
님의 변기통에 다른 사람은 손도 대지 못하게 하고 깨끗이 씻어서
다시 가져오곤 했는데, 마치 향수 가득한 그릇을 옮기는 것처럼 눈
살 하나 찌푸리지 않았다. 그는 부처님의 몸이 편안해진 다음에야
부처님 처소를 나왔다. 비구들은 제석천왕의 부처님에 대한 헌신적
인 사랑에 놀라움을 금치 못했다. 그 이야기를 들으신 부처님께서
말씀하셨다. "비구들이여, 제석천왕이 나를 사랑하고 나에게 헌신
하는 것은 놀라운 일이 아니다. 전생에 그가 제석천왕으로 늙어서
죽음을 앞두고 있을 때 나를 찾아왔다. 그때 내가 법문을 설했고
그는 법문을 경청하는 도중에 수다원과를 얻었다. 그리고 그는 죽
은 다음에 다시 현재의 제석천왕으로 다시 태어났다. 이는 오직 내
가 설하는 법문을 그가 경청했기 때문이다. 비구들이여, 성자를 만
나는 것은 참으로 좋은 일이요, 성자와 함께 사는 것은 즐거운 일이
다. 어리석은 자와 함께 사는 것은 참으로 고통스럽다." 이어서 부
처님께서 게송을 읊으셨다.

274) 성자의 경지로 이끄는 멍에를 항상 짊어지는 수행의 습관을 지녔다
는 뜻이다. (『법구경_담마파다』, 538쪽 참조)

사랑
(Piyavagga)

209-211 함께 출가한 세 식구²⁷⁵⁾

209 하지 말아야 할 일은 열심히 하고,
　　해야 할 일은 열심히 하지 않으며,
　　사랑에 빠져 목표를 버리는 자는²⁷⁶⁾
　　계속 수행에 몰두하는 이를 부러워한다.²⁷⁷⁾

210 사랑하는 사람을 만나지 말고,
　　싫어하는 사람도 만나지 말라.
　　사랑하는 사람은 못 만나서 괴롭고,
　　싫어하는 사람은 만나서 괴롭다.

211 그러니 사랑하는 사람을 만들지 말라.
　　사랑하는 사람과의 이별은 너무나 괴롭다.
　　사랑하는 사람도 싫어하는 사람도 없는 이는
　　일체의 속박에서 벗어난다.

---

275) 사왓티에 아들 하나를 둔 부부가 있었다. 그 아들이 집을 떠나 비구
가 되자 부부도 출가하였다. 그렇게 가족이 모두 출가는 했지만 그
들은 서로에 대한 애착이 강했기 때문에 한 정사 안에서 생활하며
음식도 함께 먹고 잠자리까지도 같은 건물 안에 마련했다. 그러므
로 그들은 수행한다기보다 그저 생활하는 장소를 정사로 옮긴 데
불과했다. 그 사실을 아신 부처님께서는 그들을 부르시어 말씀하셨
다. "너희가 일단 가정을 떠나 비구와 비구니가 되었으면 더 이상
한 장소에서 살아서는 안 된다. 무릇 사랑하는 이를 보는 것도, 사

랑하는 이를 보지 못하는 것도 괴로운 일이다. 그러므로 수행자는 사람을 사랑하는 마음을 가져서는 안 된다." 이어서 부처님께서는 게송 세 편을 읊으셨다.

276) "사랑에 빠져 목표를 버리는 자": 오욕락에 빠져 계정혜를 버리는 자를 말한다.

277) "계속 수행에 몰두하는 이를 부러워한다는 것": 부적절한 행위 때문에 환속한 자는 계속 수행에 몰두하여 보다 높은 계정혜를 지니고 있는 비구들을 보고 '나도 수행을 계속하였더라면 저 분들처럼 되었을 텐데…'하며 부러워한다는 것이다. (『법구경-담마파다』, 540쪽 참조)

212 아들을 잃은 재가신도[278]

사랑에서 슬픔이 생기고
사랑에서 두려움이 생긴다.[279]
사랑에서 벗어난 이에게 슬픔이 없는데
어찌 두려움이 있겠는가?

278) 재가신도가 아들을 잃고 슬픔을 견딜 수가 없어서 매일 화장터에 가서 울며 통곡했다. 부처님께서 새벽에 세상을 살피시다가 그가 수다원과를 성취할 인연이 무르익었다는 것을 아시고 시자 한 사람을 데리고 그의 집으로 가셨다. 부처님께서 그에게 물으셨다. "신도여, 왜 슬퍼하는가?"

"저는 아들을 잃어서 슬픔을 가눌 길이 없습니다."

"신도여, 슬퍼하지 마라. 죽음이라는 것은 어느 집에나 일어나는 것이고 세상에 태어난 모든 중생들이 겪는 일상적인 일이다. 몸은 영원하지 않다. 그러니 슬픔에 빠지지 말고 죽음을 올바른 관점에서 바라보아야 한다. 옛날에 현인들은 아들이 죽었을 때 다가오는 죽음을 피할 수 없다는 진리를 바르게 이해하고 있었다." 부처님께서는 과거 이야기를 꺼내셨다. '뱀이 허물을 벗듯, 사람은 자신의 몸을 버리고 저 세상으로 간다. 몸이 아름답다한들 죽을 때 무엇을 누릴 것인가? 몸이 화장될 때 가족의 통곡소리도 듣지 못한다. 그런데 무엇 때문에 슬퍼해야 하는가! 그가 어디를 가든지 그것은 그의 운명인 것을.'이라고 상세히 설하시고(Uraga Jātaka, J351), "과거의 현명한 자들은 아들이 죽었을 때 그대처럼 행동하지 않았다. 그대는 일도 하지 않고, 음식도 먹지 않고, 비탄에 빠져 시간을 보내고 있다. 현명한 자는 죽음에 대해 명상하고,(『가르침을 배우다』, 404~411쪽 참조) 비탄해 하지도 않고, 평소처럼 음식도 먹고, 평소처럼 하던 일도 계속한다. 그러니 아들이 죽었다고 슬퍼하지 마라. 사랑하기 때문에 슬픔과 두려움이 생기는 것이다."라고 말씀하셨다. 이어서 부처님께서 게송을 읊으셨고, 게송이 끝나자 재가신도는 수다원과를 성취했다.

279) 윤회에 토대를 둔 어떠한 슬픔과 두려움이 생길 때 그것들은 모두 사랑이나 사랑하는 자 때문에 생기지만, 그것을 여읜 자에게는 그런 고통이나 두려움이 생기지 않는다는 뜻이다. (『법구경-담마파다』, 543쪽 참조)

213 손녀를 잃은 위사카[280]

애착에서 슬픔이 생기고
애착에서 두려움이 생긴다.[281]
애착에서 벗어난 이에게 슬픔이 없는데
어찌 두려움이 있겠는가?

---

280) 위사카는 자기가 외출하고 없을 때 탁발 나온 스님들에게 공양 올리는 일을 손녀인 닷따에게 맡기곤 했는데 그 손녀가 젊은 나이에 죽어 버렸다. 위사카는 장례식을 치르고 난 후, 슬픔을 가눌 길 없어 부처님께 가서 삼배를 올리고 공손하게 한 쪽에 앉았다. 부처님께서 그녀의 슬픈 얼굴을 보고 물으셨다.

"위사카여, 무슨 일이기에 그처럼 눈물을 흘리고 있는가?"

위사카는 울먹이며 손녀의 죽음을 알렸다.

"부처님, 가장 사랑하는 손녀가 죽었습니다. 이제 다시는 그렇게 믿음직하고 성실한 아이를 볼 수 없을 것입니다."

"위사카여, 이 사왓티의 인구가 얼마인가?"

"칠천만입니다."

"그 중 모든 아이들이 닷따처럼 사랑스럽다면 그대는 그 수만큼의 많은 자식과 손자와 손녀를 갖고 싶겠구나. 그렇지 않은가?"

"갖고 싶습니다, 부처님."

"사왓티에서 하루에 몇 명이 죽어나가는가?"

"때로는 열 명, 때로는 아홉 명, 여덟 명…… 때로는 한 명이 죽습니다. 하지만 하루도 죽지 않은 날은 없습니다."

"그렇게 사랑스러운 사람이 매일 죽는다면 그대는 슬픔에서 벗어날 시간이 없을 것이다. 그대는 밤낮으로 울고 통곡하며 지내야 할 것이다. 애착하는 사람이 백 명이 있으면 백 번의 고통이 있다. 구십 명의 애착하는 사람이 있으면 구십 번의 고통이 있다. 한 명의 애착하는 사람이 있으면 한 번의 고통이 있다. 애착하는 사람이 없으면 고통도 없고 슬픔도 없고 번뇌도 없고 근심도 없다. 그러니 슬퍼하지 말라. 슬픔과 두려움은 애착으로부터 생긴다."

부처님께서 말씀하시고 게송을 읊으셨다.

281) 애착이란 아들, 딸, 등과 관련하여 생긴 애착을 뜻한다. (『법구경-담마파다』, 544쪽 참조)

214 기생 때문에 싸운 릿차위 왕자들[282]

즐김에서 슬픔이 생기고
즐김에서 두려움이 생긴다.
즐김에서 벗어난 이에게는 슬픔이 없는데
어찌 두려움이 있겠는가?

282) 어느 축제일에 부처님께서 많은 비구들을 거느리고 웨살리 성으로 들어가시다가, 성을 나오던 릿차위 왕자들과 마주쳤다. 왕자들은 환희의 동산에서 열리는 축제에 참석하려고 화려한 옷을 입고 있었다. 그때 부처님께서는 비구들에게 "삼십삼천의 천신들을 보지 못한 사람들은 릿차위 왕자들의 화려한 옷차림을 잘 보아두도록 하여라. 천상의 화려함과 아주 흡사하구나."라고 말씀하셨다.

얼마 후 환희의 동산에 도착한 왕자들은 기생을 서로 차지하려고 심한 언쟁을 벌이다, 결국은 치고 받고 싸웠다. 격렬한 싸움 끝에 그들은 옷이 마구 찢어지고 몸에서 피를 흘리며 들것에 실려 가거나 다리를 절룩거리면서 돌아가게 되었다. 그들이 동산에 처음 도착했을 때의 화려하고 장엄하던 품위와 위신은 형편없이 추락해 버렸다.

부처님과 비구 일행이 성 내에서 공양을 끝내고 돌아오다가 마치 전쟁에서 패하고 돌아오는 듯한 왕자들의 모습을 보시고 부처님께서 말씀하셨다.

"비구들이여, 감각적인 쾌락을 즐기려는 마음과 그에 대한 집착 때문에 모든 슬픔과 두려움이 일어난다."

이어서 부처님께서 게송을 읊으셨다.

215 신부를 잃은 아닛티간다 꾸마라[283]

욕망에서 슬픔이 생기고,
욕망에서 두려움이 생긴다.
욕망에서 벗어난 이에게 슬픔이 없는데
어찌 두려움이 있겠는가?

---

283) '아닛티간다(여자를 싫어하는 자) 꾸마라'는 범천계에서 죽어서 사왓티의 부자 가문에 태어났다. 그는 태어나면서부터 여자를 싫어해서 그의 어머니는 젖을 먹일 때도 베개 뒤에 유방을 숨기고 먹여야 했다. 그가 성인이 되자 부모가 결혼을 재촉했으나 아들은 계속 거부

했다. 그러던 아들은 금 세공사에게 황금 천 냥을 주고 세상에서 가장 아름다운 여인상을 황금으로 만들어 달라고 주문했다. 그러고 나니 아들은 부모에게 그 황금 여인상처럼 아름다운 여인이 있다면 결혼하겠다고 했고, 부모는 유명한 바라문들을 불러서 그처럼 아름다운 처녀를 데리고 와 달라고 부탁했다. 그리하여 바라문들은 아름다운 여인을 찾으러 여기저기 다니다가 '맛다'왕국의 '사갈라'라는 도시에서 황금상처럼 아름다운 열여섯 살의 처녀를 발견하였다. 그 소식을 들은 아닛티간다의 부모는 많은 선물을 준비해서 바라문들을 그 처녀의 집으로 보내며 즉시 그녀를 데려오라고 부탁했다. 아닛티간다는 아름다운 처녀를 찾았다는 말을 듣는 것만으로도 강렬한 애욕이 생겨서 최대한 빨리 그녀를 데려오라고 했다.

그러나 몹시 예민한 처녀는 그의 집으로 오다가 덜컹거리는 마차의 흔들림을 견디지 못하고 경련을 일으키더니 그만 죽어버렸다. 하지만 그 사실을 모르는 아닛티간다는 안달하며 그녀가 어디까지 왔느냐고 계속 물었지만 사람들은 그녀가 죽었다는 말을 차마 하지 못하고 차일피일 미루다가 그녀가 죽은지 며칠 지난 다음에 어쩔 수 없이 사실을 털어놓았다. 그는 그녀의 죽음을 알고 난 후 심한 우울증과 극심한 고통이 산더미처럼 밀려왔다.

그때 부처님께서는 아닛티간다가 수다원을 성취할 시기가 되었음을 아시고 직접 그의 집으로 가셨다. 공양을 마치신 부처님께서는 부부에게 아닛티간다를 데려오라고 이르셨다. 이윽고 그가 부처님 앞으로 나와 공손히 인사를 올리고 옆에 앉자 부처님께서 물으셨다.

"너는 어찌하여 그토록 슬픔에 빠져 있느냐?"

그가 그간의 일을 다 들으신 부처님께서 말씀하셨다.

"아닛티간다여, 슬픔은 강한 욕망에서 일어나며, 두려움은 무엇인가를 구하려는 마음과, 감각적인 쾌락을 즐기려는 데서 일어난다."

이어서 부처님께서는 게송을 읊으셨고, 설법이 끝나자 아닛티간다는 수다원이 되었다.

216 햇곡식을 부처님께 바치지 못해 괴로워하는 바라문[284]

갈애에서 슬픔이 생기고
갈애에서 두려움이 생긴다.
갈애에서 벗어난 이에게 슬픔이 없는데
어찌 두려움이 있겠는가?

---

[284] 사왓티에 아직 불법을 받아들이지 않은 바라문 농부가 살고 있었다. 부처님께서는 그가 머지않아 수다원을 성취할 것을 아시고 자주 그를 찾아가시어 대화를 나누시곤 하였다. 그러자 농부는 자기가 불교 신도가 아닌데도 부처님께서 아주 친절하게 대해 주시는 것을 매우 고마워했다. 그러던 어느 날 그는 부처님께 말씀드렸다. "고따마 사문이시여, 이 논에서 수확을 하면 제가 먹기 전에 당신께 먼저 햇곡식을 올리도록 하겠습니다. 저는 당신께 햇곡식을 바치기 전에는 단 한 톨의 곡식도 먹지 않으렵니다."

그러나 부처님께서는 농부가 그 해에는 논에서 수확을 하지 못하리라는 것을 미리 알고 계셨으므로 그의 제안에 대해 아무런 말씀을 하지 않으셨다. 그로부터 얼마 후 그가 벼를 거두어들이려는 바로 전날 밤에 엄청난 비가 쏟아져서 그만 애써 키운 곡식이 모두 홍수에 휩쓸려 가버리고 말았다. 그리하여 농부는 고따마 사문께 햇곡식을 바치고자 하는 소원을 이룰 수 없게 되었고 그로 인해 그는 무척 괴로워했다. 그때 그의 집을 방문하신 부처님께 그가 홍수로 인해 어떤 일이 벌어졌는지 말씀드리자 부처님께서 말씀하셨다.

"바라문이여, 슬픔의 원인이 무엇인지 아는가?"

"모릅니다."

"바라문이여, 슬픔이나 두려움은 갈애에서 생긴다."

이어서 부처님께서 게송을 읊으시자 바라문 농부는 수다원을 성취하고 재가신도가 되었다.

217 과자를 받은 마하깟사빠 장로[285)

계와 지견을 갖추고
법에 머물며 진리를 깨닫고[286)
자신이 해야 할 일을[287) 하는 사람,
사람들은 그를 좋아한다.

---

285) 라자가하에 축제가 있는 날 부처님께서 비구들을 거느리시고 성 내에서 이 집 저 집을 돌며 탁발을 하시다가 축제가 벌어지고 있는 환희의 동산으로 가는 오백 명의 소년들과 마주치셨다. 그들은 과자를 잔뜩 담은 바구니를 들고 있었지만, 부처님이나 비구들에게 드리지 않았다. 부처님께서는 "비구들이여, 너희들은 오늘 저 소년들이 가지고 가는 과자를 먹게 될 것이다."라고 말씀하신 후, 비구들과 큰 나무 밑에서 잠시 휴식하셨다. 한편 환희의 동산으로 가던 소

년들은 맨 뒤에서 따라오는 마하깟사빠 장로를 보자 갑자기 알 수
없는 기쁨이 넘쳐흘러 땅바닥에 엎드려 삼배를 올리고 나서 과자를
바구니 채 장로에게 바쳤다. 그러자 장로는 그들에게 말했다. "훌륭
하신 나의 스승께서 건너편 큰 나무 아래에서 쉬고 계시니 너희들
은 그 분께 이 과자를 바치도록 하여라."그 말을 들은 소년들은 부
처님께 가서 인사를 올리고 가져온 과자를 부처님과 비구들에게 나
누어 드리고 난 다음 다시 마하깟사빠 장로에게 되돌아가서 남은
과자를 드렸다. 그들은 장로를 바라보며 한 쪽에 서 있다가 장로가
과자를 다 드시자 물을 드렸다. 그 모습을 본 비구들이 부처님께 소
년들이 깟사빠 장로를 흠모하는 것 같다고 말씀드렸다. 그러자 부
처님께서 말씀하셨다. "인간과 천신들은 여래의 아들 마하깟사빠
와 같은 비구를 사랑하고, 네 가지 필수품을 기꺼이 제공한다."이어
서 부처님께서는 게송을 읊으셨고, 게송이 끝나자 소년들은 모두
수다원이 되었다.

286) '법에 머물며'란 출세간법 아홉 가지를 갖춘 것을 말하고, '진리를
깨닫고'란 사성제(四聖諦)에 대하여 16가지 방식으로 이해한 것을 말
한다. 16가지란 네 가지 거룩한 진리(사성제)에 대하여 네 가지 길,
즉 수다원이 되는 길, 사다함이 되는 길, 아나함이 되는 길, 아라한
이 되는 길을 말한다. (『법구경-담마파다』, 548쪽 참조)

287) 자신이 해야 할 일이란 깨달음에 이르려는 자가 반드시 닦아야 할
세 가지 수행인 삼학(三學), 즉 계율을 지키는 계학(戒學), 마음을 집중
시키는 정학(定學. 삼매), 어리석음을 제거하는 혜학(慧學. 지혜)을 말한
다. (강종미 편역, 『불교 입문 I』, 34~40쪽 참조)

218 아나함인 장로[288)]

말로 설명할 수 없는 열반을 간절히 바라며
정신적으로 충만하여[289)]
감각욕망에 묶이지 않는 사람,
그를 흐름을 거스르는 자라고 한다.[290)]

---

288) 어느 날 제자들이 장로에게 물었다. "스님께서는 무엇을 증득하셨
습니까?" 질문을 받은 장로는 '나는 아나함인데 재가신도들도 아
나함까지는 얻을 수 있다. 그러니 아나함이 무슨 자랑이라고 말하
겠는가? 아라한과를 성취한 후에 알려주어야겠다.'라고 생각했기
때문에 대답하지 않았다. 얼마 후 장로는 죽어서 정거천(淨居天. 아나
함인 성자들이 태어나는 범천세상. 여기에 태어난 존재는 더 이상 인간계에 태어나지 않고
아라한이 됨)에 태어났다. 제자들이 그의 죽음을 슬퍼하며 부처님께
가서 삼배를 올리고 한쪽에 앉아 눈물을 흘리자 그 모습을 보신
부처님께서 물으셨다.
"비구들이여, 왜 그렇게 슬퍼하는가?"
"우리의 스승이 돌아가셨습니다."
"비구들이여, 슬퍼하지 마라. 그것은 영원한 법칙이다."
"부처님, 모든 것이 영원하지 않다는 법칙은 저희들도 알고 있습니
다. 우리가 스승에게 어떤 도과를 성취했는지 물었을 때 스승은 대
답하지 않았습니다. 스승께서 어떤 도과도 성취하지 못하고 돌아가
셨다는 생각이 우리를 슬프게 합니다."
"비구들이여, 걱정하지 마라. 그대들의 스승은 아나함이었지만
아라한과를 성취하고 나서 대답해야겠다는 생각 때문에 아무 말

도 하지 않은 것이다. 그는 죽어 정거천에 태어났다. 기뻐하라, 비구들이여. 그대의 스승은 다섯 가지 번뇌[五下分結. 유신견, 행실 의례 집착, 의심, 감각욕망, 적의.(첨부 11. 족쇄"참조)를 제거하였다." 이어서 부처님께서 게송을 읊으셨다.

289) 세 가지 도와 과에 도달하여 정신적으로 충만해 진 것, 즉 아나함이 된 것을 말한다.

290) '흐름을 거스르는 자'는 빠알리어 '웃당소따(uddhaṁsota. 上流. One Bound Upstream)'를 번역한 것인데, 감각적 쾌락과 성냄을 완전히 버린 아나함을 말한다. 그는 정거천에 태어나서 거기서 아라한이 되고 낮은 세계인 욕계 세상에는 다시 태어나지 않으므로 그렇게 불린다. (참조: ① 대림 스님 · 각묵 스님 옮김, 『아비담마 길라잡이 제1권』, 초기불전연구원, 2017, 478-479쪽 ② 일아 옮김, 『빠알리 원전 번역 담마빠다』, 불광출판사, 2018, 221쪽)

219-220 천상에 궁전이 생긴 난디야[291]

219 오랫동안 집을 떠났다가
　　멀리서 무사히 돌아온 사람을
　　친척과 친구와 이웃 사람들은
　　반갑게 맞이한다.

220 마찬가지로 공덕을 쌓은 사람이
　　이 세상에서 저 세상으로 가면
　　그가 행한 공덕이 그를 환영한다.

친지들이 사랑하는 이의 귀향을 반기듯이.[292]

---

291) 바라나시 시에 사는 부자 난디야는 부처님에 대한 믿음이 가득하여
승가의 독실한 후원자였다. 그의 외사촌 여동생인 레와띠는 불교에
대한 믿음은 없었지만 난디야와 결혼하기 위해서 스님들을 잘 모셨
으며 결혼한 다음에는 남편 말에 절대 복종하며 살았다. 비구의 처
소를 보시하여 생기는 공덕에 대한 부처님의 가르침을 들은 난디
야는, 이시빠따나 숲에 네 개의 방을 갖춘 '마하위하라'라는 이름의
정사를 지어서 승가에 헌납했다. 그러자 삼십삼천에도 난디야를 위
한 훌륭한 대저택이 건립되었다. 어느 날 마하목갈라나 장로는 삼
십삼천에 갔다가 그 대저택을 보고 와서 부처님께 여쭈었다. "부처
님, 선한 공덕을 행한 사람이 아직 이 세상에 살고 있는데 천상세계
에 그 사람을 위한 가구 및 생활용품까지 구비된 대저택이 준비될
수 있습니까?" 부처님께서 말씀하셨다. "목갈라나여, 왜 그런 말을
하는가? 삼십삼천에 가서 난디야를 위해 준비된 모든 것들을 네 두
눈으로 직접 보지 않았느냐? 천상세계는 착하고 너그러이 베푸는
사람을 기다리기를, 마치 가족들이 집을 떠난 자식을 학수고대하듯
하는 곳이다. 이 인간세계에서 착한 행동을 하며 공덕을 지은 사람
이 수명이 다하여 죽으면 천상세계에서 즐겁게 맞이한다." 이어서
부처님께서는 게송 두 편을 읊으셨다.

292) 평생을 남편에게 순종하던 난디야의 아내 레와띠는 남편이 죽은 후
에 비구들을 비방하여 작은 지옥에 떨어졌다고 한다. (『법구경 이야기 3』,
64쪽 참조)

제17장

분노

(Kodhavagga)

221 문둥병에 걸린 로히니 공주[293]

분노를 버리고 자만을 버리고
모든 족쇄를 넘어서야 한다.
몸과 마음에 집착하지 않아서
아무 것도 없는[294] 이에게 괴로움이 따르지 않는다.

---

[293] 아누룻다 장로는 까삘라왓투를 방문하여 석가족이 세운 니그로다
라마 정사에 머물고 있었다. 그때 많은 친척들이 장로를 찾아와 공
양을 올리고 법문을 들었는데, 장로의 여동생 로히니 공주만은 문
둥병에 걸려서 오지 못했다. 장로는 누이를 불러서 병을 치료하려
면 큰 공덕을 짓는 것이 좋으니 정사에 회당을 지으라고 권했다. 그
래서 로히니 공주는 갖고 있던 금은보석, 값진 패물, 옷 등을 팔아
정사에 회당을 짓기로 했다. 또 아누룻다 장로는 그녀에게 공사가
진행되는 동안 정사에 머물면서 화장실을 청소하고, 물 단지에 물
을 채워 놓는 공덕행을 하라고 일렀다. 그녀는 장로가 시키는대로
열심히 공덕을 쌓으면서 경전을 외우고 수행을 했는데 그러는 동안
병세는 서서히 호전되기 시작했다. 회당 공사도 순조롭게 진행되
어 마침내 준공식을 하는 날, 그 자리에 부처님과 많은 비구들을 초
청하여 공양을 올렸다. 부처님께서 공양을 끝내시자 공손히 인사를
올리고 자리에 앉은 공주에게 부처님께서 물으셨다.
"공주여, 그대가 왜 그런 무서운 병에 걸려 고생하고 있는지 아느
냐?"
공주가 모른다고 대답하자 부처님께서 로히니가 전생에서 남편이
사랑하는 여인을 질투하여 괴롭혔기 때문에 현생에 문둥이가 된 것

이니, 분노와 질투는 아무리 가벼운 것이라도 좋지 않은 것이라고 말씀하셨다.

이어서 부처님께서는 게송을 읊으셨고, 설법이 끝나자 많은 사람들이 수다원과를 성취하였다. 그리고 로히니 공주도 수다원과를 성취함과 동시에 병이 말끔하게 나아 다시 예전의 매력적인 여성으로 돌아갔다.

294) 아무 것도 짊어지지 않고 집착에서 벗어난 것을 말한다. (『법구경-담마파다』, 554쪽 참조).

222 나무를 자른 비구와 목신[295]

달리는 마차를 능숙하게 멈추듯
치솟는 분노를 잘 다스리는 사람.
그가 진정한 마부다.
다른 사람들은 말고삐만 잡고 있을 뿐.

---

295) 알라위 지방에서 온 한 비구가 자기 처소(꾸띠)를 짓는데 쓸 나무를 자르려고 했다. 그때 그 나무에 살고 있던 목신(여성)이 나무가 잘리면 자식들과 갈 곳이 없다며 자르지 말아달라고 간청했지만 비구는 듣지 않았다. 그녀는 자기 아이를 나무 위에 올려놓으면 비구가 나무를 자르지 못할 거라고 생각하여 아이를 나무 위에 올려놓았다. 그렇지만 그때는 이미 늦어서 비구도 도끼를 멈출 수가 없었다. 힘차게 내리 꽂히는 도끼에 나무가 넘어지면서 아이의 팔이 잘려 나

가고 말았다.

바로 자기 눈앞에서 참극을 목격한 목신은 분노가 치밀어 비구를 죽여 버리려고 손을 높이 쳐들었다. 그런데 그 순간, 그녀는 자기가 비구를 죽이면 계를 지키는 부처님의 제자를 죽인 악행의 과보로 지옥에 떨어져 긴긴 세월 동안 고통을 받을 것이며, 만약 또 다시 그런 상황이 생긴다면 자기처럼 다른 목신들도 비구들을 죽일 것이라는 생각이 들었다. 그래서 목신은 비구를 해치려던 것을 그만두고, 부처님을 찾아가서 자기가 겪은 고통을 호소했다. 그녀의 이야기를 다 들으신 부처님께서는 그녀를 위로해 주셨다.

"목신이여, 너는 참으로 자기 자신을 잘 다스렸구나!"

이어서 부처님께서는 게송을 읊으셨다. 부처님의 설법 끝에 그녀는 수다원과를 성취하였고 부처님께서 머무시는 향실 옆의 큰 나무에서 살게 되었다. 그 사건 이후부터 '초목을 손상시키면 계율을 범하는 것이다.'라는 계율이 제정되었다.

223 재가신도 웃따라[296]

분노는 분노 없음으로 이겨야 하고
악은 선으로 이겨야 한다.
인색은 보시로 이겨야 하고
거짓은 진실로 이겨야 한다.

---

[296] 재정관 뿐나와 아내 그리고 딸 '웃따라'는 부처님의 차제설법을 듣고 수다원이 되었다. 어느 날 이교도이자 그 역시 재정관인 수마나

가 뿐나에게 딸을 며느리로 달라고 했다. 뿐나는 거절하였지만 여러 번 청혼이 들어오고 많은 고관대작들도 권유하는 바람에 마지못해 그는 딸을 수마나 가문으로 시집을 보냈다. 이교도 가문으로 시집간 웃따라는 부처님의 법문을 듣거나 비구들을 만나 공양을 올리지 못하게 되었다. 그렇게 두 달 반이 지나고 안거가 보름이 남았을 때, 웃따라는 친정아버지로부터 받은 일만 오천 냥으로 고급 기생 시리마를 사서 남편을 받들게 했다. 그렇게 남편에게서 벗어난 그녀는 부처님을 비롯하여 많은 비구들을 초청해 보름 동안 공양을 올렸다. 안거 마지막 날 그녀의 남편이 창문을 통해 부엌에서 자기 아내가 바쁘게 일하는 것을 보고 미소 지었다. 그런 모습을 보고 심한 질투가 생긴 시리마는, 부엌으로 가서 과자를 튀기고 있던 가마 속의 기름을 국자에 가득 떠서 웃따라에게 끼얹으려고 그녀 쪽으로 갔다. 시리마가 자기 쪽으로 다가오는 것을 본 그녀는 시리마가 무슨 짓을 할지 알았으면서도, 시리마를 고마운 사람이라 생각하여 마음을 시리마에 대한 자애로 가득 채웠다. 그 순간 시리마가 뜨거운 기름을 그녀에게 끼얹었다. 그런데 그녀는 기름이 마치 서늘한 물인 듯 시원하게 느껴져서 가만히 있는 것이었다. 그녀가 별 반응이 없는 것을 본 시리마가 다시 끓는 기름을 끼얹으려는 순간, 웃따라의 하녀가 시리마를 쓰러뜨리고 두들겨 팼다. 그러자 웃따라는 하녀를 제지하고 시리마에게 물었다.

"그런 짓을 해서 그대에게 무슨 이익이 있단 말이냐?"

웃따라는 더운 물로 시리마를 목욕시킨 뒤 정제된 기름으로 얻어맞은 데를 발라 주면서 도리어 시리마를 위로했다.

웃따라의 예상 밖의 친절에 감동한 시리마는 그제야 비로소 자기는 이 집에 고용된 사람일 뿐 여주인이 아니라는 사실을 깨닫고 '아아,

내가 이렇게 착한 여주인에게 끓는 기름을 퍼 붓다니! 그것은 실로 용서받지 못할 큰 죄악이야. 이런 대접을 받고도 내가 용서를 구하지 않는다면 나는 머리가 일곱 조각이 나고 말 것이다.'라는 생각이 들어 웃따라의 발밑에 머리를 조아리고 "주인마님, 제발 용서해 주십시오."하며 빌었다.

그러자 웃따라는

"시리마여, 부처님께서 당신을 용서하신다면 나도 당신을 용서하겠소."라고 대답했다.

"하지만 저는 그분에 대한 믿음이 없습니다."

"내가 믿음이 생기도록 도와 드리지요. 그분께서 내일 제자들과 함께 이리로 오시니까 공양드릴 물건을 준비하여 스승께 올리고 용서를 구하도록 하세요."

다음 날 시리마는 오백 명의 기생들과 함께 여러 가지 음식을 만들어서 부처님과 비구들에게 공양을 올린 다음, 부처님께 오체투지로 인사를 올리고 자리에 앉았다.

부처님께서는 시리마로부터 사건의 자초지종을 들으신 후 웃따라에게 '시리마가 너에게 끓는 기름을 부을 때 너는 어떤 마음을 가졌느냐?'고 물으셨다.

"부처님, 그때 저의 마음은 시리마에 대한 자애로 충만했습니다. 저는 '이 세상이 아무리 넓을지라도 나의 친구 시리마만큼 고마운 사람은 흔치 않다. 나는 그녀의 도움으로 부처님과 스님들께 공양을 올릴 수 있었다. 만약 내가 그녀에게 화를 낸다면 이 기름이 나를 태울 것이요, 나에게 그녀에 대한 성냄이 조금도 없다면 이 기름은 나를 태우지 못할 것이다.'라고 생각했습니다."

그러자 부처님께서는 웃따라를 칭찬하신 다음에 게송을 읊으셨다.

부처님의 설법 끝에 시리마와 그녀를 따라온 오백 명의 기생들은
모두 수다원과를 성취하였다.

224 작은 공덕으로 천상에 태어난 천신들 [297)]

진실을 말해야 한다. 화내지 말라.
요청을 받았다면 적더라도 베풀라.
이 세 가지 방법에 의해
천상에 태어나게 된다.

---

297) 마하목갈라나 장로는 삼십삼천에 갔을 때 많은 천신들이 아주 호화
로운 집에서 생활하는 것을 보고 그들에게 물었다.

"당신들은 어떤 선한 공덕을 지었기에 천상에 태어나 호화로운 집
에서 생활하게 되었소?"

그러자 그들의 대답은 각기 달랐다. 첫 번째 천신은 시주를 많이 하
지도 않았고 설법을 많이 듣지도 않았지만, 진실만을 말하며 정직
하게 살았기 때문이라고 하였다.

두 번째 천신은, 자기는 주인이 아주 난폭하여 무엇이든지 손에 잡
히는 대로 집어서 자기를 마구 때리고 학대했지만 그에게 앙심을
품지 않고 마음을 냉정하게 유지하면서, 자기를 고용하여 먹고 살
게 해 주는 것만을 감사하게 여겼기 때문이라고 했다.

또 세 번째 천신은 극히 적은 물건, 예를 들면 사탕수수 대 하나, 과
일 한 개, 채소 한 포기라도 진실한 마음으로 비구나 필요로 하는 사
람에게 정성스럽게 보시한 결과라는 것이었다.

마하목갈라나 장로는 천상에서 내려와 부처님께 여쭈었다.

"부처님, 사람들이 진실만을 말하거나, 자신의 감정을 잘 다스리고 억제하거나, 작은 것이라도 정성스럽게 보시한 것만으로 천상에 태어나 호화로운 생활을 하는 과보를 얻을 수 있겠습니까?"

그러자 부처님께서는 대답하셨다.

"목갈라나여, 진실을 말하거나 성냄을 제거하거나 사소한 보시를 해도 천상에 태어날 수 있다."

이어서 부처님께서는 게송을 읊으셨다.

225 부처님을 자기 아들이라고 주장하는 바라문 부부[298]

남을 해치지 않고
언제나 자신의 몸을 잘 다스리는 성자는
죽음이 없는 열반에 이르러
더 이상 슬퍼하지 않는다.

---

[298] 한때 부처님께서 탁발하려고 비구들과 함께 사께따로 들어가셨다. 그때 사께따에 살고 있는 바라문이 성에서 나오다가 성문으로 들어가시려는 부처님을 보고 깜짝 놀라며 달려가 부처님 앞에 엎드리더니 부처님의 발목을 부여잡고 "사랑하는 아들아, 부모가 늙으면 와서 돌보아주는 것이 아들의 도리가 아니냐? 어째서 그렇게 오랫동안 나타나지 않았느냐? 그렇게 애타게 기다렸건만 이제야 나타나다니!"라고 부르짖더니 부처님의 손을 잡고 부처님을 자기 집으로

모시고 갔다. 부처님께서 비구들과 함께 그의 집에 들어가서 준비된 자리에 앉으시자, 바라문 부부는 기쁜 마음으로 부처님과 비구들에게 공양을 올렸다.

부처님께서는 사께따에 머무시는 삼 개월 동안 주로 바라문의 집에 가서 공양하셨다. 그러자 비구들이 "그 바라문은 부처님의 아버지인 숫도다나 왕과 어머니인 마하마야에 대해 아주 잘 알고 있는 모양입니다. 그래서 부부가 부처님을 '나의 아들아'라고 불러도 부처님께서는 그런 호칭을 묵인하십니다. 여기에 대해 아시는 분 있습니까?"라고 이야기하기 시작했다.

부처님께서 그 이야기를 들으시고 비구들에게 말씀하셨다. "비구들이여, 과거생에 그 바라문은 오백 생 동안 나의 아버지였고 오백 생 동안 숙부였고 오백 생 동안 할아버지였다. 바라문의 아내는 과거생에 오백 생 동안 나의 어머니였고 오백 생 동안 숙모였고 오백 생 동안 할머니였다. 그렇게 그 바라문이 천오백 생 동안 나를 키웠고 바라문의 아내가 천오백 생 동안 나를 키웠다."

삼 개월이 지나 부부가 아라한과를 성취하고 반열반에 들자, 사람들은 부모님께서 돌아가셨다고 너무 슬퍼하지 마시라며 부처님을 위로했다. 이에 부처님께서는 '그런 말 하지 마시오.'라고 하지 않고 이 특별한 경우에 맞는 '늙음 경(숫따니빠따 4-6)'을 설하셨다. 설법이 끝나자 비구들은 바라문 부부가 반열반에 든 것을 모르고 부처님께 그들의 미래는 어디냐고 여쭈었다. "그들과 같은 아라한들에게 미래란 없다. 그들은 영원하며 죽음이 없는 경지인 반열반에 들었다."부처님께서는 말씀을 마치시고 게송을 읊으셨다.

226 밤늦게까지 일한 하녀 뿐나의 깨달음[299]

항상 깨어 있고
밤낮으로 공부하면서[300]
열반을 향해 매진하는 사람
그에게서 번뇌는 사라져간다.

---

[299] 하녀 뿐나는 밤늦도록 주인집 쌀 방아를 찧다가 너무 고단해서 잠시
쉬고 있던 중에 답바 장로가 부처님 설법을 들은 뒤 여러 비구들과
함께 정사로 돌아가고 있는 것을 보았다. 그녀는 '스님들은 무엇 때
문에 이렇게 밤늦게 다니실까? 나는 가난한 신세라 이처럼 밤늦도록
일을 해야 한다지만 저렇게 의젓한 분들이 늦은 밤까지 돌아다녀야
하는 이유를 통 모르겠어.'하며 한참을 곰곰이 생각한 끝에 아마도
어떤 스님이 병이 났거나 돌아가셨으리라고 혼자 결론 내렸다.

다음날 뿐나는 싸라기 쌀로 만든 떡을 갖고 가다가 부처님께서 탁
발을 다니시는 것을 보았다. 그녀는 떡을 부처님께 공양하고 싶었
지만 보잘것없는 거친 떡을 잡수실지 몰라 망설였다.

그때 부처님께서는 그녀의 생각을 아시고 다가오시어 떡을 공양 받
으신 다음 아난다 장로에게 돗자리를 깔라고 이르시고 자리에 앉
으시더니 그녀가 보는 데서 떡을 잡수셨다. 공양이 끝난 뒤 부처님
께서는 다음과 같은 말씀으로 그녀가 간밤에 가졌던 궁금증을 풀어
주셨다.

"뿐나야, 너는 가난하여 밤에도 잠을 제대로 자지 못하고 열심히 일
해야 하지만, 여래의 제자들은 항상 방일하지 않고 정진해야 하기
때문에 밤에 잠을 자지 않는다."이어서 부처님께서는 게송을 읊으

셨고, 설법이 끝나자 하녀 뿐나는 수다원과를 성취하였다.

300) 밤낮으로 계정혜를 닦는다는 뜻이다. (『법구경-담마파다』, 563쪽 참조)

227-230 누구의 법문에도
만족하지 못하는 아뚤라 301)

227 아뚤라여! 이것은 옛날부터 있었던 것으로
　　 새로운 것이 아니다.
　　 침묵해도 비난하고, 말을 많이 해도 비난하며,
　　 알맞게 말해도 비난하니
　　 세상에 비난받지 않는 사람은 아무도 없다.

228 항상 비난만 받거나
　　 항상 칭찬만 받는 사람은
　　 과거에 없었고 미래에도 없을 것이고
　　 현재에도 없다.

229 매일매일 잘 살피고 나서
　　 현자는 칭찬한다.
　　 허물이 없는 삶을 살며 현명하고
　　 지혜를 갖추고 계를 잘 지키는 사람을. 302)

230 순수하고 품질 좋은 금화 같은 그를
　　 누가 비난하겠는가?

신들도 칭찬하고
범천들도 칭찬한다.

301) 아뚤라와 그의 친구 오백 명은 부처님의 가르침을 듣기 위해 레와
따 장로를 찾아갔다. 그러나 그들은 그가 사자와 같이 초연하고 고
상한 자세로 앉아서 단 한 마디의 법도 설해 주지 않는 것이 못마땅
했다.

그들은 그 다음에 사리뿟따 장로를 찾아갔는데 그는 장황하게 아비
담마를 설하여 지치게 만들었고, 게다가 그들은 너무나도 방대하고
깊이 있는 아비담마를 제대로 이해하지 못하여 사리뿟따 장로에 대
해서도 만족하지 못했다.

그들이 세 번째로 찾아간 아난다 장로는 가르침을 간략하게 설명해
주자 이번에는 그가 너무 설법을 짧게 한다고 불평을 했다.

그들은 마지막으로 부처님을 찾아뵙고 말씀드렸다.

"부처님, 저희는 부처님의 가르침을 받들고자 왔습니다. 저희는 여
기 오기 전에 여러 장로들을 만났으나 누구에게도 만족할 수 없었
습니다. 예컨대 레와따 장로는 아무런 성의도 보이지 않고 침묵했
으며, 사리뿟따 장로는 장광설로 저희들을 질리게 했고, 아난다 장
로는 간략하게 요점만 설해 줄 뿐이었습니다. 저희는 그들의 설법
이 모두 마음에 들지 않습니다."

그러자 부처님께서 말씀하셨다.

"여래의 제자들이여, 남을 비방하는* 사람은 그대들이 처음이 아니
며, 전혀 새로운 일이 아니다. 이 세상에서 한 번도 남의 비방을 듣
지 않은 사람은 없다. 사람들은 붓다나 왕일지라도 비방한다. 그러
나 어리석은 자들로부터 듣는 비방은 중요하지 않으며, 다만 지혜

로운 사람으로부터 비판을 받거나 칭찬을 듣는 것이 중요하다."

이어서 부처님께서는 게송 네 편을 읊으셨고, 설법이 끝나자 아뚤라와 그의 친구 오백 명은 모두 수다원과를 성취했다.

*주: 성자비방 장애: 성자인 줄 알고 비방하거나, 성자를 성자인 줄 모르고 비방하거나, 성자가 아닌 사람을 성자라고 해도 성자비방 장애가 된다. 성자비방 장애가 생기면 선정이 안 생기고 위빳사나 지혜도 향상되지 않는다. 누가 성자라고 주장하면 맞다 혹은 틀리다고 말하지 말고, '그가 성자인지 아닌지는 본인만이 알 것입니다.'라고 말하는 것이 좋다. 그렇지 않으면 성자비방이 되기 쉽다. 과거에 나 자신도 모르는 사이에 성자비방을 했을 수도 있기 때문에 수행을 시작하기 전에 "제가 지금까지 살아오면서 부처님, 가르침, 승가, 부모님, 스승님, 저보다 공덕이나 나이가 많은 분들께, 제가 어리석어서 몸과 말과 마음으로 잘못한 것들이 많이 있습니다. 이제 그러한 잘못을 용서해 주시기를 바랍니다."라고 참회하는 것이 좋다. 수다원이 되면 계를 철저히 지키게 되고, 죽은 다음에 다시 사람으로 태어나면 본인이 수다원인 줄 모르더라도 계를 지키는 성품은 그대로 유지되기 때문에 어린 시절에도 살생 같은 악행을 하지 않는다. (『청정도론 제2권』, 379-381쪽 참조)

302) 지혜에는 세간적 지혜와 출세간적 지혜가 있다. 지혜는 바른 견해와 바른 사유로 구성되어 있는데, 그것이 세속적인 것이면 팔정도의 출발점으로서의 세간적 지혜에 해당되고, 사성제를 증득하게 되면 출세간적 지혜에 해당된다. (『법구경-담마파다』, 567쪽 참조)

231-234 나막신을 신고 돌아다니는 육군비구 [302]

231 몸의 동요를 막아야 하고,
　　몸을 잘 제어해야 한다.
　　몸으로 악행하지 말고,
　　몸으로 선행을 해야 한다.

232 말의 동요를 막아야 하고,
　　말을 잘 제어해야 한다.
　　말로 악행하지 말고,
　　말로 선행을 해야 한다.

233 마음의 동요를 막아야 하고,
　　마음을 잘 제어해야 한다.
　　마음으로 악행하지 말고,
　　마음으로 선행을 해야 한다.

234 몸을 제어하고,
　　말을 제어하고
　　마음도 제어하는 현자들,
　　그들은 참으로 잘 제어한다.

---

303) 여섯 비구(육군비구)가 나막신을 신고 나무 지팡이를 끌며 정사의 넓
　　은 바위 위에서 왔다 갔다 하고 있었다. 그러자 나막신 끄는 소리와
　　나무지팡이가 바위에 부딪치면서 끌리는 소리 때문에 정사가 아주

소란스러워졌다. 부처님께서는 소란스러운 기척을 느끼시고 아난다 장로에게 무슨 일이 있는지 물으셨다. 아난다 장로가 상세히 말씀드리자, 부처님께서는 '비구는 나막신을 신어서는 안 된다. 그런 자는 계율을 범하는 것이다.'라는 계율을 정하셨다. 이어서 부처님께서는 "비구는 몸과 말과 마음을 잘 다스려야 한다."고 말씀하시고 게송 네 편을 읊으셨다.

더러움

(Malavagga)

235-236 푸줏간 주인의 아들 1 ³⁰⁴⁾

235 그대는 시든 낙엽과 같고
염라대왕의 사자들도 가까이 와 있다.
죽음의 문턱에 서 있으면서도
그대에게는 노잣돈도 없다.

236 그대는 자신의 의지처를 만들어라.
서둘러 정진하여 현자가 되어라.
더러움을 털어내고 쓰레기가 없으면
성자의 탄생지인 천상에 태어나리. ³⁰⁴⁻¹⁾

---

304) 사왓티에 사는 푸줏간 주인은 55년간 소를 도축하며 살았다. 그는 부처님께 한 숟가락의 밥이나 죽도 올린 적이 없었지만 자신은 고기반찬이 없으면 밥을 먹지 않았다. 어느 날 그는 아내에게 팔고 남은 한 근 정도의 고기로 저녁을 준비하라고 일러놓고 연못으로 목욕하러 나갔는데, 그때 그의 친구가 고기를 사러왔다. 그의 아내가 고기를 다 팔아서 남은 것이 없다고 하자, 친구는 주인이 먹으려고 남겨놓은 고기를 제멋대로 냉큼 들고 가버렸다.

목욕을 마치고 돌아온 주인은 자기가 먹을 고기가 없자 뒷마당으로 가서 말뚝에 매어 놓은 황소 입에 손을 집어 넣어 혓바닥을 잡아당겨 칼로 잘라 집안으로 가지고 들어가서 숯불에 구웠다. 그런 다음 그가 쌀밥을 한 숟갈 입에 넣고 고기 한 점을 넣는 순간, 그가 그때까지 저질렀던 죄업의 과보가 그에게 들이닥치기 시작했다. 갑자기 그의 혓바닥이 잘려져 밥그릇 위로 떨어졌고, 입에서 피를 줄줄 흘리며 마당으로 내려가더니, 두 손과 두 무릎으로 기어 다니며 황소처럼 음매음매 울면서 고통에 몸부림쳤다. 그의 아들은 그 끔찍한 광경을 보고 공포에 휩싸였다. 그때 그의 아내가 아들에게 "아들아, 네 아버지에게 천벌이 내린 것이다. 나에게 신경 쓰지 말고 너는 빨리 도망쳐서 목숨을 부지해라."라고 하자, 아들은 죽음에 대한 두려움에 떨면서 어머니에게 작별인사를 하고 딱까실라로 도망쳤다. 푸줏간 주인은 한참동안 그렇게 몸부림치다 죽어서 무간지옥에 태어났다.

딱까실라로 간 푸줏간 주인의 아들은 금 세공사의 도제가 되었다. 그가 자라서 성년이 되자 세공사는 자신의 딸과 결혼시켰다. 그들 부부에게 아들이 여러 명 있었는데, 성인이 되자 그들도 아버지와 마찬가지로 금 세공사가 되어 모두 사왓티로 가서 각자 가정을 꾸리고 부처님의 충실한 제자가 되었다. 세월이 흘러 여전히 딱까실라에 살고 있던 푸줏간 주인의 아들은 백발노인이 되었지만 그때까지 아무런 공덕도 짓지 않았다.

아들들은 늙은 아버지의 다음 생을 위해 공덕을 지어야겠다고 생각하고 부처님과 스님들을 공양에 초대해서 맛있는 음식을 올리고 세심한 주의를 기울이며 시중들었다. 공양이 끝나자 그들은 부처님께 말씀드렸다. "부처님, 저희가 올린 공양은 아버지의 미래를 위해 올린 것입니다. 아버지에게 좋은 법문을 들려주십시오." 부처님께서 그들의 아버지에게 말씀하셨다.

"재가신도여, 당신은 이제 노인이 되었습니다. 당신의 몸은 낡아서 시든 낙엽과 같습니다. 그런데 당신은 저 세상으로 여행할 양식을 준비하기 위해 선행을 한 적이 없습니다. 스스로 의지처를 만들고 현명하게 행동하여 어리석은 자가 되지 마십시오." 부처님께서는 법문과 축원을 한 다음 게송을 읊으셨고, 게송이 끝나자 노인은 수다원과를 성취했으며 군중들도 많은 이익을 얻었다. (『법구경-담마파다』, 571~573쪽 참조.)

304-1) 아나함의 탄생지인 정거천(淨居天)에 태어난다는 뜻이다.

237-238 푸줏간 주인의 아들 2[305]

237 그대는 이제 생의 끝에 이르러
　　 염라대왕 앞으로 다가가고 있다.
　　 가는 도중에 쉴 곳도 없는데
　　 그대에게는 노잣돈도 없다.

238 그대는 자신의 의지처를 만들어라.
　　 서둘러 정진하여 현자가 되어라.
　　 더러움을 털어내고 쓰레기가 없으면
　　 다시는 태어나고 늙지 않으리.[306]

---

305) 아들들은 다음 날도 부처님을 공양에 초대해서 부처님께 또 다시 간청했다. "오늘 올린 공양도 저희 아버지를 위해 올린 것입니다. 아버지에게 좋은 법문을 들려주십시오." 그러자 부처님께서는 법문하시고 게송을 읊으셨는데 게송 끝에 노인은 아나함과를 성취했다. (출처: https://tipitaka.fandom.com/wiki/Dhammapada_Verses_235,_236,_237,_and_238_-_Goghatakaputta_Vatthu)

306) 다시는 태어나고 늙지 않는다는 것은 생로병사(生老病死)에 다시는 떨어지지 않는다는 뜻이다. 이전까지의 시가 아나함이 되는 길에 대한 것이라면, 이 시는 아라한이 되는 길에 대한 것이다. (『법구경-담마파다』, 574쪽 참조)

239 조금씩 공덕을 쌓아가는 바라문[307]

지혜로운 이는 연속적으로
조금씩 조금씩 순간순간
자신의 더러움을 제거해야 한다.
금 세공사가 불순물을 제거하듯.

307) 한 바라문이 아침 일찍 비구들이 성 내로 탁발을 나가려고 가사를 입는 것을 보다가, 가사 끝자락이 아침 이슬에 젖은 흙바닥에 끌려 더럽혀지는 것을 보고 그곳의 잡초를 뽑아버리고 바닥을 골랐다. 그런데 다음 날 비구들의 가사가 땅에 닿아서 흙이 묻어 더럽혀지는 것을 본 그는 땅바닥에 모래를 깔았다. 그는 계속 유심히 관찰하여 비구들이 더운 날에는 땀을 흘리고, 비가 오는 날은 비에 젖는 것을 보고, 탁발하러 성내로 들어가기 전 모이는 장소에 정자를 지어드려야겠다고 생각하고 정자를 짓기 시작했다. 공사가 잘 끝난 뒤 부처님과 비구들을 초청하여 공양을 올린 후 건물 헌납식을 거행하는 자리에서 그는 '비구들의 불편한 점을 세밀히 관찰하여 도움이 될 만한 것을 조금씩 실천하다보니, 건물까지 세우게 되었다'고 부처님께 말씀드렸다. 그러자 부처님께서 말씀하셨다.

"바라문이여, 현명한 사람은 공덕을 조금씩 꾸준히 계속함으로써 마음에 남아 있는 번뇌를 제거한다."

이어서 부처님께서는 게송을 읊으셨고, 설법이 끝나자 바라문은 수다원과를 성취하였다.

240 가사에 대한 집착으로 이가 된 띳사 장로[308)]

쇠에서 생긴 녹이
쇠를 파괴하듯이
자신이 행한 악행이
자신을 악처로 가게 한다.

---

308) 띳사 장로는 한 신도에게 값비싼 고급 가사 한 벌을 공양 받고 매우 기뻐했다. 그 가사를 다음 날부터 입으리라 벼렀던 그는 불행하게도 가사를 공양 받은 날 밤에 세상을 떠나고 말았다. 그렇지만 그는 죽기 전 가사에 너무나 집착했기 때문에, 죽은 뒤에 사람의 피를 빨아먹는 이가 되어 한 번도 입어보지 못한 그 고급 가사에 깃들어 살게 되었다. 그런데 띳사 장로에게는 제자가 없어서 가사를 물려받을 사람이 없었기 때문에 유품을 정리하던 비구들은 가사를 여러 조각으로 나누어 한 조각씩 갖기로 했다. 그러자 가사 속에 살고 있던 이(전생의 띳사)가 그 이야기를 듣고 가사는 자기 것이니 아무도 가져가서는 안 된다며 울음을 터뜨렸다. 부처님께서는 그 울음을 천이통(天耳通)으로 들으시고 사람을 보내시어 띳사의 유품을 정리하는 일을 중지했다가 이레 뒤에 재개할 것을 비구들에게 명하셨다.

그래서 유품 정리는 중지되었고, 여드레째가 되는 날에 가사가 분배되었다. 그로부터 얼마 후에 비구들은 부처님께 왜 장로가 죽자마자 가사를 나누지 못하게 하셨는지 여쭈었다. 그러자 부처님께서는 대답하셨다.

"비구들이여, 띳사가 죽을 때 그 가사에 대해 집착하고 있었기 때문에 띳사는 죽어서 이로 태어나 가사에 깃들어 살게 되었다. 그런데 너희들은 그 사실을 모르고 그것을 나누어 가지려 했던 것이다. 띳사가 괴로워서 통곡하고 있을 때 여래가 그의 울음소리를 듣고 생각해 보니, 만약 너희가 그 가사를 나누어 갖게 되면 띳사는 너희에게 큰 반감을 가지게 되고 그렇게 되면 그는 다음 생에 지옥에 태어나게 되겠기에 일단 제지하였던 것이다. 그 후 여래는 띳사가 도솔천에 태어났다는 것을 알고, 그가 죽은 지 여드레째 되는 날에야 너희들이 가사를 나누어 갖게 한 것이다. 비구들이여, 집착은 실로 무서운 것이며, 위험한 것이다. 쇠에서 생긴 녹이 쇠를 녹슬게 하듯이, 사람의 마음에서 생긴 집착이 사람을 망치고 지옥에 보낸다." 이어서 부처님께서는 게송을 읊으셨다.

241 잘 모르면서 허풍이 심한 랄루다이[309]

암송하지 않음은 경전의 더러움이고,
잘 관리하지 않음은 집의 더러움이며,
게으름은 용모의 더러움이고,
방일은[310] 보호하는 이의[311] 더러움이다.

사왓티 시민들은 부처님의 두 으뜸가는 제자인 사리뿟따 장로와 마
하목갈라나 장로의 설법을 듣고, 큰 기쁨과 행복을 얻게 되자 그들
에게 끊임없는 찬사를 보냈다. 그런데 랄루다이 장로는 그 말을 듣
고, 자기가 설법할 때에도 시민들이 두 사람에게 하는 것처럼 칭찬
을 하지 않을 수 없을 것이며, 따라서 두 장로가 설법을 잘한다는
말도 더 이상 하지 않게 될 것이라고 사람들에게 장담했다. 그래서
신도들은 기회를 마련하여 랄루다이 장로에게 설법을 청했다.

마침내 랄루다이 장로가 법상에 올랐다. 그런데 그는 정작 설법은
하지 못하고 부채질만 하다가 다음 차례에 할 테니 다른 비구를 시
키라고 말하는 것이었다. 그래서 신도들은 다른 장로를 초청하느라
고 시간과 힘을 낭비하게 되었다. 장로가 그런 방법으로 세 번이나
설법을 미루자 더 이상 참을 수 없게 된 신도들은 소리를 질렀다.

"이 어리석은 장로여, 우리들이 두 으뜸가는 장로들의 설법을 칭찬
하자 당신은 질투를 느껴 실력도 없으면서 당신도 설법을 잘할 수
있다고 장담했던 거요. 자, 어서 설법을 해보시오. 그 잘한다는 설법
을 왜 지금 하지 못하고 자꾸만 뒤로 미루기만 하는 거요?"

신도들의 항의에 랄루다이 장로는 겁에 질려 허겁지겁 도망을 치다
가 그만 대변이 흐르는 웅덩이에 빠지고 말았다.

비구들이 랄루다이 장로 사건을 부처님께 보고 드리자 부처님께서
말씀하셨다.

"비구들이여, 랄루다이는 거의 가르침을 배운 적이 없고 경전을 외
우지도 못한다. 경전을 배우지도 않고 외우지도 않는 것은 커다란
잘못이다."

이어서 부처님께서는 게송을 읊으셨다.

310) 첨부 9 "방일과 불방일" 참조

242-243 음탕한 아내를 둔 젊은이[312]

242 정숙하지 않음은 여인의 더러움이고
인색은 보시자의 더러움이다.
악행이야말로
이 세상과 저 세상의 더러움이다.

243 이 모든 더러움보다 더 더러운 것,
최악의 더러움은 무명이다.
이러한 더러움을 버리고
비구들이여, 청정한 이가 되어라.

312) 부처님께서 웰루와나에 계실 때의 일이다. 어떤 고귀한 가문의 아
들이 같은 태생의 여인과 결혼했는데 그의 아내는 결혼한 날부터
정부와 놀아났다. 그는 곤혹스럽고 창피해서 얼굴을 들고 사람들
을 만날 용기가 나지 않았기 때문에, 부처님을 시중들던 일도 중단
했다. 그렇게 여러 날이 지난 후 그가 부처님께 가서 삼배를 올리고
한쪽에 앉자 부처님께서 물으셨다. "제자여, 며칠 동안 보이지 않던
데 무슨 일이 있었는가?" 그가 모든 것을 이야기하자 부처님께서
말씀하셨다.

"제자여, 여인은 강, 길, 술집, 공회당, 우물가와 같아서 여러 사람과 어울린다. 간통이야말로 여인을 파괴하는 원인이다." 이어서 부처님께서는 게송을 읊으셨다.

244-245 치료해 주고 음식을 받은 쭐라사리 비구[313]

244 부끄러움을 모르고
   까마귀처럼 교활하고 무례하고
   파렴치하고 뻔뻔스럽게
   오염된 삶을 사는 것은 쉽다.

245 부끄러움을 알고
   항상 청정을 추구하고 집착하지 않고
   겸손하고 통찰하면서
   청정한 삶을 사는 것은 어렵다.

---

313) 어느 날 쭐라사리 비구는 자기가 만든 약으로 환자를 치료해 주고 그 대가로 맛있는 음식을 받아 가지고 나오다가 사리뿟따 장로를 만나자 "장로님, 제가 약을 만들어서 환자를 치료해 주고 받은 건데 좀 가지고 가시겠습니까? 이렇게 맛있는 음식은 어디 가서도 얻기 어려울 겁니다. 앞으로도 계속 맛있는 음식을 갖다 드리겠습니다." 라고 말했다. 그러나 장로는 이렇다 저렇다 말도 없이 떠나 버렸다. 비구들은 그 길로 곧 정사에 가서 부처님께 쭐라사리 비구의 일을

보고 드렸고, 부처님께서 말씀하셨다.

"비구들이여, 쭐라사리는 까마귀처럼 부끄러움을 모르고 뻔뻔스럽게 삿된 생계를* 유지하는 자이다. 그는 법답지 않은 방법으로 편안하게 살려고 한다. 하지만 항상 계율을 어기는 것을 두려워하며 겸손한 사람은 삶이 어렵고 힘들지만 법답게 살아간다."

이어서 부처님께서는 게송 두 편을 읊으셨고, 설법이 끝나자 많은 사람들이 수다원과를 성취하였다.

* 비구의 삿된 생계란 생계를 위해 선정이나 도과를 얻었다고 거짓말을 함, 중매, 아프다고 거짓말을 함, 손금보기, 점치기, 예언, 꿈 해몽, 관상보기, 불을 섬기기, 꽃이나 과일 또는 분가루를 줌, 방향제를 줌, 아이를 귀여워 함, 심부름을 해 주는 것을 말한다. (『법구경 이야기 3』, 125쪽과 『청정도론 제1권』, 159-171쪽 참조)

246-248 자기의 계가 중요하다고 주장하는 다섯 신도 [314]

246-247 살아있는 생명을 죽이고, 거짓말을 하고
　　　세상에서 주지 않는 것을 취하고
　　　남의 아내를 범하는 사람,
　　　술이나 약물을 자주 마시는 사람,
　　　그런 사람은 바로 이 세상에서
　　　자신의 뿌리를 파낸다. [315]

248 그대여, 이것을 알아라!
　　악행은 자제하기 어렵다.

탐욕과 비법이[316] 그대를
오랫동안 괴롭히게 하지 말라.

---

314) 재가신도 다섯 명이 모두 오계 중에서 하나만 지키고 있었다. 어떤 이는 살생을 금하고, 어떤 이는 주지 않은 물건을 갖지 않고, 어떤 이는 삿된 음행을 하지 않고, 어떤 이는 거짓말하지 않고, 어떤 이는 술 마시지 않는 계를 지켰다. 그러면서 다섯 명 모두 자기가 지키는 것이 다른 계보다 지키기 어렵다고 주장하면서 열띤 토론을 벌였으나 결론이 나지 않자 부처님을 찾아뵙고 토론한 내용을 보고드렸다. 그러자 부처님께서 말씀하셨다. "오계 중에서 더 중요하다거나 덜 중요한 계율은 없다. 모두가 다 중요하고 지키기 어렵다." 이어서 부처님께서는 게송 세 편을 읊으셨고, 설법이 끝나자 다섯 명의 재가신도는 모두 수다원과를 성취하였다.

315) 다음 세상은 고사하고 이번 세상에서 자신을 파멸시킨다. (『법구경-담마파다』, 583쪽 참조)

316) 비법(非法. adhamma)이란 법(담마)이 아닌 것이란 뜻인데, 앙굿따라 니까야에 의하면 "그릇된 견해, 그릇된 사유, 그릇된 말, 그릇된 행위, 그릇된 생계, 그릇된 정진, 그릇된 사띠, 그릇된 삼매, 그릇된 지혜, 그릇된 해탈"을 말한다. [『앙굿따라 니까야 6』, 385쪽, "비법 경1 (10:113 Adhamma-sutta)" 참조.]

249-250 남의 허물만 찾는 띳사 사미[317]

249 사람들은 믿는 만큼 존경하는 만큼 보시한다.
   타인에게서 얻은 마실 것과 먹을 것에
   불만을 품는 사람은
   낮에도 밤에도 삼매에 들지 못한다.

250 그러나 이것이 제거되고
   뿌리째 뽑혀서 없어진 사람은,
   낮이나 밤이나 삼매에 든다.

---

317) 띳사 사미는 아나타삔디까 장자와 위사카 그리고 오천만의 재가신
    도들이 올리는 음식이나 시주물에서 허물을 찾아내는 좋지 않은 습
    관이 있었다. 그는 심지어 비할 바 없이 큰 공양에서도 허물을 찾아
    냈다. 예를 들면 공양간에서 찬 음식을 받으면 차다고, 뜨거운 음식
    을 받으면 뜨겁다고, 많이 주면 많이 준다고, 조금 주면 조금 준다
    고 불평하였다. 반면에 그는 "나의 가족은 고귀한 혈통이며 부자이
    다."라고 남들에게 자랑했다. 그래서 비구들이 사미들을 그의 고향
    으로 보내 그의 배경에 대해 알아본 결과, 띳사가 유명한 가문의 아
    들이 아니라 문지기의 아들이라는 것이 드러났다. 비구들이 자초지
    종을 부처님께 보고하자 부처님께서 말씀하셨다.
    "그가 근거 없이 비방하고 허풍을 떨고 돌아다닌 것은 이번이 처
    음이 아니고 과거생에서도 그는 허풍선이었다. 적게 준다거나 많
    이 준다고 불평하는 사람, 거친 음식을 준다거나 맛없는 음식을
    준다고 불평하는 사람, 자기는 다른 사람에게 주는데 그는 자기에

게 주지 않는다고 화내는 사람은 삼매나 위빳사나 지혜(첨부 13. 참조) 그리고 도와 과를 성취할 수 없다." 이어서 부처님께서 게송을 읊으셨다.

251 산만한 다섯 명의 신도들[318]

탐욕 같은 불이 없고[319]
성냄 같은 포획자가 없다.[320]
어리석음 같은 그물 없고[321]
갈애 같은 강물 없다.[322]

---

318) 다섯 명의 남자들이 법문을 들으려고 정사로 가서 부처님께 삼배를 올리고 공손하게 한 쪽에 앉았다. 부처님은 하늘에서 법우(法雨)를 내리듯이 법문하셨다. 그런데 다섯 사람 중 네 명은 잠을 자거나, 손가락으로 땅을 파거나, 나무를 흔들거나, 하늘을 쳐다보고 있었고, 한 사람만이 법문을 주의 깊게 들었다. 아난다 장로가 그 네 명은 왜 법문을 듣지 않고 허튼 짓을 하고 있는지 여쭙자 부처님께서 말씀하셨다.

"깊은 잠에 떨어진 사람은 오백 생 동안 뱀으로 태어나 잠만 잤고, 손가락으로 땅을 파는 사람은 오백 생 동안 지렁이로 태어나 땅만 팠으며, 나무를 흔드는 사람은 오백 생 동안 원숭이로 태어나서 나무를 흔들었기 때문에 나의 목소리가 귀에 들리지 않는다. 또한 하늘을 쳐다보는 사람은 오백 생 동안 점성술사로 살아왔기 때문에 나의 목소리가 귀에 들리지 않는 것이다. 하지만 열심히 법문을 듣는 사람은 오백 생 동안 바라문으로 태어났기 때문에 마치 경전과 하나가 된 것처럼 주의 깊게 법문을 듣는 것이다.

아난다여, 나의 법문은 듣기 어렵다. 왜냐하면 이 중생들은 헤아릴 수 없는 세월 동안 윤회하면서 붓다[佛]와 붓다의 가르침[法]과 승가[僧]를 만난 적이 없었기 때문이다. 시작을 알 수 없는 윤회 속에서 이 중생들은 동물로 태어나기도 했고 인간으로 태어났을 때에도 먹고 마시고 노래 부르고 춤추고 즐기며 세월을 보냈기 때문에 법문을 듣는다는 것이 불가능하다. 그들은 탐욕과 성냄과 어리석음 때문에 법문을 들을 수 없다." 이어서 부처님께서는 게송을 읊으셨다.

319) 마음속에 생기는 탐욕에 비교할 만한 불은 없다. 더구나 그 불은 사라질 때 연기도 없이 사라진다.

320) 사람은 야차나 이무기나 악어에게는 한 생애에서 단 한 차례만 잡아 먹히지만, 성냄에게는 거듭해서 사로잡힌다. 그래서 성냄에 비교할 만한 포획자가 없다고 한 것이다.

321) 그물 즉 사방으로 묶고 속박하는 것에는 어리석음과 비교할 만한 것이 없다는 뜻이다.

322) 강은 물이 가득 찰 때도 있고 줄어들 때도 있다. 그러나 갈애는 항상 불만족스러운 상태로, 결코 채워지지 않기 때문에 갈애와 비교할 만한 강이 없다는 것이다. (『법구경-담마파다』, 587쪽 참조)

252 부자 멘다까 이야기³²³⁾

남의 허물은 보기 쉽지만
자신의 허물은 보기 어렵다.
남의 허물은 왕겨를 바람에 날리듯 폭로하지만
자신의 허물은 감춘다.
교활한 노름꾼이 나쁜 패를 숨기듯.

---

323) 멘다까 장자는 전생에 벽지불께서 멸진정에서 나오시어 최초의 공
양을 받기 위해 아침나절 자기 집 앞에 오셨을 때, 그와 가족들이
먹으려던 밥을 아낌없이 벽지불께 공양한 적이 있었다. 벽지불께
서는 그가 올린 공양을 신통력으로 다른 오백 명의 벽지불들과 나
누어 함께 드셨고 그것을 본 그는 한없이 기뻐하며 벽지불께 수 없
이 절을 올렸다. 그날 저녁 장자는 아내에게 혹시 모르니 밥솥을 열
어보라고 했다. 아내가 반신반의하면서 솥을 열어보니 놀랍게도 솥
안에 밥이 가득 채워져 있었다. 그는 그 밥으로 자기 가족은 물론
이웃 사람들과도 나누어 먹었다. 그는 죽어서 천상과 인간세계를
윤회하다가 현세의 부처님 시대에 밧디야의 부호로 그의 가족들과
함께 태어났다.
어느 날 부처님께서 신통력으로 그와 그의 가족들 모두가 수다원과
를 성취할 시기가 성숙하였음을 아시고 밧디야 지방으로 향하셨다.
그는 부처님께서 밧디야에 오셨다는 소식을 듣고 부처님을 만나려
고 가족과 함께 집을 나섰다. 그 일행이 지나가는 길에 이교도들이
기다리고 있다가 "장자여, 영혼의 존재를 믿는 그대가 영혼의 존재
를 믿지 않는 고따마의 처소로 가다니 어찌된 일입니까?"라고 말하

며 못 가게 말렸지만, 그는 그 말을 무시하고 부처님께 가서 삼배를 올리고 공손하게 한 쪽에 앉았다. 부처님께서는 그의 가족들에게 차제설법을 하셨고, 법문 끝에 그와 그의 아내 짠다빠두마, 아들 다난자야, 며느리 수마나 데위, 손녀 위사카, 하인 뿐나가 모두 수다원과를 성취하였다.

그는 부처님께 오는 도중에 이교도들이 부처님을 비난하면서 자신을 다시 끌어 들이려고 했다고 말씀드리자 부처님께서 말씀하셨다. "장자여, 이교도들은 자신들이 갖고 있는 커다란 결점은 이야기하지 않고, 다른 사람은 결점이 없는데도 불구하고 있는 것처럼 말한다." 이어서 부처님께서는 게송을 읊으셨다.

253 남의 허물만 찾는 웃자나산니 비구 [324]

남의 허물을 찾아내어
항상 남을 비판하면
그의 번뇌는 증가해서
자신의 번뇌 소멸과는 멀어만 간다.

---

324) 비구들이 다른 비구들의 결점을 찾아내어 말하는 버릇이 있는 웃자나산니 장로를 데리고 부처님께 가자 부처님께서는 "다른 사람의 결점을 찾아내어 그에게 바른 길로 일러주는 것은 훌륭한 일이다. 그러나 그것을 많은 사람에게 공개하고 욕하는 사람 자신은 번뇌가 더욱 늘어날 뿐 선정에 이를 수도 없고 부처님의 가르침을 바르게 이해하고 깨달을 수도 없게 된다."라고 말씀하시고 게송을 읊으셨다.

254-255 부처님의 마지막 제자 수밧다[325]

254 허공에 발자취가 없듯이
부처님의 가르침 바깥에 깨달은 사문이 없다.
사람들은 사량확산을 즐기지만[326]
여래는 사량확산에서 벗어나 자유롭다.

255 허공에 발자취가 없듯이
부처님의 가르침 바깥에 깨달은 사문이 없다.
조건에 의해 생긴 것은 영원하지 않고
여래에게는 동요가 없다.

---

325) 수밧다는 전생에 동생과 함께 농사를 지으면서 살고 있었다. 그는
농사지은 첫 곡식을 수행자들에게 공양하자는 동생의 제안을 처
음엔 거절했다가 나중에 생각을 바꾸어 공양을 올린 적이 있었다.
수밧다는 그 과보로 부처님께서 법을 펴시던 초기와 중기에는 부
처님을 만나지 못하다가, 부처님께서 반열반에 들려고 하실 때에
야 '나는 그동안 고따마 부처님을 찾아가기를 망설여 왔다. 그리하
여 나는 아직까지 해결되지 않은 많은 문제를 갖고 있는 것이다. 현
재 활동하고 있는 육사외도에게 이 문제들에 대해 질문했지만 그
들의 대답은 만족할 만한 것이 아니었다. 이제 내가 이 문제를 여쭈
어 볼 스승은 고따마 붓다뿐이다. 그 분은 나의 질문에 대답해 주실
것 같은데, 곧 반열반에 드신다고 하니 이번이 질문드릴 마지막 기
회일 것이다.' 라고 생각하고 황급히 부처님을 찾아갔다. 하지만 부
처님께서는 기력이 떨어져서 침상에 누워 계셨기 때문에 시자인 아

난다 장로는 수밧다가 부처님을 뵈려는 것을 말렸다. 그러나 수밧다는 지금이 아니면 자신의 평생에 걸친 숙제를 풀 수 없을 것이라는 생각에 장로에게 부처님을 뵙게 해 달라고 간청했다. 그때 부처님께서는 그 이야기를 들으시고 아난다에게 말씀하셨다. "아난다여, 수밧다의 길을 막지 말라. 여래에게 질문하도록 허락하여라." 이리하여 수밧다는 부처님의 침상 곁에 가서 인사를 올리고 세 가지 질문을 드릴 수 있었다.

첫째, 허공으로 통하는 어떤 길이 있습니까?

둘째, 부처님의 가르침 밖에서도 깨달은 사문이 있습니까?

셋째, 오온은 영원한 것입니까?

이에 대해 부처님께서는 게송 두 편으로 대답하셨다. 부처님의 설법 끝에 수밧다는 아나함과를 성취하였고, 그의 진지한 요청을 받아들여 부처님께서는 그를 마지막 제자로 받아들이셨다. 그리하여 그는 부처님께서 반열반하시기 전에 아라한과를 성취하였다.(참고: https:tipitaka.fandom.com/wiki/Dhammapada_Verses_254_and_255_-_Subhaddaparibbajaka_Vatthu)

326) 사량확산에는 갈애에서 만들어진 것, 사견에서 만들어진 것, 자만에서 만들어진 것 모두 세 가지가 있다. (게송 195 각주 참조.)

제19장

올바름
(Dhammaṭṭhavagga)

256-257 타락한 판사 [327]

256 성급하게 일을 처리하는 자는, [328]
 법에 머무는 자가 아니다.
 지혜로운 이라면 옳고 그름을 정확히 분별해야 한다.

257 성급하지 않고 가르침에 따라서
 공평하게 남들을 인도하는 자를
 법의 보호자이며 법에 머무는 자라고 한다.

---

327) 비구들이 판사가 뇌물을 받고 사건을 불공정하게 판결하는 것에 대
 해서 부처님께 말씀드리자, 부처님께서는 "판결하면서 감정에 치
 우치거나 돈을 주고 받는다면 그는 바른 판사라고 할 수 없다. 그러
 나 그가 충분한 증거에 입각하여 공명정대하게 판결한다면 그는 바
 른 판사요, 그 판결은 바른 판결이다."라고 말씀하시고 게송 두 편
 을 읊으셨다.

328) 판사가 선호하는 편견, 뇌물 등에 입각해서 판결을 잘못 내리는 것
 을 의미한다. (『법구경-담마파다』, 596쪽)

258 공양간에서 소란을 피운 육군비구 [329]

 말을 많이 한다고 해서 현자가 되는 것이 아니다.
 평온하고 적의가 없고

두려움이 없는 이를 현자라고 부른다.

329) 비구 여섯 명(육군비구)이 사원이나 마을의 식당에서 사미들이 탁발
해 온 음식을 먹고 있는 자리에 가서 "우리들만이 현명하다."라고
소리 지르며 그릇과 식탁을 밖으로 내던지는 소동을 피우며 행패를
부렸다. 부처님께서는 그 이야기를 전해 들으시고 말씀하셨다.
"말을 많이 하고 함부로 남을 욕하며 약한 사람들을 위협하고 우쭐
대는 사람을 현명하다고 하지 않는다. 아무에게도 피해를 주지 않고
남을 미워하는 마음이 전혀 생기지 않는 사람을 현명하다고 한다."
이어서 부처님께서는 게송을 읊으셨다.

259 게송 하나에만 정통한 에꿋다나 장로[330]

말을 많이 한다고 법을 지닌 자는 아니다.
배운 것이 적어도 법을 체험하고
불방일한 자가 진정 법을 지닌 자이다.[331]

330) 에꿋다나 장로는 사왓티 근처의 숲속에서 조용히 수행하며 혼자 살
아가고 있었다. 그는 단지 게송 한 편밖에 외지 못했으나 그 의미를
깊이 이해하면서 희열을 느꼈기 때문에 이름이 에꿋다나(Ekuddāna.
Eku=하나의 udāna=감흥어)가 되었다. 그는 포살일마다 자기가 잘 이해하
고 있는 유일한 게송을 희열이 넘치는 마음으로 홀로 엄숙하게 읊
었다. 그러면 숲속의 목신들이 크게 환호하면서 우레와 같이 박수
를 보내 주곤 했다. 어느 포살일에 삼장에 능통한 장로 두 사람이

각각 제자 오백 명씩을 데리고 그가 머물고 있는 숲속에 왔다. 에꿋다나 장로가 법문을 청하자 그들이 법문했지만 목신들의 박수 소리는 들리지 않았다. 그러자 두 장로는 불쾌해 하면서 그에게 법문을 해보라고 했다. 그래서 그는 법상에 올라가서 자기가 기억하고 있는 단 한 편의 게송을 아주 장엄하게 읊었다. 그의 낭송이 끝나자 숲속의 목신들이 일제히 우레와 같은 박수를 보냈다.

두 장로와 천 명의 비구들은 목신들의 의외의 반응에 놀라며, 공정하지 못한 칭찬이라며 불평을 늘어놓았다. 그들은 제따와나 정사에 가서 부처님을 찾아뵙고 목신들이 자기들의 설법은 알아듣지도 못하면서 유독 에꿋다나 장로의 낭송만 칭찬한다고 불평했다. 그러자 부처님께서 말씀하셨다.

"여래는 삼장을 많이 알고 말을 많이 한다고 해서 그가 법에 정통했다고 말하지 않는다. 배운 것이 적고 게송 한 편밖에 알지 못하더라도, 사성제를 완전히 이해하고 항상 사띠가 확립되어 있는 사람이 법에 정통한 사람이다." 이어서 부처님께서는 게송을 읊으셨다.

331) '배운 것이 적어도 법을 체험하고 불방일한 자가 진정 법을 지닌 자'라는 것은 '배우고, 복습하여 말을 많이 한다는 이유만으로 법을 지닌 자가 아니고 사성제를 분명히 아는 자, 그리고 가르침을 소홀히 하지 않고 내가 오늘 깨닫겠다고 생각하며 열심히 노력하는 자가 진정으로 법을 지닌 자'라는 말이다. (『법구경-담마파다』, 596쪽 참조)

260-261 사미로 오인 받은 라꾼다까 밧디야[332]

260 머리카락이 희다고 해서
장로라고 하지 않는다.
세월이 흘러 나이만 들었다면
헛되이 늙은 자라고 한다.

261 사성제와 법을 깨닫고[333]
불살생과 절제와 수련을 갖추고[334]
더러움을 버린 현자를
장로라고 한다.

---

332) 어느 날 서른 명의 비구가 부처님께 인사를 올리기 위해 제따와나
정사를 찾아왔다. 부처님께서는 그들 모두가 아라한과를 성취할 시
기가 성숙하였음을 아시고, 그들에게 여래의 방에 들어오기 전에
건너편 방에 가서 거기 머물고 있는 밧디야 장로(밧디야: 난장이라는 뜻)
에게 인사를 올리고 왔느냐고 물으셨다. 그러자 비구들은 키가 작
고 어린 사미 한 사람을 보았을 뿐이었다고 대답했다. 그러자 부처
님께서 말씀하셨다.

"그는 키가 작아 나이가 들어 보이지는 않지만 어엿한 장로 비구이
다. 여래는 나이가 많다고 해서 장로라고 부르지 않으며, 장로의 자
리에 앉았다고 장로라고 부르지도 않는다. 여래는 사성제를 이해하
고 다른 사람을 해치지 않는 사람을 장로라고 부른다." 이어서 부처
님께서 게송 두 편을 읊으셨고, 부처님의 설법이 끝나자 서른 명의
비구들은 모두 아라한과를 성취하였다.

333) 법은 네 가지 도(道)와 네 가지 과(果) 와 열반이라는 아홉 가지 출세 간법을 말한다. (『법구경 이야기 3』, 162쪽 참조)

334) '불살생'은 비폭력을 뜻하고, 의미상으로는 '네 가지 청정한 삶[慈 悲喜捨] 즉 자애, 연민, 같이 기뻐함, 평온'의 계발을 뜻한다. (『법구 경-담마파다』, 598쪽 참조)

262-263 사미의 시중을 받고 싶은 비구들[335]

262 말을 유창하게 잘하고
    용모가 뛰어나더라도
    시기하고 탐욕스럽고 교활한 자는
    훌륭한 사람이 아니다.

263 이런 것들을 뿌리까지
    완전히 제거하고
    증오가 생기지 않는 현명한 사람이
    훌륭한 사람이다.

---

335) 사미가 자기 스승 비구나 나이 많은 비구들을 보살펴 드리는 것이 승단의 관례였다. 그런데 사미가 없는 비구들 중에 자기와 동등한 법랍의 다른 비구가 젊은 비구나 사미를 두고 있는 것을 질투하는 경우가 있었다. 그들은 자기들도 사미의 도움을 받고 싶어서 부처 님께 스승을 돕고 있는 젊은 비구나 사미들이 그들의 스승뿐만이

아니라, 다른 비구들의 세탁과 심부름도 해주도록 하자는 제안을 올렸다. 부처님께서는 그들이 시기심으로 그런 말을 한다는 것을 알고 말씀하셨다. "여래는 경전을 외우고 설할 줄 안다고 훌륭하고 존경할 만한 사람이라고 여기지 않는다. 마음속에 시기와 인색 그리고 교활함을 아라한도의 마음으로 뿌리 뽑은 사람이 진정 훌륭하고 존경 받을 만한 사람이다." 이어서 부처님께서 게송 두 편을 읊으셨다.

264-265 논쟁에서 패배한 핫타까 비구[336]

264 규범이 없고[337] 거짓말하는 자가
삭발했다고 해서 출가자가 되는 것이 아니다.
욕망과 탐욕을 지닌 자를[338]
어찌 출가자라 하겠는가?

265 그러나 작거나 큰
모든 악을 가라앉힌 사람이
진정한 출가자이다.
악이 가라앉았기에.

---

336) 핫타까 비구는 이교도들과 종교적 주제로 토론하기를 즐겼다. 그런데 그는 토론에서 패할 때마다 자기 멋대로 다음에 만날 시간과 장소를 정하고는, 거기서 다시 만나 토론하자고 혼잣말로 중얼거렸다. 그런 뒤 그는 아무도 없는 그 시간 그 장소에 나가 소리쳤다.

"보라! 그 이교도들은 감히 나를 만나기가 두려워 오지 않았다. 이것은 그들이 패배를 인정하는 것이다."

그런 다음 그는 자신이 토론에서 이겼다고 자랑하고 다녔다. 부처님께서는 핫타까 비구의 소행을 전해 들으시고 그를 불러서 물으셨다. 그가 사실이라고 시인하자 부처님께서 경책하셨다.

"어째서 그런 행동을 하느냐? 그런 말을 하는 사람은 머리를 깎았어도 비구라고 할 수 없다. 모든 악을 제거한 사람이 비구이다."

이어서 부처님께서 게송 두 편을 읊으셨다.

337) 규범이 없다는 것은 계율을 지키는 삶과 열세 가지 두타행(頭陀行)의 삶이 부족한 것을 말한다. 열세 가지 두타행은 ① 분소의(糞掃衣)를 입는 수행 ② 옷을 세 벌만 입는 수행 ③ 탁발음식만 먹는 수행 ④ 차례대로 탁발하는 수행 ⑤ 한 자리에서만 먹는 수행 ⑥ 발우 하나에 담긴 음식만 먹는 수행 ⑦ 나중에 얻은 밥과 음식을 먹지 않는 수행 ⑧ 숲에 머무는 수행 ⑨ 나무 아래 머무는 수행 ⑩ 노천에 머무는 수행 ⑪ 공동묘지에 머무는 수행 ⑫ 배정된 대로 머무는 수행 ⑬ 눕지 않는 수행[長坐不臥]을 말한다. (『청정도론 제1권』, 219~264쪽 참조.)

338) 아직 얻지 못한 것에 대한 욕망을 지니고, 이미 얻은 것에 대해 탐욕을 지닌 것을 말한다. (『법구경-담마파다』, 601쪽 참조)

266-267 자신도 비구라고 주장하는 바라문[339)]

266 탁발한다고 해서
비구가 되는 것이 아니다.

정법에 따라 행동하지 않는 자는
진정한 비구가 될 수 없다.

267 이 승단에서 선악을 버리고
청정한 삶을 살면서
오온을 관찰하며 사는 이를
진정한 비구라고 한다.

---

339) 시내로 매일 탁발을 나가는 바라문이 어느 날 생각했다. '고따마 사문은 탁발 다니는 자기 제자들을 비구라 부른다. 그러므로 나 역시 비구라고 불리어야 할 것이다.' 그가 부처님을 찾아가 자기도 비구라고 불러 달라고 청하자 부처님께서 말씀하셨다. "나는 탁발로 생계를 유지한다는 것만으로 비구라 부르지 않는다. 법에 맞지 않게 행동하는 사람은 비구가 될 수 없다. 오온이 무상하고 괴롭고 실체가 없다는 것을 깊이 관찰하는 사람이 진정한 비구이다." 이어서 부처님께서 게송을 읊으셨다.

268-269 공양 축원을 시비하는 이교도 340)

268-269 어리석고 지혜롭지 못한 자가 침묵한다고
성자가 되는 것은 아니다.
저울로 무게를 달듯이
현자는 선을 취하고, 악을 버린다.

그렇기에 그가 성자이다.

세상의 안과 밖 모두를[341] 잘 알면 그도 성자라고 불린다.

---

340) 이교도들은 공양이 끝나면 항상 그것을 제공한 주인에게 "그대의 삶이 항상 평온하기를! 그대의 삶이 항상 행복하기를! 그대의 수명이 늘어나기를! 진흙 수렁이 있는 곳, 가시밭길이 있는 곳에는 가지 않기를!"하며 공양 축원을 하고 소원을 빌어주었다. 그러나 부처님께서는 45년 설법기간 중의 전반기 이십 년 동안 비구들에게 공양 축원을 금하셨으므로, 비구들은 공양을 한 후에 신도에게 공양 축원을 하지 않았다. 그 때문에 신도들이 "이교도들은 공양 축원을 하고 소원을 빌어주는데 스님들은 왜 한 마디도 하지 않는가?"라고 화를 내며 말했다. 비구들이 신도들의 불만을 부처님께 보고하자 부처님께서 말씀하셨다. "앞으로는 공양을 한 후에 그대들의 의향에 따라 축원을 하고 옆에 서있는 신도들과 즐겁게 대화해도 좋다." 부처님께서 비구들에게 축원을 허락하자 그때부터 스님들도 공양을 받고 나서 축원하기 시작했다. 신도들은 비구들에게 공양 축원을 듣자 더 자주 스님들을 초청하고 더 풍요로운 음식을 올렸다. 그러자 이교도들이 화내며 말했다. "우리는 성자이기 때문에 침묵을 지키지만 사문 고따마의 제자들은 공양을 받은 뒤 축원하고 긴 대화를 한다." 부처님께서 그들이 비난하는 것을 듣고 말씀하셨다. "단지 침묵한다고 성자라고 부르지 않는다. 무지해서, 확신이 없어서, 자신들이 아는 것을 다른 사람은 알지 못하게 하려는 인색한 생각에서 침묵하는 사람이 있기 때문이다. 그래서 나는 단지 침묵한다고 성자라고 부르지 않는다. 악행을 잘 다스리는 사람을 성자라고 부른다." 이어서 부처님께서 게송을 읊으셨다.

341) 세상은 안의 오온과 밖의 오온을 말한다. 안의 오온은 자신의 내부에서 일어나는 정신과 물질 현상을 말하고, 밖의 오온은 다른 사람의 내부에서 일어나는 정신과 물질 현상을 말한다. (『법구경 이야기 3』, 170쪽 참조)

270 어부 아리야[342]

살아 있는 생명을 해치는 사람
그는 성자가 아니다.
일체의 생명을 해치지 않는 사람
그가 바로 성자이다.

---

342) 사왓티 성 북문 근처에 아리야(Ariya: 성자)라는 어부가 살고 있었다. 부처님께서는 신통력으로 그가 수다원을 성취할 시기가 무르익었음을 아시고, 비구들을 거느리시고 탁발에서 돌아오시는 길에 아리야가 고기를 잡고 있는 호수로 가셨다. 부처님 일행을 발견한 아리야는 고기 잡는 도구를 던져 버리고 부처님께 가까이 가서 정중히 인사를 올리고 부처님 곁에 섰다. 부처님께서 이름을 물으시자 그는 아리야라고 말했다. 그의 대답을 듣고 부처님께서 말씀하셨다. "재가신도여, 어부인 네게 아리야라는 이름은 맞지 않는다. 살아 있는 생명을 잡아 생활하는 사람이 어찌 그 이름을 가질 수 있겠느냐? 아리야란 일체 생명을 사랑하여 그들에게 작은 괴로움이나 피해도 주지 않는 사람을 일컫는 말이다." 이어서 부처님께서는 게송을 읊으셨고, 게송이 끝나자 어부는 수다원이 되었다.

271-272 계율을 철저히 지키는 비구들[343]

271-272 계율을 잘 지키거나
  경을 많이 배웠거나
  삼매에 들었거나
  고요한 곳에서 수행한다고 해서,
  범부가 얻지 못한
  아나함과의 기쁨을 누린다고 해서
  비구들이여, 만족해서는 안 된다.
  아라한이 되기 전에는!

---

[343] 계를 잘 지키는 비구들이 있었다. 그들은 두타행을 실천하고 있거나 경전을 거의 다 공부한 사람도 있었고, 일부는 선정을 성취했고, 또 다른 사람들은 아나함과를 성취했다. 그래서 그들은 모두 자기들이 상당한 수행의 경지에 올랐으니 아라한이 되는 것도 그리 어렵지 않을 것이라고 생각하고 제따와나 정사로 부처님을 찾아뵈었다. 부처님께서 비구들에게 물으셨다.

"비구들이여, 너희는 아라한과를 성취하였느냐?"

이에 비구들은 "저희들은 원하기만 하면 아라한과를 성취할 수 있다고 생각합니다."라고 말씀드렸다. 그러자 부처님께서는

"계를 완벽하게 지키고, 아나함과를 얻었다고 해서 언제라도 아라한과를 성취할 수 있다고 자만해서는 아니 된다. 모든 번뇌를 완전히 제거하기 전까지는 자신의 수행에 대해 절대 만족해서는 아니 되며, 아라한과를 곧 성취할 수 있다고 생각해서도 아니 된다."라고 경책하셨다.

이어서 부처님께서 게송 두 편을 읊으셨고, 설법이 끝나자 비구들은 모두 아라한과를 성취하였다.

길

(Maggavagga)

273-276 오백 비구[344]

273 길 중에는 팔정도가 으뜸이요
진리 중에는 사성제가[345] 으뜸이다.
가르침 중에는 탐욕 없는 열반이 으뜸이요,
두 발 가진 자 중에는 부처님이 으뜸이다.

274 통찰의 청정을 성취하는 길에
결코 다른 길은 없다.
그대는 오직 이 길을 따라가라.
그러면 마라를 당황케 하리라.

275 그대가 이 길을 따라가면
괴로움의 끝에 이를 것이다.
나는 이 길에서 화살을 뽑았기에[346]
그대에게 이 길을 알려 주는 것이다.

276 그대 스스로 힘써 노력하라.
여래는 다만 길을 알려줄 뿐.
누구든지 이 길을 따라 수행하는 이는
마라의 속박에서 벗어나리라.

---

344) 부처님께서 오백 명의 비구들과 시골길을 유행하시고 사왓티로 돌아오셨다. 비구들이 자신들이 걸었던 길에 대해서 이야기를 나누자, 부처님께서 "비구는 실천하면 모든 괴로움에서 벗어나는 성스

러운 길(팔정도)에 대해서 이야기해야 한다."고 말씀하시고 게송 네 편을 읊으시자 오백 명의 비구들이 모두 아라한이 되었다. (『법구경-담마파다』, 609쪽 참조)

345) 사성제는 첨부 1, 팔정도는 첨부 2 참조.

346) 여기서 화살은 탐욕, 성냄, 어리석음, 자만, 사견을 말한다. (『법구경-담마파다』, 610쪽 참조)

277-279 무상 고 무아

무상[347]

277 '모든 형성들은 무상하다'[348] 통찰지로 보면
괴로움을 싫어하여 떠난다.
이것이 청정에 이르는 길이다.

고(苦)[349]

278 '모든 형성된 것들은 괴롭다'[350] 통찰지로 보면
괴로움을 싫어하여 떠난다.
이것이 청정에 이르는 길이다.

무아[351]

279 '모든 법들은 실체가 없다'[352] 통찰지로 보면
괴로움을 싫어하여 떠난다.
이것이 청정에 이르는 길이다.

347) 오백 명의 비구들은 열심히 노력했음에도 불구하고 수행에 별로 진전이 없자, 부처님께 자기들이 처한 어려움을 보고 드리고 수행주제를 바꿔 달라고 청했다. 부처님께서는 그들이 과거 깟사빠 부처님 시절에 무상을 주제로 수행했던 것을 아시고 그들에게 무상과 관련된 수행주제를 정해 주신 다음 말씀하셨다. "이 세상의 모든 조건 지어진 것들은 계속 변해가는 무상한 것이다." 이어서 부처님께서 게송을 읊으시자 오백 명의 비구들은 모두 아라한과를 성취하였다.

348) 모든 형성된 것들은 무상하다(sabbe saṅkhārā aniccā. 諸行無常): 삼계(욕계 색계 무색계)에서 생기는 다섯 가지 존재의 무더기(오온)는 그때그때 무너져 내리는데 이것이 무상이다. 통찰지(위빳사나 지혜)로 무상을 보면 오온의 괴로움을 싫어하여 떠나게 된다. 싫어하여 떠나서 그 괴로움을 완전히 알게 되면 진리를 꿰뚫어 보게 된다. 이것이 청정의 길이다. (『법구경-담마파다』, 611-612쪽 참조)

349) 부처님께서 고(苦)와 관련된 수행주제를 주신 다음 말씀하셨다. "오취온이 우리를 핍박하기 때문에 고(苦)가 생기는 것이다." 이어서 부처님께서 게송을 읊으시자 오백 명의 비구들은 모두 아라한과를 성취하였다.

350) 모든 형성들은 괴롭다(sabbe saṅkhārā dukkhā. 諸行皆苦): 보통 일체개고(一切皆苦)라고 하지만 일체라고 하면 열반도 포함되므로 제행(諸行)이라고 해야 정확하다. 열반은 괴로움이 아니라 지극한 행복이다. 괴로움은 고통스런 경험만이 아니라 존재의 본질적인 특징인 불만족스럽고 불안정한 상태를 의미한다. 즐거움도 영원하지 않고 사라지며, 사라진 즐거움에 집착하고 다시 누리지 못하면 괴로움으로 변하기 때문에, 즐거움도 괴로움에 포함된다. 사성제 중에 고성제가

괴로움이다. (『법구경 이야기 3』, 181쪽 참조)

351) 부처님께서 무아와 관련된 수행주제를 주신 다음 말씀하셨다.
"오취온은 내 뜻대로 되지 않으므로 무아이다." 이어서 부처님께서
게송을 읊으시자 오백 명의 비구들은 모두 아라한과를 성취하였다.

352) 모든 법들은 실체가 없다(sabbe dhammā anattā, 諸法無我): 여기서 법에는
조건에 의해 생기는 유위법과 조건 없이 생기는 무위법인 열반이
모두 포함된다. 실체가 없다는 것(무아)은 몸과 마음 안에 '나, 나 자
신, 나의 것, 영혼이나 자아'가 없다는 것이다. 무아라고 하는 것은
'죽지 말고, 무너지지 말라'고 지배권을 행사할 수 없음을 의미한
다. (『법구경-담마파다』, 613쪽 참조)

280 게으른 띳사 장로 [353]

노력해야 할 때 노력하지 않고
젊고 힘이 있지만 게으른 자는
마음이 그릇된 생각으로 [354] 가득차고, 나태하고
게을러서 지혜의 길을 발견하지 못한다.

___

353) 사왓티에 사는 오백 명의 젊은이들이 집을 떠나 비구가 되었다. 띳
사 비구를 제외한 나머지 비구들은 모두 부처님께 수행주제를 받아
수행하러 숲속으로 들어가서 열심히 정진하여 오래지 않아 모두 아
라한과를 성취했다. 그들이 모두 제따와나 정사에 돌아와 부처님께
예경을 올리자 부처님께서는 대단히 기뻐하셨다. 하지만 아무 것도

성취하지 못한 띳사 비구는 늦었지만 밤을 새며 열심히 수행해야겠다고 결심하고, 밤중에 졸면서 경행하다가 넘어져서 대퇴골이 부러졌다. 그의 비명 소리를 듣고 동료들이 뛰어나와 응급조치를 했다. 그 사건을 아신 부처님께서 말씀하셨다. "정진해야 할 때 게을러서 정진하지 않고 세월만 보내는 자는, 선정이나 도의 지혜를 얻지 못한다." 이어서 부처님께서 게송을 읊으셨다.

354) 그릇된 생각은 감각욕망 생각, 분노 생각, 폭력 생각을 말한다. (『법구경-담마파다』, 614쪽 참조)

281 두 비구를 이간질한 돼지 아귀[355]

말을 조심하고 마음을 잘 제어하며
몸으로 악한 일을 하지 말라.
이 세 가지 행위의 길을 청정히 하면
성자들이 설하신 팔정도를 성취할 것이다.

355) 마하목갈라나 장로는 락카나 장로와 함께 깃자꾸따(영취산)를 내려오다가 몸은 인간인데 머리는 돼지인 아귀를 보았으나, 미소만 짓고 아무 말도 하지 않았다. 정사로 돌아온 다음에, 그는 부처님께 가서 입에서 구더기가 우글거리고 있는 돼지 아귀를 봤다고 말씀드렸다. 그러자 부처님께서 당신도 붓다가 된 직후에 바로 그 아귀를 봤지만 이야기를 하지 않으셨는데, 왜냐하면 사람들이 당신 얘기를 믿지 않으면 그들에게 불선업이 되기 때문이라고 하셨다. 이어서

부처님께서는 돼지 아귀의 전생 이야기를 해 주셨다.

깟사빠 부처님 시절에 그 아귀는 법을 설하는 비구였다. 한때 그는 두 비구가 머물고 있는 정사에 가서 머무는 동안 사람들이 자신의 법문을 좋아하는 것을 알았다. 그러자 그는 두 비구만 그곳을 떠나면 정사가 자기 차지가 될 것이라고 생각하고 이간질로 그들을 갈라놓는 바람에 비구들은 서로 말다툼을 하고 정사를 떠났다. 그 과보 때문에 비구는 아비지옥에 태어났으며 여러 생을 지나는 동안에도 과보가 다 끝나지 않아서 입에서 구더기가 우글거리고 있는 돼지 아귀로 태어난 것이다. 이야기를 마치신 부처님께서는 "비구는 마음과 말과 행동이 청정하고 고요해야 한다."라고 말씀하시고 게송을 읊으셨다.

282 뽓틸라 장로 [356]

수행하면 지혜가 생기고,
수행하지 않으면 지혜가 사라진다.
생기고 사라지는 두 길을 잘 알아서,
지혜가 증가되도록 힘써 노력하라.

---

356) 뽓틸라 장로는 500명의 비구들에게 경전을 가르치는 삼장법사였지만, 자신은 수행을 열심히 하지 않았다. 그래서 부처님께서는 그에게 자극을 주어야겠다고 생각하시고 그가 예경 올리러 올 때마다 "쓸모없는 뽓틸라"라고 부르셨다. 뽓틸라 장로는 부처님께서 자신을 그렇게 부르시는 것은, 자신이 삼장에 통달하고 제자를 가르

치는 스승이지만 수행을 열심히 하지 않아서 낮은 단계의 도는 물론이고 선정도 얻지 못했기 때문이라는 것을 깨달았다. 그래서 그는 아무도 모르게 제따와나 정사에서 20요자나 떨어진 정사로 갔는데, 거기에 살고 있는 30명의 비구들은 제일 어린 일곱 살 사미까지 모두 아라한이었다. 장로는 정사의 수석장로에게 가서 자신의 의지처가 되어 달라고 겸손하게 말했다. 그러나 수석장로는 그의 자만심을 꺾어놓으려고 그를 손아래 장로에게 보냈다. 두 번째 장로도 그 아래 장로에게 보내고, 나머지 장로들도 그를 자기들 바로 아래 장로에게 보내기를 계속하여, 그는 결국 제일 어린 사미에게 보내졌다. 그 사미는 뿟띨라 장로가 자신의 지시를 고분고분하게 잘 들을 것인지를 확인한 다음에야 제자로 받아들였다. 그러고 나서 그는 말했다. "장로님, 입구가 여섯 개인 개미언덕의 굴 속으로 도마뱀 한 마리가 들어갔다고 합시다. 도마뱀을 잡으려면 다섯 개의 입구를 막고 하나만 열어놓고 지켜보고 있어야 할 것입니다. 그처럼 여섯 감각의 문을 다루어야 합니다. 다섯 감각의 문, 즉 눈, 귀, 코, 혀, 몸의 문을 닫아놓고 마음의 문에 주의를 기울이십시오." 장로는 경전에 통달하고 있었으니 몇 마디 말만 듣고서도 마치 암흑 속에 불이 켜진 것처럼 분명하게 이해했다. 그대로 노력하고 있을 때 부처님께서 120요자나의 거리에서 광명을 비추시며 스스로를 나타내 보이시고 다음 게송을 읊으셨다. 게송이 끝나자 뿟띨라 장로는 아라한이 되었다. (비구 일창 담마간다 옮김, 『위빳사나 수행방법론 1』, 401~412쪽 참조)

283-284 다섯 명의 늙은 비구³⁵⁷⁾

283 비구들이여, 나무가 아니라 숲을 잘라버려라.³⁵⁸⁾
   숲에서 두려움이 생기니,
   숲과 덤불을 자르고, 숲에서 벗어난 자가 되어라.³⁵⁹⁾

284 여자에 대한 남자의 번뇌라는 덤불이³⁶⁰⁾
   조금이라도 남아 있는 한
   그의 마음은 속박에서 벗어날 수 없다.
   송아지가 어미 소에 매어 있듯이.

---

357) 사왓티의 부유한 친구 다섯 명은 노인이 되어서야 비구가 되었다.
비구가 된 그들은 예전의 자기들 집에 가서 음식을 탁발해 오곤 했
는데, 그 중 한 명의 아내인 마두라빠찌까는 훌륭한 요리 솜씨로 비
구들을 잘 대접했다. 그래서 그들은 자주 그녀의 집에서 식사를 했
다. 그러던 어느 날 그녀가 갑자기 병들어 죽자 다섯 명의 늙은 비
구들은 마음에 상처를 입고 비탄에 빠졌는데 그런 상황에서도 그녀
의 공덕을 칭찬했다. 그 이야기를 들으신 부처님께서 그들을 불러
말씀하셨다. "비구들이여, 탐욕과 성냄과 어리석음의 숲 때문에 고
통을 겪으니 그대들은 그 숲을 잘라야 한다. 그러면 괴로움에서 벗
어날 것이다." 부처님께서는 게송 두 편을 읊으셨고, 설법이 끝나자
그들은 모두 수다원과를 성취하였다.

358) 숲을 자르라고 한 것은 탐진치 등의 번뇌를 자르라는 말인데, 출가
한지 얼마 안 된 비구들이 정원의 나무를 자르는 경우가 있어서 이
렇게 말한 것이다.

359) 태어남 등의 두려움이 생기는 커다란 번뇌들을 숲이라고 하고, 현생에서의 삶에 악한 영향을 끼치는 작은 번뇌들을 덤불이라고 볼 수 있다. "숲과 덤불을 자르고 숲에서 벗어난 자"가 되라는 것은 네 가지 도(道)에 의해서 번뇌에서 벗어나라는 뜻이다. (『법구경-담마파다』, 620-621쪽 참조)

360) 경전에 이렇게 나와 있다. "여자의 형상(소리, 향기, 맛, 감촉) 이외에 남자들의 마음을 유혹하는 것을 나는 보지 못하니, 여자의 형상은 남자의 마음을 유혹한다. 남자의 형상(소리, 향기, 맛, 감촉) 이외에 여자들의 마음을 유혹하는 것을 나는 보지 못하니, 남자의 형상은 여자의 마음을 유혹한다. (『앙굿따라 니까야 1』, A1:1:1~10, 69-73쪽 참조)

285 금 세공사였던 장로[361]

손으로 가을 연꽃을 꺾듯이
자신의 애착을 끊어라.
부처님께서 가르치신 열반,
그 평온으로 가는 길을 닦아라.[362]

---

361) 잘 생긴 금 세공사의 아들이 가정을 떠나 사리뿟따 장로 아래로 출가하여 비구가 되었다. 사리뿟따 장로는 젊은이들이 일반적으로 성욕이 강하므로 그가 애욕을 떨쳐버리도록 그에게 더러움을 관찰(不淨觀, 시체 관찰, asubha)하라고 가르쳤다. 하지만 그 수행주제는 그에게 맞지 않았기 때문에 그는 열심히 수행했음에도 불구하고 아무런 성

과도 없었다. 그래서 그는 장로한테 수행주제에 대해 두 번이나 더 설명을 듣고 수행을 열심히 했으나 역시 마찬가지였다. 장로는 그를 더 이상 지도할 수 없게 되자 그를 데리고 부처님께 가서 상황을 자세히 보고 드렸다. 부처님께서는 그가 금 세공사의 아들이며 과거 오백생 동안 계속 금 세공사의 집안에 태어났다는 것을 아시고, 신통력으로 붉은 색을 띠는 황금연꽃을 만들어 그에게 주시면서 정사 밖에 있는 모래 언덕에 꽂고 "붉은 색, 붉은 색"이라고 마음을 기울여 관조하라고 이르셨다. 그가 그대로 관조하자 붉은 색 까시나(두루채움 표상.『가르침을 배우다』, 387쪽 참조)가 드러나 네 가지 선정이 생겼다. 향실에 앉아서 이를 아신 부처님께서는 신통력으로 황금연꽃을 시들어 퇴색하게 만드셨다. 선정에서 나와 황금연꽃이 변한 것을 본 그는 자신도 그렇게 변할 것이라고 숙고하고 나서 위빳사나 관찰을 했다. 부처님께서는 신통력으로 그의 앞에 나타나셔서 게송을 읊으셨다. 그는 게송을 들으면서 위빳사나 지혜가 차례대로 향상되어 아라한이 되었다. (비구 일창 담마간다 옮김,『헤마와따숫따 법문』, 175-176쪽 참조)

362) 열반으로 가는 유일한 길인 팔정도를 실천하라는 말이다.

286 죽음이 다가오는 줄 모르는 상인 마하다나[363]

'나는 여기서 우기를 보내고
여기서 겨울과 여름도 보내리라.'
어리석은 자는 이렇게 생각하며,
죽음의 위험이 다가오는 줄 모른다.

363) 바라나시의 상인 마하다나는 오백 대의 수레에 옷감을 비롯한 갖가지 상품을 잔뜩 싣고 사왓티에서 열리는 축제에 가서 물건을 팔았다. 그는 한 번 더 재미를 보려고 부지런히 바라나시로 다시 가서 물건을 떼어 사왓티로 향했다. 그런데 상인 일행이 사왓티 근처의 강가에 도착했을 때 지난 며칠 동안 내린 큰 비로 강물이 아주 많이 불어서 짐을 잔뜩 실은 수레를 끌고 강을 건널 수가 없었다. 그들은 별 수 없이 강물이 줄어들기를 기다렸지만 비는 축제가 거의 다 끝날 즈음에야 그쳤다. 물건을 판매할 시기를 놓친 그는 계속 강가에 머물면서 다음 해 축제가 열릴 때 상품을 팔겠다고 일행에게 말했다.

그때 부처님께서 탁발을 다녀오시다가 상인의 생각을 아시고 미소를 지으셨다. 부처님과 동행하고 있던 아난다 장로가 왜 미소를 지으셨는지 여쭙자 부처님께서 대답하셨다.

"아난다여, 저 상인은 자기가 이레 안에 죽는다는 것을 모르고 내년 사왓티 축제 때까지 기다렸다가 물건들을 팔려고 하는구나." 아난다 장로는 그에게 가서 부처님의 말씀을 전하고, 당신의 수명이 얼마 남지 않았으니 지금부터라도 방일하지 말고 열심히 수행에 매진해 보라고 권했다. 그러자 마하다나는 감동하여 부처님과 오백명의 비구들을 초청하여 일주일 동안 공양을 올리고 마지막 날에 부처님의 법문을 듣기 위하여 발우를 받아들었다. 부처님께서는 축원하고 법문하셨다. "재가신도여, 현명한 사람은 '여기서 우기와 겨울과 여름을 보내면서 이러저러한 일을 하겠다.'라고 생각하지 않고 생명의 종착역인 죽음에 대해 명상한다." 이어서 부처님께서 게송을 읊으셨다. 부처님의 게송 끝에 마하다나는 수다원과를 성취하였다. 그리고 그는 부처님을 전송한 뒤에 자신의 처소로 돌아가 심한 두

통 끝에 죽어서 도솔천에 태어났다.

287 겨자씨를 구하러 다닌 끼사고따미[364]

자식과 가축에 도취되어
마음이 사로잡혀 있는 사람을
죽음이 휩쓸어간다.
큰 홍수가 잠든 마을을 휩쓸어가듯.

---

364) 끼사고따미는 외아들이 죽자 심한 충격을 받고 부처님을 찾아뵈었
다. 부처님께서 그녀에게 말씀하셨다.
"끼사고따미여, 너는 너만 자식을 잃어버리는 것으로 생각하는 모
양이로구나. 그러나 이 세상에는 태어나서 오래 사는 사람보다 일
찍 죽는 사람이 훨씬 더 많다. 모든 생명은 죽기 마련이고, 죽음은
인간이 욕망을 다 채우기도 전에 그들을 데려간다."
이어서 부처님께서는 게송을 읊으셨고, 게송 끝에 끼사고따미는 수
다원과를 성취하였다.

288-289 가족을 모두 잃고 미쳐버린 빠따짜라 2[365]

288 자식들도 아버지도 친척들도 의지처가 아니다.
죽음에 사로잡힌 자에게 아무도 의지처가 될 수 없다.

289 이 사실을 아는 지혜로운 사람은
계를 지키고
열반에 이르는 길을
서둘러서 깨끗하게 닦아야 한다.[366]

---

365) 사왓티에 사는 부자의 딸, 빠따짜라는 남편과 두 아들, 그리고 부모
와 세 오누이가 며칠 사이에 모두 죽어버리자 완전히 미치다시피
되었다. 그녀는 자기 옷이 벗겨진 줄도 모른 채 소리쳐 울면서 거리
를 헤매다가 부처님께서 대중에게 설법하고 계시는 제따와나 정사
근처에 이르렀다. 부처님께서는 그녀를 불러들이시고 말씀하셨다.
"빠따짜라여, 남편과 아들은 너의 의지처가 되지 못한다. 그들이 아
직 살아 있다고 해도 그들은 너를 위해 이 세상에 존재하는 것이 아
니다. 그러므로 그것을 잘 아는 현명한 사람은 계를 지키고, 영원한
의지처인 열반으로 가는 길을 닦아 스스로 의지처를 구해야 한다."
이어서 부처님께서는 게송 두 편을 읊으셨고, 게송 끝에 빠따짜라
는 수다원과를 성취하였다.

366) 팔정도를 실천하여 번뇌를 없애라는 뜻이다.

제21장

여러 가지
(Pakiṇṇakavagga)

290 웨살리의 재앙 367)

작은 행복을 버려야
큰 행복을 얻는다면
현자는 큰 행복을 위해
작은 행복을 버려야 한다.

---

367) 어느 해 웨살리에 심한 기근이 들어 역병이 퍼지고 악귀들이 출몰해
서 사람들이 굶어 죽고 병들어 죽는 바람에, 살아남은 사람들은 수많
은 시체들을 태우느라 이만저만 고역이 아니었다. 그래서 그들은 라
자가하의 웰루와나 정사에서 부처님을 모셔 오기로 했다. 부처님과
비구들 일행이 갠지스 강을 건너오자마자 큰 비가 쏟아지더니 그 많
던 시체가 전부 강물에 떠내려가서 도시가 깨끗해졌다. 부처님께서
는 웨살리에 도착하시어 아난다 존자에게 성수를 뿌리면서 보배경
(비구 일창 담마간다 편역, 『보배경 강설』, 불방일, 2020 참조)을 외우게 하셨다. 그러
자 그 위력으로 남아있던 악귀들도 다 도망쳤고 전염병도 사라졌다.
웨살리가 정상으로 돌아오자 부처님 일행이 라자가하로 돌아가시
려고 길을 떠나 갠지스 강에 이르렀을 때, 강을 지키는 용왕과 천신
과 범천들이 부처님을 대대적으로 환영하였다. 빔비사라 왕도 마중
나와 있었으며, 여러 천상의 천왕들도 부처님 일행을 기다리고 있
었다. 천신들은 꽃으로 일산을 만들어 부처님의 머리 위를 가리며
예경을 올리고 부처님을 찬탄하는 노래를 불렀다.
부처님 일행이 정사로 돌아오신 이튿날 부처님과 동행했던 비구들
은 웨살리를 여행하면서 보았던 장엄하고 찬란하며 웅장했던 여러
가지 일이 모두 부처님의 신통력 때문이라고 찬탄했다. 그들의 말

이 끝나자 부처님께서

"범천이나 천신의 왕들과 인간들이 모두 함께 여래를 존경하며 그 같이 장엄하고 크나큰 공양을 올리게 된 것은 여래의 신통력 때문이 아니라, 여래가 과거 보살 시절에 지었던 작은 공덕의 결과이다."라고 말씀하신 다음 당신이 전생에 지으신 작은 공덕에 대해 말씀해 주셨다.

보살은 한때 딱까실라(지금의 파키스탄 북부 지방) 시에 사는 '상카'라는 바라문이었는데, 그에게는 '수시마'라는 아들이 하나 있었다. 그 아들이 자라서 열여섯 살이 되었을 때 상카는 아들을 보다 좋은 환경에서 공부시키려고 소개장을 써서 바라나시에 사는 자기 친구에게 보냈다. 그리하여 수시마는 그곳에 가서 몇 해 동안 열심히 공부하여 스승이 아는 모든 지식을 배웠으나 그것으로 만족하지 못하고 스승에게 다른 스승을 천거해 주십사고 부탁했다. 스승은 그에게 이시빠따나에 계시는 벽지불 한 분을 소개해 주었다.

수시마가 그 벽지불을 찾아뵙고 최상의 진리를 가르쳐 주십사고 청하자, 벽지불은 최상의 공부는 오직 비구가 되어야만 배울 수 있다고 말씀하셨다. 그리하여 수시마는 비구가 된 후 벽지불로부터 비구가 알아야 할 모든 법도를 배운 다음 최고의 진리를 실천하기 시작했다. 그로부터 오래 지나지 않아 수시마는 사성제를 깨닫고 벽지불이 되었으며 그의 명성은 보름달 빛처럼 바라나시로 퍼져 나갔다. 그러나 그로부터 얼마 지나지 않아 그가 반열반에 들었는데, 스승인 벽지불께서 그의 사리를 수습하여 조그만 사리탑을 세우셨다.

한편 수시마의 아버지 상카는 아들을 바라나시로 보낸 후 너무나 오랜 세월이 흘렀으므로 아들을 한 번 보려고 바라나시로 갔다. 그가 사람들에게 아들에 대해서 물으니 그들은 "수시마는 벽지불의 가르침을 받고 깨달음을 얻은 후 며칠 전 반열반에 들어서 화장하여 이 사리탑에 안치됐습니다."라고 말했다. 그 이야기를 듣고 바라문은 손으로 땅을 치고 통곡했다. 한참을 울고 난 그는 사리탑 주변을 돌면서 풀을 뽑고, 외투로 모래를 날라 사리탑 주변에 뿌리고, 경의의 표시로 물병에 든 물을 뿌리고, 야생화도 뿌린 다음, 자신의 옷으로 깃발을 만들어 하늘 높이 달고, 탑 꼭대기에 일산을 드리운 후 고향으로 돌아갔다.

부처님께서는 이야기를 끝내시고 "그때의 상카 바라문이 바로 나다. 비구들이여, 사람들이 나에게 올린 공양과 존경은 붓다의 신통력으로 생긴 것이 아니고, 용들과 천신들의 신통력으로 생긴 것도 아니다. 그것들은 내가 과거생에 상카 바라문이었을 때 지었던 아주 조그마한 공덕으로 생긴 것이다."라고 말씀하시고 게송을 읊으셨다.

291 암탉의 알을 먹은 여인[368]

자신의 행복을 위해
남에게 고통을 주는 이는
원한의 사슬에 얽매여
원한에서 벗어나지 못한다.

---

368) 사왓티에서 가까운 마을에 암탉을 키우며 살아가는 여인이 있었다. 그 여인은 암탉이 알을 낳기만 하면 알이 채 식기도 전에 깨뜨려 먹어 버리곤 했다. 그래서 암탉은 병아리를 키울 수 없었기 때문에 여

인을 향한 증오심이 생겨 '다음 생에 태어나 반드시 복수하리라.'고 맹세했다. 마침내 암탉은 수명이 다하여 여인의 집 고양이로 태어났고, 여인은 다음 생에 그 집 암탉으로 태어났다. 고양이는 암탉이 알을 깔 때마다 재빨리 다가가 알을 깨뜨려 먹어 버렸다. 그러자 매번 알을 잃은 암탉은 고양이에게 큰 원한을 품게 되어 다음에 태어나 네 새끼들을 잡아먹어 원한을 풀겠다고 마음먹었고, 죽어서 암표범으로 태어났다. 그리고 고양이는 죽어서 암사슴이 되었는데, 이번에는 암사슴이 성장하여 새끼를 낳을 때마다 표범이 잡아먹어 버렸다.

그들은 그렇게 원한을 품고 서로 잡아먹고 잡아먹히는 관계를 오백생이나 계속해 왔기 때문에 둘 다 말로 형언키 어려운 큰 괴로움을 겪었다. 그러다가 최후에는 한 쪽은 원한에 사무친 여자 귀신(야차녀)이 되었고, 다른 한 쪽은 사왓티 성 내에서 여인으로 태어났다. 어느 날 여인이 어린 아들과 함께 길을 가고 있었는데 여자 귀신이 다가왔다. 여인은 공포에 사로잡혀 아들을 가슴에 꼭 끌어안고 죽을 힘을 다해 부처님께서 설법하고 계시는 제따와나 정사로 도망쳤다. 거기서 그녀는 부처님의 발 앞에 아들을 내려놓고 엎드려 울면서 자기와 아들을 보호해 달라고 애원했다. 한편 여인을 뒤쫓아 오던 여자 귀신은 정사 입구에서 문을 지키고 있던 신장에게 제지당해 안으로 들어갈 수 없었다. 부처님께서는 이 같은 정황을 아시고 아난다 장로에게 여자 귀신을 안으로 불러오라고 하셨다. 여자 귀신이 부처님 앞에 도착하자 부처님께서는 기나긴 세월 동안 그들 둘이 서로 원한을 품고 죽이고 죽는 복수를 거듭한 것을 꾸짖으시고 게송을 읊으셨다. 게송 끝에 여자 귀신은 삼보에 귀의했고, 여인은 수다원과를 성취하였다.

292-293 신발을 장식하는 밧디야의 비구들[369)]

292 해야 할 일은 하지 않고
　　하지 말아야 할 것을 하는
　　교만하고 방일한 자들에게
　　번뇌는 늘어만 간다.

293 항상 몸을 열심히 관찰하고
　　하지 말아야 할 것은 하지 않고
　　해야 할 일을 하며
　　언제나 사띠하여 분명하게 아는 이에게
　　번뇌는 사라진다.

---

369) 밧디야의 비구들은 갈대와 억새풀로 화려하게 자기들의 신발을 만
　　드는데 여념이 없었다. 그러다 보니 비구들은 가르침과 질문과 높
　　은 계[계학], 높은 마음[정학], 높은 통찰지[혜학]에는 관심이 없었
　　다. ("첨부 18. 계정혜(삼학)"참조.)
　　다른 비구들이 그들이 살아가는 모습을 보고 불쾌하게 여겨 부처님
　　께 말씀드리자, 부처님께서 밧디야 비구들을 불러 질책하셨다. "너
　　희들은 깨달음을 성취하겠다는 목적으로 여기에 왔는데 그런 부질
　　없는 짓을 하며 지내는구나."이어서 부처님께서는 게송 두 편을 읊
　　으셨다.

294-295 키 작은 라꾼다까 밧디야 장로³⁷⁰⁾

294 어머니와 아버지를 죽이고
     왕족 출신인 두 왕을 죽이고
     왕국과 신하를 쳐부수고
     바라문은 동요 없이 살아간다.

295 어머니와 아버지를 죽이고
     학자인 두 왕을 죽이고
     다섯 번째로 호랑이도 죽이고
     바라문은 괴로움 없이 살아간다.³⁷¹⁾

---

370) 부처님을 친견하기 위해 여러 비구들이 사왓티의 제따와나 정사에
     왔다. 그때 키가 아주 작은 밧디야 장로가 그들로부터 머지 않은 곳
     을 지나가고 있었다. 비구들의 근기가 무르익은 것을 아신 부처님
     께서 장로를 바라보며 말씀하셨다. "저기 아버지와 어머니를 죽이
     고 괴로움에서 벗어난 비구가 걸어가고 있구나."비구들이 부처님
     의 말씀이 이해가 되지 않는 표정을 짓자 부처님께서는 게송 두 편
     을 읊으셨고, 그것을 들은 그들은 모두 아라한과를 성취했다.

371) 어머니는 갈애, 아버지는 자만, 두 왕은 영원주의(상견)와 허무주의
     (단견), 왕국은 여섯 가지 감각 기관과 여섯 가지 감각 대상[十二處],
     신하는 집착, 바라문은 아라한을 의미한다. '학자인 두 왕'은 영원
     주의자와 허무주의자를 상징하고, '다섯 번째로 호랑이'는 '다섯 번
     째 장애인 의심'을 상징하며, 의심이 있으면 팔정도를 실천하기 어
     려운 것을 비유적으로 표현한 것이다. (『법구경-담마파다』, 635-637쪽 참조)

296-301 나무꾼의 아들[372]

296 낮이나 밤이나 언제나
   부처님 공덕에 대해 명상하는[373]
   고따마의 제자들은
   항상 잘 깨어 있다.

297 낮이나 밤이나 언제나
   가르침 공덕에 대해 명상하는[374]
   고따마의 제자들은
   항상 잘 깨어 있다.

298 낮이나 밤이나 언제나
   승가 공덕에 대해 명상하는[375]
   고따마의 제자들은
   항상 잘 깨어 있다.

299 낮이나 밤이나 언제나
   몸에 대한 사띠를 확립하는[376]
   고따마의 제자들은
   항상 잘 깨어 있다.

300 낮이나 밤이나 언제나
   비폭력(非暴力)을 기뻐하는[377]
   고따마의 제자들은

항상 잘 깨어 있다.

301 낮이나 밤이나 언제나
　　수행을 기뻐하는[378]
　　고따마의 제자들은
　　항상 잘 깨어 있다.

---

372) 라자가하 성 내에 나무꾼의 아들이 살고 있었다. 그는 구슬치기를 할 때 항상 부처님의 공덕을 회상하며 '부처님께 예경 올립니다!'라고 외치면서 구슬을 던졌는데, 그때마다 던진 구슬은 영락없이 목표를 맞혔다. 어느 날 그는 황소 두 마리를 맨 달구지를 끌고 성 밖으로 나무를 하러 가는 아버지를 따라가게 되었다. 두 사람은 나무를 잔뜩 해서 달구지에 싣고 돌아오는 길에 성 밖의 화장터에 있는 우물가에 소들을 풀어놓아 마음껏 풀도 뜯고 물도 마시게 하면서, 부자는 준비해 온 음식을 먹고 있었는데, 그 동안 소들은 다른 소떼를 따라가 버리고 말았다. 아버지는 소를 찾아 이리저리 한참을 헤매다가 성 안에서 소를 찾은 다음에, 성 밖으로 나오려고 했으나 이미 성문이 닫혀 있었다.

그리하여 숲속에 혼자 남아있던 소년은 밤이 되자 수레 밑에 누워 잠을 자게 되었다. 성 밖의 화장터는 야차가 자주 나타나는 곳이었지만 소년은 무서워하지도 않고 '부처님께 예경 올립니다!'만 암송하다가 잠이 들었다. 그때 야차들이 숲속을 떠돌다가 자고 있는 소년을 발견했다. 그중 한 야차는 화장장에서 먹을 것을 구하는 사견(그릇된 견해)을 가진 자였고 다른 야차는 정견(바른 견해)을 가진 자였다. 사견을 가진 야차가 정견을 가진 야차에게 소년을 잡아먹자고 하자, 다른 야차가 반대했다. 그래도 사견을 가진 야차가 소년의 발을 잡고 끌어내리려는데 그 순간 소년은 깜짝 놀라며 외쳤다. "부처님께 예경 올립니다!"그러자 사견을 가진 야차가 두려워하면서 뒤로 물러나자 정견을 가진 야차는 자기들이 해서는 안 될 짓을 했으니 벌을 받을 것이라고 말했다. 그러고 나서 그가 소년을 보호하는 동안, 사견을 가진 야차는 성으로 가서 왕의 접시에 음식을 가득 담아가지고 돌아왔다. 두 야차는 마치 부모처럼 소년에게 음식을 먹이며 소년을 보살폈고, 신통력으로 왕 이외에는 보이지 않게 왕의 접시에 자신들이 한 일을 적어서 수레 위에 얹어놓고 밤새도록 수레를 지키다가 떠났다.

다음날 아침 왕궁 부엌에서 왕의 접시가 없어진 것을 알고 사람들은 성문을 잠그고 도시를 수색했다. 그들은 성 안에서 접시를 찾지 못하자 성 밖으로 나가서 수색하다가 장작수레 위에 놓여 있는 황금접시를 발견했다. 그래서 그들은 소년을 도둑이라고 생각하고 체포하여 왕에게 데리고 갔다. 왕은 접시에 적혀있는 글을 읽고 소년에게 물었다. "이게 무슨 말이냐?""폐하, 저는 아무 것도 모릅니다. 어머니 아버지가 밤새 저를 지켜 주었고 저는 두려움 없이 잠만 잤습니다. 제가 아는 것은 그것뿐입니다."

그때 소년의 부모가 왕궁에 와서 자초지종을 보고했다. 왕은 세 사람을 부처님께 데리고 가서 이 일을 전부 말씀드리고 질문했다.

"부처님에 대한 명상만으로도 보호 받을 수 있습니까?"

부처님께서 말씀하셨다.

"대왕이여, 여래에 대한 명상만이 아니라 여섯 가지 명상에 숙달되어 있으면, 다른 보호수단이나 방어수단이나 주문이나 귀신을 쫓는 풀 같은 것이 필요 없습니다."

이어서 부처님께서는 게송으로 여섯 가지 명상을 설명하셨다. 게송이 끝나자 소년과 그의 부모는 수다원과를 성취하였고, 얼마 후 그들은 모두 출가하여 아라한이 되었다.

373) 부처님 공덕에 대한 명상(buddhagatāsati): 부처님의 공덕을 계속해서 생각하는 것이다. 즉 ① 아라한[應供], ② 정등각자(正等覺者, 正徧智), ③ 지혜와 실천을 갖추신 분[明行足], ④ 피안으로 잘 가신 분[善逝], ⑤ 세상을 잘 아시는 분[世間解], ⑥ 가장 높으신 분[無上士] ⑦ 사람을 잘 길들이시는 분[調御丈夫] ⑧ 신과 인간의 스승[天人師] ⑨ 부처님[佛] ⑩ 세존[世尊]이라는 부처님의 열 가지 공덕을 대상으로 하는 사띠를 말한다. (『가르침을 배우다』, 41-57쪽 참조)

374) 가르침 공덕에 대한 명상(dhammagatāsati): 부처님께서 설하신 가르침은 '잘 설해졌고, 스스로 보아 알 수 있고, 즉시 결과를 주고, 와서 보라고 할 만하고, 최상의 목표로 인도하고, 현자라면 스스로 알 수 있는 것'이라는 가르침의 공덕을 대상으로 하는 사띠를 말한다.(『가르침을 배우다』, 57-66쪽 참조)

375) 승가 공덕에 대해 명상(saṅghagatāsati): 부처님의 제자들인 승가는 '수행을 잘 하고, 정직하게 수행하고, 현명하게 수행하고, 존경받을 만하게 수행한다. 네 쌍으로 여덟 단계인 승가는, 공양 받을 만하고 대접 받을 만하고 보시 받을 만하고 합장 받을 만하며, 세상의 위없는 복 밭'이라는 승가의 공덕을 대상으로 하는 사띠를 말한다.(『가르침을 배우다』, 66-77쪽 참조)

376) 몸에 대한 사띠(kāyagatāsati): 여기에는 ① 32가지 몸에 대한 사띠 ② 아홉 가지 묘지의 시체를 관찰 ③ 네 가지 요소(지수화풍)로 분석 ④ 까시나 선정 ⑤ 호흡 사띠 ⑥ 행주좌와에 대한 사띠가 있다. (『법구경-

담마파다』, 640-641쪽 참조)

377) 비폭력(非暴力)을 기뻐함(ahiṁsāya rato): '모든 중생들이 고통에서 벗어
나기를!'이라고 기원하는 자애 명상을 하면서 기뻐한다는 것이다.
(『법구경-담마파다』, 642쪽 참조)

378) 수행을 기뻐함(bhāvanāya rato): 여기서 수행은 앞에서 언급한 자애 명
상을 말하며, '모든 중생들이 고통에서 벗어나기를!'에 이어서 '모
든 중생들이 증오에서 벗어나기를! 모든 중생들이 악의에서 벗어
나기를! 모든 중생들이 질병에서 벗어나기를! 모든 중생들이 행복
하기를!'이라고 기원하는 것이다. 이렇게 자애의 마음을 닦아서 증
오가 사라지면 삼매에 든다. 그러면 얼굴이 빛나고 많은 사람에게
사랑을 받으며, 신들이 보호한다. (『법구경-담마파다』, 642쪽 참조)

302 출가한 왓지족 왕자 [379]

출가하기 어렵고, 출가생활을 즐기기도 어렵다.
세속에 사는 것도 괴롭다.
마음이 맞지 않는 사람과 함께 사는 것도 괴롭다. [380]
윤회하는 자는 괴롭기 마련이니 윤회에서 벗어나라.
괴로움에 시달리는 자가 되지 말라.

379) 보름달이 밝게 빛나고 있는 캇띠까 날(음력 7-8월 보름날), 웨살리 성의
시민들은 대규모 축제를 시작했다. 그때 출가 전에 왕자였던 비구
가 천천히 경행대(30m)를 따라 걸으며, 성 안에서 벌어지는 화려하

고 흥겨운 광경을 보고 이 세상에 자기보다 더 쓸쓸한 사람은 없을 거라고 탄식하고 있었다. 근처에 있는 큰 나무에 사는 목신이 그 모습을 보고, '지옥에서 고통 받는 중생들이 천상으로 가는 이를 부러워하듯이, 많은 사람들이 그대를 부러워한다.'고 비구에게 일러 주었다. 그는 그 말을 듣고 자기가 그 동안 비구 생활을 과소평가한 것을 매우 부끄럽게 생각했다.

다음날 비구는 아침 일찍이 부처님을 찾아뵙고 전 날 밤에 있었던 일을 말씀드렸다. 그러자 부처님께서는 법문을 하신 다음에 게송을 읊으셨고, 게송이 끝나자 그는 아라한과를 성취하였다.

380) 계행이나 배움이 비슷함에도 불구하고, 출가자는 생일이나 파벌, 재가자는 가문이나 재산에 따라 '너는 누구이고, 나는 누구이다.'라고 생각하는 자와 함께 사는 것은 고통이다.

303 찟따 장자[381]

민음이 있고 계를 잘 지키며
명예와 재물을 가진 사람은
어디에 가든지
가는 곳마다 존경받는다.

---

381) 사리뿟따 장로의 설법을 듣고 아나함이 된 찟따 장자는 어느 날, 부처님을 뵙지도 않고 아나함과를 성취했으니 부처님을 뵈러 가야겠다고 생각하고, 오백 대의 수레에 음식과 여러 가지 공양물을 싣고

제따와나 정사에 갔다. 찟따 장자가 부처님께 다가가서 삼배를 올리자 그 순간 하늘에서 꽃비가 내렸고 수천 명의 사람들의 입에서 환호성이 터져 나왔다. 그는 한 달 동안 정사에 머물면서 매일 부처님과 비구들에게 공양을 올렸지만, 천신들과 사람들이 가져온 것으로 먼저 음식을 준비하다보니, 자신이 가지고 온 음식은 한 번도 올릴 기회가 없었다. 그래서 가지고 온 공양물을 아난다 존자가 마련해 준 자리에 내려놓고 빈 수레로 고향으로 돌아가려는데, 천신들과 사람들이 수레를 다시 보석과 음식으로 가득 채워주었다. 그는 돌아가면서 그것들로 대중들을 대접했다. 그 광경을 지켜본 아난다 장로가 부처님께 여쭈었다.

"부처님, 찟따 장자가 부처님을 친견하러 왔기 때문에 이런 환대를 받습니까, 아니면 다른 곳에 갔더라도 같은 환대를 받게 됩니까?"

"아난다여, 그가 나에게 오든 다른 사람에게 가든 똑같은 환대를 받을 것이다. 왜냐하면 믿음이 있고 청정하고 계를 잘 지키기 때문이다. 그런 사람은 어느 곳에 가든지 존경을 받는다." 이어서 부처님께서는 게송을 읊으셨다.

304 믿음이 확고한 쭐라수밧다[382)

선한 사람은 멀리 있어도 빛난다.
눈 덮인 히말라야 산처럼.
악한 사람은 가까이 있어도 보이지 않는다.
밤에 쏜 화살처럼.[383)

382) 아나타삔디까의 딸 쭐라수밧다는 결혼하기 전에 이미 수다원이어서 삼보에 대한 믿음이 확고했다. 그녀는 집에서 120요자나 떨어진 욱가 시의 욱가 장자의 아들과 결혼했는데 그 집안은 나형외도인 자이나교를 신봉하고 있었다. 어느 날 시어머니는 며느리가 존경하는 부처님과 비구들을 뵙고 싶다고 며느리에게 말했다. 그러자 쭐라수밧다는 집의 맨 위층에 올라가 부처님이 계신 제따와나 정사를 향해 오체투지로 삼배를 올린 후, 부처님의 열 가지 공덕을 회상하고, 꽃과 향과 향수를 뿌려 부처님께 예경을 올리고, 재스민 꽃 여덟 움큼을 허공에 던지며 발원했다. "부처님, 내일 부처님과 스님들을 공양에 초대합니다." 그녀가 뿌린 꽃송이들은 공중으로 날아가 일산 형태가 되어 제따와나 정사에서 설법하고 계신 부처님의 머리 위에 머물렀다. 그때 부처님의 법문을 듣고 있던 아나타삔디까가 다음날 부처님께 자기 집에 오시어 공양을 받아 주십사고 말씀드리자 부처님께서는 이미 쭐라수밧다의 초청을 받았다고 일러 주셨다. 아나타삔디까는 매우 놀라며 그녀가 사는 곳은 120요자나 떨어진 곳이 아니냐고 여쭙자 부처님께서 게송으로 대답하셨다.

383) 다음 날 부처님께서는 오백 명의 아라한과 함께 제석천왕이 준비한 수레에 앉아 욱가 시를 향해 빠른 속도로 날아갔다. 욱가 장자는 가족과 함께 부처님께서 오시는 길 아래 둑 방향을 바라보고 있었는데 장엄하게 빛나는 부처님의 모습이 허공에 나타나자 그의 마음은 기쁨으로 충만했다. 그는 부처님께 최상의 예경을 올리고 꽃다발과 공양물을 올리며 환영한 후, 이레 동안 부처님을 비롯한 아라한들에게 향기 좋고 맛있는 음식을 풍부하게 공양드리며 각종 예물을 갖추어 올렸다. 그리하여 부처님께서 욱가의 착한 마음을 칭찬하시고 그와 그의 가족, 그리고 많은 시민들을 위해 설법하시자 욱가를

비롯한 수많은 욱가 시의 시민들이 부처님의 법문에 환희하였고, 법을 이해하게 되었다. 그리고 부처님께서는 아누룻다 장로에게 욱가 시에 남아 쭐라수밧다의 스승이 되게 하셨다. 그때부터 욱가 시는 부처님에 대한 믿음이 가득한 도시가 되었다.

305 홀로 있음을 즐기는 에까위하리 장로[384]

홀로 앉고 홀로 눕고
홀로 다니면서 싫증내지 않고
홀로 자신을 다스리는 자는
숲속에서 홀로 있음을 즐긴다.[385]

---

384) 에까위하리 장로는 다른 비구들과 잘 어울리지 않고 대부분의 시간을 혼자서 보냈다. 그는 음식을 혼자 먹었고, 탁발도 혼자서 했으며, 좌선, 경행 등도 혼자서 했다. 그러자 그의 생활태도에 대해 좋지 않게 생각하는 비구들이 그의 행동을 부처님께 말씀드렸다. 그러나 부처님께서는 오히려 그를 칭찬하시면서 게송을 읊으셨다.

385) '홀로 앉고'란 '천 명의 비구 가운데 앉아 있더라도 사띠와 수행주제를 놓치지 않고 앉아 있는 것'을 말하고, '홀로 눕고'란 '천 명의 비구들과 함께 궁전에서 아름다운 이불과 베개가 놓인 값비싼 침대에 눕더라도 사띠와 수행주제를 놓치지 않고 눕는 것'을 말한다. '싫증내지 않고'라는 것은 '걷고 서 있고 앉고 눕는 네 가지 행동양식을 통해서 이 집 저 집 밥을 빌면서 자신의 발의 힘으로만 목숨을

유지하는 까닭에 싫증을 내지 않는다는 것'이다. '홀로 자신을 다스리는 자'란 '수행주제를 놓지 않고 도와 과를 얻기 위해 스스로 자신을 다스리는 자'를 말한다. '숲속에서 홀로 있음을 즐긴다.'는 것은 '자신을 다스리며, 남녀의 시끄러운 소리에서 벗어난 숲속에서 홀로 지내면서 즐기는 것'을 말한다. (『법구경-담마파다』, 648-649쪽 참조)

제22장

지옥
(Nirayavagga)

306 이교도 유행녀 순다리³⁸⁶⁾

거짓말하는 자는 지옥에 간다.
하고도 하지 않았다고 말하는 자도 그렇다.
이런 비천한 행위를 한 사람들은
죽은 뒤 저 세상에서 똑같이 된다.³⁸⁷⁾

---

386) 부처님을 존경하는 사람들이 늘어나 엄청난 공양이 들어오는 것을
보고 이교도들은 위기감을 느꼈다. 그래서 그들은 요정처럼 아름다
운 유행녀 순다리에게 그녀가 향실에서 부처님과 단둘이 밤을 지낸
다는 소문을 내게 했다. 순다리가 그렇게 여러 날에 걸쳐 부처님의
명예를 더럽히고 있는 동안 이교도들은 한편으로는 악당 몇 사람을
매수하여, 순다리를 죽여 시신을 부처님이 머무는 향실 가까운 곳
에 있는 쓰레기장에 버리고 쓰레기로 살짝 묻으라고 사주했다. 살
인 청부업자들이 지시받은 대로 일을 처리하자, 이교도들은 자기들
의 신도인 순다리를 부처님의 제자들이 죽여서 시든 꽃 쓰레기더
미 속에 버렸다고 왕에게 거짓으로 보고했다. 시민들은 그 말을 믿
고 비구들을 마구 욕하며 꾸짖었다. 비구들로부터 이를 보고 받으
신 부처님께서는 그 사람들에게 "너희는 그들에게 이렇게 훈계 하
여라." 하시고 게송을 일러 주셨다.

387) 왕은 부하들에게 혹시 다른 자들이 순다리를 죽인 것이 아닌지 조
사하라고 명령했다. 왕의 부하들은 살인청부업자들의 소행임을 알
아낸 후 그들을 체포하여 왕 앞에 끌고 갔다. 그들을 심문하여 모든
사실을 알게 된 왕이 이교도 음모자들을 처단하자 부처님의 명성은
더욱 높아졌다.

307 악행의 과보로 해골아귀가 된 비구[388]

황색 가사를 입고 있지만
절제하지 못하고 악행을 하는 자들이 많다.
악한 자들은 악행에 의해
지옥에 태어난다.

---

388) 어느 날 마하목갈라나 장로는 깃자꾸따(영취산) 언덕을 내려오다가,
뼈만 앙상하게 남아 해골 같이 생긴 아귀 몇 명이 불에 타고 있는
것을 보았다. 그 이야기를 들으신 부처님께서 깟사빠 부처님의 가
르침에 출가하여 비구의 삶에 걸맞는 삶을 살 수 없었던 악한 성품
을 지닌 자들에 대해서 설명하셨다. 그리고 그 순간 그 앞에 앉아
있는 비구들에게 악한 행위의 과보를 지적하는 게송을 읊으셨다.
가르침이 끝나자 많은 사람들의 수다원 등의 경지를 성취했다.

308 왁구무다 강변의 비구들[389]

계를 지키지 않고 절제하지 않는 자는
신도들이 주는 음식을 먹는 것보다
불에 달군 쇳덩이를 먹는 것이
차라리 더 낫다.

---

389) 어느 해 왓지 국에 심한 가뭄이 드는 바람에 많은 사람들이 고통을

겪고 일부는 굶어 죽기까지 했다. 상황이 그렇다 보니 비구들은 탁발 공양을 받지 못하는 때도 많았다. 그러나 와구무다 지방의 비구들은 도와 과를 성취하지 못했으면서도 성취한 듯이 행동하여 탁발 공양을 받았다. 그들이 안거가 끝나고 부처님이 계시는 정사로 갔을 때 다른 지방 비구들은 굶주려서 혈색도 나쁘고 건강도 쇠약했지만, 그들은 모두 건강하고 혈색이 좋았다. 그것을 보시고 부처님께서 어떻게 된 일이냐고 물으시자, 그들은 거짓으로 도와 과를 성취한 것처럼 행동하여 탁발 공양을 잘 받았다고 대답했다. 이에 부처님께서는 그들을 매우 꾸짖으신 후 그들이 비구의 가장 중요한 계 가운데 하나인 빠라지까(거짓으로 선정이나 도과를 얻었다고 사칭하는 죄)를 저질렀다고 선언하시고 게송을 읊으셨다.

309-310 간통한 아나타삔디까의 조카 케마까[390]

309 방일하여 남의 여인을 범하는 자는
네 가지 일을 겪는다.
불행한 일이 생기고, 편히 잠들지 못하고,
비난 받고, 지옥에 떨어진다.

310 불행한 일이 생기고 악처에 태어난다.
두려워하는 남자가
두려워하는 여자에게서 얻는 쾌락은 적고,
왕의 처벌도 무겁다.
그러니 남의 아내를 범하지 말라.

390) 아나타삔디까의 조카인 케마까는 부유한데다 미남이었기 때문에, 대부분의 여자들은 그를 보기만 하면 사랑에 빠졌다. 케마까도 유부녀든 처녀든 자기에게 접근해 오는 여자를 가리지 않고 간음을 저질렀다. 그는 그런 일로 세 번이나 법정에 소환되었으나 국왕은 그가 아나타삔디까의 조카라는 점을 고려하여 매번 방면해 주곤 했다. 케마까의 행실을 알게 된 아나타삔디까는 그를 데리고 부처님께 가서 참회하게 했다. 부처님께서는 케마까에게 남의 여인과 부정한 짓을 하면 어떤 과보를 받게 되는지에 관한 게송 두 편을 읊으셨고, 게송이 끝나자 케마까는 수다원과를 성취했다.

311-313 계율을 하찮게 여기는 비구[391]

311 꾸사 풀을 잘못 잡으면[392]
손을 베듯이
수행자가 삶을 잘못 살면
지옥에 태어난다.

312 부주의한 행위와
부정한 습관과
확신 없는 청정한 삶은
큰 결실을 가져오지 못한다.

313 해야 할 일이 있으면 해야 한다.
최선을 다하여 꾸준히 정진하라.

수행자가 나태하면
번뇌의 먼지만 자꾸 쌓인다.

---

391) 한 비구가 무심코 풀잎 하나를 꺾은 것에 양심의 가책을 느끼고 동
료 비구에게 그것을 고백했다. 동료 비구는 작은 계율을 어기는 것
을 자기는 그리 심각하게 생각하지 않는다고 하면서 앞에 있는 풀
을 뿌리 째 뽑았다. 비구들이 그 일을 보고하자, 부처님께서는 풀을
뿌리 째 뽑은 비구가 계율을 가볍게 여기는 것을 아시고 그를 불러
매우 꾸짖으신 다음 게송 세 편을 읊으셨다. 부처님의 설법을 들은
비구는 마음을 고쳐먹고 이후부터는 계율을 잘 지키며 위빳사나 수
행을 열심히 하여 아라한이 되었다.

392) 꾸사 풀의 풀잎은 날카롭다.

314 질투심 많은 여인³⁹³⁾

악행은 하지 않는 게 좋다.
나중에 고통이 뒤따르니까.
선행은 하는 것이 좋다.
나중에 후회하지 않으니까.

---

393) 사왓티에 질투심 많은 여인이 남편과 함께 하녀 하나를 데리고 살
고 있었다. 어느 날 남편이 하녀와 불륜을 저지르고 있다는 것을 알
고 질투심이 하늘을 찌를 듯이 타오른 그녀는 남편이 잠시 집을 나

간 사이에, 하녀의 손발을 꽁꽁 묶고 귀와 코를 자른 다음 옷장 안에 가두었다. 얼마 후 남편이 돌아오자 그녀는 자기가 저지른 일이 발각될까 두려워 남편과 함께 제따와나 정사로 가서 부처님의 설법을 들었다. 그런데 마침 그때 그 집에 찾아온 하녀의 친척들이 신음 소리를 듣고, 방 안으로 들어가 옷장에 갇혀 있는 하녀를 찾아냈다. 자초지종을 들은 그들은 분노하여 그녀를 데리고 제따와나 정사로 가서, 주인 여자가 질투심을 이기지 못하여 벌인 악행을 부처님께 고했다. 그들의 사연을 다 들으신 부처님께서는 게송을 읊으셨고, 게송 끝에 남편과 아내는 수다원과를 성취했다. 그들 부부는 하녀를 노예의 신분에서 해방시키고 불교 신도가 되게 하였다.

315 국경에서 돌아온 비구[394]

변경의 도시에 성을 쌓아 안팎으로 지키듯
자기 자신을 지켜라.
한 순간도 헛되이 보내지 말라.
한 순간을 헛되이 보내는 자는
지옥에 떨어져 슬퍼하리라.

---

394) 국경 지방의 한 도시에서 많은 비구들이 안거를 보내고 있었는데 강도들이 들이닥쳐 재산을 약탈해 갔다. 그러자 주민들은 마을 성곽을 쌓기에 바빠 비구들을 제대로 후원하지 못했기 때문에 비구들은 많은 어려움 속에서 힘들게 안거를 끝내고 사왓티의 제따와나 정사로 돌아갔다. 부처님께서는 석 달 동안 여러 가지 어려움을 잘

이겨 낸 그들을 위로해 주신 뒤 게송을 읊으셨고, 게송이 끝나자 비구들은 모두 아라한과를 성취하였다.

316-317 니간타 고행자들 395)

316 부끄러워하지 말아야 할 것을 부끄러워하고
부끄러워해야 할 것을 부끄러워하지 않는
그릇된 견해를 지닌 자들은
악처에 떨어진다.

317 위험하지 않은 데서 위험을 보고
위험 속에서 위험을 보지 않는
그릇된 견해를 지닌 자들은
악처에 떨어진다.

---

395) 어느 날 니간타들이 작은 손수건만한 천으로 탁발 그릇을 덮어 몸 앞쪽에 들고 지나갔는데, 그 때문에 그들의 성기 부분은 약간 가려져 보였다. 이때 몇 명의 비구들이 그 모습을 보고 말했다. "저 니간타들은 최소한 자기의 성기라도 가리고 다니니까 아주 가리지 않는 아쩰라까(Acelaka, 옷을 입지 않고 다니는 고행자)보다는 낫다." 그러자 니간타들이 "우리가 탁발 그릇을 수건으로 덮어 앞부분을 가린 것은, 먼지 속에 있는 생명체가 발우에 들어오면 본의 아니게 생명을 해치게 될까봐 그러는 것이지 결코 부끄러워서 그러는 것이 아니다."라

고 응수했다. 그러자 비구들도 지지 않고 맞대꾸하여 뜨거운 논쟁이 벌어졌으나 결국 결말을 보지 못했다. 그 이야기를 들으신 부처님께서 게송 두 편을 읊으셨다.

318-319 이교도들 [396)]

318 잘못이 아닌 것을 잘못이라고 알고
　　잘못을 잘못이 아니라고 아는
　　그릇된 견해를 지닌 자들은
　　악처에 떨어진다.

319 잘못을 잘못이라고 알고
　　잘못이 아닌 것을 잘못이 아니라고 아는
　　바른 견해를 지닌 자들은
　　선처로 간다.

---

396) 이교도의 재가신도들은 자기 아이들이 불교도 아이들과 노는 것을 좋아하지 않았다. 그래서 그들은 아이들에게 제따와나 정사 안에 들어가면 안 된다고 자주 주의를 주었다. 어느 날 불교도의 아이들과 이교도의 아이들이 제따와나 정사 근처에서 놀다가 목이 말랐다. 이교도 아이들은 물을 마시고 싶었지만 정사에 들어가지 않고, 물을 마시러 정사에 들어가는 불교도 아이들한테 자기들이 마실 물을 얻어 달라고 부탁했다. 그래서 불교도의 아이들만 정사에 들어

가서 물을 달라고 하면서 부처님께 이교도들의 아이들이 함께 정사에 들어오지 않은 이유를 말씀드렸다. 그러자 부처님께서는 시자에게 물을 주라고 지시하시고, 이교도의 아이들도 정사에 들어오라고 부르셨다. 그렇게 이교도 아이들이 정사에 들어오자 부처님께서는 그들이 이해할 수 있도록 법문하시어 그들에게 흔들리지 않는 믿음을 심어주고 삼보에 귀의하도록 하셨으며 오계를 지키도록 가르치셨다. 그날 저녁 이교도 아이들이 부모에게 낮에 제따와나 정사에서 있었던 일을 이야기하자 부모들은 아이들이 삿된 믿음을 갖게 되었다고 우울해하고 비탄해 했다. 그것을 알게 된 지혜로운 이웃사람들이 그들을 진정시키려고 바른 법을 가르치자, 법문을 들은 그들은 자기 아이들을 보호해 달라고 부처님께 부탁하려고, 가족을 데리고 제따와나 정사에 들어가 부처님을 뵈었다. 부처님께서는 그들의 성향에 맞는 법문을 하시고 게송 두 편을 읊으셨다. 부처님의 설법이 끝나자 이교도들은 모두 삼보에 귀의하고 수다원과를 성취하였다.

제23장

코끼리

(Nāgavagga)

320-322 인욕으로 자기 자신 길들이기[397]

320 코끼리가 전쟁터에서 날아오는 화살을 참아내듯
　　나는 비난을 참아 내리라.
　　많은 사람들이 계를 지키지 않으니.

321 길들인 코끼리만 축제에 데리고 가고,
　　왕은 길들인 코끼리만 탄다.
　　비난을 참아 냄으로써
　　자신을 잘 길들인 사람이 최상이다.

322 길들이면 노새도 훌륭하고,
　　인더스 산 준마도 훌륭하고,
　　큰 상아 코끼리도 훌륭하지만,
　　자신을 길들인 사람이 가장 훌륭하다.

---

397) 마간디야(Māgandiya) 바라문이 자기 딸인 마간디야(Māgandiya)를 부처님
　　께 드리겠다고 말씀드리자, 부처님께서는 똥과 오줌으로 가득 찬
　　그녀의 몸을 당신의 발바닥도 닿게 하지 않겠다고 게송을 읊으셨
　　다. 그러자 딸 마간디야는 부처님을 증오하게 되어 반드시 복수하
　　겠다고 마음먹었다.
　　얼마 뒤 마간디야는 꼬삼비 국 우데나 왕의 세 번째 왕비가 되었다.
　　어느 날 부처님께서 꼬삼비를 방문하셨을 때, 그녀는 돈으로 사람
　　들을 매수하여 탁발하시는 부처님의 뒤를 따라다니면서 욕설과 비
　　방을 퍼부으라고 했다. 그래서 그들은 이튿날부터 부처님의 일행에

게 온갖 욕설을 퍼부었다. 며칠 동안 그런 일을 당하자 아난다 장로는 부처님께 그곳을 떠나 다른 도시에 가자고 간청했다. 그렇지만 부처님께서는 거절하시며 말씀하셨다.

"그렇게 해서는 문제가 해결되지 않는다. 수행자는 소란이 있으면 그곳을 떠나지 말고 소란이 가라앉도록 최선을 다해야 한다. 그리고 나서 소란이 가라앉은 다음에 자기가 가고자 하는 곳으로 가는 것이 합당하다. 마치 전쟁터에 나간 코끼리가 사방에서 날아오는 화살을 맞으면서도 자기가 해야 할 일을 하듯이, 여래는 저 어리석은 자들이 함부로 내뱉는 말을 묵묵히 참고 견디어야 한다." 이어서 부처님께서는 게송 세 편을 읊으셨다. 부처님의 설법이 끝나자 욕설을 퍼붓던 많은 사람들은 자신들의 잘못을 깨달았고, 그중 몇 명은 수다원과를 성취하였다.

323 코끼리 조련사였던 비구[398]

코끼리나 말을 타고서는
가보지 못한 곳(열반)에 갈수 없다.
스스로를 잘 길들여서
자신을 길들인 자만이 그곳에 간다.

---

[398] 비구들이 아찌라와띠 강가에서 코끼리를 조련시키고 있는 사람을 보게 되었다. 조련사가 코끼리를 잘 다루지 못해 쩔쩔 매는 것을 보고, 코끼리 조련사였던 비구가 옆에 있는 비구에게 코끼리 몸의 어

느 한부분을 송곳으로 찌르면 코끼리를 잘 다룰 수 있다고 말했다. 조련사가 그 말을 듣고 그대로 했더니 코끼리가 고분고분해 졌다. 이 이야기를 전해 들으신 부처님께서 코끼리 조련사였던 비구를 부르시어 "어리석은 비구여! 코끼리 다루는 것이 너와 무슨 상관이 있느냐? 짐승을 아무리 잘 다루어도 결코 열반에 도달하지 못한다. 그곳은 자신을 잘 길들여만 갈 수 있으니, 너는 네 자신만을 잘 길들이도록 하여라."라고 말씀하시고 게송을 읊으셨다.

324 거지가 된 늙은 아버지 [399)]

발정하면 누구도 통제할 수 없는
상아 코끼리 '다나빨라까'는
붙잡히면 음식을 한 입도 먹지 않고
오직 어미 코끼리가 사는 숲만 그리워한다.

---

399) 사왓티에 살던 나이 많은 바라문은 네 명의 아들을 모두 결혼시키고 난 뒤에 아내를 잃었다. 혼자가 된 그는 네 아들이 모두 자기를 잘 모시겠다고 하는 말을 그대로 믿고 남은 재산을 모두 그들에게 나누어 주었다. 그런데 며느리들은 그를 구박하며 자기들 집에서 쫓아냈다. 그는 어쩔 수 없이 구걸해서 살아가는 신세가 되어 할 수 없이 부처님께 도움을 청했다. 부처님께서는 늙은 바라문에게 시를 가르쳐 주시고 그것을 자식들을 포함한 바라문들이 모여 회의할 때 외우라고 하셨다.

"아, 나는 아들들이 태어났을 때 얼마나 기뻐했던가? 그러나 아들 놈들은 제 아내의 말만 듣고 나를 개돼지보다 멀리하는구나! 거짓 말로 나의 모든 재산을 빼앗아 가버린 그놈들은 사람의 탈을 쓴 귀 신들이다. 부리던 말이 늙어 쓸모없게 되면 여물을 주지 않는 것처 럼, 애비를 내쫓아 문전걸식을 하게 하는 구나. 이 지팡이가 차라리 내 아들보다 낫구나. 이것은 사나운 개나 황소를 쫓아주고, 어두운 길을 잘 인도해 주며, 내가 넘어지면 일으켜 세워 주지 않는가? 내 가 의지할 수 있는 것은 이 지팡이 하나뿐!" 이 시를 완전히 외운 늙 은 바라문은, 바라문들이 모이는 날 네 아들들도 함께 앉아 있는 자 리에 가서 그 시를 읊었다. (당시에는 "부모의 재산을 받고 부모를 부양하지 않으 면 그는 죽여야 한다."라는 불문율이 있었다.) 그러자 아들들은 아버지의 두 발 에 엎드려 살려달라고 빌었다. 바라문은 마음이 누그러져서 "존자 들이여, 나의 아들들을 죽이지 마시오. 그들이 나를 부양할 것입니 다."라고 말했다. 아들들은 바라문을 집으로 데려가서 목욕을 시키 고 향수를 바르고 아내들을 불러 "이제부터 아버지를 잘 모시지 않 으면 벌을 주겠다."라고 말했다.

그리하여 바라문은 한 아들집에 머무르고, 나머지 세 아들은 매일 같이 기름진 음식을 아버지께 바치기로 했다. 그 때부터 바라문의 건강은 점차 좋아졌으며, 그는 그것이 모두 부처님의 덕이라고 생 각하여 세 아들이 올리는 음식 중 한 사람 몫을 항상 부처님께 바쳤 다. 그의 큰 아들은 부처님을 자기 집으로 초청하여 따로 공양을 올 렸는데, 공양을 받으신 부처님께서는 부모를 잘 모시고 공양하면 얼마나 큰 이익을 얻게 되는지 설법해 주셨다. 또 부처님께서는 다 나빨라까 코끼리가 포수의 우리에 갇혀 있는 동안 어미 코끼리를 걱정했다는 이야기를 들려주시고 "하물며 짐승도 그렇게 부모를 생각하거늘 인간으로서 어찌 부모를 학대하며 길거리로 내쫓는단 말이냐?"고 하셨다. 이어서 부처님께서는 게송을 읊으셨고, 설법이 끝나자 바라문과 그의 네 아들과 며느리들은 모두 수다원과를 성취하였다.

325 식욕을 절제 못하는 빠세나디 왕[400]

곡식을 잘 먹인 큰 돼지처럼,
게으르고 많이 먹고
이리저리 뒹굴며 자는,
어리석은 자는 계속해서 모태에 든다.[401]

---

400) 어느 날 빠세나디 왕은 한 양동이 분량(4.5리터)의 밥을 반찬과 함께 먹고 부처님을 뵈러 갔는데 그는 식곤증을 못 이겨 고개를 숙이고 큰 몸을 흔들면서 졸았다. 그는 한참을 졸다가 자기가 졸고 있는 것을 알고 부처님께 "저는 식후에 졸음을 견디기 어렵습니다."고 말씀드렸다. 그러자 부처님께서 게송을 읊으셨다.

401) 부처님께서는 왕을 도와주시려고 게송을 읊으셨다.
  "언제나 사띠를 확립하고, 음식을 알맞게 먹는 사람은, 괴로움이 줄어들고, 목숨을 보존하며 천천히 늙어가리."
  왕이 게송을 외우지 못하자 부처님은 이 시를 바라문 학생 웃따라에게 가르쳐 주시면서 왕이 식사할 때마다 읊으라고 하셨다. 웃따라가 그대로 하자 왕은 식사량을 꾸준히 줄여 한 접시 정도의 밥과 반찬만 먹게 되자, 몸은 날씬해지고 기분도 상쾌해졌다. 그러자 왕은 부처님을 더욱 공경하게 되어 일주일 동안 비할 바 없이 큰 공양을 올렸다.

326 사누 사미와 야차녀[402]

전에는 마음이 제멋대로
쾌락을 좇도록 내버려 두었지만
조련사가 발정한 코끼리를 갈고리로 제어하듯
이제 나는 마음을 지혜로 철저히 제어하리라.

---

402) 한때 사미 사누는 나이 많은 비구들 대신 법상에 올라가 게송을 독송했는데, 그는 유창하게 게송을 독송하고 나서 늘 그 공덕을 과거와 현재의 자기의 모든 부모님들께 회향한다고 말했다. 그때 죽은 후 야차녀가 된 사누의 전생 어머니는 자기 아들이 공덕을 자기에게 회향하는 것을 알고 매우 기뻐서 "내 아들아, 네가 지은 공덕을 나에게 회향하다니 아주 기쁘구나! 참으로 잘했다."라고 소리쳤다. 그녀는 그 덕분에 다른 야차녀들로부터 존경을 받았고, 천상의 신들이 모인 자리에 가서도 상좌에 앉을 수 있었다.

그런데 사누 사미는 막상 나이가 차자 비구가 되고 싶은 마음이 없어졌다. 그래서 그는 머리를 기른 다음, 집으로 돌아가 (금생의) 어머니에게 비구가 되고 싶지 않다며 세속 옷을 달라고 했다. 어머니는 아들이 비구 승가에서 나온 것을 안타깝게 여기며 비구 생활을 계속하라고 권했지만 소용이 없었다. 아들의 결심이 굳다는 것을 안 어머니는 음식을 준비하기 시작했다.

이때 사누의 전생 어머니인 야차녀는 사누가 비구 생활을 그만두고 세속으로 돌아가면, 동료들에게 자기 체면이 서지 않으니 사누가 세속으로 돌아가는 것을 막으려고 사누의 몸으로 들어갔다. 그러자 사누는 갑자기 방바닥을 뒹굴면서 입에서 거품을 내뿜으며 알아듣지 못할 소리를 지르고 고개를 앞뒤로 돌리며 눈동자도 쉴 새 없이 굴렸다. 그 광경에 놀란 어머니가 이웃집으로 달려가 상황을 말하자 이웃 사람이 모여 들었다. 그들은 그에게 야차녀가 접신해서 그러는 거라며, 야차녀를 내쫓기 위해 여러 가지 방법을 써 보았지만 별 소용이 없었다. 그때 야차녀는 사누의 입을 빌려 "사누 사미는 어리석은 생각으로 부처님의 비구 승가를 떠나 세속인이 되려 하고 있소! 만약 사누가 그렇게 되면 그는 모든 괴로움에서 끝내 벗어나지 못할 것이오!" 라고 외치고 나서 사누의 몸에서 나갔다. 그제야 정신을 차린 사누는 자기 주위에 수많은 사람이 모여 있는 것을 보고 매우 놀랐다. 사누의 어머니는 눈물을 글썽이며 아들에게 그동안 일어났던 일을 이야기해 주고 아들이 승가를 떠나는 것은 어리석은 일이며, 그러면 아들이 죽을지도 모른다고 말했다. 그 이야기를 듣고 사누는 자신의 생각이 어리석었음을 깨닫고 어머니께 가사 한 벌을 받아 정사로 돌아가 비구가 되었다.

그는 부처님께 인사를 올리고 자기가 지난날 잘못 생각하여 과오를 저지를 뻔했던 일을 말씀드리자 부처님께서 말씀하셨다.

"마음을 여러 대상에 오랫동안 방황하게 내버려두고 자제하지 않으면 결코 해탈할 수 없다. 그러니 코끼리 조련사가 발정한 코끼리를 갈고리로 다스리듯이, 사람은 자신의 마음을 자제하도록 모든 노력을 기울여야 한다." 이어서 부처님께서는 게송을 읊으셨다. 부처님의 설법을 듣고 사누 비구는 가르침을 이해하게 되었고, 오래지 않아 아라한과를 성취하였다.

327 진흙 수렁에 빠진 빠웨이야까 코끼리[403)

불방일을 기뻐하고
자기 마음을 잘 보호하여
험한 길에서 스스로 탈출하라.
진흙수렁에 빠진 코끼리가 스스로 탈출하듯.

---

403) 젊었을 때 아주 힘이 셌던 왕실 코끼리 '빠웨이야까'는 세월이 흘러서 늙고 허약해졌다. 어느 날 빠웨이야까가 물을 마시려고 연못에 들어갔다가 늪에 빠지자 왕은 조련사를 보내어 코끼리를 구조하라고 지시했다. 사람의 힘으로는 도저히 코끼리를 끌어낼 수 없다는 것을 안 조련사는 왕실 군악대를 동원해 힘차고 우렁차게 군악을 연주시켰다. 그러자 코끼리는 그 소리를 듣고 전쟁터에 나갈 때처럼 정신을 차리고 힘을 모아서 늪에서 솟구쳐 나오더니 언덕 위까지 올라갔다. 이 이야기를 전해들은 부처님께서 말씀하셨다. "비구들이여, 코끼리가 스스로의 힘으로 늪에서 빠져나오듯이 너희도 번뇌라는 늪에서 용감하게 벗어나야 한다." 이어서 부처님께서 게송을 읊으셨고, 설법이 끝나자 많은 비구들이 아라한과를 성취하였다.

328-330 부처님을 시봉한 빠릴레이야까 코끼리 [404]

328 선량한 삶을 살고 현명하며,
    함께 지낼 수 있는 사려 깊은 벗을 만났다면
    모든 위험을 극복하고
    즐겁게 사띠하면서 그와 함께 살아가라.

329 선량한 삶을 살고 현명하며,
    함께 지낼 수 있는 사려 깊은 벗을 만나지 못했다면
    정복한 나라를 버리는 왕처럼,
    숲속의 코끼리처럼 홀로 살아가라.

330 어리석은 자와는 벗이 될 수 없으니,
    차라리 홀로 살아가라.
    숲속의 코끼리가 마음 편히 다니듯,
    악행하지 말고 홀로 살아가라.

---

404) 꼬삼비 비구들이 두 파로 갈라져 언쟁을 벌이면서 부처님 말씀도
듣지 않자, 부처님께서는 빠릴레이야까 숲속에 가시어 코끼리의 보
살핌을 받으시며 우기 석 달을 보내셨다.
부처님께서 코끼리의 시중을 받으며 숲에서 지내신다는 소식은 온
나라에 퍼졌다. 마침 다른 지방에서 지내던 오백 명의 비구가 우기
가 끝날무렵 아난다 장로를 방문하여 오랫동안 부처님 법문을 듣
지 못했으니 부처님 법문을 직접 듣고 싶다고 말했다. 그러자 장로
는 그들과 함께 숲으로 갔다. 오백명의 비구들이 부처님께 지난 석

달 동안 얼마나 고생이 많으셨는지 여쭙자 부처님께서 말씀하셨다. "저 빠릴레이야가 코끼리가 잘 보살펴 주었기 때문에 여래는 그동안 아무런 불편 없이 고요히 지낼 수 있었다. 비구들이여, 너희에게 저 코끼리처럼 선량한 벗이 있다면 그와 함께 행동하도록 하여라. 그러나 그런 선량한 벗이 없다면 홀로 사는 것이 더 좋다." 이어서 부처님께서는 게송 세 편을 읊으셨다.

331-333 부처님을 유혹한 마라[405]

331 필요할 때 벗이 있음이 행복이고
가진 것에 만족하는 것이 행복이다.
목숨이 다할 때는 공덕이 행복이고
모든 괴로움을 버림이 행복이다.

332 세상에서 어머니에게 효도하는 것이 행복이고
아버지에게 효도하는 것도 행복이다.
세상에서 사문을 공경하는 것이 행복이고[406]
바라문을 공경하는 것이 행복이다.[407]

333 늙어도 계행이 행복이고
확립된 믿음이 행복이다.
지혜를 얻음이 행복이고
악행하지 않음도 행복이다.

405) 부처님께서 히말라야 산 근처에 있는 고요하고 작은 정사에 계실 때, 마라는 부처님께서 나라를 다스리는 문제를 생각하신다고 여겨 부처님께 왕이 되어 나라를 다스리시라고 권했다. 그러자 부처님께서는 "마라여! 네가 여래의 마음을 어찌 알겠느냐? 여래의 생각은 네 생각과는 아주 다르다." 라고 하시고 게송을 읊으셨다.

406) 사문은 출가 수행자를 말한다.

407) 바라문은 불건전한 것을 모두 버린 부처님, 벽지불, 부처님의 제자들을 의미한다. (『법구경-담마파다』, 679쪽 참조)

갈애

(Taṇhāvagga)

334-337 황금 물고기 까삘라[408]

334 방일하게 사는 사람에게
　　갈애는 칡넝쿨처럼 자란다.
　　그는 이 생에서 저 생으로 옮겨 다닌다.
　　숲속 원숭이가 열매를 찾아 옮겨 다니듯.

335 세상에서 저열한 갈애에
　　정복당한 사람,
　　그에게 슬픔이 자란다.
　　비 맞은 잡초가 자라듯.

336 세상에서 극복하기 어려운
　　저열한 갈애를 극복한 사람,
　　그에게서 슬픔이 떨어져나간다.
　　연잎 위의 물방울이 굴러 떨어지듯.

337 나는 그대들에게 말한다.
　　'여기 모여 있는 그대들이 행복하기를![409]
　　우시라 향을 얻으려고 비라나 풀을 뽑듯이[410]
　　갈애의 뿌리를 뽑아버려라.
　　강물이 갈대를 휩쓸어버리듯,
　　마라가 거듭해서 그대들을 파괴하게 하지 말라.'[411]

---

408) 부처님께서 제따와나 정사에 계실 때 어부들이 몸은 황금색이지

만 입에서는 악취를 풍기는 물고기를 잡아서 왕에게 가져갔다. 왕이 그 물고기를 부처님께 가지고 가자 부처님께서는 말씀하셨다. "이 물고기는 깟사빠 부처님 당시 까삘라라는 비구였는데, 아주 학식이 풍부하고 제자도 많았소. 그러나 그는 명예욕이 높아 자기 말을 듣지 않는 사람들을 꾸짖고 욕을 해서 부처님의 가르침이 널리 퍼지는 것을 방해했기 때문에 아비지옥에 태어나 기나긴 세월에 걸쳐 고통을 겪었소. 하지만 아직도 악업이 다 소멸되지 않아서 이번에는 물고기로 태어난 것이오. 그는 전생에 비구로서 부처님의 가르침을 많이 독송했기 때문에 황금색을 띄게 되었고, 정당하지 않은 이유로 비구들을 꾸짖고 욕하였기 때문에 입에서 악취가 나게 되었소."

말씀을 마치신 부처님께서 물고기에게 "너는 어디로 가느냐?"고 물으시자 "부처님, 저는 다시 아비지옥으로 가야 합니다." 라고 대답한 물고기는 과거에 지은 허물을 뉘우치며 스스로 머리를 배에 들이받고 그 자리에서 죽어 아비지옥에 태어났다. 그 광경을 보고 있던 많은 사람들은 놀라움과 두려움으로 온 몸에 소름이 돋고 털 끝이 일어섰다. 그러자 부처님께서는 게송 네 편을 읊으셨다.

409) 까삘라처럼 파멸을 맞지 말라는 뜻이다.

410) 우시라 향을 얻으려는 사람은 괭이로 비라나 풀의 뿌리를 뽑는다.

411) **빠른 속도로 흐르는 강물이 강가에서 자라는 갈대를 휩쓸어 버리듯, 마라가 거듭해서 그대를 파괴하게 하지 말라는 뜻이다.** (『법구경-담마파다』, 684-685쪽 참조)

338-343 어린 암퇘지의 윤회[412]

338 뿌리가 상하지 않고 단단하면
　　나무가 잘려도 다시 자라듯
　　잠재되어 있는 갈애가 뿌리 뽑히지 않으면
　　괴로움이 계속해서 생긴다.

339 좋아하는 대상으로 흐르는
　　서른여섯 가지 흐름을 지닌 자,[413]
　　탐욕에 집착하는 사유의 격류가
　　그릇된 견해를 지닌 자를 휩쓸어간다.

340 흐름이 모든 곳으로 흘러가[414]
　　덩굴의 싹이 터 무성해진다.
　　그 덩굴을 보고
　　지혜로 그 뿌리를 잘라버려라

341 흘러나오고 갈망하는
　　즐거움이 사람에게 생긴다.
　　즐거움에 얽매어 행복을 추구하는 사람들은
　　또 다시 태어나 늙어간다.

342 사람들은 갈애에 얽매어
　　덫에 걸린 토끼처럼 날뛴다.
　　족쇄와 애착에 묶인 이들은

거듭해서 오랜 세월 괴로움을 겪는다.

343 사람들은 갈애에 얽매어
덫에 걸린 토끼처럼 날뛴다.
그러니 열반을 원하는 비구는
자신의 갈애를 제거해야 한다.

---

412) 어느 날 부처님께서 라자가하 성 안에서 탁발하시다가 더러운 어린 암퇘지 한 마리를 보시고 혼자 미소를 지으셨다. 그 모습을 본 아난다 장로가 왜 부처님께서 미소를 지으셨는지 여쭙자 부처님께서 말씀하셨다. "저 어린 암퇘지는 과거 까꾸산다 부처님 시절에 법당 근처에 살던 암탉이었는데 비구가 열심히 정진하며 대념처경을 낭송하는 소리를 들으면서 죽어서 '웁바리'라는 공주로 태어났다. 어느 날 공주는 화장실에 갔다가 구더기가 우글거리는 것을 보고 그 자리에서 구더기에 대한 혐오감을 대상으로 초선정에 들었다. 천수를 누린 그녀는 죽어서 색계 초선천에 태어났다. 그리고 수명이 다하자 부잣집에 태어났다가 다시 암퇘지로 태어난 것이다. 그 사실을 알고 내가 미소 지었던 것이다." 아난다 장로를 따르는 비구들은 부처님 말씀을 듣고 윤회에 대한 두려움에 충격을 받았다. 그러자 부처님께서는 비구들에게 갈애의 어리석음에 대해 말씀하시며 길 한가운데에서 게송 여섯 편을 읊으셨다.

그 뒤 그 어린 암퇘지는 여러 생을 거쳐 마지막에는 스리랑카의 '복깐따' 마을에서 여자로 태어났는데 이름은 '수마나'였다. 그녀는 '둣타가마니' 왕의 대신인 '라꾼다까 아띰바라'의 아내가 되어 '마하뿐나'라는 마을에서 살았다. 어느 날 꼬띠빱바따에 있는 마하위하라(大寺) 정사의 아눌라 장로가 탁발을 나왔다가 그녀를 보고 동료 비구들에게 말했다. "옛날의 젊은 암퇘지가 라꾼다까 아띰바라 대신의 아내가 되다니 놀라운 일입니다!" 그녀는 그 말을 듣고 전생을 기억하는 지혜[宿命通]가 생겨 전생의 여러 가지 일들을 알고는 큰 충격을 받고, 남편의 허락을 받아 수행자가 되었다. 대념처경을 듣고 수다원이 된 그녀는, 고향인 복깐따 마을로 돌아가 독사경(상윳따 니까야 35:238)을 듣고 아라한이 되었다. 그녀는 반열반에 들기 직전 비구와 비구니들의 질문을 받고, 자신이 전생에서 그때까지 여러 번 태어나고 죽은 이야기를 해 주었다. "나는 전생에 암탉으로 태어났는데 어느 날 매에게 머리가 잘렸습니다. 그 다음에는 라자가하의 공주로 태어나 출가하여 유행녀가 되어 초선정에 이르렀습니다. 그리고 그 다음에는 색계 초선천에 태어났으며, 그 다음에는 숩빠라까 항구 도시에 태어났으며, 다음에는 까위라 항구 도시에 태어났고, 그 다음에는 아누라다뿌라 지방에 태어났습니다. 이렇게 여러 번의 태어남과 죽음을 겪으면서, 어떤 때는 좋은 곳에, 또 어떤 때는 나쁜 곳에 태어났습니다. 그리고 금생에 이르러 가정을 떠나 비구니가 되어 아라한과를 이룰 수 있었던 것입니다. 여기 모인 여러분들 모두 방일하지 말고 열반을 성취하시기 바랍니다."

이야기를 끝낸 그녀는 반열반에 들었다.

413) 안이비설신의(눈, 귀, 코, 혀, 몸, 마음)와 색성향미촉법[형상, 소리, 냄새, 맛, 감촉, 법(마음의 대상)] 모두 12가지에 3가지(감각적 쾌락에 대한 갈애, 존재에 대한 갈애, 비존재에 대한 갈애)를 곱해서 36가지이다. (『법구경-담마파다』, 687쪽 참조)

414) 흐름은 ① 형상, 소리, 냄새, 맛, 감촉, 현상(법 대상)이라는 모든 대상

속으로 흐른다는 의미에서, ② 형상, 소리, 냄새, 맛, 감촉, 현상(법 대
상)에 대한 갈애가 모든 존재를 통해서 함께 흐른다는 의미에서, 모
든 곳으로 흐른다고 한다. (『법구경-담마파다』, 688쪽 참조)

344 환속하여 도둑이 된 비구[415]

욕망의 숲을 떠나
수행의 숲으로 갔으나
다시 욕망의 숲으로 되돌아간 자를 보라.
풀려났다가 속박으로 되돌아간 자를![416]

---

415) 부처님께서 웰루와나 정사에 계실 때 마하깟사빠 장로의 제자인 비
구가 수행을 열심히 하여 제4선정을 성취하였다. 그런데 그는 어느
날 자기 숙부가 경영하는 금방을 구경하고 자기도 그같이 부유하고
화려하게 살고 싶은 마음이 생겨 비구 생활을 포기하고 말았다. 그
렇게 그는 다시 사회로 돌아가 숙부 집에서 살았지만 숙부의 사업
에 별 도움을 주지 못해 쫓겨난 후 행실이 나쁜 사람들과 어울렸다.
그러다가 그는 결국 도둑떼에 들어가 도둑질을 하는 등 온갖 나쁜
짓을 하다 관원에게 붙들려, 손을 등 뒤로 묶인 채 채찍을 맞으며
사형장으로 끌려가게 되었다.
마하깟사빠 장로가 탁발하러 시내에 들어갔다가 자기 제자였던 자
가 사형장으로 끌려가는 것을 보고 그에게 다가가 예전에 받았던
수행주제에 마음을 집중시키라고 말했다. 그래서 그는 사형장으로

끌려가는 동안 열심히 마음을 집중시켜서 다시 제4선정을 성취했다. 형장에 도착하여 사형집행관이 사형을 집행하려고 그의 주변을 빙빙 돌면서 칼과 창을 치켜들고 겁을 주는데도, 그는 조금의 흔들림도 없이 극히 고요한 태도로 앉아 있었다. 그러한 죄수의 기이한 태도에 놀란 집행관이 왕에게 보고하자, 왕은 특별명령을 내려 도둑을 풀어 준 다음 부처님께 가서 그 일을 말씀드렸다. 그러자 부처님께서는 목숨을 부지하게 된 그에게 광명을 놓아 부처님께서 마치 환속한 비구 앞에 계신 듯이 모습을 나타내시고 게송을 읊으셨다.

416) 부처님의 게송을 들은 환속한 비구는 생기고 사라지는 현상들을 관찰하기 시작하더니 얼마 후 무상, 고, 무아를 통찰하여 존재의 본질을 깨닫고 수다원과를 성취했다. 그는 깨달음의 기쁨에 충만하여 허공으로 솟아올라 웰루와나 정사로 날아가서 부처님께 삼배를 올리고나서 다시 출가하여 아라한과를 성취하였다.

345-346 죄수 417)

345-346 쇠, 나무, 동아줄로 만든 것을
　　현자는 강한 족쇄라고 말하지 않는다.
　　보석이나 장신구에 대한 탐착
　　자식과 아내에 대한 애착을 강한 족쇄라고 말한다.
　　이 족쇄는 중생을 끌어내리고
　　느슨해보여도 벗어나기 힘들다.
　　현자는 이것을 끊고

감각 쾌락을 버리고 출가한다.

---

417) 어느 날 서른 명의 비구들이 탁발하러 사왓티 성 안으로 들어갔다가 죄수들이 손목과 발목을 족쇄와 밧줄과 쇠사슬로 묶인 채 감옥에 갇혀 있는 것을 보았다. 비구들이 탁발을 마치고 정사에 돌아와 부처님께 쇠사슬보다 끊기 어려운 족쇄가 있는지 여쭙자 부처님께서 말씀하셨다. "비구들이여, 그런 족쇄를 대단하다고 여기느냐? 나쁜 욕망이라는 족쇄, 갈애라는 족쇄, 재물, 곡식, 자식, 아내에 대한 집착이라는 족쇄를 생각해 보아라. 이것이 그대들이 보았던 족쇄보다 천배, 십만 배 더 강한 족쇄이다. 옛날의 현자는 이 강한 족쇄를 부수고 히말라야 산으로 가서 출가했다." 이어서 부처님께서는 게송 두 편을 읊으셨다.

347 케마 왕비의 출가 [418]

거미가 스스로 만든 거미줄에서 살아가듯,
탐욕에 물든 자들은 스스로 만든 흐름에 휩쓸려간다. [419]
현자는 이것을 끊고 나아간다.
아무 것도 바라지 않고 모든 괴로움을 버리면서. [420]

---

418) 마가다국 빔비사라 왕의 왕비 케마는 뛰어나게 아름다웠지만 자신의 미모에 대한 자만심도 대단했다. 왕비가 웰루와나를 찾아왔을 때 부처님께서는 설법하시면서 신통력으로 케마 왕비보다 훨씬 젊

고 아름다운 여인을 만들어 야자 잎 부채로 당신에게 부채질하게 했다. 그것을 본 케마 왕비는 '저 여인에 비하면 내 미모는 실로 보잘 것 없구나!'라는 생각이 들었다. 부처님께서는 그녀가 부처님의 목소리에는 전혀 귀를 기울이지 않고 그 여인만 뚫어지게 보고 있는 것을 아시고, 젊은 여인을 주름이 쭈글쭈글한 늙은 여인으로 만드신 다음에 결국은 죽어서 해골만 남게 만드셨다. 케마는 '아, 그렇게 아름답던 여인이 한 순간에 늙어 죽어버리다니!'하며 놀랐다. 부처님께서는 그녀의 생각을 아시고 "케마여, 그대는 아름다운 모습에 실체가 있다고 잘못 생각하고 있구나. 보라! 어디에 실체가 있는가?"라고 말씀하신 다음 게송을 읊으셨다.

"케마여, 어리석은 이들이 집착하는 오온을 보라!

늙고 병들며 배설물과 분비물이 흐르는 불결한 이 몸을."

게송이 끝나자 케마 왕비는 수다원과를 성취하였다. 부처님께서는 계속 말씀하셨다.

"케마여, 이 세상의 중생들은 탐욕에 물들고 성냄으로 타락하며 어리석음에 가려서, 갈애의 강물을 건너지 못하고 거기에 붙들린다."

이어서 부처님께서는 게송을 읊으셨다.

419) 거미가 거미줄을 치고 그 중앙에 있다가 거미줄에 걸린 곤충을 향해 재빨리 돌진하여 체액을 빨아먹고 제자리로 돌아온다. 그와 같이 탐욕에 사로잡히고, 성냄으로 타락하고, 어리석음에 가려서 진리를 모르는 자들은 갈애의 흐름(윤회) 속에 빠져서 헤어 나오지 못하고 살아간다. (『법구경-담마파다』, 693쪽 참조)

420) 부처님의 설법이 끝나자 케마 왕비는 아라한과를 성취하였고, 법회에 참석했던 많은 사람들도 큰 이익을 얻었다. 부처님께서 빔비사라 왕에게 "대왕이여, 케마는 이제 출가하여 비구니가 되거나 아니

면 반열반에 들어야 합니다."라고 말씀하시자, 왕은 케마가 출가하
도록 허락했다. 그렇게 케마는 출가하여 비구니 중에서 지혜 제일
인 비구니 상수제자가 되었다.

348 곡예사 욱가세나 1 [421]

과거와 미래와 현재에서 벗어나라.
그러면 존재의 피안에 도달하여
그대의 마음이 일체에서 벗어나
다시는 태어나고 늙지 않으리.

---

421) 라자가하에 사는 부호의 아들 욱가세나는, 자기 마을을 찾아온 곡
예단의 처녀를 보고 반해서 그녀와 결혼하고 난 뒤 자신도 탁월한
곡예사가 되었다. 여러 해가 지난 후, 부처님께서는 욱가세나가 부
처님의 가르침을 받아들일 시기가 되었음을 아시고, 비구들을 거느
리시고 라자가하로 탁발을 나가셨다가 돌아오시는 길에 그가 공연
하고 있는 곳으로 가셨다.

부처님께서 자신의 곡예를 보러 오셨다는 것을 알고 무척 기쁘고
신이 난 욱가세나는 장대 위에서 몸을 공중으로 솟구치더니 무려
열네 바퀴를 돈 다음 사뿐히 장대 위에 내려섰다. 그가 거기서 동작
을 멈춘 다음 한참 동안 침묵의 시간이 흐르자 부처님께서 침묵을
깨시면서 말씀하셨다.

"욱가세나여, 지혜로운 사람은 과거와 미래 그리고 현재의 모든 업

에 대한 애착을 버린다. 그리하여 그는 태어나고, 늙고, 병들어 죽는 윤회를 벗어난다." 이어서 부처님께서는 게송을 읊으셨고, 게송이 끝나자 욱가세나는 높은 장대 위에 선 채로 신통력을 갖춘 아라한 이 되었다.

349-350 여인에게 유혹당하는 쭐라다눅가하 빤디따 비구 [422]

349 사유가 혼란스럽고 탐욕이 격심한데
　　아름다운 것을 찾는다면,
　　그의 갈애는 더욱 증가하여
　　점점 더 자신을 강하게 속박한다.

350 사유가 고요히 함을 즐기고
　　항상 사띠하면서 부정관을 닦는다면, [423]
　　그는 갈애를 종식시키고
　　마라의 속박을 끊을 것이다.

---

[422] 젊은 쭐라다눅가하 빤디따 비구가 젊은 처녀의 집에 물을 얻어먹으러 갔다. 처녀는 비구를 보자마자 사랑에 빠져서 "스님, 물이 필요하시면 언제든지 오세요. 저는 늘 집에서 혼자 지내다 보니 얼마나 외로운지 몰라요." 라고 말하며 비구를 유혹했다. 그때부터 젊은 비구는 여러 차례 처녀의 집에 드나들었는데 그러면서 그는 점점 비구 생활이 싫어지고 불만이 쌓여갔다. 그에게 부처님께서 물으셨다.

"비구여, 그대는 어찌하여 열심히 정진하여 수다원이나 사다함이 되었다고 말하지 않고, 불만스럽다고 말하는가? 그대는 무거운 업을 지었다. 무엇이 불만인가?"

"부처님, 실은 어떤 처녀의 집에서 물을 한 번 얻어 마셨는데, 그 후로 그녀는 외롭다며 저를 끊임없이 유혹하고 있습니다. 그래서 저는 수행에 불만을 느끼게 된 것입니다."

그러자 부처님께서 말씀하셨다.

"비구여, 그 처녀가 너에게 그렇게 말하고 행동한 것은 과거 인연으로 보아 이상할 것이 없다. 그녀는 전생에서 아주 현명할 뿐 아니라 전 인도를 통틀어 제일가는 궁수였던 자기 남편 쭐라다눅가하를 버리고 도둑을 따라 간 일이 있었는데, 그녀의 남편은 그 때문에 죽게 되었다. 그때 쭐라다눅가하가 바로 너였고, 자기 남편을 죽게 했던 아내가 지금의 그 처녀였다. 그러니 비구여, 여인을 보고 일으킨 너의 욕망을 뿌리째 뽑아 버리도록 하여라." 부처님께서는 게송 두 편을 읊으셨고, 게송 끝에 젊은 비구는 수다원과를 성취하였다.

423) "첨부 7. 부정관(不淨觀)" 참조.

351-352 라훌라를 놀라게 하려 한 마라[424]

351 궁극에 이르러 두려움이 없고,
   갈애가 없고 번뇌가 없으며
   존재의 화살을 뽑아버렸다.
   이것이 그의 마지막 몸이다.

352 갈애와 집착이 없고, 언어에 능통하고,
　　문자와 그 활용을 잘 아는 사람,
　　그를 마지막 몸을 지닌 사람,
　　위대한 지혜를 지닌 사람, 성자라 한다.

---

424) 라훌라 사미는 어느 날 정사에 밤늦게 도착한 비구들에게 자기가
　　쓰던 방을 내주고 부처님께서 쓰시는 향실 툇마루에서 잤다. 이때
　　라훌라는 여덟 살이었지만 아라한의 경지에 올라 있었다.
　　한밤중에 향실 툇마루에 누워 있는 라훌라를 본 마라는 '내가 저 녀
　　석을 괴롭힌다면 고따마 사문도 괴로울 것이다.' 라고 생각하고 거
　　대한 코끼리로 변신하여 라훌라에게 다가가서, 라훌라의 목을 코로
　　휘어 감고 천지가 진동하는 듯한 큰 소리를 질러댔다.
　　그것이 마라의 짓임을 아신 부처님께서 조용히 말씀하셨다. "마라
　　여, 네 몸이 아무리 클지라도 여래의 아들을 놀라게 하지는 못한다.
　　왜냐하면 라훌라는 이미 위대한 지혜와 탁월한 용맹심으로 자기의
　　모든 욕망을 잘 다스려 아라한이 되었기 때문이다."
　　부처님께서는 게송 두 편을 읊으셨고, 게송이 끝나자 마라는 고따
　　마 사문이 자신을 알고 있다고 생각하고 거기서 사라졌다.

353 최초로 설법을 들은 우빠까[425]

　　나는 일체를 극복하고, 일체를 안다.
　　일체의 사실에 오염되지 않았고,[426]
　　일체가 버려졌고, 갈애가 소멸하여 해탈되었다.[427]

스스로 완전히 깨달았으니 누구를 스승이라 하겠는가?[428]

425) 최상의 깨달음을 성취하신 부처님께서 다섯 명의 수행자들에게 법을 전하시기 위해 바라나시의 이시빠따나 사슴 동산으로 향하셨다. 부처님께서는 신통으로 날아가실 수도 있었지만 도중에 사명외도 (邪命外道) 수행자 우빠까를 만나기 위해서 걸어가셨다.

부처님께서는 우빠까가 나중에 아나함이 될 인연이 있다는 것을 아셨기 때문에 그 한 사람을 제도하기 위해 일부러 걸어가신 것이다. 길에서 부처님과 마주친 우빠까는 부처님께 "벗이여, 그대의 안색은 맑고 피부는 깨끗하고 광채가 납니다. 그대의 스승은 누구입니까?"라며 말을 건넸다. 이에 대해서 부처님께서는 "여래에게는 스승이 없다."고 말씀하시고, 게송을 읊으셨다.

426) '일체를 극복하고'의 일체는 욕계, 색계, 무색계라는 삼계를 말하고, '일체를 알았다'의 일체는 위의 삼계에 출세간계를 더한 네 가지 세계를 말하며, '일체의 사실에 오염되지 않았다'는 것은 삼계의 모든 것들과 관련하여 갈애와 사견에 오염되지 않은 것을 말한다.

(『법구경-담마빠다』, 702쪽 참조)

427) 더 이상 배울 것이 없이 해탈한 것, 즉 아라한이 되었다는 것이다.

428) 게송이 끝나자 우빠까는 부처님 말씀에 긍정도 부정도 하지 않고 자기가 가던 길을 계속 갔다.

그렇게 우빠까는 제일 먼저 법을 듣기는 했지만 최초로 법을 증득할 인연이 없었기 때문에 깨달음을 얻지는 못했다. 훗날 우빠까는 부처님을 찾아와 출가했고, 수행하여 아나함이 되었다.

354 제석천왕의 질문 [429]

모든 보시 중에 법보시가 제일이고
모든 맛 중에 법의 맛이 제일이다.
모든 즐거움 중에 법의 즐거움이 제일이고
갈애를 제거하면 모든 괴로움을 이겨낸다. [430]

---

[429] 제석천왕이 부처님께 찾아와 "보시 가운데 제일은 무엇인가? 맛 가운데 제일은 무엇인가? 즐거움 가운데 제일은 무엇인가? 왜 갈애를 제거하는 것을 가장 훌륭한 일이라 하는가?"라는 네 가지 질문을 했다. 부처님께서는 다음과 같이 대답하셨다.

"모든 보시 중에 법 보시가 제일이고, 모든 맛 중에 법의 맛이 제일이다. 모든 즐거움 중에 제일은 법의 즐거움이고, 갈애를 제거하면 모든 괴로움을 이겨낸다."

이어서 부처님께서는 게송을 읊으셨고, 게송이 끝나자 제석천왕은 부처님께 말씀드렸다. "부처님, 부처님의 말씀과 같이 모든 보시 중에 법 보시가 제일이라면, 어찌하여 부처님께서는 법을 설하실 때 저희를 초청하시지 않으셨습니까? 지금부터는 부처님께서 법을 설하시는 자리에 저희도 참석할 수 있도록 해 주십시오."

부처님께서는 제석천왕의 제의를 받아들이셔서 이후부터 선한 공덕을 베푸는 행사와 부처님의 법회가 있을 때에는 모든 중생들을 초청하여 공덕을 함께 나누도록 하셨다.

[430] '모든 보시 중에서 법보시가 제일이고'란 가사나 음식이나 큰 절을 지어서 보시하는 것보다 법문을 듣게 해 주는 공덕이 더 크다는 뜻이다. 왜냐하면 법문을 들어야 보시, 지계, 수행 등의 공덕을 지을

수 있게 되기 때문이다. 심지어는 부처님과 벽지불을 제외하고 사리뿟따 장로와 같은 비구들도 법문을 듣지 않고는 가장 낮은 단계의 성자인 수다원도 될 수 없다.

그래서 비구들은 앗사지 장로와 같이 사성제를 깨달은 장로들이 설하는 한 두 구절의 게송을 듣고서야 사성제를 깨달았다. 그러므로 보시 중에서 법 보시가 제일이라고 하는 것이다.

'갈애를 제거하면 모든 괴로움을 이겨낸다.'는 것은 갈애가 소멸되면 아라한이 되어 모든 괴로움에서 완전히 벗어난다는 의미이다.

(『법구경-담마파다』, 703-704쪽 참조)

355 자식이 없는 부자[431]

재물이 어리석은 자를 해치지만
피안을 구하는 자를 해치지는 못한다.
어리석은 자는 재물에 대한 갈애로
남을 해치고 자신도 해친다.

---

431) 꼬살라 국의 부호 가운데 한 사람인 아뿟따까가 죽었다. 그는 살아 있을 때 엄청난 부자였으면서도 재산이 줄어드는 게 아까워 쌀겨로 쑨 죽을 먹으며 살았다.

빠세나디 왕으로부터 그 이야기를 들으신 부처님께서는 그의 전생 이야기를 해 주셨다.

그는 전생에 '따가라시키'라는 벽지불께 음식을 공양 올렸는데 그 음식이 아까워 곧바로 후회했고 그 후로 음식과 의복을 싫어하는 이상한 사람이 되었다. 또한 그는 형님의 재산을 차지하기 위해서 어린 조카를 죽였기 때문에 수백 수천 생을 지옥에서 태어나 이루 형언하기 어려운 고통을 겪었다.

한편 그는 벽지불에게 공양을 올린 공덕으로 일곱 생 동안 부잣집에 태어나 부자로 살았는데 그 동안 자녀가 없는 과보를 받았고, 이번 생에도 별다른 공덕을 짓지 못했기 때문에 죽어서 대규환지옥에 태어나게 되었다.

부처님의 말씀을 듣고 빠세나디 왕은 말했다.

"부처님, 그 부호의 잘못은 참으로 크다 아니 할 수 없습니다. 그는 많은 재산을 가지고 있었지만 그 재산을 자신을 위해서도 쓰지 못했고, 부처님 같은 위대한 성자께 공양을 올리지도 않았습니다. 또한 그는 그것을 다른 사람에게 보시하지도 않았습니다." 왕의 이야기가 끝나자 부처님께서 게송을 읊으셨다.

356-359 많은 공덕을 쌓고 작은 복을 받은 안꾸라 천신[432]

356 밭에는 잡초가 독이고,
　　사람에게는 탐욕이 독이다.
　　탐욕이 없는 사람에게 보시하면
　　큰 결실을 맺는다.

357 밭에는 잡초가 독이고,

사람에게는 성냄이 독이다.
성냄이 없는 사람에게 보시하면
큰 결실을 맺는다.

358 밭에는 잡초가 독이고,
사람에게는 어리석음이 독이다.
어리석음이 없는 사람에게 보시하면
큰 결실을 맺는다.

359 밭에는 잡초가 독이고,
사람에게는 욕심이 독이다.
욕심이 없는 사람에게 보시하면
큰 결실을 맺는다.

---

432) 부처님께서 당신의 모친에게 법을 설하시기 위해 삼십삼천에 올라
가셨을 때 '인다까' 천신을 만나셨다. 인다까 천신은 전생에 사왓티
에 살 때 아누룻다 장로에게 정성스럽게 공양을 한 번 올린 공덕으
로 천상에 태어나 아주 풍족하고 호화로운 생활을 하고 있었다.
그런데 '안꾸라' 천신은 전생에 배화교도로서, 많은 공양을 올리고
수도원을 건립해 바치는 큰 보시를 했음에도 불구하고 천상에서 누
리는 복은 인다까에 비해 수십만 분의 일에 지나지 않았다.
그가 그 이유를 여쭙자 부처님께서 말씀하셨다.
"안꾸라 천신이여, 보시할 때는 누구에게 보시할 것인지 잘 생각해
야 한다. 보시는 마치 씨 뿌리는 것과 같아서 땅이 기름지고 기온과
습도가 알맞은 곳에 건강한 씨를 뿌리면 튼튼한 싹이 나와 많은 열

매를 맺지만, 아무리 건강한 씨앗일지라도 토질이 나쁘거나 음지에
뿌리면 약한 싹이 나와 빈약한 열매밖에 얻지 못한다."

그리고 부처님께서는 시를 읊으셨다.

"보시는 가려서 해야 하네.

그러면 많은 복덕을 가져오고 천상에 태어나네.

가려서 한 보시는 부처님이 칭찬하네.

공양 올릴 가치가 있는 사람에게 보시하면,

기름진 밭에 뿌려진 씨처럼 많은 복덕을 가져오네."

이어서 부처님께서 게송 네 편을 읊으셨다.

제25장

비구

(Bhikkhuvagga)

360-361 감각의 문을 잘 보호하지 못한 다섯 명의 비구[433]

360 눈을 잘 지키는 것이 좋고
     귀를 잘 지키는 것이 좋다.
     코를 잘 지키는 것이 좋고
     혀를 잘 지키는 것이 좋다.

361 몸을 잘 지키는 것이 좋고
     말을 잘 지키는 것이 좋고
     마음을 잘 지키는 것이 좋다.
     모든 감각의 문을 잘 지키는 것이 좋다.
     감각의 문을 잘 지키는 비구는
     모든 괴로움에서 벗어난다.

---

433) 다섯 비구들이 각자 다섯 가지 감각기관 중에서 한 감각기관씩에 특별한 관심을 가지고 있었다. 그들은 어느 기관이 가장 중요한지에 대해 열띤 토론을 벌이곤 했는데, 결론이 나지 않자 부처님께 여쭙기로 하고 부처님을 찾아갔다. 그들의 말을 들으신 부처님께서 말씀하셨다. "모든 감각기관은 다스리기 어려운 것이다. 그러므로 감각기관 다섯 가지 모두를 잘 다스린 사람만이 윤회를 벗어날 수 있다." 이어서 부처님께서는 게송 두 편을 읊으셨다.

362 기러기를 죽인 비구[434]

손과 발과 말을 절제하고
자신을 완전히 절제하며,
삼매에 들어 안으로 기뻐하고
홀로 지내며 만족하는 사람,
그를 비구라 한다.

---

[434] 작은 돌멩이로 표적을 잘 맞히는 비구가 동료 비구와 아찌라와띠 강가에 갔다. 바로 그때 공중으로 기러기 두 마리가 날아가는 것을 보고 그는 기러기를 돌로 맞혀 떨어뜨릴 수 있다고 동료에게 말했다. 동료 비구가 못 믿겠다고 하자 그는 돌멩이를 집어 기러기를 향해 던졌다. 그 돌멩이가 기러기 한 마리의 오른쪽 눈을 꿰뚫고 왼쪽 눈으로 빠져나가는 바람에 기러기는 울부짖으며 비구들 앞에 떨어져 퍼덕이다가 죽어 버렸다. 동료 비구는 돌을 던진 비구와 함께 부처님께 가서 이 일을 고했다. 그러자 부처님께서는 기러기를 죽인 비구를 꾸짖으셨다.
"비구여, 해탈하려고 출가한 이가 어찌하여 기러기를 죽였단 말이냐! 예전에 여래의 가르침이 없었던 때에도 현명한 사람들은 아주 사소한 일에도 자신들이 혹시 계율을 어긴 것이나 아닌지 걱정하였다. 그런데 여래의 가르침에 귀의하여 출가한 네가 어찌 살아있는 생명을 죽이지 말라는 계율을 범한단 말이냐? 비구는 자신의 손과 발과 혀를 잘 자제해야 한다."
이어서 부처님께서는 게송을 읊으셨다.

363 상수제자를 비난한 꼬깔리까 비구[435]

비구가 입을 절제하고
진실을 말하고 거만하지 않고
경전과 그 의미를 설명하면[436]
그의 설법은 감미롭다.[437]

---

435) 비구들이 법당에 모여 꼬깔리까 비구가 상수제자인 사리뿟따 장로
와 마하목갈라나 장로를 비난한 과보를 받아 홍련지옥에 떨어졌다
는 이야기를 하고 있었다. 그러자 부처님께서 오셔서 꼬깔리까 비
구가 전생에 거북이였을 때에도 입을 잘 다물고 있지 못하여 지옥
에 갔었다고 하시며 다음 이야기를 들려주셨다.

옛날 히말라야 지방의 호수에 거북이 한 마리가 살고 있었다. 하루
는 호수에 기러기 두 마리가 먹을 것을 찾다가 거북이를 보았다. 그
들은 그때부터 서로 알고 지내다 차츰 친해졌다. 그러던 어느 날 기
러기들은 거북이한테서 입을 꼭 다물고 있겠다는 약속을 받아낸
후, 자기들이 사는 히말라야 산봉우리에 있는 황금 굴에 데리고 가
려고 거북이에게 막대기를 입에 물게 하고, 자기들은 그 양쪽 끝을
입에 물고 허공으로 날아올랐다. 그들이 허공을 날고 있을 때 아래
에서 그 모습을 올려 보던 사람들이 큰 소리로 외쳐 댔다. "저길 봐!
기러기 두 마리가 나무 막대기에 거북이를 달고 날아간다!" 그러자
거북이가 참지 못하고 "남이야 뭘 하든 네까짓 것들이 웬 참견이
야!"라고 말하려고 입을 벌렸다. 그 순간 물고 있던 막대기를 놓치
는 바람에 거북이는 땅에 떨어져 몸이 두 조각으로 갈라져 죽었다.
부처님께서는 이어서 말씀하셨다.

"비구는 자신의 혀를 잘 다스려서 잘난척하려고 튀어나오는 말을 억제해야 한다. 그러려면 마음속에 나쁜 감정이 생기지 않도록 늘 경계하고 조심해야 한다." 이어서 부처님께서는 게송을 읊으셨다.

436) "경전과 그 의미"의 빠알리어 원문은 "attham dhammam"인데, 『Dhammapada』(Ācharya Buddharakkhita, p143)에 *the meaning and the text of the Dhamma*라고 번역되어 있는 것을 참조해서 번역했다.

437) 해석만 하고 경전을 제시하지 않는 자나, 경전만 제시하고 해석을 하지 않는 자나, 그 어느 것도 하지 않는 자는 감미롭게 말하는 자가 아니다. (『법구경-담마파다』, 715쪽 참조)

364 부처님을 진정으로 존경하는 담마라마 비구[438)

법대로 살고 법을 기뻐하고,
법에 따라 사유하고
법을 잊지 않는 비구는
참된 법으로부터 결코 멀어지지 않는다.[439)

438) 부처님께서 넉 달 후에 반열반에 들겠다고 선언하시자 범부인 비구들은 슬픔을 억제하지 못하고 눈물을 흘리면서 부처님 곁을 떠날 줄 모르고 지키고 있었다. 그런데 담마라마라는 비구만은 부처님 곁에 가지 않았다.

이어지는 이야기는 166, 205 게송의 배경이야기와 비슷하므로 생략.

439) '법대로 살고 법을 기뻐하고, 법에 따라 사유하고'란 사마타와 위빳사나라는 가르침에 따라 반복적으로 관찰하면서 살고, 그러한 가르침을 기뻐하고, 그러한 가르침에 주의를 기울이고 전념하는 것을 말한다.

'참된 법'이란 '37보리분법이나 아홉 가지 출세간법'을 말한다. (『법구경-담마파다』, 716-717쪽 참조)

365-366 데와닷따 추종자와 어울린 비구[440]

365 자기가 받은 것을 경멸하지 말고
남을 부러워하지 말라.
남을 부러워하는 비구는
삼매에 들지 못한다.

366 비구가 조금 얻었더라도
자신이 얻은 것을 경멸하지 않는다면
청정하게 살고 부지런한 그를
천신들도 칭찬한다.

---

440) 한 비구가 데와닷따의 추종자들과 사이좋게 지내면서 때때로 그들의 정사에 가서 아잣따삿뚜 왕이 보시한 좋은 음식과 편안한 생활을 며칠씩 즐기다 오곤 했다. 부처님께서 그 비구를 부르시어 그것이 사실인지 물으시자, 그는 그것은 사실이지만 자기는 데와닷따의

가르침을 따른 것은 아니라고 변명했다. 부처님께서 그를 꾸짖으시며 말씀하셨다.

"네가 그들의 견해를 따르지 않았다고 하더라도, 네가 그의 견해를 따르는 것처럼 함께 어울려 다니지 않았느냐? 비구는 자기가 얻은 것에 만족하고 남이 얻은 것을 탐내서는 안 된다. 남이 얻은 것을 탐내는 자에게는 삼매나 통찰지나 도와 과가 생기지 않고, 자기가 얻은 것에 만족하는 자에게는 삼매나 통찰지나 도와 과가 생긴다."
이어서 부처님께서 게송 두 편을 읊으셨다.

367 다섯 단계로 공양 올리는 빤짝가다야까 바라문[441]

일체의 몸과 마음에 대해
내 것이라는 집착이 없고
내 것이 없다고 슬퍼하지 않는 사람
그가 진정한 비구이다.

---

441) 자기가 지은 농사의 첫 수확물을 다섯 가지 단계로 공양 올리는 바라문이 있었다. 그 다섯 가지 단계란 벼의 수확단계의 첫 번째 것, 탈곡단계의 첫 번째 것, 보관단계의 첫 번째 것, 요리단계의 첫 번째 것, 시식단계의 첫 번째 것을 가리킨다. 항상 그렇게 공양을 올렸기 때문에 사람들은 그를 "수확한 첫 번째 것을 다섯 단계로 공양 올리는 사람"이라고 불렀다. 어느 날 부처님께서는 그 바라문과

아내가 아나함과를 성취할 인연이 무르익었음을 아시고 식사 시간에 맞추어 그의 집 앞에 가서 서 계셨다. 남편은 집 안쪽을 향해 앉아서 밥을 먹느라고 부처님을 보지 못했으나 남편의 식사를 시중들고 있던 아내는 부처님을 보자, 부처님께서 탁발하러 오신 것을 남편이 안다면, 밥을 모두 부처님께 보시할 것이고, 그러면 귀찮게 밥을 또 해야 한다고 생각해서 자기 몸으로 부처님을 가렸다. 그리고 그녀는 남편이 눈치 채지 못하게 살며시 부처님께 다가가서 작은 목소리로 '오늘은 그냥 지나가세요.'라고 말했다. 그러자 부처님께서는 가지 않겠다고 고개를 가로저었다. 그 모습을 본 바라문의 아내는 세상의 스승이신 부처님께서 가지 않겠다고 고개를 가로젓는 것을 보고 참지 못하고 웃음을 터뜨렸다. 그 순간 부처님이 오셨다는 것을 알게 된 바라문은 아내에게 소리 질렀다. "당신이 나를 망치는구려! 세상의 스승께서 내 집 앞에 와 계시는데도 나에게 알리지 않다니!" 그는 자기가 먹고 있던 밥을 부처님께 드리면서 "부처님, 제가 먹던 밥이라도 드시겠습니까?"라고 여쭈었다. 부처님께서는

"새 것이든 먹던 것이든 남은 것이든, 남이 준 음식으로 살아가는 사람은, 한 숟갈의 음식을 받을지라도, 좋은 음식이라고 칭찬하거나, 형편없는 음식이라고 비난하지 않는다. 현자는 이들이 성자임을 잘 알아야 한다."라고 게송으로 대답하셨다. (숫따니빠따, 1-12-11, 성자경 참조)

이 말씀을 듣고 내면에서 기쁨이 흘러나온 바라문은 문 앞에 선 채로 부처님께 어떤 사람을 비구라고 하는지 여쭈었다. 그 부부가 과거 깟사빠 부처님 시절에 정신과 물질에 대한 법문을 들은 적이 있었다는 것을 아신 부처님께서 말씀하셨다.

"비구란 정신과 물질에 마음을 빼앗기지 않고 얽매이지 않고 묶이지 않는 사람이다." 이어서 부처님께서 게송을 읊으셨고, 게송이 끝나자 바라문과 그의 아내는 아나함과를 성취하였다. (『법구경 이야기 3』, 372-373쪽 참조.)

368-376 소나 비구와 강도였다가 출가한 900명의 비구[442]

368 자애명상을 하면서 살고
   부처님의 가르침을 믿고 따르는 비구는
   모든 형성들이 소멸하여
   행복한 적멸의 경지(열반)에 도달한다.

369 비구여, 이 배의 물을 퍼내라.
   물을 퍼내면 그대를 위해 배는 가볍게 나아갈 것이다.
   탐욕과 성냄을 끊어버리면
   그대는 열반에 도달할 것이다.

370 다섯 가지를 끊고 다섯 가지를 버리고[443]
   다섯 가지를 더욱 닦아라.[444]
   다섯 가지 집착을 넘어선 비구는[445]
   홍수를 넘어선 이라고 불린다.

371 비구여, 선정을 닦아라. 방일하지 말라.
그대의 마음이 욕망의 대상을 즐기게 하지 말라.
방일하여 뜨거운 쇠구슬을 삼키지 말라.
불에 타면서 괴롭다고 울부짖지 말라.

372 지혜가 없는 자에게 선정이 없고
선정이 없는 자에게 지혜가 없다.
선정과 지혜가 있는 이야말로
열반의 근처에 있는 것이다.

373 한적한 집에 들어가
마음을 고요히 하고
법을 철저히 관찰하는 비구는
인간을 초월하는 기쁨을 경험한다.[446]

374 오취온이 생기고 사라지는 것을
철저히 알면
기쁨과 희열이 생긴다.
이것을 아는 이는 열반을 볼 것이다.

375 감각기관을 통제하고, 만족하며,
계율에 따라 자제하는 것,
이런 것들로부터 지혜로운
비구의 수행이 시작된다.

376 생계가 청정하고 부지런하며
　　선한 도반과 사귀어라.
　　올바르고 청정한 행위에 숙달되어
　　기쁨이 충만하게 되면
　　괴로움의 끝에 이를 것이다.[447]

---

442) 아완띠 국의 꾸라라가라 시 근처에 사는 소나는 출가하여 비구가
　　되었다. 그는 훌륭한 수행자가 되어 부처님이 계시는 사왓티의 제
　　따와나 정사로 가서 밤을 지내고, 다음 날 새벽 일찍 일어나 아름다
　　운 목소리로 부처님의 게송을 소리 높여 읊었다. 그의 게송 소리는
　　너무나 아름다워서 부처님께서도 칭찬하셨고, 그것을 들은 용들과
　　가루다 등 땅의 신들로부터 범천에 이르기까지 모든 천신들이 박수
　　를 치고 환호하였다.
　　제따와나로부터 120요자나 떨어진 꾸라라가나 시에 살고 있는 소
　　나의 어머니(깔리부인: 헤마와따 천신과 사따끼리 천신이 부처님의 가르침이 얼마나 탁월
　　한지 이야기하는 것을 듣고, 재가신도로서 제일 먼저 수다원이 된 여자 신도임)는 소나의
　　집을 지키는 천신으로부터 그 소식을 듣고 다섯 가지 희열이 전신
　　으로 퍼져 나갔으며, 아들이 자신에게도 게송을 읊어줄 수 있을 것
　　이라는 생각이 들었다.
　　드디어 소나 장로가 아완띠 국으로 돌아온 다음 날, 장로의 어머니
　　는 아들을 보자 크게 기뻐하며 반갑게 맞이한 다음 이렇게 청했다.
　　"사랑하는 나의 아들이여, 들리는 말로는 그대가 부처님께서 계시
　　는 곳에서 게송을 읊어 부처님으로부터 칭찬을 들었다고 하는데,
　　그 게송을 나를 위해서도 읊어 주기 바랍니다."
　　소나 장로는 어머니의 청을 받아들였다. 법회 날이 되자 장로의 어

머니는 집에 하녀 한 사람만 남겨 놓고 전 가족과 함께 법문을 하는 장소로 갔다. 소나 장로의 법문이 시작되었고, 어머니를 비롯한 많은 재가신도들은 장로의 법문에 귀를 기울였다.

그때 무려 구백 명이나 되는 도둑 떼가 소나 장로의 어머니 집을 노리고 있었다. 그러나 그 집에는 도둑의 침입을 대비하여 일곱 겹이나 되는 담장이 쳐져 있었고, 담장 밖으로는 목이 잠길 만큼 깊은 물이 흐르는 호를 파고 주변에 쇠창살을 둘러놓는 등 어마어마하게 방비를 하고 있었기 때문에, 누군가 그 모든 장벽을 통과하고 집 안에 들어가 도둑질을 한다는 것은 사실상 불가능한 일이었다. 그렇지만 그날은 하녀 한 사람만 남기고 모든 식구들이 다 법회에 가버렸기 때문에 도둑들로서는 절호의 기회였다.

도둑들이 쇠창살이 박힌 개울 밑으로 굴을 파서 집 안으로 들어가 물건을 훔치는 동안 두목은 법회 장소에 가서 집 주인을 감시했다. 만약 그녀가 갑자기 집으로 돌아가려 하면 즉시 칼로 찔러 죽일 셈이었다.

그때 하녀는 몰래 집을 빠져나와 도둑들이 집 안의 물건들을 훔쳐가려한다고 여주인에게 알렸다. 그러나 여주인은 "나는 지금 재산보다 더 소중한 가르침을 듣고 있다. 어서 집으로 돌아가거라!" 라고 하였다. 근처에 있던 도둑의 두목은 여인의 신심에 감동하여 부하들에게 훔친 물건을 전부 제자리에 갖다 놓으라고 명령했다. 부하들은 시키는대로 한 다음에 모두 법회 장소로 가서 설법을 들었다.

법회는 밤새도록 계속되다가, 날이 밝아서야 소나 장로는 법상에서 내려왔다. 그때 도둑의 두목은 자리에서 벌떡 일어나 장로 어머니의 발 앞에 엎드려서, 자기가 그녀를 죽이려고 옆에 앉아 기회를 엿보고 있었다는 것을 고백하며 용서를 빌었다. 장로의 어머니가 뜻

밖의 상황에서도 전혀 동요하지 않고 침착한 어조로 용서하겠다고 말하자 두목은 자기와 부하들 모두가 출가하여 비구가 될 수 있도록 아들에게 얘기해 달라고 간청했다. 그러자 그녀는 소나 장로에게 그들을 제자로 받아들여 달라고 부탁했다.

소나 장로는 강도들이 입고 있는 옷을 잘라 황토로 염색하여 가사를 만들어 그들에게 입히고, 그들의 머리와 수염을 깎게 하고, 계를 주어 출가시킨 다음, 그들 각각에게 맞는 구백 개의 수행주제를 주었다. 그들은 산으로 들어가 나무 그늘 아래 앉아 수행에 전념했다. 부처님께서는 120요자나 떨어진 제따와나의 향실에 앉아 계시면서, 그들의 수행 진척 상황을 자세히 살피시고 광명의 모습을 나타내시어 마치 그들과 마주하고 있는 듯이 앉아서 기질과 성향에 따라 백 명씩 나누어 각 무리에 맞는 게송 아홉 편을 읊으셨다. 부처님의 설법 끝에 구백 명의 비구들 중 백 명이 아라한과를 성취하였다.

443) 끊어야 할 다섯 가지는 다섯 가지 낮은 족쇄[五下分結] 즉 유신견, 의심, 행실의례 집착, 감각욕망, 적의(성냄)이고, 버려야 할 다섯 가지는 다섯 가지 높은 족쇄[五上分結] 즉 색계 집착, 무색계 집착, 자만, 들뜸, 무명을 말한다. (첨부 11 참조.)

444) 다섯 가지 기능[五根] 즉 믿음, 정진, 사띠, 집중, 지혜를 말한다.

445) 다섯 가지 집착은 탐욕, 성냄, 어리석음, 자만, 사견을 말한다.

446) 인간을 초월하는 기쁨: 색계 4선정과 무색계 4선정에 의해 천상의 기쁨이 생기는 것을 말한다. (『법구경-담마파다』, 727쪽 참조)

447) '온화하고 행위가 방정해야 한다. 그리하여 기쁨이 충만하게 되면 괴로움의 끝에 이를 것이다.'는 계를 지킬 뿐 아니라 규범을 잘 실천하면 법에 대한 기쁨이 생기는데, 이 기쁨이 충만하게 되면 윤회

로 인해 생기는 모든 괴로움을 종식시킬 수 있다는 것이다. (『법구경-담마파다』, 729쪽 참조)

377 재스민 꽃이 지기 전에 깨달은 오백 비구[448]

시들어버린 꽃잎을
재스민이 떨쳐버리듯
비구들이여,
탐욕과 성냄을 떨쳐버려라.

---

[448] 사왓티 근처에 있는 정사의 비구 오백 명이 제따와나 정사에 계시는 부처님을 찾아뵙고 수행주제를 받아 숲속으로 가서 수행에 매진했다. 그들은 어느 날 재스민 꽃이 아침 일찍 피었다가 해질 무렵이되면 지는 것을 보고 재스민 꽃이 피었다가 지기 전에 탐욕, 성냄과 어리석음에서 벗어나야겠다고 생각하여 열심히 정진했다. 그 모습을 제따와나의 향실에 계신 부처님께서 신통력으로 보시고 오색 광명을 보내시어 마치 그들 가까이에 계시는 듯이 모습을 나타내시고 설법하셨다. "비구들이여, 시들어버린 꽃잎을 재스민이 줄기에서 떨어뜨리듯, 비구는 열심히 정진해서 태어나고 죽는 고통에서 벗어나야 한다." 이어서 부처님께서는 게송을 읊으셨고, 게송이 끝나자 오백 명의 비구들은 모두 아라한과를 성취하였다.

378 항상 침착하고 점잖은 산따까야 장로[449]

몸이 고요하고, 말이 고요하고,
마음이 고요하여 적정에 들어
세상의 즐거움을 버린 비구를
평온한 사람이라고 한다.

---

[449] 전생에 사자였던 '산따까야'라는 비구가 있었다. 전해오는 이야기에 따르면 사자는 사냥을 해서 먹이를 얻으면 그것을 먹고 깊은 동굴이나 나무숲에 들어가 이레 동안 꼼짝도 않고 조용히 지낸다고 한다. 그래서인지 산따까야 장로는 필요 없는 동작은 하지 않았다. 하품지도 않았고 피곤할 때도 손과 발을 뻗지 않았으며, 항상 침착하고 품위 있게 행동했다. 비구들이 그런 그를 이상하게 여겨 부처님께 보고 드리자 부처님께서 말씀하셨다. "비구는 모든 행동과 몸가짐에 있어서 조용하고 침착하며 정중하기가 마치 저 산따까야 장로와 같아야 한다." 이어서 부처님께서는 게송을 읊으셨고, 게송이 끝나자 산따까야 장로는 아라한과를 성취하였다.

379-380 누더기 옷을 경책으로 삼은 낭갈라꿀라[450]

379 스스로 자신을 훈계하고
스스로 자신을 성찰하라.
자신을 보호하여 사띠가 확립된 비구는
행복하게 살 것이다.

380 자신만이 자신의 의지처이고
자신만이 자신의 안내자이니
자신을 잘 보살펴라.
말장수가 준마를 보살피듯.

---

450) 가난한 낭갈라꿀라는 농장에서 품팔이를 하며 하루하루 살아가고 있었다. 그날도 그는 허름한 누더기 차림에 쟁기를 어깨에 메고 소를 몰고 논으로 가다가 비구들과 마주쳤다. 한 장로가 남루한 그를 가엾게 여겨 출가시켜 비구로 만들었다. 그리고 장로는 그에게 입던 낡은 옷과 쟁기를 묶어서 정사 근처에 있는 큰 나무에 매달아 놓으라고 했다. 비구가 된 낭갈라꿀라는 농장에서 품팔이하던 시절과는 생판 다르게 아무 걱정 없이 먹고 자는 단조로운 생활이 반복되자 정사 생활에 싫증을 내게 되었다. 그는 날이 갈수록 불만이 점점 심해져서 견딜 수 없는 지경에 이르렀고, 그런 마음으로 신도들의 정성어린 공양을 받으며 지낼 수는 없다고 생각하여 낡은 옷과 쟁기를 매달아 둔 큰 나무 밑으로 가서 소리쳤다. "이 부끄러움을 모르는 놈아! 그래, 너는 집으로 돌아가 다시 남의 고용살이나 하겠다는 거냐? 너는 참으로 어리석은 놈이로구나!" 그렇게 큰 소리로 자신을 한참 동안 책망하고 나니 옛날로 돌아가고 싶은 마음이 사라졌다. 그렇지만 며칠이 지나자 그는 다시 비구 생활이 불만스러워졌다. 그래서 그는 다시 그곳으로 가서 자신을 준엄하게 꾸짖었다. 그렇게 그는 비구 생활에 불만을 느낄 때마다 그런 식으로 자기를 다스렸다. 하루는 그가 자주 큰 나무 밑에 가는 것을 알게 된 동료 비구들이 그에게 왜 거기에 자주 가냐고 묻자 그는 스승을 찾아 그곳에 간다고 답했다. 그 후 오래지 않아 낭갈라

꿀라는 아라한과를 성취하였고, 그 다음부터는 그곳에 가지 않았다. 그래서 비구들이 의아하여 그에게 물었다. "이제는 왜 그 나무 밑에 가지 않습니까?" "전에 내가 세상을 그리워할 때 나는 스승에게 자주 갔었습니다. 그렇지만 이제 나는 세상에 대해서 아무런 미련이 없습니다." 그러자 비구들은 부처님께 가서 낭갈라꿀라 장로는 진실을 말하고 있지 않다고 말씀드리니 부처님께서 대답하셨다. "비구들이여, 그가 말한 것은 사실이다. 여래의 아들은 스스로 자기 자신을 경책하여 최고의 목표에 도달하였다."

이어서 부처님께서는 게송 두 편을 읊으셨다.

381 믿음 제일 왁깔리 장로 [451]

넘치는 기쁨으로 가득 차
부처님의 가르침을 믿는 비구는
조건 지어진 것들이 소멸한
열반에 이르러 행복하리라. [452]

---

[451] 왁깔리는 사왓티에 사는 바라문의 아들이었다. 그는 나이 스무 살 때 사왓티 성 내에서 탁발하는 부처님을 뵙고, 그 거룩하고 아름다우며 기품이 넘치는 모습에 감탄하여 부처님을 항상 바라보고 싶어서 비구가 되었다.

비구가 된 왁깔리는 언제나 부처님 가까이에서 부처님만 바라볼 뿐, 수행이라든가, 경전을 배우고 독송하는 일은 등한히 하였다. 그러던 어느 해 부처님께서는 조용한 곳에 가시어 안거를 보내시겠다고 하시며 왁깔리 비구에게는 정사에 남으라고 말씀하셨다.

청천벽력과 같은 부처님 말씀으로 우기 안거 석 달 동안 정사에 갇히게 된 그는 "아, 이제 나는 부처님을 우러러 볼 수도, 말씀을 들을 수도 없게 되었구나!"라고 탄식하며 자신의 삶이 무의미하다는 생각에 죽으려고 영취산 꼭대기에 올라갔다.

그때 부처님께서는 왁깔리 비구가 절망하여 세상을 버리려는 것을 아시고 그에게 광명을 보내시어, 그 광명 속에서 부처님께서 바로 왁깔리 비구 앞에 계시는 듯이 모습을 나타내셨다. 그러자 왁깔리 비구의 비관스러운 생각이 씻은듯이 사라지고 가슴 속에서 비할 바 없는 환희가 샘솟았다. 그런 왁깔리 비구에게 부처님께서 게송을 읊으셨다.

452) 부처님께서는 왁깔리에게 손을 뻗으시며 다시 게송을 읊으셨다. "오라, 왁깔리여. 두려워말고 나를 바라보아라. 수렁에 빠진 코끼리를 건져내듯이 내가 너를 구해주리라." 그러자 온몸에 기쁨이 흘러넘친 왁깔리가 부처님의 모습과 게송의 내용을 생생하게 떠올리면서 허공으로 자기 몸을 솟구쳤다. 허공에서 게송의 의미를 숙고하고, 기쁨을 잘 자제하여 신통력까지 갖춘 아라한이 된 그는 부처님의 공덕을 찬탄하면서 제따와나 정사의 향실 뜰 앞에 내렸다. 부처님께서는 그를 믿음을 가진 자 중에서 제일이라고 선언하셨다.

382 아누룻다 장로와 수마나 사미[453]

나이가 어리더라도
부처님의 가르침에 전념하는 비구는
이 세상을 환하게 비춘다.
구름을 벗어난 달처럼.

---

[453] 아누룻다 장로는 자신과 과거생에서 인연이 있었던 바라나시 시의 재정관 수마나가 쭐라수마나로 태어났다는 것을 알았다. 또한 쭐라수마나가 아직 일곱 살밖에 안 됐지만 자신을 만나면 출가하여 아라한이 되리라는 것도 알고, 그를 찾아가서 자신의 사미로 만들었다. 장로가 삭발해 주려고 칼날을 그의 머리카락에 대는 순간 쭐라수마나는 아라한이 되었다.

아누룻다 장로와 수마나 사미는 부처님을 찾아뵙기 위하여 함께 길을 떠났다. 두 사람은 부처님을 뵙기에 앞서 허공을 날아 일단 히말라야 산속에 있는 아란냐 꾸띠까 정사로 갔다.

거기서 아누룻다 장로는 새벽과 저녁에 너무 열심히 경행을 하는 바람에 소화불량 증세를 보이며 큰 고통을 겪게 되었는데, 수마나에게 자신의 병은 히말라야 산 속에 있는 아노땃따 호수의 물을 마시면 낫는다고 일러주었다.

수마나는 장로의 말이 끝나자마자 곧바로 허공으로 몸을 날려 무려 오백 요자나나 떨어진 아노땃따 호수로 단숨에 날아갔다. 수마나가 거기에 사는 용왕의 방해를 물리치고 무사히 물을 길어 장로에게 갖다 드리니, 장로는 그 물을 마시고 병이 나았다.

부처님께서는 수마나의 근엄하고 침착한 태도를 보시고 비록 그가 일곱 살밖에 안 되었지만 그에게 이례적으로 비구 자격이 있음을 선언하셨다.

수마나가 정식 비구가 된 뒤 많은 비구들이 법당에 모여서 그에 관한 이야기를 나누고 있었다. "아, 얼마나 훌륭한가! 수마나의 신통력은 실로 위대했다. 우리는 이 같은 위대한 신통력을 본 적이 없다." 그때 부처님께서 비구들 가까이 오시어 게송을 읊으셨다.

제26장

바라문
(Brāhmaṇavagga)

383 공양 올리는 기쁨을 느끼는 빠사다바훌라 바라문[454]

바라문이여, 열심히 노력하여 흐름을 끊어라.[455]
감각욕망을 제거하라.
바라문이여, 조건 지어진 것들의 소멸을 알면
그대는 무위를 알게 된다.[456]

---

454) 사왓티에 사는 재가신도인 바라문은 제따와나 정사에 와서 부처님의 설법을 듣고 크게 감동해서 열여섯 명의 비구들을 자기 집에 초청하였다. 그는 공양을 올리면서 비구들의 발우를 하나하나 받아들고 "존경하는 아라한님, 여기 앉으시지요."라고 말했다. 그는 아직 불교를 잘 몰랐기 때문에 비구는 모두 아라한인 줄 알고 있었던 것이다. 그러나 아직 성자의 경지에 이르지 못한 비구들은 자기들을 놀린다고 생각했고, 성자의 경지에는 올랐지만 아라한까지는 이르지 못한 비구들은 그가 범부와 성자도 구별할 줄 모른다고 불평이 많았다. 그 날 이후로는 비구들이 자기 집에 오지 않자 그는 왜 그런지 이유를 알 수 없었다. 그래서 그는 부처님을 찾아가서 고민을 말씀드렸다. 그의 이야기를 들으신 부처님께서는 비구들에게 "이 신도가 너희를 아라한이라고 부른 것은 너희를 모욕하려고 한 것이 아니라, 존경해서 한 말이니 허물이라고 할 수는 없다. 너희는 그에 걸맞는 노력을 해서 아라한이 되어야 한다."라고 말씀하시고 게송을 읊으셨다.

455) 제26장에서 바라문은 '브라흐마나(Brāhmaṇa)'를 번역한 것인데, 이는 계급으로서의 바라문을 말하는 것이 아니라 '수행자' 내지는 '아라

한'을 호칭한 것이다. 진정한 바라문은 가문으로 정해지는 것이 아니라, 모든 번뇌가 사라진 열반을 체험한 아라한이라는 의미이다.

(『법구경 이야기 3』, 417쪽 참조)

456) 무위(無爲)는 조건 지어지지 않은 것인 열반을 말한다.

384 사마타와 위빳사나 두 가지 법[457]

바라문이 사마타와 위빳사나 수행으로
피안에 도달할 때,
그는 사성제를 알고,[458]
그의 모든 족쇄들은 사라진다.

---

457) 지방에서 수행하던 서른 명의 비구들이 부처님을 뵙기 위해 제따와나 정사에 왔다. 사리뿟따 장로는 그들이 아라한과를 성취할 때가 되었음을 알고 부처님 앞에 나아가 여쭈었다. "부처님께서는 두 가지의 법에 대해 자주 설하셨습니다. 그 두 종류의 법에 대해 다시한 번 설해 주십시오." 이에 부처님께서 말씀하셨다. "사리뿟따여, 그것은 사마타와 위빳사나를 가리킨다."이어서 부처님께서는 게송을 읊으셨고, 게송이 끝나자 서른 명의 비구들은 모두 아라한과를 성취하였다. ("첨부 3. 사마타 수행과 위빳사나 수행"참조.)

458) 사성제는 첨부 1 참조.

385 마라[459]

차안에도 피안에도 없고
차안과 피안 둘 다에도 없고[460]
걱정과 결박에서 벗어난 사람,
나는 그를 바라문이라고 부른다.

---

459) 어느 날 남자로 변신한 마라가 부처님께 접근하여 말했다. "부처님, 피안이 무슨 뜻입니까?" 부처님께서 그가 마라라는 것을 아시고 "마라여! 네가 피안과 무슨 상관이 있느냐? 그것은 욕망에서 벗어난 아라한들만이 얻을 수 있는 것이다."라고 대답하시고 게송을 읊으셨다.

460) 차안(此岸. 이 언덕)은 여섯 감각기관(눈, 귀, 코, 혀, 몸, 마음)을 말하고, 피안(彼岸. 저 언덕)은 여섯 감각대상[형상, 소리, 냄새, 맛, 감촉, 법(마음의 대상)]을 말한다. 바라문, 즉 아라한에게 차안에도 피안에도 없다고 한 것은 감각기관이 고요해져서 갈애가 소멸했다는 뜻이다. (『법구경-담마파다』, 743쪽 참조)

386 바라문 1[461]

선정을 닦았고 더러움이 없고 홀로 앉아있으며
해야 할 일을 마쳤고 번뇌가 없으며
위없는 목표에 도달한 사람,

나는 그를 바라문이라고 부른다.

461) 어느 날 사왓티에 사는 바라문은 '부처님께서는 제자들을 바라문이라고 부르신다. 그런데 나는 바라문 가문에서 태어났으니 나도 바라문이라고 불려야 한다.'라는 생각이 들어 부처님을 찾아뵙고 자기의 견해를 말씀드렸다. 그러자 부처님께서 "나는 바라문 가문 태생이라고 바라문이라고 부르지 않는다. 최상의 목표에 도달한 아라한만을 바라문이라고 부른다."고 대답하시고 게송을 읊으셨다. 게송이 끝나자 그 바라문은 수다원과를 성취하였다.

387 밤낮으로 빛나는 몸⁴⁶²⁾

해는 낮에 빛나고 달은 밤에 빛난다.
전사는 무장했을 때 빛나고
바라문은 선정에 들었을 때 빛난다.
그러나 부처님은 밤낮으로 항상 빛난다.

462) 부처님께서 뿝빠라마에 계실 때 안거 해제 날 자자("첨부 17. 오계, 생계 제8계, 포살 8계, 자자" 참조)를 하려고 할 때, 빠세나디 왕은 여러 가지 보석으로 장식한 화려하고 장엄한 관복을 입고 정사에 갔다. 그때 깔루다이 장로가 깊은 선정에 들어가자 장로의 온몸에서 황금빛 광명이 나왔는데 그것을 보는 사람들에게 희열이 생겼다. 그 순간 동쪽 하늘에서는 밝은 보름달이 떠오르고 서편으로는 해가 지면서 석양이

주위를 아름답게 비추었다. 뜨는 달과 지는 해, 왕의 관복과 선정에 들어간 깔루다이 장로의 광명이 한데 어우러져 멋진 장관이 연출되었다. 아난다 장로는 그 네 가지 광명을 자세히 관찰한 다음 마지막으로 부처님의 몸에서 나오는 광명을 보았는데 그것은 앞의 네 가지를 합한 것보다도 더 우아하고 찬란하였다. 이에 아난다 장로는 부처님께 "오늘 저는 여러 가지 광명을 목격하고 있습니다만 부처님 몸에서 나오는 광명이 다른 모든 광명을 훨씬 능가합니다."고 말씀드렸다. 그러자 부처님께서 게송을 읊으셨다.

388 이교도 바라문 [463)

악을 가까이하지 않기에 바라문이라고 하고
고요한 삶을 살기에 사문이라고 하며
자신의 더러움을 제거하기에
출가자라고 한다.

---

463) 사왓티에 사는 바라문이 출가하여 부처님의 교단이 아닌 다른 교단에서 매우 엄격한 고행을 하고 있었다. 어느 날 그는 고따마 사문이 제자들을 비구라고 부르니 출가한 자기도 비구라는 생각이 들었다. 그래서 그가 부처님을 찾아가 자기의 생각을 말씀드렸다. 그러자 부처님께서는 게송을 읊으셨고, 게송이 끝나자 그 고행자는 수다원과를 성취하였다.

389-390 분노를 제거한 사리뿟따 장로[464]

389 바라문을 때려서는 안 되고
때린 자에게 화를 내서도 안 된다.
바라문을 때리는 것은 부끄러운 일이지만
때린 자에게 화내는 것은 더욱 부끄러운 일이다.

390 쾌락으로부터 마음을 절제할 때
바라문에게 더 이상 좋은 것이 없다.
해치려는 마음에서 떠날수록
괴로움은 가라앉는다.

---

464) 사람들이 사리뿟따 장로는 다른 사람이 그를 욕하거나 때려도 절
대로 화를 내지 않는다고 말했다. 그럴 리가 없다고 생각한 바라문
은 그 말이 맞는지 시험해 보기 위해서 걸어가고 있는 사리뿟따 장
로의 뒤로 다가가 등을 주먹으로 힘껏 내리쳤다. 그런데 장로는 누
가 때렸는지 돌아보지도 않고 의연하게 아무 일 없었다는 듯이 가
던 길을 계속 갔다. 그러자 그 같은 장로의 숭고한 태도에 큰 충격
을 받은 바라문은 크게 뉘우치는 마음이 솟구쳐서 장로 앞에 엎드
려서 용서를 빌었고, 장로는 그를 용서했다. 그런데 그 광경을 보고
있던 신도들은 극도로 흥분해서 저런 놈은 때려 죽여야 한다고 난
리를 쳤다. 하지만 장로는 "그는 나를 때렸고, 나는 그를 용서했소.
그뿐이요. 그러니 당신들은 이 일에 참견하지 않는 것이 좋겠소."라
고 말하며 사람들을 설득하여 돌려보내고 정사로 돌아왔다. 그 일
을 아신 부처님께서 말씀하셨다. "바라문이 다른 바라문을 때리면

안 되지만 재가 바라문이 수행자인 바라문을 때릴 수는 있다. 아나함과를 성취하면 분노가 완전히 파괴되어 더 이상 화내지 않는다."
이어서 부처님께서는 게송 두 편을 읊으셨다.

391 마하빠자빠띠 고따미의 출가 [465]

몸과 말과 마음으로
나쁜 행위를 하지 않고
이 세 가지를 잘 제어하는 사람
나는 그를 바라문이라고 한다.

---

[465] 부처님께서 비구니 팔경계를* 제정하시기 전에 먼저 마하빠자빠띠 고따미와 오백 명의 여인들에게 팔경계를 지킨다면 비구니로 받아들이겠다고 제안하셨다. 마하빠자빠띠 고따미는 고개를 숙여 팔경계를 받아들였고, 다른 오백 명의 여인들도 팔경계를 충실하게 지킬 것을 맹세하고 비구니가 되었다. 차이점은 다른 비구니들에게는 은사와 계사가 있었지만, 마하빠자빠띠 고따미에게는 부처님 외에 은사와 계사가 없었다는 것이다. 그 뒤 시간이 흘러 마하빠자빠띠의 비구니 자격에 의문을 가지는 사람들이 생겼다. 그래서 비구니들은 포살과 자자를 그녀와 함께 하려 하지 않았고, 부처님께 "마하빠자빠띠 고따미 장로니는 정식 절차를 밟아 비구니가 된 것이 아닙니다. 그녀에게는 은사도 계사도 없습니다."라고 말씀드렸다. 그러자 부처님께서 말씀하셨다. "내가 마하빠자빠띠 고따미에게 비

구니 팔경계를 주었기 때문에, 내가 그녀의 은사이고 계사이다. 몸과 말과 마음으로 악행을 멀리 여읜 아라한에게 어떤 의심도 품어서는 안 된다." 이어서 부처님께서는 게송을 읊으셨다.

*주: 팔경계(八敬戒)는 비구니가 지켜야 할 다음 여덟 가지 규범을 말한다. ① 보름마다 비구의 지도를 받아야 함. ② 비구의 지도에 따라 안거해야 함. ③ 안거의 마지막 날에는 비구를 초청하여 그 동안 자신이 저지른 허물을 말하고 훈계를 받아야 함. ④ 식차마나(구족계를 받고 비구니가 되기 위해 2년 동안 육법을 지키며 수행하는 여자 출가자. 육법은 남자의 몸에 접촉하지 않고, 훔치지 않고, 살생하지 않고, 거짓말하지 않고, 때 아닌 때 먹지 않고, 술 마시지 않음)는 비구·비구니에게 구족계를 받아야 함. ⑤ 비구를 꾸짖어서는 안 됨. ⑥ 비구의 허물을 말해서는 안 됨. ⑦ 무거운 죄를 저질렀을 때는 비구에게 참회해야 함. ⑧ 수계한지 100년이 지난 비구니라도 방금 수계한 비구에게 공손해야 함. (『시공 불교사전』, 714-715쪽 참조)

392 스승을 존경하는 사리뿟따 장로 [466]

부처님의 가르침을
누군가로부터 배워 알게 되었다면
공손히 그를 받들어 모셔야 한다.
바라문이 불을 섬기듯.

---

466) 사리뿟따 장로는 앗사지 장로에게서 법문을 듣고 수다원이 되어

출가했다. 그때부터 사리뿟따 장로는 늘 앗사지 장로가 어디에 계신지 알아보고 그쪽을 향하여 공손하게 예를 올렸고, 잠자리에 누울 때에도 스승이 계시는 방향으로는 다리를 뻗지 않았다. 장로와 같이 생활하던 비구들은 부처님께 "사리뿟따 장로는 아직도 동서남북과 상하의 여섯 방향에 예를 올리고 있습니다."라고 말씀드렸다. 부처님께서는 "사리뿟따는 여섯 방향에 예를 올리는 외도 수행을 하고 있는 것이 아니다. 그는 앗사지 장로에게 처음으로 법문을 듣고 수다원이 되었기 때문에, 그를 스승으로 존경하는 것이다. 비구는 자신에게 법문을 들려주고 자신을 깨달음으로 이끌어 준 스승을 바라문이 불을 숭배하는 것처럼 존경해야 한다."고 말씀하시고 게송을 읊으셨다.

393 바라문 2 - 상투 [467]

상투나 가문이나 출생에 의해서
바라문이 되는 것이 아니다.
사성제와 출세간법을 깨달은 사람 [468]
그가 청정한 사람이고, 그가 바라문이다.

---

[467] 상투를 틀고 고행하는 바라문 자띨라는 '고따마 붓다는 제자들을 바라문이라고 부른다. 그런데 그들은 바라문 출신이고, 나도 바라문 출신이다. 그러므로 나도 바라문이라고 불려야 할 것이다.'라고 생각하여 부처님을 찾아가 자기의 생각을 말씀드리자 부처님께서

말씀하셨다. "여래는 상투를 틀고 있다거나, 고행을 하고 있다거나, 출신이 바라문이라고 하여 바라문이라고 부르지 않는다. 여래는 사성제를 깨달은 사람만 바라문이라고 부른다." 이어서 부처님께서는 게송을 읊으셨다.

468) 출세간법은 수다원도와 과, 사다함도와 과, 아나함도와 과, 아라한도와 과, 열반 모두 아홉 가지를 말한다.

394 사기꾼 바라문 [469)]

어리석은 자여, 상투가 무슨 소용이고
양가죽 옷이 무슨 소용인가? [470)]
그대 안에 번뇌가 가득한데
그대는 단지 겉만 닦고 있구나.

---

469) 사기꾼 기질이 있는 한 사나이가 웨살리 성 근처에 있는 나무에 올라가 가지에 두 발을 걸어 거꾸로 매달리더니 "내게 돈을 달라! 만약 돈을 주지 않으면 나무에서 떨어져 죽고 말겠다! 그러면 이 도시는 신의 벌을 받아 모두 파괴되고 말 것이다!"라고 외쳐댔다. 그가 끈질기게 버티며 돈을 요구하자 시민들은 도시가 파괴되어 버릴까봐 무척 걱정이 되어 그에게 많은 돈을 주었는데, 사기꾼은 돈을 받고 바로 그곳을 떠났다. 비구들이 그 일을 부처님께 고하자 부처님께서는 "그가 사기행각을 벌인 것은 이번이 처음은 아니다. 그는 전생에서도 남을 속여서 물건을 빼앗으려 하곤 했으나 그때마다 현명

한 이를 만나 미수로 끝났고, 금생에는 순진한 사람을 상대하여 속임에 성공한 것이 다를 뿐이다."라고 말씀하시고 게송을 읊으셨다.

470) 상투와 양가죽 옷: 바라문 수행자는 상투를 틀고 양가죽 옷을 입는다.

395 누더기 입는데 제일인 끼사고따미[471]

누더기 가사를 걸치고
야위어 혈관이 드러나고,
숲속에서 홀로 수행하는 사람,
나는 그를 바라문이라고 부른다.

---

471) 부처님을 친견하려고 허공을 날아오던 끼사고따미는 먼저 와 있는 제석천왕과 천신 일행을 보고 삼배만 하고 돌아갔다. 제석천왕이 부처님께 누구냐고 여쭙자 부처님께서 말씀하셨다. "그녀는 누더기 가사를 걸치고 살아가는 비구니 중에서 제일인 나의 딸 끼사고따미이다." 이어서 부처님께서는 게송을 읊으셨다. (게송 114, 287 각주 참조)

396 바라문 3[472]

바라문 어머니에게서 태어났다고

바라문이라고 부르지 않는다.
번뇌에서 벗어나지 못한 자는
보와디 바라문일 뿐.[473]
번뇌가 없고 집착이 없는 사람,
나는 그를 바라문이라고 부른다.

---

472) 사왓티에 사는 바라문이 '부처님이 제자들을 바라문이라고 부르시는 것은 바라문 부모로부터 태어났기 때문이다. 그러므로 바라문 부모에게서 태어난 나 역시 바라문이라고 불려야 할 것이다.'라는 생각이 들어 부처님을 찾아가서 자기 생각을 이야기하자 부처님께서 "단지 바라문 어머니에게서 태어났다고 해서 바라문이라고 부르지 않는다. 번뇌가 없고 세속적인 재물에 집착하지 않는 사람을 나는 바라문이라고 부른다."라고 대답하시고 게송을 읊으셨다.

473) 보와디 바라문: 보와디의 '보(Bho)'는 자기보다 낮거나 동등한 계급의 사람에게 사용하는 호칭. 바라문은 가장 높은 계급이어서 교만한 마음을 가지고 낮은 계급의 사람에게 이 호칭을 쓰는 경우가 많았다. 그래서 보와디는 '건방지고 교만한 자'라는 의미가 들어 있다. (『법구경 이야기 3』, 438쪽 참조)

397 곡예사 욱가세나 2[474]

모든 속박을 잘라버려
두려움에 떨지 않으며

집착을 뛰어넘어 속박에서 벗어난 사람,
나는 그를 바라문이라고 부른다.

474) 라자가하 부호의 아들 욱가세나는 곡예사의 딸과 결혼한 후 장인으
로부터 곡예를 배워 아주 능숙한 곡예사가 되었다. 곡예를 할 때 두
렵지 않느냐는 비구들의 질문에 욱가세나는 높은 장대 위에서 곡예
를 하는 것이 두렵지 않다고 대답했다. 비구들은 그가 간접적으로
자기가 아라한이 되었다고 말하는 것이라고 생각하여 부처님께 그
가 거짓말을 하고 있다고 말씀 드렸다. 그러자 부처님께서 말씀하
셨다. "욱가세나처럼 모든 속박을 끊으면 누구나 두려움이 없어지
게 된다." 이어서 부처님께서는 게송을 읊으셨다.

398 외부의 끈과 내부의 끈 [475)

성냄의 끈, 갈애의 끈,
사견과 잠재번뇌의 끈을 끊고, [476)
무명의 빗장을 뽑고 깨달은 사람,
나는 그를 바라문이라고 부른다.

475) 사왓티 성에 사는 바라문 두 사람은 서로 자기 황소가 더 힘이 세
다며 말다툼했다. 어느 날 그들은 누구의 황소가 힘이 더 센지 겨루
어 보기로 하고 황소를 아찌라와띠 강가로 끌고 나가 모래를 가득
실은 수레를 끌게 했다. 그들이 자기 황소에게 힘껏 채찍질을 하자,
황소 두 마리는 모두 있는 힘을 다해 수레를 끌었지만 수레는 꿈쩍

도 않고 멍에의 가죽 끈만 끊어졌다. 그 광경을 본 비구들이 부처님께 보고 드리자 부처님께서는 "소의 멍에와 몸에 두른 가죽 끈은 밖으로 묶여 있는 것이므로 쉽게 끊을 수가 있다. 비구는 자기 내부에 있는 성냄의 끈과 갈애의 끈을 끊어버려야 한다."라고 말씀하셨다. 이어서 부처님께서 게송을 읊으셨고, 게송이 끝나자 오백 명의 비구들이 동시에 아라한과를 성취하였다.

476) "사견과 잠재번뇌의 끈을 끊고"의 빠알리어 원문은 "sandānaṃ sahanukkamaṃ"인데, 『Dhammapada』(Ācharya Buddharakkhita, p157)에 "*and the rope*(of false views), *together with the appurtenances*(latent evil tendencies)"라고 번역되어 있는 것을 참조해서 번역했다.

399 욕 잘하는 사형제의 출가⁴⁷⁷⁾

욕설과 매질을 당하고
밧줄에 묶여 괴롭힘을 당하더라도
화내지 않고 참아내며
인욕의 힘이 군대처럼 강한 사람,
나는 그를 바라문이라고 부른다.

477) 바라문 '악꼬사까'에게는 욕을 잘 하는 형 '바드라와자'와 수다원인 형수 '다난자야니', 그리고 두 아우가 있었다. 그런데 형수 다난자야니는 재채기를 하거나 놀랐을 때, "거룩한 세존이며 아라한이신 정등각자께 예경 올립니다."라고 외치는 습관이 있었다. 어느 날

바드라와자가 친구들을 집에 초대했다. 그런데 그의 아내 다난자야니가 자꾸 넘어지면서 그때마다 "거룩한 세존이며 아라한이신 정등각자께 예경 올립니다."라고 외우자 몹시 화가 난 남편은 "불쌍한 여인이여, 내가 지금 정사로 가서 그대의 스승과 논쟁하여 그를 패배시키고 말겠다."라고 말하고 그 길로 부처님을 찾아가서 인사도 하지 않고 어려운 질문을 했다. "고따마여, 무엇을 부수어야 편안히 살고, 무엇을 부수어야 슬프지 않은가? 단 하나 부수어야 할 게 있다면 무엇을 부수어야 좋겠는가?" 부처님께서 대답하셨다. "성냄을 부수어야 편안히 살고, 성냄을 부수어야 슬픔이 없네. 뿌리에는 독이 있지만 꼭지는 꿀이 있는 성냄을 부수는 것을 성자들이 칭찬하네. 성냄을 부수면 더 이상 슬픔이 없기 때문이네." 바드라와자는 부처님의 가르침에 감동을 받아 즉시 집을 떠나 비구가 되었고, 얼마 지나지 않아 아라한과를 성취하였다.

그의 동생 악꼬사까는 형이 비구가 되었다는 말을 듣고 화가 나서 부처님께 가서 무례하고 거친 말로 부처님을 비난하고 모욕했다. 부처님께서는 그의 말이 다 끝나자 침착한 어조로 물으셨다. "그대에게 찾아온 손님들이 그대가 제공하는 음식을 손도 대지 않은 채 되돌아갔다면 그 음식은 누구 것이 되겠는가?" "그야 내 것이 되겠지요."

부처님께서 말씀하셨다. "그렇다. 여래는 그대의 난폭하고 사나운 욕설을 한마디도 받아들이지 않았으니, 그것은 그대에게 되돌아갔다." 그 말씀에 큰 충격을 받은 악꼬사까는 출가하여 그 역시 오래 지 않아 아라한과를 성취하였다. 그의 두 동생들도 부처님을 찾아가서 비난을 퍼부었으나 그들도 형들처럼 부처님의 간단한 법문을 듣고 출가하여 아라한과를 성취했다.

그런 일이 있은 지 얼마 뒤 비구들이 법당에 모여 바라문 네 형제 이야기를 하고 있을 때, 부처님께서 게송을 읊으셨다.

400 사리뿟따 장로의 어머니[478]

화내지 않고 두타행을 하고,
계율을 잘 지키고 갈애가 없으며,
제어된, 최후의 몸을 지닌 사람,
나는 그를 바라문이라고 부른다.

---

[478] 사리뿟따 장로는 어느 날 오백 명의 비구들을 거느리고 날라까 마을로 탁발을 나가 자기 어머니의 집 앞에 서 있었다. 그러자 장로의 어머니는 그들 모두를 집 안으로 불러들여 음식을 준 다음, 몹시 화를 내며 '남이 주는 밥찌꺼기나 먹는 자'라고 아들을 꾸짖었다. 그렇지만 장로는 여전히 어머니에게 매우 공손한 태도를 보이며 아무 대꾸도 하지 않았다. 그 사실을 알게 된 비구들은 사리뿟따 장로를 앞 다투어 칭찬했다. 그러자 부처님께서 말씀하셨다. "악한 욕망을 모두 제거한 사람은 화로부터 자유롭게 된다." 이어서 부처님께서는 게송을 읊으셨다.

401 웁빨라완나 장로니 2 [479)]

연잎 위의 물방울처럼
송곳 끝의 겨자씨처럼
감각욕망에 더럽혀지지 않는 사람
나는 그를 바라문이라고 부른다.

[479)] 웁빨라완나 장로니를 겁탈한 죄로 비구니의 사촌 난다는 갑자기 갈라진 땅 속으로 빨려 들어가 아비지옥에 떨어졌다. 그 사건이 있은 지 얼마 뒤에 비구들은 법당에 모여 이야기를 나누고 있었다. "웁빨라완나 비구니가 아라한 일지라도 그때 그녀에게 감각적 쾌락이 있긴 있었겠지. 그녀도 살로 된 몸을 가진 살아 있는 생명이 아닌가? 그러니까 웁빨라완나 비구니도 사랑의 쾌락을 느꼈을 것임에 틀림없다." 이에 대해서 부처님께서는 "그렇지 않다. 번뇌를 다스려 제거해 버린 사람은 사랑의 기쁨도 좋아하지 않으며, 그 쾌락도 즐기지 않는다. 연잎에는 한 방울의 물도 붙지 못하고 굴러 떨어지듯이, 겨자씨가 뾰족한 송곳 끝에 붙어 있지 못하고 굴러 떨어지듯이, 번뇌에서 벗어난 아라한에게 사랑의 감정은 들러붙지도 않고 머무르지도 않는다."고 말씀하시고 게송을 읊으셨다.

402 짐을 내려놓은 노예 출신 비구 [480)]

바로 이번 생에서
자신의 괴로움의 소멸을 깨달아

짐(오온)을 내려놓고 속박에서 벗어난 사람
나는 그를 바라문이라고 부른다.

480) 사왓티에 사는 바라문의 젊은 노예가 주인집에서 도망 나와서 부처
님 교단으로 출가하였다. 그는 열심히 수행하여 얼마 후에 아라한
이 되었다. 어느 날 그는 부처님을 모시고 많은 비구들과 함께 시내
로 탁발을 나가게 되었다. 그때 그의 옛 주인인 바라문이 그를 알아
보고 그의 가사를 꽉 붙들었다. 그 모습을 보고 부처님께서 바라문
에게 왜 그러냐고 물으시자 바라문이 "이 젊은 비구가 나의 노예였
는데 도망쳤다."고 말씀드렸다. 부처님께서는 "이 비구는 이제 모
든 오온이라는 무거운 짐을 다 덜어내 버린 새로운 사람이다."라고
말씀하시고 게송을 읊으셨다. 게송이 끝나자 그 바라문은 수다원과
를 성취하였다.

403 지혜 제일 케마 장로니[481]

지혜가 깊고 현명하고
길과 길이 아닌 것을 잘 알고[482]
최상의 목표에 도달한 사람,
나는 그를 바라문이라고 부른다.

481) 어느 날 초저녁에 제석천왕은 많은 천신들을 거느리고 내려와 부처
님의 설법을 기쁜 마음으로 듣고 있었다. 그때 케마 장로니도 부처님

을 친견하기 위해서 허공을 날아 부처님이 계신 곳으로 왔으나, 제석천왕 일행이 부처님을 친견하고 있는 것을 보고 공중에서 부처님께 공손히 인사만 올리고 떠났다. 그러자 그녀를 본 제석천왕이 부처님께 여쭈었다. (게송 347 각주 참조) "부처님께 다가와서 공중에서 삼배하고 돌아간 저 비구니는 누구입니까?" 부처님께서 대답하셨다. "그녀는 길과 길 아닌 것을 구별하는 심오한 지혜를 가진 지혜 제일인 나의 딸 케마입니다." 이어서 부처님께서는 게송을 읊으셨다.

482) 어떤 길이 악처로 이끄는 길인지, 어떤 길이 열반으로 이끄는 길인지 잘 아는 자를 말한다. (『법구경-담마파다』, 761쪽 참조)

404 석굴 속의 여신과 삡바라와시 띳사 장로[483]

재가자와도 사귀지 않고, 출가자와도 사귀지 않으며
집 없이 유행하며 바라는 것이 적은 사람
나는 그를 바라문이라고 부른다.

---

483) 삡바라와시 띳사 장로는 부처님에게 수행주제를 받아 숲속으로 들어갔다. 그는 적당한 장소를 찾던 중 우연히 어떤 석굴 앞에 가게 되었는데 그 순간 이상하게도 마음이 아주 고요해지면서 깊은 평화가 찾아들었다. 그래서 장로는 그 석굴에서 수행하기로 했다. 그런데 그곳에 살고 있던 여신이, 장로가 석굴에서 수행하는 것을 못마땅하게 생각하고 그가 계율을 어기도록 만들어 쫓아내려고 마음먹었다. 여신은 장로의 여자 신도 집에 가서 가장 나이 어린 아들

의 고개를 돌려 얼굴을 등 쪽으로 오게 만들어 중증 장애인으로 만들었다. 그런 다음 여신은 여자 신도에게 장로가 오면 장로의 발을 씻겨 주고난 뒤, 그 물을 장로가 아들의 머리에 뿌리게 하면 아들이 정상으로 돌아온다고 말했다. 장로가 그 집에 오자 신도는 여신이 일러준 대로 장로의 발을 씻겨주고 나서, 장로에게 그 물을 신도 아들의 머리 위에 끼얹어 달라고 부탁했다. 장로가 여신의 말대로 물을 아들의 머리에 끼얹자 아들의 병이 나았다.

그러고 나서 장로가 숲 속으로 갔다. 그가 석굴 안으로 들어가려고 하자 여신은 장로에게 의료 행위를 함으로써 계를 어겼으니 들어와서는 안 된다고 했다. 하지만 장로는 아무리 자신의 기억을 더듬어봐도 의료 행위를 한 적이 없었고 계를 어긴 적도 없었다. 장로는 '그동안 나는 참으로 부처님의 계율에 한 점 부끄러움 없이 생활해 왔다. 이 여신은 내가 신도의 아들에게 발 씻은 물을 부어 준 것 외에는 내게서 비구로서의 계행상의 허물을 찾아내지 못한 것이다.' 라는 생각이 들자 자신이 계율을 완벽하게 지켜왔다는 사실에 대해 희열이 솟아올라 전신으로 퍼졌다. 그는 희열을 가라앉히고 그 자리에서 한 발자국도 움직이지 않고 위빳사나 수행을 하여 아라한과를 성취했다. 그는 여신에게 "네가 허물없고 계행이 청정한 나를 터무니없이 헐뜯었구나. 너는 더 이상 이곳에 머무를 자격이 없다. 어서 이곳을 떠나거라." 라고 훈계했다.

장로는 우기가 끝난 다음 부처님께서 계신 정사로 돌아가서, 비구들에게 자기가 숲속에서 겪은 일을 이야기했다. 그러자 비구들이 물었다. "석굴에서 여신의 말을 듣고 화가 나지 않았습니까?" "화가 나지 않았습니다." 그 이야기를 듣고 비구들은 부처님께 가서 "저 비구는 거짓말을 하고 있습니다. 그는 석굴의 여신이 자기를 쫓

아내려고 괴롭힐 때 화가 나지 않았다고 말했습니다."라고 말씀드
렸다. 그러자 부처님께서 말씀하셨다. "비구들이여, 여래의 아들은
그때 화를 내지 않았다. 그는 늘 한적한 생활을 즐겼으며, 바라는
것이 적었고, 언제나 만족하는 사람이었다." 이어서 부처님께서는
게송을 읊으셨다.

405 여인 때문에 두들겨 맞은 비구[484]

동물에게나 식물에게나
모든 존재에게 몽둥이를 내려놓고
죽이지도 죽게 하지도 않는 사람,
나는 그를 바라문이라고 부른다.

---

484) 한 비구가 부처님에게 수행주제를 받아 숲으로 들어가서 열심히 정
    진하여 아라한과를 성취한 후 그 기쁜 소식을 부처님께 전하고 싶어
    서 길을 떠났다. 그런데 어떤 부부가 싸운 끝에 아내가 친정으로 가
    려고 집을 나와 큰 길로 들어서다가 그 비구를 보고 따라가야겠다고
    생각하고 계속해서 비구를 뒤따라갔다. 하지만 비구는 그것을 전혀
    눈치 채지 못하고 있었다. 한편 외출했다가 돌아온 그녀의 남편은 아
    내가 보이지 않자 친정으로 갔을 것이라고 짐작하고 처갓집을 향해
    가다가 깊은 숲속에서 비구를 따라가는 아내를 발견했다. 그러자 그
    는 비구가 자기 아내를 데리고 가는 것이라고 오해하고, 그를 뒤쫓
    아 가서 사정없이 두들겨 팬 다음 아내를 데리고 집으로 돌아갔다.

온몸이 상처투성이가 된 비구를 본 다른 비구들이 그렇게 된 이유를 묻자 그가 겪은 일을 이야기 해 주었다. 그러자 비구들이 물었다. "그가 스님을 때릴 때 화가 나지 않았습니까?" "네, 저는 화가 나지 않았습니다." 그러자 비구들은 부처님께 가서 그가 거짓말을 하고 있다고 말씀드렸다. 그러자 부처님께서 게송을 읊으셨다.

406 네 명의 아라한 사미들[485]

적의 있는 자들 속에서도 적의가 없고
폭력적인 자들 속에서도 평온하고
집착하는 자들 속에서도 집착하지 않는 사람,
나는 그를 바라문이라고 부른다.

---

485) 한 바라문의 아내가 비구들에게 올릴 공양을 준비하면서 남편에게 정사에서 나이 많은 비구 네 분만 모셔 오라고 했다. 남편이 정사에 가서 말하자, 공양 초청을 받아서 분배하는 직책을 맡고 있던 비구는 순번에 따라 일곱 살 사미인 상낏짜, 빤디따, 소빠까, 그리고 레와따를 그에게 배정했다. 그들은 비록 나이가 어렸지만 모두 아라한과를 성취했을 뿐 아니라 대단한 신통력의 소유자이기도 했다. 나이 어린 사미들이 집으로 오는 것을 본 바라문의 아내는 화로에 소금을 뿌린 것처럼 이를 갈면서 불평했다. "당신은 정사에 가시더니 손자보다도 어린 꼬마들을 데려왔소?" 그녀는 어린 사미들을 무시하여 음식을 올리지도 않고 일부러 낮은

곳에 앉게 하고는, 남편에게 다시 정사에 가서 나이 많은 스님들을 모셔 오라고 했다. 그러는 동안 사미들은 그날 아침부터 아무것도 먹지 못해 매우 배가 고팠다.

남편은 아내의 말대로 나이 많은 스님을 모셔 오려고 다시 정사로 가던 길에 늙은 바라문을 발견했다. 그런데 그는 곤경에 처한 어린 사미들을 도와주려고 바라문으로 변신한 제석천왕이었다. 그것을 알 길 없는 남편은 바라문을 자기 집으로 모셔 갔다. 늙은 바라문을 본 아내는 무척 기뻐하면서 자리에 앉으라고 권했지만 그는 앉지도 않고 네 명의 사미에게 큰 절을 올리더니 사미들이 앉아 있는 줄의 가장 끝에 가서 결가부좌를 한 채 땅바닥에 앉았다. 그 모습을 본 바라문의 아내는 남편에게 말했다. "당신은 이번에는 너무 늙은 스님을 모셔 왔구려. 저 영감이 자기 손자보다도 어린 사미들에게 큰 절을 하는 것을 좀 보세요. 아마 노망이 들었나 봐요. 당장 내쫓아 버려요!"

바라문은 늙은 바라문을 내쫓으려 해보았지만 그는 꿈쩍도 하지 않았다. 잠시 후 늙은 바라문은 자기가 제석천왕이고 사미들은 아주 수행이 깊은 분들이며, 그래서 자기는 그들을 존경해 마지않는다고 말했다. 그제야 바라문 부부는 자기들의 어리석음을 깨닫고 그들에게 음식을 정성껏 공양했다. 제석천왕과 사미들은 공양을 모두 끝내고 나서 첫 번째 사미는 지붕 한가운데를, 두 번째 사미는 지붕 앞쪽을, 세 번째 사미는 지붕 뒤쪽을 뚫고 날아갔고, 네 번째 사미는 땅속을 통해서 그곳을 떠났다. 그리고 제석천왕도 다른 방향으로 떠났다. 그때부터 그 집은 문이 다섯인 집으로 알려지게 되었다. 정사에 돌아온 어린 사미들이 바라문 부부의 푸대접에도 불구하고 화가 나지 않았다고 비구들에게 말하자 비구들은 그들이 거짓말을 하고 있다고 부처님께 말씀드렸다. 그러자 부처님께서 말씀하셨다.
"그들은 자기들에게 반대하거나 저항하는 사람에 대해 나쁜 감정
을 다 없애버린 아라한들이다." 이어서 부처님께서는 게송을 읊으
셨다.

407 마하빤타까 장로[486]

송곳 끝의 겨자씨처럼
탐욕과 성냄과
자만과 위선이 떨어져나간 사람,
나는 그를 바라문이라고 부른다.

---

486) 마하빤타까 장로는 동생 쭐라빤타까가 비구가 될 때 이미 아라한
이었다. 쭐라빤타까는 과거생에서 비구를 바보라고 놀려댔기 때
문에 금생에 바보로 태어났는데, 얼마나 둔했던지 비구가 된 지 넉
달이 되도록 단 하나의 게송도 외우지 못했다. 그래서 마하빤타까
는 동생을 꾸짖으며, '너는 여기 있을 사람이 못 되니 집으로 돌아
가라.'고 말했다. 뒷날 이 일과 관련하여 비구들이 이야기를 나누
었다. "마하빤타까가 동생을 쫓아낸 것을 보면 아라한도 때때로 화
가 나는 게 분명합니다." 이에 대해서 부처님께서는 "아라한에게는
탐욕, 성냄, 어리석음 등 어떤 번뇌도 남아 있지 않다. 마하빤타까
는 자기 동생을 이롭게 하기 위해서 그런 것이지 화를 낸 것이 아니
다."라고 말씀하시고 게송을 읊으셨다. (게송 25 각주 참조)

408 다른 사람을 놈이라고 부르는 삘린다왓차 장로[487]

부드럽고 교훈적이며
진실한 말을 하여
누구에게도 화내지 않는 사람,
나는 그를 바라문이라고 부른다.

---

[487] 삘린다왓차 장로는 비구나 재가신도들에게 습관적으로 "이놈아, 이리 오너라!"라며 불가촉천민에게 사용하는 말을 하곤 했다. 그래서 비구들은 부처님께 삘린다왓차 장로는 비구들에게 불가촉천민들에게나 쓰는 상스러운 말을 한다고 말씀드렸다. 부처님께서는 삘린다왓차 장로의 전생을 살펴보시고는 비구들에게 말씀하셨다. "삘린다왓차는 과거 오백 생 동안 바라문 가문에서만 태어나서 오랜 세월 욕설을 사용했기 때문에 저렇게 되었다. 번뇌가 다한 아라한은 거칠고 잔인한 말이나 남의 기분을 상하게 하는 말을 사용하지 않는다. 나의 아들이 그렇게 말하는 것은 순전히 오래된 습관 때문이다." 이어서 부처님께서는 게송을 읊으셨다.

409 어떤 장로[488]

이 세상에서 길거나 짧거나,
작거나 크거나 좋거나 나쁘거나

세상에서 주지 않은 것을 갖지 않는 사람,
나는 그를 바라문이라고 부른다.

488) 어느 날 사왓티에 사는 한 바라문이 옷을 말리려고 널어 놓았다. 그 런데 아라한인 장로가 그 옷을 보고 누가 버린 것이라고 생각해서 가지고 가다가 잠시 후 옷이 없어진 것을 알고 뒤쫓아 온 바라문에 게 돌려주었다. 장로가 정사로 돌아가서 비구들에게 그 일을 이야 기하자 비구들이 그를 놀리듯이 물었다. "그 옷이 거친 천이었습니 까, 고운 천이었습니까?" 그러자 그는 "그건 잘 모르겠소. 나는 다 만 그것을 버린 것이라고 생각하였을 뿐이오."라고 대답했다. 그 이 야기를 들은 비구들이 부처님께 자초지종을 말씀드리자 부처님께 서 말씀하셨다. "그는 사실을 말하고 있다. 번뇌가 다한 아라한은 남의 물건을 욕심 때문에 가져오는 법이 없다." 이어서 부처님께서 는 게송을 읊으셨다.

410 오해를 받은 사리뿟따 장로[489]

이 세상이나 다음 세상에 대해
바라는 것이 없으며
갈애가 없고 속박에서 벗어난 사람,
나는 그를 바라문이라고 부른다.

489) 사리뿟따 장로는 비구 오백 명과 함께 어느 마을의 정사에서 안거를 보낸 적이 있었다. 안거가 끝나갈 때 신도들은 장로에게 까티나 행사

(가사 공양을 올리는 행사)를 제안하고 그때 필요한 물품을 제공하겠다고 말했다. 하지만 안거가 끝날 때까지 물품을 가지고 온 사람은 한 사람도 없었다. 그래서 장로는 행사가 무산되었으니 그만 부처님을 뵈러 가야겠다고 생각하고 비구들에게 "내가 떠난 후 혹시 신도들이 가사와 물품을 가지고와서 공양하거든 모두 나에게 보내 주시오."라고 말하고 길을 떠났다. 비구들은 사리뿟따 장로의 말을 잘못 이해하여 부처님께 "사리뿟따 장로는 가사와 물품에 집착하고 있습니다."라고 말씀드렸다. 그러자 부처님께서 "나의 아들 사리뿟따에게는 갈애가 없다. 그는 신도들의 공덕이 손실되지 않고, 젊은 비구와 사미들의 이익이 손상되지 않기를 기원하는 마음으로 그렇게 말한 것이다."라고 말씀하시고 게송을 읊으셨다.

411 오해를 받은 마하목갈라나 장로[490]

갈애가 없고
잘 깨달아 의혹이 없으며
죽음 없는 열반을 체험한 사람,
나는 그를 바라문이라고 부른다.

---

490) 몇몇 비구들이 부처님께 "마하목갈라나 장로는 아직도 물질에 대한 소유욕이 있습니다."라고 말씀드린 적이 있었다. 이에 대해 부처님께서 "마하목갈라나는 세상의 모든 물질적, 정신적 욕망으로부터 벗어났으며, 집착이 없는 열반을 체험한 수행자이다."라고 말씀하시고 게송을 읊으셨다.

412 선악을 초월한 레와따 사미[491]

공덕과 악행을 뛰어넘고
세상에 대한 집착에서 벗어났으며
슬픔이 없고 번뇌가 없어 청정한 사람,
나는 그를 바라문이라고 부른다.

491) 어느 날 비구들이 부처님께 말씀드렸다. "레와따 사미는 홀로 숲 속
에 살고 있지만 사람들로부터 많은 공양을 받고 있으며 명예가 높
습니다. 그리고 그는 신통력도 있어서 일시에 뾰족한 탑이 있는 방
사를 오백 개나 지어 오백 비구들을 수용할 수 있는 정사까지 세웠
습니다. 그것은 그가 아직도 명예에 집착하고 있다는 증거입니다."
그러자 부처님께서 말씀하셨다. "레와따는 모든 욕망과 명예를 던
져 버렸다. 그는 비록 나이가 어리지만 좋은 것과 나쁜 것, 괴로운
것과 즐거운 것을 다 초월한 수행자이다." 이어서 부처님께서는 게
송을 읊으셨다.

413 배에서 달빛이 나오는 짠다바 장로[492]

달처럼 더러움이 없어 청정하고
맑고 깨끗하며
존재에 대한 기쁨이 없는 사람,
나는 그를 바라문이라고 부른다.

492) 짠다바는 라자가하 시의 바라문의 아들로 태어났다. 그는 전생에 깟사빠 부처님의 사리탑에 달 모양의 전단향을 공양 올린 공덕으로 배꼽 주변에 달 모양의 빛이 나고 있었다. 그것을 본 그의 아버지는 그것을 이용하여 사람들을 속여서 돈을 벌기로 마음을 먹었다. 그는 아들에게 좋은 옷을 입히고 수레에 태워 이곳저곳 데리고 다니며, 사람들에게 아들의 배를 보여주고 그것을 만지면 큰 행운이 온다고 거짓 선전을 했다. 그러자 귀가 솔깃해진 많은 사람들이 돈을 내고 짠다바를 만짐에 의해 그는 계속 돈을 벌었다. 그들은 그렇게 여행을 계속하다가 사왓티에 도착했다. 그런데 거기 사람들은 짠다바에게 별로 관심을 보이지 않고 부처님의 설법을 들으려고 꽃과 향을 들고 제따와나 정사로 가는 것이었다. 짠다바는 자신의 신통력을 부처님과 견주어 보려고 그들을 따라갔다. 그러나 짠다바의 속셈을 아신 부처님께서는 그가 정사로 들어왔을때 신통력으로 그의 달빛을 꺼버리셨다. 그 바람에 짠다바가 부처님 앞에 갔을 때에는 달빛은커녕 달 모양의 흔적조차 남아있지 않았다. 갑작스런 사태에 무척 당황한 바라문은 짠다바를 데리고 즉시 밖으로 나왔는데 밖에서는 다시 그 달빛 모양이 나타났다. 그가 기뻐하며 다시 짠다바를 데리고 부처님께 가자 다시 그 빛은 사라져 버리고 말았다. 그런 일이 세 번이 반복되자 짠다바는 부처님께서 달빛을 사라지게 하는 주술을 가지셨다고 생각하고 부처님께 주술을 가르쳐 달라고 했다. 그러자 부처님께서 비구가 되면 가르쳐 주겠다고 하셨다. 그는 망설이지 않고 비구가 되었다. 부처님께서는 비구가 된 그에게 몸의 서른두 가지 부분에 대한 명상을 가르쳐 주시면서, 주술을 통달하려면 그것을 먼저 배워야 한다고 하셨다. 그는 부처님의 가르침대로 열심히 수행하여 얼마 지나지 않아 아라한과를 성취하였다.

그 뒤, 과거에 그와 인연이 있었던 사람들이 그에게 와서 주술을 다 배웠는지를 묻자 그는 엄숙한 어조로 대답했다. "당신네들은 이제 내 곁에서 떠나 주시오. 나는 이제 깨달음을 성취하였으니 더 이상 아무것도 필요치 않소." 그 말을 들은 비구들이 부처님께 나아가 말씀드렸다. "짠다바 비구는 거짓말을 하고 있습니다." 그러자 부처님께서 말씀하셨다. "짠다바는 세상의 즐거움을 완전히 떠난 사람이다. 그는 진실을 말한 것이다." 이어서 부처님께서는 게송을 읊으셨다.

414 모태에서 7년을 지낸 시왈리 장로[493]

이 진흙탕 길, 이 험로, 이 윤회, 이 무명을 뛰어넘어서[494]
피안에 도달한 사람, 선정에 들어 갈망도 의심도 없고
집착이 없는 열반을 성취한 사람,
나는 그를 바라문이라고 부른다

---

493) 꾼다꼴리야 국의 숩빠와사 공주는 임신한 지 칠 년하고도 칠일이 되는 날, 심한 산고로 고생하고 있었다. 그녀는 그렇게 큰 고통 속에서도 아이를 무사히 순산하기를 기원하며 계속 불법승 삼보에 대해 명상했다. 그러다 마침내 공주는 아주 건강하고 인물도 준수한 아들을 낳았다. 자라서 성인이 된 아들은 출가하여 시왈리라는 이름을 받고 사무애해를 갖춘 아라한이 되었다. 그에게는 복덕이 따라서 항상 공양이 넘쳤기 때문에 부처님의 제자 가운데 복덕이 가

장 뛰어난 제자로 일컬어졌다. 어느 날 비구들은 부처님께 여쭈었다. "시왈리 비구는 아라한이 될 정도로 복덕이 많은 사람인데, 어째서 그의 어머니 태중에 칠 년 동안이나 머물러 있어야만 했습니까?" 부처님께서 대답하셨다. "그는 전생에 시왈리 국의 왕자로 태어났었다. 그때 시왈리 왕자는 이웃 나라와의 전쟁 중에 한 도시를 점령한 후 칠일 동안 성문을 열지 않는 바람에 그 동안 성 안의 시민들은 음식과 물이 없어서 엄청난 고통을 겪었다. 그는 그 불선업 때문에 어머니의 태중에서 칠 년 동안 갇혀 있었던 것이다. 그러나 이제 그의 모든 불선업이 끝나 고통은 사라지고 선업만이 나타나게 되어 일반 대중의 공양을 가장많이 받는 수행자가 되었으며, 열반을 성취하여 지복(至福) 속에 머물고 있다." 이어서 부처님께서는 게송을 읊으셨다.

494) 진흙탕 길은 탐욕, 험로는 번뇌, 무명은 사성제를 모르는 것을 뜻한다. (『법구경-담마파다』, 776쪽 참조)

415 기생에게 유혹당한 순다라사뭇다 비구 495)

세상의 감각욕망을 버리고
집을 떠나 비구가 되어
존재에 대한 감각욕망이 제거된 사람,
나는 그를 바라문이라고 부른다.

495) 순다라사뭇다는 사왓티에서 부유한 집의 아들로 태어났다. 그는 준

수한 청년으로 성장한 뒤 비구가 되어 라자가하에서 수행하고 있었다. 사왓티의 축제날이 되자 그의 부모는 축제를 구경하다가 자식이 보고 싶어서 눈물을 흘렸다. 그때 아주 예쁜 기생이 순다라사뭇다의 어머니에게 다가가 자기가 그녀의 아들을 환속시킬 수 있다고 말했다.

어머니는 그렇게 해 준다면 그녀를 며느리로 삼고 집안 재산도 다 주겠다고 약속했다. 그리하여 기생은 많은 여자들을 거느리고 라자가하로 가서, 순다라사뭇다 비구가 탁발을 나올 때마다 맛있는 음식을 준비했다가 공양을 올렸다. 그렇게 여러 날이 지나고 기생은 결국 그를 집안으로 유인하는데 성공했다. 그녀는 비구를 자기 집 맨 위층인 7층까지 데리고 가서 방문을 잠그고는 노래를 불렀다. "붉은 색 슬리퍼를 신고 서 있는 기생이 신발을 벗어버리고 말했네. 젊은 그대는 나의 것, 젊은 나는 그대의 것. 우리가 늙어 지팡이에 의지할 때 출가해도 늦지 않다네."그녀의 노래를 들으며 순다라 장로는 '아, 나는 참으로 큰 허물을 짓고 있구나!'하며 후회했다.

그때 그곳으로부터 무려 45요자나 떨어진 제따와나 정사에 계신 부처님께서는 라자가하에서 일어나는 일을 아시고, 당신의 모습을 순다라사뭇다 비구 앞에 나타내셨다. 부처님께서 "비구여, 욕망으로부터 벗어나라!"고 말씀하신 다음 게송을 읊으시자, 순다라사뭇다 비구는 아라한과를 성취했을 뿐만 아니라 신통력까지 갖추게 되어 허공으로 몸을 솟구쳐 7층 전각의 우산 모양 위로 날아올랐다. 그는 제따와나 정사로 가서 부처님께 인사를 올리고 부처님의 위대한 가피력을 찬탄했다.

416 조띠까 장로와 자띨라 장로 [496]

세상의 갈애를 버리고
집을 떠나 비구가 되어
갈애와 존재에 대한 욕망이 제거된 사람,
나는 그를 바라문이라고 부른다.

---

[496] 아자따삿뚜 왕은 자신이 태자였을 때 마음먹었던 대로 재정관 조띠
까의 저택을 차지하려고 무장한 군대를 이끌고 조띠까의 집으로 향
했다. 그러나 보석으로 된 성벽에 비치는 자신들의 모습을 조띠까
의 군대라고 착각한 왕은 감히 조띠까의 궁전에 접근을 못하고 있
었다. 그 시각에 조띠까는 재일을 지키기 위해 아침 식사를 일찍 마
치고 웰루와나 정사에 가서 부처님의 설법을 듣고 있었다. 이때 부
하들과 조띠까의 저택 첫 번째 문을 지키고 있던 야차 야미꼴리가
아자따삿뚜에게 "어디로 가느냐?"라고 외쳤다. 그러자 아자따삿뚜
와 부하들은 놀라 도망치기 시작했다. 야차가 추격하자 아자따삿뚜
와 부하들은 혼비백산하여 웰루와나 정사로 도망갔다. 조띠까는 왕
이 들어오는 것을 보고 자리에서 일어나면서 물었다.
"대왕이시여, 무슨 일이 있으셨습니까?"
"재정관이여, 그대의 군대에게 내 군대와 싸우라고 명령해 놓고 어
떻게 태연하게 여기 와서 설법을 듣고 있는 체하는가?"
조띠까가 물었다.
"그렇다면 대왕께서는 제 재산을 차지하기 위해서 군대를 동원하
셨단 말씀이시군요."
"그렇소."

"하지만 일천 나라의 왕들이 다 몰려온다고 해도 저의 재산을 건드 릴 수는 없습니다."

그 말을 들은 아자따삿뚜 왕은 화를 냈다.

"그건 그대가 나 대신 왕이 되겠다는 뜻인가?"

"그런 뜻이 아닙니다. 제 말씀은 어떤 왕이나 도둑도 제 뜻에 반해 서는 제 재산에서 작은 실오라기 하나도 축낼 수 없다는 뜻입니다."

"그런가? 그렇다면 나는 그대의 뜻에 따라 그대의 저택을 가지겠 소."

"좋습니다. 정 그러시다면 이렇게 한 번 해 보시지요. 대왕이시여, 제 열 손가락에 지금 스무 개의 반지가 끼워져 있습니다. 저는 이것 을 대왕께 드리지 않을 생각인데 한 번 빼 보시지요."

왕은 있는 힘을 다해서 반지를 당기며 몸을 공중으로 뛰어오르면서 반지를 뽑으려고 했으나 반지는 조띠까의 손에서 꼼짝도 하지 않았 다. 조띠까가 말했다.

"이제 대왕의 두 손바닥을 제 앞에 펴 보십시오."

왕이 손바닥을 펴는 것을 보고 조띠까도 손가락을 바르게 펴자, 그 제야 스무 개의 반지가 스르르 빠져 나왔다.

조띠까는 왕에게 말했다.

"제 뜻을 거슬러서 제 재산을 가져갈 수 없다는 것은 바로 이런 이 치입니다."

하지만 조띠까는 왕의 심기가 불편한 것을 알고 마음이 편안치 못 했다. 그는 자기에게 인연이 다가온 것을 느끼고 왕에게 말했다.

"제가 세상을 떠나 비구가 되게 허락해 주십시오."

왕은 조띠까가 비구가 되면 그의 저택을 차지할 수 있겠다고 생각 하여 그의 청을 허락했다. 그리하여 조띠까는 부처님의 제자가 되었고 오래지 않아 아라한이 되어 조띠까 장로로 불리었다. 그런데 조띠까 장로가 아라한이 되는 순간 천신들이 그의 재산을 거두어 갔다.

비구들이 조띠까 장로에게 저택에 미련이 남아 있는지를 물었고 그는 전혀 그렇지 않다고 대답했다. 비구들은 이 일을 부처님께 말씀드렸다. 그러자 부처님께서 "비구들이여, 나의 아들 조띠까에게 재산에 대한 갈애가 모두 소멸되었다."라고 말씀하시고 이어서 게송을 읊으셨다.

417 한 때 광대였던 나따뿟따까 장로 1 [497)

인간의 속박도 버리고,
천상의 속박도 벗어나
모든 속박에서 벗어난 사람,
나는 그를 바라문이라고 부른다.

---

497) 광대의 아들 나따뿟따까는 부모처럼 광대가 되어 여러 곳을 돌면서 공연했다. 그러던 어느 날 그는 우연히 부처님의 법문을 듣고 출가하여 비구가 되었는데 열심히 수행하여 마침내 아라한이 되었다. 하루는 부처님께서 나따뿟따까 장로를 비롯한 많은 비구들과 함께 탁발 공양을 하시다가 길거리에서 춤추고 노래하는 광대들을 보게 되었다. 그때 비구들은 나따뿟따까 장로에게 옛날 춤추던 때가 그립지 않은지를 물어 보았다. 나따뿟따까 장로가 더 이상 그것을 좋아하지 않는다고 대답하자 비구들은 부처님께 그가 거짓말을 하고

있다고 말씀드렸다. 그러자 부처님께서 말씀하셨다. "나따뿟따까는 모든 집착과 욕망을 초월한 아라한이 되었다." 이어서 부처님께서는 게송을 읊으셨다.

418 한 때 광대였던 나따뿟따까 장로 2 [498]

좋아함과 싫어함을 버리고
집착대상이 없어 고요하며
일체의 세계(오온)를 정복한 영웅,
나는 그를 바라문이라고 부른다.

---

[498] 부처님께서 "나따뿟따까는 물질의 소유에서 오는 모든 즐거움을 포기한 아라한이 되었다."라고 말씀하시고 이어서 게송을 읊으셨다.

419-420 해골을 두드려 태어난 곳을 아는 왕기사 [499]

419 중생들이 어떤 방식으로
죽고 태어나는지를 알고
집착을 여의고 잘 간 깨달은 사람,
나는 그를 바라문이라고 부른다.

420 천신도 간답바도 인간도 [500)

그가 간 곳을 알 수 없는 사람,
모든 번뇌가 부수어진 아라한,
나는 그를 바라문이라고 부른다.

---

499) 라자가하에 사는 왕기사는 죽은 사람의 두개골을 두드릴 때 나는
소리를 듣고 죽은 이가 천상계에 태어났는지, 인간으로 태어났는
지, 사악처에 태어났는지를 알았다. 그래서 가족들은 그를 이용해
서 돈을 벌려고 마음먹고, 왕기사에게 빨간 색의 가사를 입혀 여기
저기를 데리고 다니면서 그의 능력을 선전했다. 그러자 그들이 가
는 곳마다 사람들이 몰려들어 많은 돈을 내고 자기네 부모나 친척
들이 어느 세계에 태어났는지 알려 달라고 물었다.
사왓티 시에 도착한 그들은 어느 날, 제따와나 정사로 가는 길에 많
은 사람들이 손에 꽃, 향과 초를 들고 부처님 설법을 들으려고 정사
로 가는 모습을 보게 되었다. 왕기사 가족들은 사람들을 붙잡고 왕
기사가 죽은 사람의 두개골을 두드려서 그 사람이 어느 세계에 태
어났는지 말해 줄 터이니 한 번 해보라고 했다. 하지만 신도들은
"왕기사든 누구든 우리 부처님같이 탁월한 분은 달리 있을 리가 없
소."라고 하면서 손을 뿌리쳤다. 그래서 그들은 정사로 가서 부처님
과 왕기사의 능력을 비교해 보기로 했다.
그때 부처님께서는 그들이 오는 것을 미리 아시고 각기 다른 세계
에 태어난 다섯 개의 두개골을 상위에 올려놓고 기다리고 계셨다.
왕기사는 네 개의 두개골의 주인이 어디에 태어났는지 알아 맞혔지
만, 마지막 아라한의 두개골은 어디에 태어났는지 알지 못했다. 왕
기사는 부처님께 그것을 알 수 있는 주문을 알려달라고 청했고 부

처님께서는 비구가 되어야만 알려주겠다고 하셨다. 왕기사가 비구가 된 다음 부처님께서는 그에게 몸의 서른두 가지 구성 요소 하나하나를 면밀히 관찰하는 수행법을 지도하셨다. 왕기사는 부처님께서 가르쳐 주신대로 수행에 몰두하였고 그렇게 며칠이 지나서 그는 아라한과를 성취하였다. 그 후부터 그는 동료들이 죽은 자가 어디에 태어났는지 물을 때마다 "나는 이제 그런 것에 더 이상 관심이 없네." 라고 대답했다.

그의 말을 전해들은 비구들은 왕기사가 거짓으로 자기가 아라한이 되었다고 말 한다고 생각하여 부처님께 말씀드렸다.

그러자 부처님께서 말씀하셨다. "여래의 아들 왕기사는 생사에 대해 완전히 통달했다." 이어서 부처님께서는 게송 두 편을 읊으셨다.

500) 간답바(gandhabba)는 태아의 잉태와 관련 있는 존재인데, 「갈애 멸진의 긴 경(M38)」에 "어머니와 아버지가 교합하고 어머니가 월경이 있고 간답바가 있어서, 세 가지가 만나면 수태가 이루어진다."고 나와 있다. (『맛지마 니까야 2』, 230쪽 참조) 여기서 어떤 생명체가 태어나기 위해서는 암수의 교합, 적당한 시기(월경이 있을 때), 생명현상으로서의 건답바의 존재라는 조건이 충족되어야 함을 보여주고 있다. (『법구경-담마파다』, 420쪽 참조)

421 남편의 깨달음에 발심하여 출가한 담마딘나 장로니[501]

과거나 미래나 현재의 것이나
그 어떤 것에 대해서도 갈망하지 않으며
가진 것도 없고 집착도 없는 사람,
나는 그를 바라문이라고 부른다.

---

501) '담마딘나'의 남편 위사카는 재가생활을 하면서 열심히 수행하던 어느 날 부처님의 법문을 듣고 아나함과를 성취하였다. 남편이 성자가 된 것에 자극받은 담마딘나도 남편에게 허락을 받고 출가하여 열심히 정진하여 오래지 않아 사무애해를 갖춘 아라한이 되었다.

(맛지마 니까야 44 '교리문답의 짧은 경' 참조)

위사카는 자기 아내였던 담마딘나가 출가 생활에 만족하고 있는지를 알아보기 위하여 법에 대해 물어 보아야겠다고 생각했다. 그가 수다원에 대해서 질문하자 담마딘나는 막힘없이 대답했고, 사다함과 아나함에 대한 질문에도 역시 막힘이 없었다. 마지막으로 그가 아라한에 대해서 묻자 담마딘나는 "좋은 질문입니다. 하지만 아라한에 대해서는 부처님께 가서 질문하는 것이 좋겠습니다." 라고 답했다. 위사카는 담마딘나에게 인사를 올리고 부처님이 계신 곳으로 가서, 부처님께 담마딘나와 나눈 대화를 말씀드린 다음 법문을 청했다. 그러자 부처님께서는 "여래의 딸 담마딘나가 아주 훌륭하게 대답하였구나! 나도 그렇게 대답했을 것이다."라고 하시고 게송을 읊으셨다.

422 두려움이 없는 앙굴리말라 장로 ⁵⁰²⁾

황소처럼 두려움 없고
위대한 성자, 승리자,
갈망이 없고 깨끗하며 깨달은 사람,
나는 그를 바라문이라고 부른다.

---

502) 꼬살라 국왕 빠세나디와 왕비 말리까는 부처님과 오백 명의 아라
한들에게 비할 바 없이 큰 공양을 올리면서 길들여진 코끼리가 아
라한인 비구들을 한 분씩 모시도록 했다. 하지만 훈련된 코끼리가
499마리 뿐이어서 할 수 없이 한 마리는 훈련이 안된 코끼리를 쓸
수밖에 없었는데 그 코끼리가 앙굴리말라 장로에게 배정되었다. 왕
은 그 코끼리가 도중에 혹시 난폭한 성질을 드러내지나 않을까 몹
시 걱정했으나, 다행히도 아무 말썽을 부리지 않고 조용히 장로를
모셨기 때문에 행사를 무사히 끝낼 수 있었다.
그 후에 비구들이 앙굴리말라 장로에게 훈련이 되지 않은 코끼리
를 탔을 때 두렵지 않았냐고 묻자 장로는 전혀 두렵지 않았다고 대
답했다. 그러자 비구들은 장로의 말을 믿지 않고 부처님께 나아가
말씀드렸다. "앙굴리말라 장로는 자기가 두려움이 없는 아라한이
되었다고 거짓말을 하고 있습니다." 그러자 부처님께서 "앙굴리말
라는 사실을 말한 것이다. 그때 앙굴리말라는 두려움이 없었다. 그
와 같은 경지에 오른 사람은 누구나 두려움을 갖지 않게 된다."라고
말씀하시고 이어서 게송을 읊으셨다.

423 데와히따 바라문의 질문 ⁵⁰³⁾

자신의 전생을 알고,
천상과 지옥을 보며,
다시는 태어나지 않는 경지에 이르렀고 ,
지혜가 완성됐으며,
해야 할 일을 모두 끝낸 성자,
나는 그를 바라문이라고 부른다.

---

503) 부처님께서는 위궤양 증세를 느끼시고, 우빠와나 장로에게 데와히
따 바라문에게 가서 따뜻한 물 한 항아리를 받아 오라고 이르셨다.
장로가 바라문에게 가서 부처님의 부탁을 전하자 바라문은 기쁨에
넘쳐 말했다. "부처님께서 나에게 따뜻한 물 한 항아리를 얻어 오
라고 하셨으니 큰 행운입니다." 그는 따뜻한 물을 하인들에게 지게
로 운반하도록 하고, 당밀이 들어 있는 항아리도 장로에게 주었다.
정사로 돌아온 장로는 따뜻한 물로 부처님을 목욕시켜 드리고, 당
밀을 따뜻한 물에 타서 부처님께 드렸다. 그러자 부처님의 병이 즉
시 가라앉았다. 우빠와나 장로를 따라와서 그 모든 과정을 지켜보
던 데와히따 바라문이 부처님께 여쭈었다. "부처님, 누구에게 공양
을 올려야 큰 복덕을 얻습니까?" 그러자 부처님께서는 "바라문이
여, 오늘처럼 아라한에게 공양을 올려야 가장 큰 복덕을 얻는다."라
고 대답하시고 아라한에 대해서 설명하신 다음 게송을 읊으셨다.

1. 사성제[504]

사성제(四聖諦. 네 가지 진리)란 고성제(괴로움의 진리), 집성제(원인의 진리. 갈애), 멸성제(소멸의 진리. 열반), 도성제(도의 진리. 팔정도)를 말한다.

가. 고성제(苦聖諦)

고성제에는 태어남, 늙음, 죽음, 슬픔, 비탄(슬픔이 심해져서 통곡할 정도의 괴로움), 고통(육체적 고통), 근심(정신적 고통), 절망(더 이상 눈물조차 나지 않을 정도의 괴로움), 싫어하는 사람과 만나는 괴로움(원증회고. 怨憎會苦), 좋아하는 사람과 헤어지는 괴로움(애별리고. 愛別離苦), 원하는 것을 얻지 못하는 괴로움(구부득고. 求不得苦)이 있다. 물질 취착 무더기, 느낌 취착 무더기, 인식 취착 무더기, 형성 취착 무더기, 의식 취착 무더기라는 오취온(五取蘊)이 없으면 태어남 등의 괴로움도 없기 때문에, 요약하면 오취온이 괴로움 [오음성고, 五陰盛苦]이다.

자신이 행복하다고 생각하는 사람은 괴로움에서 벗어나려는 노력을 하지 않는다. 괴롭다는 것을 알수록, 괴로움에 대한 경각심을 많이 일으킬수록, 괴로움에서 벗어나려고 보시하고 계를 지키고 수행하는 등의 선행을[505] 하려고 노력할 것이다. 그렇기 때문에 부처

---

504) 참고자료 ① 비구 일창 담마간다, 『부처님을 만나다』, 도서출판 불방일, 2018, 18-34쪽. ② 유미경 옮김, 삐야닷시 테라 지음, 『붓다의 옛길』, 달물, 2015, 64-149쪽.

505) 선행은 "첨부 16. 열 가지 악행과 선행" 참조.

님께서 깨달으신 후에 사성제를 설하실 때 고성제를 제일 먼저 설하셨다. 이처럼 괴로움에 대해서 경각심을 일으키는 것이 불교의 시작이다.

부처님께서는 괴로움을 고통 괴로움[苦苦], 변화 괴로움[壞苦], 형성 괴로움[行苦]이라는 세 가지로도 설명하셨는데, 이에 대해서 살펴보면 다음과 같다.

① 고통 괴로움: 참기 힘든 몸의 고통, 그리고 걱정과 슬픔과 불편함과 미안함 등의 참기 힘든 마음의 고통을 '고통 괴로움'이라고 한다.

② 변화 괴로움: 기분 좋은 감촉과 닿은 뒤 몸으로 느끼는 몸의 행복, 그리고 즐거워할 만한 것을 인지할 때 마음으로 느끼는 행복인 마음의 행복, 이 두 가지 행복을 사람들은 좋아한다. 사람들은 밤낮으로 목숨을 버리면서까지 그것을 얻으려고 노력한다. 그렇게 해서 얻으면 기뻐하고 행복해 하지만, 그것이 사라지면 매우 괴로워한다. 재산이 없어지거나 사랑하던 가족이나 친지가 죽으면 매우 괴로워하고, 정신병이 생기기도 하고, 심지어는 죽기도 한다. 그러한 몸의 행복과 마음의 행복을 '변화 괴로움'이라고 한다. 행복한 동안은 좋지만 그 대상들이 변하고 사라졌을 때는 참을 수 없을 만큼 몸과 마음을 괴롭게 하는 고통이라는 뜻이다.

③ 형성 괴로움: 즐겁지도 괴롭지도 않은 무덤덤한 느낌, 그리고 삼계에 속하는 모든 형성된 것들은 괴로움이다. 열반을 제외하고 삼계에 존재하는 모든 물질과 정신들은 조건 지어진 것이고, 생겼다가 사라지는 것이기 때문에 이것을 '형성 괴로움'이라고 한다.

나. 집성제(集聖諦)

집성제는 괴로움의 원인인 갈애를 말한다. 즉 다시 태어나게 만들고, 여기저기서 즐기는 것이다. 갈애에는 형상, 소리, 냄새, 맛, 감촉, 현상(마음의 대상)이라는 여섯 대상을 갈망하는 욕계 갈애, 존재 갈애, 비존재 갈애가 있다.

왜 갈애가 괴로움의 원인인가? 괴로움은 태어났기 때문에 생기고, 어떤 업을 행했기 때문에 그 과보로 태어났고, 업은 강하게 집착했기 때문이고, 집착한 이유는 강하게 원했기 때문인데, 그것이 갈애이다. 갈애는 느낌에서, 느낌은 접촉에서, 접촉은 여섯 감각장소에서,[506] 여섯 감각 장소는 정신과 물질에서, 정신과 물질은 재생연결식에서, 재생연결식은 형성에서, 형성은 무명(어리석음)에서 생긴다.

무명은 슬픔, 근심, 절망과 언제나 함께 생기기 때문에 계속해서 윤회하게 된다. 부처님께서는 십이연기에서[507] 윤회하게 되는 근본 원인은 무명과 갈애라고 설하셨다.

무명(어리석음)과 갈애(탐욕)가 있으면 번뇌라는 14가지 불선한 마음부수들이 모두 생긴다.[508] 이 중에서 갈애가 가장 대표적인 것이며, 다음 생에 태어나게 하는 가장 직접적인 원인이기 때문에, 부처님께서 괴로움의 원인을 갈애라고 말씀하셨다.

---

506) 여섯 감각장소는 눈, 귀, 코, 혀, 몸, 마음 감각장소를 말한다. (『아비담마 길라잡이 제2권』, 188쪽 참조)

507) 십이연기(十二緣起)에 대해서는 "첨부 15. 연기와 빳타나(24조건)" 참조.

508) 14가지 불선한 마음부수란 어리석음, 양심 없음, 수치심 없음, 들뜸, 탐욕, 사견, 자만, 성냄, 질투, 인색, 후회, 해태, 혼침, 의심을 말한다.

다. 멸성제(滅聖諦)

　멸성제는 괴로움의 원인인 갈애가 남김없이 소멸한 상태인 열반을 말한다. 수행자가 계를 지키고, 그것을 바탕으로 삼매(집중)를 닦고, 그 삼매를 바탕으로, 자신에게 분명하게 드러나는 물질과 정신을 분명하게 관찰하는 위빳사나 수행을 열심히 하면, 점점 더 높은 단계의 위빳사나 지혜가 차례차례 생긴다. 그리하여 위빳사나 지혜가 정점에 이르렀을 때 열반을 대상으로 하는 수다원 도의 지혜가 생기면 사견, 질투, 인색, 의심, 행실의례 집착, 그리고 악처에 태어나게 하는 감각욕망과 성냄이 제거되어 첫 번째 단계의 성자인 수다원이 된다. 수다원이 되면 최대 일곱 번만 더 욕계에 태어나고 윤회에서 벗어난다. 계속해서 수행하여 사다함, 아나함을 거쳐 아라한이 되면 모든 번뇌들이 제거되어 윤회에서 완전히 벗어난다. 그리하여 모든 괴로움에서 벗어나 궁극적으로 행복한 상태가 된다.

라. 도성제(道聖諦)

　도성제는 여덟 가지 성스러운 도[八正道] 즉 바른 견해[正見], 바른 사유[正思惟], 바른 말[正語], 바른 행위[正業], 바른 생계[正命], 바른 노력[正精進], 바른 사띠[正念], 바른 삼매[正定]를 말한다. 이에 대해서는 "첨부 2. 팔정도"에서 설명하기로 한다.

2. 팔정도[509]

팔정도는 부처님께서 깨달으신 다음에 초전법륜경에서[510] 다섯 명의 비구에게 하신 최초의 설법이다. 출가자가 하지 말아야 할 두 가지 극단이 있는데, 그것은 쾌락에 몰두하는 것과 고행하는 것이다. 부처님께서는 두 가지 극단에 의지하지 않고 열반으로 인도하는 중도를 깨달으셨다. 이 중도가 바로 여덟 가지 성스러운 도인 팔정도(八正道)이다. 이것이 사성제 중의 도성제(道聖諦. 괴로움 소멸에 이르는 실천이라는 성스러운 진리)이다.

그 여덟 가지는 바른 견해[正見], 바른 사유[正思惟], 바른 말[正語], 바른 행위[正業], 바른 생계[正命], 바른 노력[正精進], 바른 사띠[正念], 바른 삼매[正定]이다. 부처님께서 제일 처음에 설법한 팔정도를 임종 직전에 대반열반경에서도[511] 설하셨다. 즉 마지막 제자인 수밧다에게 팔정도가 있기 때문에 불교 교단에는 성자(수다원, 사다함, 아나함, 아라한)가 있고, 팔정도가 없는 다른 교단에는 성자가 없다고 설하셨다. 따라서 팔정도는 부처님 최초의 설법이요, 최후의 설법이다. 팔정도에 대해 상세히 설명하면 다음과 같다.

---

509) 참고자료: ① 비구 보디 지음, 전병재 옮김, 『팔정도』, 고요한 소리, 2011. ② 오원탁 옮김, 헤네폴라 구나라타나 스님 지음, 『부처의 길, 팔정도』, 아름드리미디어, 2006.

510) 참고자료: ① 비구 일창 담마간다 옮김, 『마하시 사야도의 담마짝까 법문-초전법륜경 해설』, 도서출판 불방일, 2019. ② 김한상 옮김, 마하시 아가마하 빤디따 지음, 『초전법륜경』, 행복한 숲, 2011.

511) 참고자료: 각묵스님 옮김, 『부처님의 마지막 발자취 대반열반경』, 초기불전연구원, 2007.

(1) 바른 견해 [正見]

대념처경에서[512] 바른 견해는 괴로움에 대한 지혜, 괴로움의 원인에 대한 지혜, 괴로움의 소멸에 대한 지혜, 괴로움의 소멸에 이르는 길에 대한 지혜라고 설명되어 있다. 즉 사성제를 있는 그대로 아는 것이 바른 견해이다.

마하시 사야도는 초전법륜경에 대한 법문에서,[513] 사성제를 아는 것이 '성스러운 도 구성요소'라고 설명했다. 이것이 생기려면 '앞부분 도 구성요소' 즉 위빳사나 수행에 의해서 생기는 위빳사나 지혜가[514] 생겨야 한다. 이것이 생기기 위해서는 '근본 도 구성요소'가 생겨야 하는데, 이것은 업 자산 정견, 지계, 삼매를 말한다. 업 자산 정견은 업과 과보가 있다고 믿는 것이다. 그래야 계를 지키고 수행을 해서 삼매가 생긴다.

생기는 순서대로 다시 설명하면, 수행자가 '업 자산 정견'을 가지고 계를 지키고, 사마타 수행을 해서 선정삼매가 생기거나 위빳사나 수행을 해서 찰나삼매가 생기면, 망상과 장애가 생기지 않는 마음 청정[심청정]이 되는데, 그러면 '근본 도 구성요소'가 생긴 것이다.

이것을 바탕으로 위빳사나 수행을 열심히 하면 위빳사나 지혜 즉 '앞부분 도 구성요소'가 생긴다. 이것이 최고조에 도달하면 '성스러운 도 구성요소'가 생겨서 성자가 되는 것이다.

---

512) 참고자료: ① 각묵 스님 옮김, 『네 가지 마음 챙기는 공부(대념처경과 그 주석서)』, 초기불전연구원, 2003. ② 비구 일창 담마간다 옮김, 마하시 사야도 지음, 『마하사띠빳타나숫따 대역』, 도서출판 불방일, 2016. ③ 심준보 번역, 우 실라난다 스님 지음, 『네 가지 알아차림의 확립-사념처』, 보리수 선원, 2004.

513) 『마하시 사야도의 담마짝까 법문』, 207-208쪽 참조

(2) 바른 사유[正思惟]

바른 사유는 욕망에서 벗어남[出離] 사유, 악의 없음[자애] 사유, 해코지 않음[不害] 사유를 말한다.

(3) 바른 말[正語]

바른 말은 거짓말하지 않고, 이간하는 말하지 않고, 거친 말하지 않고, 쓸데없는 말하지 않는 것을 말한다.

(4) 바른 행위[正業]

바른 행위는 살생하지 않고, 주지 않는 것을 갖지 않고, 삿된 음행을 하지 않는 것이다.

(5) 바른 생계[正命]

바른 생계는 바른 말과 바른 행위로 생계를 유지함으로써 삿된 생계를 버리는 것이다.

(6) 바른 노력[正精進]

바른 노력은

① 아직 생기지 않은 불선법이 생기지 않도록

② 이미 생긴 불선법을 제거하도록

③ 아직 생기지 않은 선법이 생기도록

④ 이미 생긴 선법을 지속시키고, 사라지지 않게 하고, 증장시키고, 충만하게 하고, 완전히 계발되도록 열의를 일으키고, 노력하고, 힘을 쏟고, 마음을 다잡고, 전력을 다하는 것이다.

---

514) 첨부 13. "위빳사나 지혜와 칠청정" 참조

(7) 바른 사띠 [正念]

바른 사띠는[515] 열심히 노력하고 사띠하여 분명히 알면서 ① 몸에서 몸을 관찰하고 ② 느낌에서 느낌을 관찰하고 ③ 마음에서 마음을 관찰하고 ④ 법에서 법을 관찰하여 세상에 대한 탐애와 근심을 제거하면서 살아가는 것을 말한다.

(8) 바른 삼매 [正定]

삼매에는 하나의 대상을 관찰하는 사마타 수행을 해서 생기는 근접 삼매와 본삼매, 그리고 변하는 대상을 관찰하는 위빳사나 수행을 해서 생기는 찰나 삼매가 있다.[516] 경전에서는 본삼매를 바른 삼매라고도 하는데, 여기에는 다음 네 가지가 있다.

① 감각욕망에서 완전히 떠나고 불선법에서 떠나 사유와 고찰이 있고, 떠남에서 생긴 희열과 행복이 있는 초선정에 도달하여 살아가는 것,

② 사유와 고찰이 가라앉고 내부에서 생기고 깨끗하게 하며, 마음이 하나 되어, 사유와 고찰이 없고 삼매에서 생긴 희열과 행복이 있는 제2선정에 도달하여 살아가는 것,

③ 희열이 사라졌고 평온하게 사띠하고 분명히 알면서 행복도 경험하고, 성자들이 '평온하고 사띠를 갖춰 행복하게 살아간다.'고 칭송하는 제3선정에 도달하여 살아가는 것,

---

515) 사띠에 대해서는 "첨부 5. 사띠" 참조.

516) 사마타 수행과 위빳사나 수행에 대해서는 첨부 3에 상세히 설명되어 있다.

④ 행복도 제거되었고 괴로움도 제거되었고, 즐거움과 근심은 이전에 사라졌기 때문에 괴롭지도 즐겁지도 않으며, 평온으로 인해 사띠가 완전히 청정한 제4선정에 도달하여 살아가는 것을 말한다.

3. 사마타 수행과 위빳사나 수행 [517)

가. 사마타 수행 [518)

사마타 수행은 하나의 대상에 계속 마음을 집중시켜서 번뇌를 가라앉히는 수행이다. 이렇게 열심히 수행하면 일정 기간 동안 번뇌가 전혀 생기지 않고 하나의 대상에 몰입된 상태인 선정이 생긴다. 그러나 사마타 수행만으로는 중생들의 내부에 잠재되어 있는 번뇌를 완전히 제거하지는 못하기 때문에, 조건이 충족되면 번뇌가 다시 생긴다. 이 잠재 번뇌까지 제거하기 위해서는 정신과 물질의 변화를 보는 위빳사나 수행을 해야 한다.

사마타 수행주제는 까시나(두루 채움) 10가지 등 모두 40가지가 있다. 예를 들어 '땅 까시나' 수행을 하려면, 흙으로 지름 30cm 정도의 원판을 만들어 계속 보면서 '땅, 땅'이라고 계속 마음을 기울여야 한다. 이렇게 계속 수행주제에 마음을 집중하면 둥근 모양이 눈

---

517) 참고자료: 비구 일창 담마간다, 『가르침을 배우다』, 도서출판 불방일, 2017, 386-422쪽.

518) 참고자료: ① 무념 옮김, 파아욱 또야 사야도 법문, 『사마타 그리고 위빠싸나』, 보리수선원, 2008. ② 아난타 옮김, 헤네폴라 구나라타나 가르침, 『선정』, 보리수선원, 2005.

을 감아도 분명하게 보일 것이다. 그렇게 드러나는 표상을 '익힌 표상'이라고 한다. 그런 상태가 되면 원하는 장소에 가서 앉거나 서거나 걷거나 눕거나 익힌 표상이라는 대상에만 '땅, 땅'이라고 항상 마음을 기울여야 한다. 이렇게 계속하면 원래 모습과 달리 깨끗한 땅 표상이 빛과 함께 나타나는데, 이를 '닮은 표상'이라고 한다. 그러면 감각욕망, 악의(惡意), 해태와 혼침, 들뜸과 후회, 의심이라는 다섯 가지 장애들이 사라지고, 닮은 표상에만 집중된 마음이 고요하게 끊임없이 생긴다. 이것을 근접삼매라고 한다.

이 근접삼매 속에서 닮은 표상에 끊임없이 마음을 기울이면 마음이 닮은 표상이라는 대상에 꿰뚫고 들어가는 것처럼 집중되어 아주 고요하게 되는데, 이것을 "본삼매(선정)"라고 한다. 본삼매에는 초선정, 제2선정, 제3선정, 제4선정이 있다. 그중 초선정에는 사유, 고찰, 희열, 행복, 집중이라는 다섯 가지 선정 구성요소가 있다.

초선정을 얻은 수행자는 그 선정에 포함된 사유와 고찰의 허물을 보고 거기에서 벗어나도록 노력해서 제2선정을 얻는다.

제2선정에는 희열, 행복, 집중이라는 세 가지 선정 구성요소가 분명하다. 제2선정을 얻은 수행자는 다시 희열의 허물을 보고 그것에서 벗어나도록 노력해서 제3선정을 얻는다.

제3선정에는 행복, 집중이라는 두 가지 선정 구성요소가 분명하다. 제3선정을 얻은 수행자는 다시 행복의 허물을 보고 그것에서 벗어나도록 노력해서 제4선정을 얻는다.

제4선정에는 괴롭지도 않고 행복하지도 않은 평온과 집중이라는 두 가지 선정 구성요소가 분명하다.

사마타 수행을 해서 선정을 증득하면 다음 생에 범천세상에서 범천으로 태어나지만, 거기서 수명이 다하면 다시 욕계에 태어나기 때문에 괴로움에서 벗어나지는 못한다. 괴로움에서 벗어나려면 변화하는 정신과 물질을 관찰하는 위빳사나 수행을 해야 한다.

나. 위빳사나 수행[519]

위빳사나란 '나'의 내부에 분명히 존재하는 물질과 정신을 있는 그대로 관찰하는 수행이다. 즉 물질과 정신을 계속 변하는 것(무상)이며, 그렇기 때문에 괴로움이고, '나' 안에 '나 혹은 자아'라는 불변의 실체가 없는 '무아'일 뿐이라고 보는 것이다. 이렇게 아는 것이 위빳사나 지혜이고,[520] 그 지혜가 무르익었을 때, 도의 지혜가 생겨서 모든 물질과 정신이 소멸한 열반을 경험하고 수다원이 된다. 같은 방법으로 계속 수행하여 차례대로 사다함 아나함 아라한이 되면 윤회에서 벗어난다.

먼저 사마타 수행을 해서 선정이 생긴 다음에 위빳사나 수행을 하는 사람은, 선정에 들었다가 나오자마자 바로 그 선정 구성요소나 여섯 문(눈의 문, 귀의 문, 코의 문, 혀의 문, 몸의 문, 마음의 문)에서 생기는 현상들을 관찰한다. 그러다가 피곤해지면 다시 선정에 들어 피로를 푼 다음에 선정에서 나와서 같은 방법으로 관찰을 계속한다.

---

519) 참고자료: ① 비구 일창 담마간다, 『가르침을 배우다』, 도서출판 불방일, 2017, 412-435쪽. ② 오원탁 번역, 묘원 주해, 아신 자띨라 사야도의 법문, 『큰 스승의 가르침』, 행복한 숲, 2004. ③ 케마 옮김, 찬메 세야도 아쉰 자나까비왐사 법문, 『위빳사나 수행 28일』, 한국빠알리성전협회, 2004. ④ 비구 일창 담마간다 옮김, 『마하시 사야도의 위빳사나 수행방법론 1, 2』, 이솔, 2013.

520) 첨부 13. "위빳사나 지혜와 칠청정" 참조

사마타 수행을 하지 않고 위빳사나 수행만 하는 경우에는 오온, 감각장소 등의 어떤 주제든 자신에게 분명히 나타나는 대상을 관찰해야 한다. 왜냐하면 분명한 대상에 대해서만 '나'라고 사견으로 집착하고 '나의 것'이라고 갈애로 집착하기 때문이다. 정신보다는 물질이 분명하고, 물질 중에서도 숨 쉴 때마다 배가 부풀고 꺼지는 것이 분명하다. 그래서 마하시선원에서는 배가 부풀고 꺼지는 것부터 관찰하라고 지도한다. 그런 식으로 열심히 수행해서 지혜가 단계적으로 높은 수준까지[521] 향상되어 아라한이 되면, 모든 괴로움에서 완전히 벗어난다.[522]

4. 마음부수[523]

아비담마에 의하면 궁극적 실재(빠라맛타 담마)에는 마음, 마음부수,[524] 물질, 열반 모두 네 가지가 있다. 마음은 대상을 아는 것이며,

---

521) 지혜의 향상에 대해서는『마하시 스님의 칠청정을 통한 지혜의 향상』(오원탁 옮김, 냐나포니카 테라 영역, 경서원, 2007) 참조.

522) 수시마 경(S12-70)에 의하면 사마타 수행을 하지 않고 위빳사나 수행만 해도 아라한이 될 수 있다.『상윳따 니까야 제2권』, 339-354쪽 참조.

523) 참고자료: ① 대림 스님, 각묵 스님 옮김,『아비담마 길라잡이 제1권』, 초기불전연구원, 2017, 221쪽. ② 비구 일창 담마간다 옮김,『위빳사나 수행방법론 1』, 이솔, 2013, 604-606쪽. ③ 정명 스님 번역,『쩨따시까 (상권) (하권)』푸른 향기, 2011.

524) 마음부수 52가지 중에서 수(受, 느낌)와 상(想, 인식)을 제외한 나머지 50가지는 행(行, 상카라)임.

마음이 대상을 알 때 마음부수들의 도움을 받는다. 마음과 마음부수는 함께 생기고, 함께 사라지며, 같은 토대에 의지해서 생기고, 같은 대상을 갖는다. 오온(五蘊) 중에서 색온(色蘊)은 물질이며 수온(受蘊), 상온(想蘊), 행온(行蘊)은 마음부수이고 식온(識蘊)은 마음이다.

　　마음부수에는 공통 13가지, 불선 14가지, 아름다운 25가지 모두 52가지가 있다. 공통이란 불선한 것과 함께 생길 때는 불선하지만, 아름다운 것과 함께 생길 때는 아름다운 것이 되는 마음부수를 말한다. 상세한 내용은 다음과 같다.

㉮ 공통 마음부수 – 열세 가지

1) 공통 반드시 – 일곱 가지

　1. 접촉(phassa. 촉觸)

　2. 느낌(vedanā. 수受)

　　① 즐거움(sukha. 육체적 즐거움)

　　② 고통(dukkha. 육체적 고통)

　　③ 기쁨(somanassa. 정신적 즐거움. 행복)

　　④ 불만족(domanassa. 정신적 고통)

　　⑤ 덤덤한 느낌(upekkhā. 즐겁지도 괴롭지도 않은 느낌)

　3. 인식(saññā. 지각. 상想)

　4. 의도(cetanā. 사思) → 업(의 원인)

　5. 집중(ekaggatā. 하나 됨. 삼매. 심일경心一境. 정정正定)

　6. 생명기능(jīvitindriya. 명근命根)

　7. 마음기울임(manasikāra. 마음가짐. 작의作意)

2) 공통 때때로 ─ 여섯 가지

　8. 사유(vitakka. 일으킨 생각. 정사유正思惟)

　9. 고찰(vicāra. 지속적 고찰)

　10. 결심(adhimokkha. 승해勝解)

　11. 정진(vīriya. 노력. 정정진正精進)

　12. 희열(pīti. 喜悅)

　13. 열의(chanda. 바람. 의욕. 원함)

㉯ 불선 마음부수 ─ 열네 가지

1) 불선 반드시 ─ 네 가지

　14. 어리석음(moha. 치痴)

　15. 양심 없음(ahirika. 무참無慚)

　16. 수치심 없음(anottappa. 무괴無愧)

　17. 들뜸(uddhacca. 도거掉擧)

2) 불선 때때로 ─ 열 가지

　① 탐욕 관련 세 가지

　18. 탐욕(lobha. 탐貪. 갈애taṇhā. 탐애abhijjhā. 집착upādāna. 감각욕

　　　망. 색계 집착. 무색계 집착)

　19. 사견(diṭṭhi. 邪見)

　20. 자만(māna. 만慢)

　② 성냄 관련 네 가지

　21. 성냄(dosa. 슬픔. 비탄. 두려움. 악의. 적의. 못마땅해 함. 싫어함. 불

만족. 정신적 고통. 짜증냄. 신경질 냄. 마음 상함. 마음 불편함. 지겨

워함. 원망. 진瞋)

22. 질투(issā. 질嫉)

23. 인색(macchariya. 간慳)

24. 후회(kukkucca. 악작惡作)

③ 해태 관련 두 가지

25. 해태(thīna. 마음의 몽롱함. 해태懈怠)

26. 혼침(middha. 마음부수의 몽롱함. 혼침昏沈)

④ 의심 한 가지

27. 의심(vicikicchā. 의疑)

㉺ 아름다운 마음부수 ― 스물다섯 가지

1) 아름다운 반드시 ― 열아홉 가지

28. 믿음(saddhā. 확신. 신信)

29. 사띠(sati. 관찰. 새김. 주시. 알아차림. 마음챙김. 기억.

마음 깨어 있음. 몸과 마음을 관찰함. 정념正念)[525]

30. 양심(hiri. 참慚)

31. 수치심(ottappa. 괴愧)

32. 탐욕 없음(alobha. 보시. 관용. 출리出離. 무탐無貪)

33. 성냄 없음(adosa. 용서. 자애. 인욕. 인내. 무진無瞋)

34. 중립(tatramajjhattatā. 평온. 사捨)

---

525) 상세한 것은 "첨부 5. 사띠"참조

35. 마음부수의 편안함(kāya-passaddhi)

36. 마음의 편안함(citta-passaddhi)

37. 마음부수의 가벼움(kāya-lahutā)

38. 마음의 가벼움(citta-lahutā)

39. 마음부수의 부드러움(kāya-mudutā)

40. 마음의 부드러움(citta-mudutā)

41. 마음부수의 적합함(kāya-kammaññatā)

42. 마음의 적합함(citta-kammaññatā)

43. 마음부수의 능숙함(kāya-pāguññatā)

44. 마음의 능숙함(citta-pāguññatā)

45. 마음부수의 올곧음(kāya-ujukatā)

46. 마음의 올곧음(citta-ujukatā)

2) 아름다운 때때로 ― 여섯 가지

① 절제(virati) 세 가지

47. 바른 말(sammā-vācā. 정어正語)

48. 바른 행위(sammā-kammanta. 정업正業)

49. 바른 생계(sammā-ājīva. 정명正命)

② 무량(appamaññā) 두 가지

50. 연민(karuṇā. 비悲)

51. 같이 기뻐함(muditā. 희喜)

③ 어리석음 없음(amoha) 한 가지

52. 통찰지의 기능(paññindriya. 지혜. 바른 견해. 바른 이해.

검증. 정견正見. 무치無痴. 혜근慧根)

5. 사띠 [526)

사띠는 빠알리어 'sati'가 영어로는 'mindfulness'로, 한국어로는 보통 '관찰, 새김, 주시, 알아차림, 마음챙김, 기억, 염(念), 마음 깨어 있음, 몸과 마음을 관찰함'등으로 번역되고 있으나, 본래의 의미가 잘 전달되지 않는다고 생각되어 발음대로 표기한 '사띠'를 번역어로 채택한 것이다. 사띠는 자신을 구성하고 있는 몸과 마음을 관찰하는 것 즉 지켜보는 것, 그러기 위해서 자신의 내부에 마음을 기울이는 것이고, 그리하여 마음이 몸과 마음에 잘 붙어 있게 되면 사띠가 확립됐다고 한다.

사띠에 의해서 사마타(선정)와 위빳사나 지혜[527)] 모두를 생기게 할 수 있다. 선정을 생기게 하려면 하나의 대상에 마음을 고정시켜서, 마음이 대상을 벗어나 제멋대로 망상하지 않고 장애가 생기지 않도록 해야 한다. 반면에 위빳사나 지혜, 나아가서 깨달음에 이르려면 좀 더 세밀하게 식별하면서 사띠해야 한다. 즉 변하는 물질과 정신의 근본 특성인 무상, 고, 무아가 분명하게 드러날 때까지, 철저하고 정밀하게 관찰해야 한다.[528)]

사띠를 아비담마(앗타살리니)에서는 다음과 같이 설명하고 있다.[529)]

---

526) 참고자료: ① 손혜숙 옮김, 구나라타나 지음,『가장 손쉬운 깨달음의 길, 위빠사나 명상』, 아름드리미디어, 2007. ② 오원탁 옮김, 헤네폴라 구나라타나 스님 지음,『부처의 길, 팔정도』, 아름드리미디어, 4쇄 2014. ③ 각묵 스님 옮김,『네 가지 마음 챙기는 공부(대념처경과 그 주석서)』, 초기불전연구원, 2003. ④ 비구 일창 담마간다 옮김, 마하시 사야도 지음,『마하사띠빳타나숫따 대역』, 도서출판 불방일, 2016.

527) 첨부 13. 참조.

특징:

① 표주박처럼 떠 있지 않고 돌이 물 속으로 가라앉듯 대상에 머물고 밀착한다.

② 대상을 취한다(챙긴다). 이롭지 못한 악행을 제거하고 이로운 선행을 북돋아 주고 격려한다.

③ 확립한다. 즉 대상에 머문다. 대상에 딱 밀착해서 머문다.

역할: 혼미하지 않다(방일을 제거한다). 게으름을 제거한다.

① 나쁜 짓을 하면서 살아가는 것을 방일하다고 한다.

② 보시와 지계와 수행을 하지 않음, 게으름을 방일하다고 한다.

③ 감각대상(색성향미촉)을 즐기는 것을 방일하다고 하고, 대상을 싫어하고 화내는 것을 방일하다고 한다.

④ 다섯 가지 장애[530] 중의 하나가 나타난 것을 방일하게 지낸다고 한다. 수행법이나 수행을 지도하는 스님이나 법사를 의심하는 것을 방일하다고 한다.

사띠가 이어지면 방일이 다 제거된다. 사띠가 강하면 장애가 감히 침범하지 못한다.

---

528) 참고자료: 비구 보디 지음, 전병재 옮김, 『팔정도』, 고요한 소리, 2011, 157-158쪽. (원서: Bodhi, Bhikkhu, 『The Noble Eightfold Path : way to the end of suffering』, BPS Pariyatti Edition, 3rd. printing, Onalaska, Washington, USA, 2008, p79.)

529) 참고자료: 우 소다나 사야도 법문, 일창 스님 통역, 한국마하시선원의 아비담마 강의(2009/10/20, 2009/11/3)

530) 다섯 가지 장애[五障礙. 五蓋]: 감각욕망, 악의, 해태와 혼침, 들뜸과 후회, 무명.

나타남:

① 열심히 수행하는 수행자는 사띠란 "보호하는 것"임을 알게 된다. 사띠가 없으면 마음이 다른 대상으로 달아나지만, 사띠가 있으면 달아나지 않으므로 마음을 보호한다고 하는 것이다.

② 대상이 마음을 대상에 직면하게 하는 것처럼 마음에 대상이 나타난다. 사띠의 힘이 약하면 대상이 희미해지고 나아가서는 없어진다.

사띠의 가까운 원인

① 강한 인식(산냐, 기억), 확고한 인식

많이 보고 잘 인식(기억)한 것은 잘 기억한다. 많이 알고 거듭해서 인식했을 때에는 사띠도 잘 생길 것이다. 많이 읽지 않고 불완전하게 기억한 것은 돌이켜봐도 잘 생각나지 않는다. 그것은 사띠의 힘, 인식의 힘이 좋지 않기 때문이다. 매일 알려고 노력을 하면 알려고 하는 순간 즉시 생각이 나게 될 것인데 그러면 인식이 사띠에 도움을 준 것이다.

② 사념처(여기서는 사띠의 확립이라기보다는 사띠의 장소임)가 가까운 원인이다. 신수심법[531] 네 가지에 사띠하려고 노력하는 사념처 수행이 사띠를 생기게 하는 가까운 원인이다.

③ 앞의 사띠 자체가 가까운 원인이다.

수행을 하면서 "배가 부푼다, 꺼진다, 앉아 있다, 닿아 있다, 보인

---

531) 신수심법(身受心法): 몸, 느낌, 마음, 법(마음의 대상).

다, 들린다, 맛본다, … 등"으로 관찰할 때마다, 그것을 아는 마음도 생겼다가 사라지고 사띠도 생겼다가 사라진다. 마음이 사라질 때 사띠도 사라지지만 아무 일도 일어나지 않는 것은 아니다. 사띠가 다음 마음에 사띠가 생기는 원인이 되고 사라진다.

6. 마라(악마)[532]

마라(Māra)는 '마레띠(māreti)'에서 파생된 것인데, 이는 '모든 선법을 죽인다.'라는 뜻이다. 즉 모든 선법을 죽이기 때문에 마라라고 한다. 선법이 죽으면 불선법이 남는다. 즉 지계, 선정, 지혜의 공덕이 생기지 않게 된다. 마라에는 ① 번뇌 ② 오온 ③ 업을 짓는 행위(abhisaṅkhāra) ④ 죽음 ⑤ 신(神. devaputta) 모두 다섯 가지가 있다.

번뇌에는 탐욕, 성냄, 어리석음, 자만, 사견, 의심, 해태, 들뜸, 양심 없음, 수치심 없음 모두 10가지가 있다.[533]

신으로서의 마라는 욕계의 최고 천상인 타화자재천(他化自在天)에 거주하면서 수행자들이 욕계를 벗어나 색계나 무색계나 출세간의 경지로 가는 것을 방해하는 자이다. 그는 신들의 왕인 제석천왕처럼 군대를 가지고 있는데, 이를 마라의 군대[魔軍]라고 한다. 이처럼 그는 유력한 신이지만 수행자들을 방해하고 해코지하려는 심성

---

532) 참고자료: ① 각묵 스님 옮김, 『상윳따 니까야 1』, 초기불전연구원, 2009, 400-401쪽. ② 우 소다나 사야도 법문, 일창 스님 통역, "아비담마 강의 제37강(2009/04/07)", 한국마하시선원

533) 참고자료: 대림/각묵 스님 옮김, 『아비담마 길라잡이 제2권』, 초기불전연구원, 2017, 113쪽.

때문에 천신이나 신의 아들로 불리지 않고 마라로만 언급되고 있다.

마라의 군대 10가지는 ① 감각욕망 ② 혐오 ③ 기갈 ④ 갈애 ⑤ 해태와 혼침 ⑥ 공포 ⑦ 의심 ⑧ 오만 ⑨ 사람들로부터 존경 받고 예경 받고 명성을 얻는 것, ⑩ 스스로 칭찬하고 남을 경멸하는 것이다.[534]

7. 부정관[535]

부정관(不淨觀)은 다음과 같이 시체의 열 가지 부정한 모습을 인식하는 것을 말한다.

열 가지 부정관은 다음과 같다.
① 부풀어 오른 시체에 대한 인식
② 푸르게 멍든 어혈이 있는 시체에 대한 인식
③ 고름이 가득 찬 시체에 대한 인식
④ 부패해서 갈라진 시체에 대한 인식
⑤ 동물이 먹고 남은 시체에 대한 인식
⑥ 흩어진 시체에 대한 인식
⑦ 사지가 흩어진 시체에 대한 인식

---

534) 참고자료: ①비구 일창 담마간다, 『부처님을 만나다』, 도서출판 불방일, 2018, 178-179쪽. ②전재성 역주, 『숫타니파타』, 2004, 258쪽.(숫따니빠따 게송 436-438.)

535) 참고자료: 전재성 역주 『법구경-담마파다』, 246-247쪽.

⑧ 피로 물든 시체에 대한 인식

⑨ 벌레들이 모여 우글거리는 시체에 대한 인식

⑩ 해골과 뼈만 남은 시체에 대한 인식

8. 열 가지 토대 정견 [536)]

① 보시하면 과보가 있다.

② 헌공(獻供. 매우 크게 하는 희생제)도 과보가 있다.

③ 선사(善事. 작은 선물 주는 것. 손님 접대)도 과보가 있다.

④ 선업, 불선업의 과보가 있다.

⑤ 이 세상(인간 세상 혹은 욕계와 사악처)이 있다.

⑥ 저 세상(다음 세상 혹은 인간 세상 이외의 다른 세상 혹은 이 우주 이외
에 다른 우주)이 있다.

⑦ 어머니를 부양하면 과보가 있다.

⑧ 아버지를 부양하면 과보가 있다.

⑨ 화생중생(지옥이나 천신)이 있다.

⑩ 이 세상과 저 세상을 스스로 아는, 특별한 법을 체험하고 타인
에게 설명하는 사문, 바라문이 있다.

---

536) 참고자료: 비구 일창 담마간다, 『가르침을 배우다』, 도서출판 불방일.
2017, 428쪽.

9. 방일과 불방일[537)]

위방가에 의하면, 방일(放逸. pamāda)의 뜻은 다음과 같고 불방일
(不放逸. apamāda)은 그 반대이다.

① 몸의 악행, 말의 악행, 마음의 악행을 하도록 마음을 내버려둠.
② 다섯 감각욕망 대상에 마음을 내버려둠.

선법들을 계발하는데 있어서,
③ 정성스럽게 행하지 않음(보시할 때 휙 던지면서 "스님, 여기 있습니다."
   라고 하는 것. 수행할 때 할 수 있는 만큼 하지 않음. 즉 좌선에서 경행으로, 경
   행에서 좌선으로 옮길 때, 삼매가 이어지도록 천천히 하지 않고, 벌떡 일어나
   서 다음 행동을 하는 것.)
④ 항상 행하지 않음(계속해서 하지 않음)
⑤ 중간에 자주 쉬면서 행함(도마뱀처럼 중간에 쉬었다 함)
⑥ 물러남(집중수행 하면 새벽 3시에 일어나고, 오후 불식하고, 좌선을 오래 하
   면 피곤하니 안 가겠다고 하는 것. 이를 불에 닿은 새털처럼 오그라든다고 함.
   혹은 소금에 뿌려진 지렁이와 같다고 함.)
⑦ 노력하려는 의욕이 없음('일주일 한다고 도과를 얻겠어? 이번 생에
   내가 깨닫는 건 불가능해'라고 생각함. 과거생에도 그랬기 때문에 이번
   생에도 범부, 다음 생에도 범부가 됨)

---

537) 참고자료: ① 우 소다나 사야도 법문, 일창 스님 통역, 아비담마 강의(2015
년 5월 5일), 한국마하시선원. ② 일창 스님, 『부처님을 만나다』, 이솔, 2012,
488-489쪽.

⑧ 정진(1. 시작함 2. 장애를 극복함 3. 목표에 도달할 때까지 끝까지 정진)이라는 의무를 내던짐,

⑨ 의지하지 않음(보시, 지계, 수행을 하지 않음)

⑩ 계발하지 않음(계속 노력하여 선업을 증진시키지 않음)

⑪ 많이 행하지 않음

⑫ 거듭 애쓰지 않음.

경전에 따르면 밥을 많이 먹고 뒹굴뒹굴하면서 수행하지 않는 것도 방일이다. 이러한 방일을 제거하는 것이 사띠의 역할이다. 부처님의 유언이 "방일하지 말고 해야 할 일을 완수하라" 즉 "사띠해서 수행을 완수하라"이므로, 부처님의 가르침을 요약하면 불방일이라고 할 수도 있다.

10. 사무애해(四無碍解)[538]

분명하게 구분해서 아는 네 가지 분석적인 통찰지이다.

① 의무애해(義無碍解, attha paṭisambhidā): 말하려는 의미나 결과를 자세히 구분해서 아는 지혜. 결과는 특히 조건에 의존하는 모든 것, 열반, 단어의 뜻, 업의 과보, 단지 작용만 하는 마음 모두 다섯 가지를 말한다.

② 법무애해(法無碍解, dhamma paṭisambhidā): 말 자체나 원인을 자세히 구분해서 아는 지혜. 원인은 특히 과보를 가져오는 모든 원인,

---

538) 참고자료: 『부처님을 만나다』, 484쪽.

성스러운 도, 말한 것, 선업, 불선업 모두 다섯 가지를 말한다.

③ 사무애해(詞無碍解, nirutti paṭisambhidā): 여러 가지 언어 특히 빠알리어를 자세히 구분해서 아는 지혜.

④ 변무애해(辯無碍解, paṭibhāna paṭisambhidā): 위의 세 가지 모든 지혜에 대해 자세히 구분해서 아는 지혜. 즉 어떤 상황이 발생했을 때 그것에 관한 비유, 근거, 적당한 단어를 사용하여 가르치는 지혜를 말한다.

지혜가 뛰어난 제자들은 아라한이 됨과 동시에 사무애해를 가진 아라한이 된다. 예를 들면 사리뿟따 장로, 쭐라빤따까 장로, 담마딘나 장로니 등이다. 예외적으로 아난다 장로는 수다원이 될 때 사무애해를 갖게 되었으며, 재가자인 찟따 장자도 아나함이면서 사무애해를 가졌다.

11. 족쇄 [539]

가. 족쇄의 정의

족쇄란 중생을 윤회에 얽어매고 묶는 법 즉 윤회의 원인이 되는 법이다.

---

539) 참고자료
　① 각묵 스님 지음,『초기불교 입문』, 이솔, 2014, 220-222쪽
　② 우 소다나 사야도 법문, 일창 스님 통역, 한국마하시선원의 아비담마 강의 (2014/10/14, 10/21)

나. 열 가지 족쇄

유신견(사견), 행실의례 집착, 의심, 감각욕망, 적의(성냄), 색계 애착, 무색계 애착, 자만, 들뜸, 무명을 족쇄라고 한다.

오하분결(五下分結): 이 중에서 유신견(有身見), 행실의례 집착, 의심, 감각욕망, 적의(성냄)는 중생과 가깝고 욕계에 들러붙어 욕계 탄생지에 태어나게 하기 때문에 오하분결이라고 한다. 수다원이 되면 유신견, 행실의례 집착, 의심이 제거되고, 사다함이 되면 감각욕망과 적의가 약화되며, 아나함이 되면 오하분결이 모두 제거된다.

오상분결(五上分結): 나머지 색계 집착, 무색계 집착, 자만, 들뜸, 무명은 오상분결이라고 하는데, 이것들은 중생과 친하지 않고 범천계에 들러붙기 때문에 범천계에 태어나게 한다. 아라한이 되면 열 가지 족쇄가 모두 제거된다.

12. 보호경

위험으로부터 보호해 주는 특별한 힘이 있다고 알려진 경전을 보호경(빠릿따)이라[540] 한다. 보호경은 국가나 절에 따라 다른데 미얀마에서는 대체로 다음의 11가지 빠릿따를 독송한다.

---

540) 참고자료: ① 비구 일창 담마간다 편역,『법회의식집』, 불방일, 2018. ② 비구 일창 담마간다,『수행독송집』, 한국마하시선원, 2014. ③ 식카와디 마나삐까,『예경독송문』, 빤디따라마 서울 위빳사나 명상센터, 2008. ④ 망갈라상가,『빨리어 예불독송집』, 망갈라상가, 2017. ⑤ 전재성 역주,『숫타니파타』, 한국빠알리성전협회, 2004. ⑥ 강종미 편역,『불교 입문 Ⅰ』, 도다가 마을, 2014, 291-380쪽.

① 길상경(망갈라 숫따)[541] : 생일이나 개업식 등의 경사스러운 행사에서 축복과 번영을 기원할 때.

② 보배경(라따나 숫따)[542] : 기근과 질병, 좋지 않은 중생들의 위험이 있을 때.

③ 자애경(멧따 숫따) : 거의 모든 경우에 기본적으로 독송.

④ 몸의 보호경(칸다 숫따) : 숲 속에서 뱀 등의 위험으로부터 보호받기 위함.

⑤ 공작경(모라 숫따)[543] : 덫이나 함정으로부터 보호받기 위함.

⑥ 메추라기경(왓따 숫따) : 불로부터 보호받기 위함.

⑦ 깃발의 꼭대기경(다작가 숫따)[544] : 두려움이나 전율, 모골이 송연할 때.

⑧ 아따나띠야경(아따나띠야 숫따)[545] : 야차나 귀신 등의 좋지 않은 중생들로부터 보호받기 위함.

⑨ 앙굴리말라경(앙굴리말라 숫따)[546] : 임산부의 건강과 순산을 기원.

⑩ 깨달음의 요소경(봇장가 숫따)[547] : 병에 걸렸을 때.

⑪ 아침경(뿝반하 숫따)[548] : 나라나 개인이 전염병, 전쟁, 기근으로부터 보호받기를 원할 때.

---

541) 행복경 혹은 축복경이라고도 번역한다.
542) 비구 일창 담마간다,『보배경 강설』, 불방일, 2020, 참조.
543) 본생담 159 참조.
544) 상윳따 니까야 11:3 참조.
545) 디가 니까야 32 참조.
546) 맛지마 니까야 86 참조.
547) 상윳따 니까야 46:14~16 참조.
548) 앙굿따라 니까야 3:150 참조.

13. 위빳사나 지혜와 칠청정 [549]

	칠청정	위빳사나 지혜
I	계청정(戒淸淨)	재가자는 오계나 생계 제8계를 준수[550]
II	마음청정[心淸淨]	근접삼매(찰나삼매)와 본삼매[551]
III	견해청정[見淸淨]	정신물질 구별의 지혜
IV	의심극복청정[度疑淸淨]	조건 파악의 지혜(작은 수다원)
V	도비도지견청정 [道非道智見淸淨]	1. 명상의 지혜 → 위빳사나 지혜의 시작
		2. 생멸의 지혜(약한 단계)
		부수번뇌를 번뇌라고 파악함[552]
VI	실천지견청정 [行道智見淸淨]	2. 생멸의 지혜(성숙된 단계) 3. 소멸의 지혜 4. 두려움의 지혜 5. 허물의 지혜 6. 역겨움의 지혜 7. 벗어나려는 지혜 8. 재성찰의 지혜 9. 형성 평온의 지혜 10. 수순의 지혜
VI 과 VII 사이		11. 종성의 지혜
VII	지견청정[智見淸淨]	수다원도, 사다함도, 아나함도, 아라한도

---

549) 참고자료: ① 비구 일창 담마간다, 『부처님을 만나다』, 불방일, 2018, 100 쪽. ② 냐나포니카 테라 영역, 오원탁 번역, 『마하시 스님의 칠청정을 통한 지혜의 향상』, 경서원, 2007. ③ 대림스님/각묵스님 옮김, 『아비담마 길라 잡이 제2권』, 초기불전연구원, 2017, 326 - 372쪽 ④ 비구 일창 담마간다 옮김, 『위빳사나 수행방법론 1』, 이솔, 2013, 600-601쪽.

550) 생계 제8계는 살생, 도둑질, 삿된 음행, 거짓말, 이간하는 말, 거친 말, 쓸데 없는 말을 삼가는 것, 바른 생계를 지키는 것을 말한다.

551) 위빳사나 수행에서는 항상 변하는 정신과 물질의 흐름에 집중된 것이 찰 나삼매(심청정)이다.

552) 이 단계에서 위빳사나의 10가지 부수 번뇌인 광명, 희열, 경안(편안함), 결 의(확신), 분발(정진), 행복, 지혜, 사띠 확립, 평온, 욕구(미세한 집착)가 생기는 데, 이런 현상들은 깨달은 것이 아니라 수행 중에 생기는 번뇌라고 알고 여기서 벗어나서 계속 관찰하는 것이 도비도지견청정이다.

14. 37보리분 ⁵⁵³⁾

  보리분(菩提品, 助道品)은 깨달은 성자들이 갖추고 있는 법들인데, 수행자의 입장에서는 깨달음을 실현하도록 도와주는 법들로 이해해야 한다. 37보리분에는 네 가지 사띠 확립[四念處], 네 가지 바른 노력[四正勤], 네 가지 성취수단[四如意足], 다섯 가지 기능[五根], 다섯 가지 힘[伍力], 일곱 가지 깨달음 구성요소[七覺支], 여덟 가지 성스러운 도 구성요소[八正道]가 있다.

  네 가지 사띠 확립[四念處]은 몸 느낌 마음 법(마음의 대상)에 대한 사띠 확립이다.⁵⁵⁴⁾ 대념처경에 사띠의 대상으로 몸 14가지(호흡, 자세, 분명한 앎, 몸의 혐오스러움에 마음기울임, 사대에 마음기울임, 9가지 시체 관찰), 느낌 1가지, 마음 1가지, 법 5가지(장애, 무더기, 감각장소, 깨달음 구성요소, 진리) 모두 21가지가 설명되어 있다.

  이 사띠를 확립하는 방법이 위빳사나 수행을 하는 것이다. 자신의 내부를 계속 관찰해서 사띠가 확립되면 변화하고 있는 몸 혹은 마음을 놓치지 않고 지켜볼 수 있게 되는데 이것이 찰나삼매이다.

---

553) 참고자료
  ① 각묵 스님 지음,『초기불교 입문』, 이솔, 2014, 132-188쪽.
  ② 대림 스님 · 각묵 스님 옮김,『아비담마 길라잡이 제2권』, 초기불전연구원, 2017, 132-149쪽.

554) 참고자료
  ① 각묵 스님 옮김,『네 가지 마음 챙기는 공부(대념처경과 그 주석서)』, 초기불전연구원, 2003.
  ② 비구 일창 담마간다 옮김, 마하시 사야도 지음,『마하사띠빳타나숫따 대역』, 도서출판 불방일, 2016.
  ③ 심준보 번역, 우 실라난다 스님 지음,『네 가지 알아차림의 확립-사념처』, 보리수선원, 2004.

그렇게 계속 관찰하면 몸과 마음이 계속 변하는 무상한 것이며, 그렇기 때문에 괴로운 것이고, 내 안에 불변의 실체가 없는 것[無我]이라는 명상의 지혜가 생기는데 이것이 첫 번째 위빳사나 지혜이다.[555] 계속 수행하여 이 위빳사나 지혜가 점점 향상되어 정점에 이르면, 열반을 대상으로 도의 지혜가 생겨서 성자가 된다.

네 가지 바른 노력[四正勤]은 이미 생긴 불선한 것을 버리려는 노력, 아직 생기지 않은 불선한 것을 생기지 않게 하는 노력, 아직 생기지 않은 선한 것을 생기게 하려는 노력, 이미 생긴 선한 것을 증장시키려는 노력이다.

네 가지 성취수단[四如意足]은 열의, 정진, 마음, 검증(통찰지)인데, 삼매를 성취하는 수단도 되고, 신통을 성취하는 수단도 되며, 깨달음과 열반을 성취하는 수단도 된다.

다섯 가지 기능[五根]은 믿음 기능, 정진 기능, 사띠 기능, 삼매 기능, 통찰지(지혜) 기능이다. 믿음은 불법승 삼보와 계에 대한 청정한 믿음이다. 정진은 무엇이 선이고 불선인지를 판단하고서 행하는 바른 노력이다. 사띠는 네 가지에 대한 사띠 확립이고, 삼매는 초선에서 제4선까지를 뜻하고, 통찰지는 사성제를 분명히 아는 것을 의미한다.

다섯 가지 힘[五力]은 다섯가지 기능과 똑같이 믿음, 정진, 사띠, 삼매, 통찰지로 구성되어 있지만, 바라보는 관점이 다르다. 즉 기능은 통제하고 지배하는 측면이고, 힘은 반대되는 법인 믿지 않음, 게으름, 잊어버림(방일함), 들뜸(산란), 어리석음(무명)에 의해서 흔들리지 않고, 함께하는 법들을 강하게 만드는 측면에서 보는 것이다.[556]

---

555) "첨부 13. 위빳사나 지혜와 칠청정"참조.

556) 참고자료: 각묵 스님 지음, 『초기불교 입문』, 이솔, 2014, 162-168쪽.

일곱 가지 깨달음 구성요소[七覺支]는 사띠 깨달음 구성요소(念覺支), 법을 간택하는 깨달음 구성요소(擇法覺支), 정진 깨달음 구성요소(精進覺支), 희열 깨달음 구성요소(喜覺支), 편안함 깨달음 구성요소(輕安覺支), 삼매 깨달음 구성요소(定覺支), 평온 깨달음 구성요소(捨覺支)이다.

수행자는 여러 가지 사띠의 대상 가운데 한 가지를 대상으로 사띠를 확립하고(염각지), 이를 바탕으로 해탈에 도움이 되는 선법인지 아닌지를 알고(택법각지), 그 중에서 선법을 증장시키고 불선법은 없애려고 노력한다(정진각지). 이렇게 정진을 해나가면 희열이 생기고(희각지), 희열이 생기면 마음이 편안하게 된다(경안각지). 그러면 본삼매에 들게 되어(정각지), 모든 조건 지어진 법들에 대해 흔들리지 않는 평온이 생긴다(사각지).

여덟가지 성스러운 도 구성요소[八正道]는 첨부 2참조.

15. 연기와 빳타나(24조건)[557]

원인에 의해서 결과가 생기는 것 즉 조건 때문에 결과가 생기는 것을 불교에서는 연기(緣起. *Dependent Origination*)와 빳타나(*Conditional Relation*. 조건 관계. 24조건) 두 가지로 설명한다.

---

557) 참고자료: ① 각묵 스님 지음,『초기불교 입문』, 이솔, 2014, 116-127쪽. ② 김한상 옮김, 마하시 아가마하 빤디따 지음,『마하시 사야도의 12연기』, 행복한 숲, 2014. ③ 비구 일창 담마간다 편역,『빳타나-조건의 개요와 상설』, 도서출판 불방일, 2018. ④ 오원탁 옮김, 니나 반 고르콤 지음,『위빠사나 수행과 24조건』, 보리수선원, 2015.

연기에서는 원인(조건법)에 의해서 결과(조건 따라 생긴 법)가 생긴다고만 설명하고 있는데, 빳타나는 조건 짓는 힘(paccaya-satti)까지 포함해서 설명한다. 여기서 힘이란 결과를 생기게 하고 결과를 성취하는 힘(조건으로 작용하는 특별한 방법)을 말한다. 고추의 매운 맛은 고추의 고유 특성이므로 고추가 없이는 존재할 수 없는 것과 같이, 조건 짓는 힘도 조건법이 없이는 존재할 수 없다. 모든 조건법들은 각각 독특한 힘을 가지고 있는데, 그 힘이 그것들로 하여금 조건 따라 생긴 법들을 생기게 한다. 이 조건 짓는 힘에는 뿌리, 대상, 지배 등 모두 24가지가 있다.

가. 연기

주석서에 "연기는 괴로움의 발생구조[流轉門. anuloma]와 소멸구조[還滅門. paṭiloma]를 나타내는 가르침이다. 부처님께서는 사람들이 이 연기를 깨닫지 못하고 꿰뚫지 못하기 때문에 윤회를 벗어나지 못한다고 말씀하셨다."고 설명되어 있다.[558]

12연기는 초기 경전에 다음과 같이 나타난다.
"무명을 원인으로 형성들이 생기고[無明緣行],
형성들을 원인으로 의식(마음)이 생기고[行緣識],
의식을 원인으로 정신물질이 생기고[識緣名色],
정신물질을 원인으로 여섯 감각장소가 생기고[名色緣六入],
여섯 감각장소를 원인으로 접촉이 생기고[六入緣觸],

---

558) 참고자료: 각묵 스님 지음, 『초기불교입문』, 이솔, 2014, 122-123쪽.

접촉을 원인으로 느낌이 생기고[觸緣受],

느낌을 원인으로 갈애가 생기고[受緣愛],

갈애를 원인으로 취착이 생기고[愛緣取],

취착을 원인으로 존재가 생기고 [取緣有],

존재를 원인으로 태어남이 생기고[有緣生],

태어남을 원인으로 늙음, 죽음[老死]과 슬픔[愁], 비탄[悲], 고통([苦]육체적 고통), 근심([憂]정신적 고통), 절망[惱]이 생긴다.[生緣老死愁悲苦憂惱]. 이와 같이 전체 괴로움의 무더기[苦蘊]가 생긴다.559)

[그러나 아라한이 되면] 무명이 남김없이 소멸하기 때문에 형성들이 소멸하고, 형성들이 소멸하기 때문에 의식이 소멸하고, …… 존재가 소멸하기 때문에 태어남이 소멸하고, 태어남이 소멸하기 때문에 늙음, 죽음과 슬픔, 비탄, 고통, 근심, 절망이 소멸한다. 이와 같이 전체 괴로움의 무더기가 소멸한다."

이처럼 12연기는 괴로움의 발생구조와 소멸구조를 설명하는 것이다. 이것은 괴로움[苦. 고성제]과 괴로움의 원인[集. 집성제]과 괴로움의 소멸[滅. 멸성제]과 괴로움의 소멸로 인도하는 실천[道. 도성제. 팔정도]으로 정리되는 불교의 진리인 사성제와 일치하는 것이기도 하다. 각각에 대해 간단히 설명하면 다음과 같다.560)

(1) **무명** : 무명이란 알아야 할 것을 모르는 것이다. 사물의 성품을 바르게 알지 못하는 무명은 자신과 결합하는 불선 마음과 함께 중생을 혼란에 빠뜨린다. 마치 수정체가 흐려진 백내장 환자처럼 무

---

559) 참고자료: 중앙승가대학교 역경학과 번역, 최종남 감수, 『初期佛典, 2006 제2호』, 중앙승가대학교, 2006, 66-67쪽.

560) 참고자료: 강종미 편역, 『불교 입문 Ⅱ』, 도다가 마을, 2014, 41-58쪽.

명에 뒤덮여서 사물을 뚜렷하게 못 보고 희뿌옇게 감지한다. 무명이 진리를 가리기 때문에 삼계의 삼라만상이 괴로움인 것을 괴로움(고성제)이라고 알지 못한다. 갈애(집성제) 때문에 괴로움이 시작되고, 괴로움이 소멸된 곳이 열반(멸성제)이며, 열반에 이르는 길이 팔정도(도성제)임을 알 수 없다. 즉 무명 때문에 사성제를 제대로 알지 못한다.

(2) **형성** : 형성(상카라. 의도)은 몸과 말과 마음으로 하는 의도적 행위를 말하며, 선업과 불선업과 무색계업 세 종류로 분류된다.

(3) **의식** : 의식(마음)이란 재생연결식과 세속의 과보마음이다. 과거생에 행한 '선업 형성'을 원인으로 현생에서 욕계 선처와 색계에서 재생연결식이 생긴다. '불선업 형성'을 원인으로 사악처에서 재생연결식이 생긴다. '무색계업 형성'을 원인으로 무색계에서 재생연결식이 생긴다. 과거생의 형성을 원인으로 현생에 과보 마음(눈 의식, 귀 의식, 코 의식, 혀 의식, 몸 의식, 접수 마음, 조사 마음, 여운 마음 등)이 생긴다.

(4) **정신물질** : 재생연결식이 생길 때, 이 마음과 결합하는 세 가지 정신의 무더기(느낌, 인식, 형성들, 즉 마음부수들)와 업에서 생긴 물질이 동시에 생긴다.

(5) **여섯 감각장소** : 여섯 감각장소 가운데 앞의 다섯은 물질인 눈, 귀, 코, 혀, 몸의 감성물질이고, 마지막 것은 마음의 감각장소이다. 이러한 여섯 가지 대문을 열어두면, 형상, 소리, 냄새, 맛, 감촉, 법(현상. 마음의 대상)이 도둑이나 약탈자처럼 안으로 들어올 수 있다.

(6) **접촉** : 눈에 형상이 닿는 것을 '눈 접촉'이라고 하고, 귀와 소리, 코와 냄새, 혀와 맛, 몸과 감촉, 마음과 현상의 접촉을 귀 접촉, 코 접촉, 혀 접촉, 몸 접촉, 마음 접촉이라고 한다. 감각장소 중의 하

나(예: 눈)와 대상(예: 형상)이 만나서 마음(예: 눈 의식)이 생기는 것과 동시에 접촉(예: 눈 접촉)이 생긴다.

(7) 느낌 : 6가지 접촉을 원인으로 즐겁거나 괴롭거나 괴롭지도 않고 즐겁지도 않은(중립적인) 느낌이, 마음과 동시에 생긴다.

(8) 갈애 : 느낌을 원인으로 갈애가 생긴다. 갈애는 좋아하는 대상을 만났을 때는 즐거운 느낌으로 나타나고, 싫어하는 대상을 만났을 때에는 취할 수 없는 좋은 대상을 갈망하며 잠복할 뿐이다. 갈애에는 형상, 소리, 냄새, 맛, 감촉, 현상(마음의 대상)이라는 여섯 대상을 갈망하는 욕계 갈애, 존재 갈애, 비존재 갈애가 있다.

(9) 취착 : 약하게 원하는 것은 갈애이고, 강하게 원하는 것은 취착이다.

(10) 존재[有] : 존재에는 업유(業有. 업 자체로서의 존재)와 생유(生有. 태어남에 의한 존재)가 있다. 업유는 세간의 선한 마음에 있는 의도, 불선한 마음에 있는 의도이다. 생유는 업 때문에 생긴 세간의 과보 마음과 업에서 생긴 물질이다.

(11) 태어남 : 같은 세상이나 다른 세상의 새로운 삶에서 세간의 과보 마음들과 그 마음부수들과 업에서 생긴 물질들이 생기는 것이 태어남이다.

(12) 늙음, 죽음 : 태어나면 반드시 늙음, 죽음 그리고 그 사이에 있는 슬픔, 비탄, 고통, 근심, 절망 등의 괴로움이 따라온다.

나. 빳타나(24조건)

24가지 조건에 대해서 간단히 설명하면 다음과 같다.

(1) 뿌리 조건 : 조건법이 굳건함과 고정됨을 조건 따라 생긴 법들

과 나누어 가짐으로써, 나무의 큰 뿌리와 같은 기능을 하는 조건을 말한다. 마치 뿌리들이 나무의 생존과 성장과 안정의 기본이 되듯이, 이 뿌리들도 조건 따라 생긴 법들을 생기게 하고 굳건하고 안정되게 한다.

(2) **대상 조건** : 지팡이가 잘 일어나지 못하는 사람들이 일어나도록 도와주듯이, 조건법(대상)들이 조건 따라 생긴 법들에게 대상이 됨으로써 생기도록 도와준다.

(3) **지배 조건** : 왕이 백성들을 지배하듯이, 조건법들이 조건 따라 생긴 법들을 지배하는 것을 말한다.

(4) **틈이 없는 조건** : 조건법인 정신(마음과 마음부수들)이, 조건 따라 생긴 법인 다른 정신(마음과 마음부수들)을, 자신이 사라진 바로 다음에 생기게 하는 조건이다. 이 조건은 어떤 순간에 사라지는 정신과, 바로 다음 순간에 생기는 정신에게 적용된다.

(5) **빈틈없는 조건** : 틈이 없는 조건과 같다.

(6) **함께 생긴 조건** : 생기면서 자신과 동시에 조건 따라 생긴 법들이 생기도록 도와주는 법을 말한다.

(7) **상호 조건** : 상호 조건으로 관련된 법들은 동시에 생기면서 서로서로 조건이 된다. 그러므로 그것들은 모두 조건법도 되고 조건 따라 생긴 법도 된다. 마치 삼발이의 세 개의 다리가 서로 받쳐줘야 제대로 서는 것과 같다. 함께 생긴 조건으로 조건이 되는 법들 중의 일부는 상호 조건으로도 조건이 된다.

(8) **의지 조건** : 조건법이 기반이나 의지처가 됨으로써 조건 따라 생긴 법들을 도와주는 조건이다. 조건법과 조건 따라 생긴 법들의 관계는 땅과 나무, 캔버스와 그림과 같다.

(9) **강한 의지 조건** : 조건법이 조건 따라 생긴 법의 강한 설득력

있는 이유[誘因]가 됨으로써 도울 때 생긴다.

(10) 앞에 생긴 조건 : 조건법(물질)이 조건 따라 생긴 법(정신)들을 자신이 생긴 다음에 생기게 하는 조건이다. 이것은 마치 세상에 먼저 생긴 태양이 그 다음에 생긴 사람들에게 빛을 주는 것과 같다.

(11) 뒤에 생긴 조건 : 뒤에 생기는 조건법이, 앞에 생긴 조건 따라 생긴 법들을 지탱하고 강화시키는 조건을 말한다. 이 관계에서 조건법들은 뒤에 생기는 정신들이고, 조건 따라 생긴 법들은 먼저 생긴 물질들이다.

(12) 반복 조건 : 조건법(정신)이 사라진 다음에, 자신과 유사한 조건 따라 생기는 정신을 더욱 힘차게 생기도록 한다. 계속 공부하면 더욱 능숙해지는 것처럼, 조건법이 자신의 다음에 이어서 생기는 법들에게 능력과 힘을 나누어주는 것을 말한다.

(13) 업 조건 : 마음으로 행위를 함으로써 도움을 주는 법을 업 조건이라 한다.

(14) 과보 조건 : 애쓰지 않으면서 고요한 상태로, 애쓰지 않고 고요하도록 도와주는 법들에 관한 것이다.

(15) 음식 조건 : 조건법이 조건 따라 생긴 법들을 만들어내고, 그것들을 존재 속에서 지탱되도록 하고, 그것들의 성장과 발전을 지탱하는 조건이다. 이것은 오래된 집을 지탱하여 붕괴하지 않도록 막아주는 기둥과 같다.

(16) 기능 조건 : 조건법이 조건 따라 생긴 법을 어떤 특별한 기능으로만 제어하는 조건이다. 이 조건은 마치 장관이나 지방단체장이 자기 관할 분야를 통치하는 기능은 있지만 다른 분야를 통치할 수는 없는 것과 같다.

(17) 선정 조건 : 조건법이 조건 따라 생긴 법들로 하여금 대상을

깊이 관찰하는데 동참하도록 하는 것이다.

(18) 도 조건 : 조건법이 조건 따라 생긴 법들로 하여금 특정 목적지에 도달하도록 하는 조건이다.

(19) 결합 조건 : 조건법이 조건 따라 생긴 법들을 생기게 해서, 서로 결합되어 같이 생기고, 같이 소멸하며, 같은 대상을 갖고, 같은 물질적 토대를 가짐에 의해 분리될 수 없도록 결합되어 있는 조건이다. 어떤 한 순간에 같이 생기는 마음이나 마음부수들 가운데 마음이나 어떤 하나의 마음부수를 조건법으로 간주하면, 나머지는 모두 조건 따라 생긴 법들이 된다.

(20) 비결합 조건 : 조건법이 현재의 물질을 돕는 정신이거나, 현재의 정신을 돕는 물질인 경우이다. 이것은 물과 기름을 섞어 놓아도 서로 섞이지 않는 것과 같다.

(21) 존재 조건 : 조건법은 조건 따라 생긴 법들과 더불어 존재하는 동안에 조건 따라 생긴 법들을 생기게 하거나, 유지되도록 도와준다. 비분리 조건과 같다.

(22) 비존재 조건 : 어떤 정신이 사라짐으로써 다음 정신이 생길 기회를 주는 조건인데, 분리 조건, 틈이 없는 조건과 빈틈없는 조건과 같다.

(23) 분리 조건 : 앞의 정신이 자신이 사라진 바로 다음에 다음 정신을 생기게 하는 조건인데, 비존재 조건, 틈이 없는 조건과 빈틈없는 조건과 같다.

(24) 비분리 조건 : 그 순간에 존재 조건인 법들이 떠나지 않은 상태로 도와주는 조건을 말하는데, 이는 존재 조건과 같다.

16. 열 가지 악행과 선행 [561]

중생들을 오염시키는 것에는 갈애 사견 악행(악업. 불선업) 모두 세 가지가 있는데, 이것을 몸과 말과 마음의 악행으로 나누면 다음과 같이 모두 열 가지 악행이 된다.

몸의 악행: 살생, 주지 않은 것을 가짐, 삿된 음행
말의 악행: 거짓말, 이간하는 말, 거친 말, 쓸데없는 말
마음의 악행: 간탐(탐욕), 악의(성냄), 사견

이에 반대되는 것이 다음의 열 가지 선행이다.

몸의 선행: 살생하지 않음, 주지 않은 것을 갖지 않음,
　　　　　　삿된 음행하지 않음
말의 선행: 거짓말하지 않음, 이간하는 말하지 않음,
　　　　　　거친 말하지 않음, 쓸데없는 말하지 않음
마음의 선행: 탐욕 없음, 성냄 없음, 어리석음 없음(지혜)

이것을 보시, 지계, 수행 세 가지로 나누기도 하고, 공덕행(선행) 토대 열 가지 즉 보시, 지계, 수행, 공경, 소임, 회향, 회향 기뻐함, 청법(법을 배움), 설법(법을 설함), 바른 견해로 설명하기도 한다. 이중에

---

561) 참고자료: ① 비구 일창 담마간다, 『가르침을 배우다』, 도서출판 불방일. 2017, 211-228쪽. ② 대림/각묵 스님 옮김, 『아비담마 길라잡이 제1권』, 초기불전연구원, 2017, 506-513쪽. ③ 비구 보디 지음, 전병재 옮김, 『팔정도』, 고요한 소리, 2011, 42-62쪽. ④ 우 소다나 사야도 법문, 일창 스님 통역, "아비담마 강의 제195강(2014/2/4)", 한국마하시선원.

서 회향, 회향 기뻐함, 보시는 보시에, 공경, 소임, 지계는 지계에, 청법, 설법, 바른 견해, 수행은 수행에 속한다.

17. 오계, 생계 제8계, 포살 8계, 자자 [562]

계(戒)란 몸과 말로 악행을 하지 않는 것이다. 바히야 경(상윳따 니까야 47:15)에 선법의 시작점은 청정한 계와 올곧은 견해라고 나와 있다. 그러므로 보시나 수행을 하기 전에 먼저 계를 지켜야 한다.

가. 오계

재가신도는 ①생명을 죽이지 않고, ②주지 않는 것을 갖지 않고, ③잘못된 음행을 하지 않고, ④거짓말을 하지 않고, ⑤정신을 혼미하게 하는 술이나 약물을 마시지 않는 오계를 지켜야 한다.

나. 생계 제8계

생계 제8계란 생계가 여덟 번째인 계라는 뜻인데, 열 가지 악행 중에 몸의 악행 세 가지, 말의 악행 네 가지를 삼가는 일곱 가지 다

---

562) 참조자료 ① 비구 일창 담마간다, 『가르침을 배우다』, 도서출판 불방일, 2017, 129-265쪽. ② 망갈라상가, 『빨리어 예불독송집』, 망갈라상가, 2017, 533-545쪽. ③ 곽철환 편저, 『시공 불교사전』, 시공사, 2003, ④ Ministry of Religious Affairs, 『A Dictionary of Buddhist Terms』, Yangon, Myanmar, 2006.

음에 여덟 번째로 잘못된 생계를 삼가는 것을 제시한 계이다. 즉 ①
생명을 죽이지 않고, ②주지 않는 것을 갖지 않고, ③잘못된 음행을
하지 않고, ④거짓말을 하지 않고, ⑤이간하는 말을 하지 않고, ⑥거
친 말을 하지 않고, ⑦쓸데없는 말을 하지 않고, ⑧잘못된 방법으로
생계를 유지하지 않는 것이다.

잘못된 생계는 살생이나 도둑질이나 삿된 음행이나 거짓말, 이
간하는 말, 거친 말, 쓸데없는 말이나 술과 관련된 일을 하여 생계를
유지하는 것을 말한다.

열 가지 악행에 음주는 포함되지 않지만, 술을 마시면 방일하게
되어 몸의 악행 세 가지와 말의 악행 네 가지를 범하게 될 뿐 아니
라, 탐애, 분노, 사견이라는 세 가지 마음의 악행도 범할 수 있다. 그
러므로 생계 제8계에 술 마시지 말라는 것도 포함되어 있다고 말할
수 있다.

다. 포살 8계

포살(布薩. uposatha)이란 팔계를 지키면서 삼보의 공덕을 마음에
새기며 불선업을 제거하고 수행을 해서 마음을 청정하게 하면서 살
아가는 것을 말한다. 이를 포살을 준수한다고 말하고 포살을 준수하
는 날이 포살날이다.

포살 8계는 ①생명을 죽이지 않고, ②주지 않는 것을 갖지 않고,
③일체의 음행을 하지 않고, ④거짓말을 하지 않고, ⑤술 마시지 않
고, ⑥때 아닌 때(정오부터 다음 날 동이 트기 직전까지) 먹지 않고, ⑦가
무, 연주, 공연, 관람, 화환 두르기나 향수를 뿌리지 않고, ⑧작은 침
상이나 바닥이나 깔개에서 잔다.

재가신도가 하루 낮, 하룻밤 동안 포살 8계를 지키는 포살일은 매월 음력 8일, 15일, 23일, 29일(혹은 30일)이다. 출가자는 포살일인 매월 음력 15일과 29일(또는 30일)에 한 곳에 모여 계율(빠띠목카)을 암송하면서 그 동안 자신이 잘못한 것이 있으면 참회한다.

라. 자자

자자(自恣)는 여름 안거가 끝나는 날(음력 7월 15일) 출가자들이 한 곳에 모여 자신의 잘못을 서로 고백하고 참회하는 의식이다.

18. 계정혜(삼학)[563]

불교의 수행은 계정혜(戒定慧) 즉 삼학(三學)으로 종합된다. 계학(戒學)은 도덕적인 삶, 정학(定學)은 마음을 집중하는 삼매 수행, 혜학(慧學)은 통찰지의 계발을 의미한다.

『디가 니까야 주석서』는 계학은 오계와 십계를 지키는 것인데 계목의 단속을 높은 계라고 하고, 여덟 가지 선정의 증득이 정학인데 위빳사나의 기초가 되는 선(禪)은 높은 마음이라고 한다. 업이 자신의 주인임을 아는 지혜가 통찰지[혜학]인데, 위빳사나 통찰지를 높은 통찰지라고 설명한다. 여기서 여덟 가지 선정은 색계선정 네 가지와 무색계선정 네 가지를 말한다.

---

563) 참고자료
　① 각묵 스님 지음, 『초기불교 입문』, 이솔, 2014, 200-217쪽.
　② 전병재 옮김, 비구 보디 지음, 『팔정도』, 고요한 소리, 2011, 35-38쪽.

한편 『상윳따 니까야 주석서』는 팔정도를 삼학으로 나누어서, 계에는 바른 말, 바른 행위, 바른 생계가 포함되고, 정(삼매)에는 바른 정진, 바른 사띠, 바른 삼매가 포함되며. 혜(통찰지)에는 바른 견해와 바른 사유가 포함된다고 설명하고 있다.

가. 법구경 관련

- 전재성 역주,『법구경-담마파다』, 한국빠알리성전협회, 2008.

- 김서리 옮김,『담마빠다 빠알리어 문법과 함께 읽는 법구경』, 소명출판, 2016.

- 일아 옮김,『빠알리 원전 번역 담마빠다』, 불광출판사, 2018.

- 난다라타나 스님, 위말라키타 스님 옮김,『팔리어 직역 법구경』, 佛사리탑, 2008.

- 무념 · 응진 역,『법구경 이야기 1~3』, 옛길, 2008.

- 거해 스님 편역,『법구경 1,2』, 샘이 깊은 물, 2003.

- Ācharya Buddharakkhita,『Dhammapada』, Buddha Vacana Trust, Maha Bodhi Society, Bangalore, India, 1986.

- http://blog.daum.net/gikoship/15780902

- https://tipitaka.fandom.com/wiki/Dhammapada

- https://tipitaka.fandom.com/wiki/Dhammapada_Verse_1_-_Cakkhupalatthera_Vatthu

- https://tipitaka.fandom.com/wiki/Dhammapada_Verse_423_-_Devahitabrahmana_Vatthu

- http://cafe.daum.net/nokonejaengsa (녹원정사)

- http://cafe.daum.net/nokonejaengsa/GpxI/1 (법구경 게송 1)

- http://cafe.daum.net/nokonejaengsa/GpxI/151 (법구경 게송 241)

나. 기타

- 각묵 스님 옮김,『네 가지 마음 챙기는 공부(대념처경과
  그 주석서)』, 초기불전연구원, 2003.
- 각묵 스님 옮김,『담마상가니 1,2』, 초기불전연구원, 2016.
- 각묵 스님 옮김,『디가 니까야 1~3』, 초기불전연구원, 2006.
- 각묵스님 옮김,『부처님의 마지막 발자취 대반열반경』,
  초기불전연구원, 2007.
- 각묵 스님 옮김,『상윳따 니까야 1~6』, 초기불전연구원, 2009.
- 각묵 스님 지음,『초기불교 이해』, 초기불전연구원, 2010.
- 각묵 스님 지음,『초기불교 입문』, 이솔, 2014.
- 강종미 편역,『불교 입문 Ⅰ, Ⅱ』, 도다가 마을, 2014.
- 강종미 편역,『아비담마 해설서 Ⅰ, Ⅱ』, 도다가 마을, 2009.
- 강종미 번역,『앙굿따라 니까야 Ⅰ, Ⅱ』, 호두마을선원, 2009.
- 곽철환 편저,『시공 불교사전』, 시공사, 2003,
- 김종수 옮김, 아누룻다 지음, 빅쿠 보디 해설,『아비담마 종합
  해설』, 불광출판사, 2019.
- 김종수 옮김, 멤 틴 몬 지음,『체계적으로 배우는 붓다아비담마』,
  불광출판사, 2016.

- 김한상 옮김, 마하시 아가마하 빤디따 지음,『마하시 사야도의 12연기』, 행복한 숲, 2014.

- 김한상 옮김, 마하시 아가마하 빤디따 지음,『초전법륜경』, 행복한 숲, 2011.

- 대림 스님 옮김,『맛지마 니까야 1~4』, 초기불전연구원, 2012.

- 대림 스님 옮김,『앙굿따라 니까야 1~6』, 초기불전연구원, 2006~7.

- 대림 스님 옮김,『청정도론 1~3』, 초기불전연구원, 2004.

- 대림 스님 · 각묵 스님 옮김,『아비담마 길라잡이 제1, 2권』, 초기불전연구원, 2017.

- 망갈라상가,『빨리어 예불독송집』, 망갈라상가, 2017.

- 무념 옮김, 파아욱 또야 사야도 법문,『사마타 그리고 위빠싸나』, 보리수선원, 2008.

- 비구 일창 담마간다,『가르침을 배우다』, 도서출판 불방일, 2017.

- 비구 일창 담마간다 옮김, 마하시 사야도 지음, 『마하사띠빳타나숫따 대역』, 도서출판 불방일, 2016.

- 비구 일창 담마간다 옮김,『마하시 사야도의 담마짝까 법문- 초전법륜경 해설』, 도서출판 불방일, 2019.

- 비구 일창 담마간다 옮김,『마하시 사야도의 위빳사나 수행방법론 1,2』, 이솔, 2013.

- 비구 일창 담마간다 편역,『법회의식집』, 한국마하시선원, 2018.

- 비구 일창 담마간다 편역,『보배경 강설』, 도서출판 불방일, 2020.
- 비구 일창 담마간다,『부처님을 만나다』, 도서출판 불방일, 2018.
- 비구 일창 담마간다 편역,『빳타나-조건의 개요와 상설』,
  도서출판 불방일, 2018.
- 비구 일창 담마간다,『수행독송집』, 한국마하시선원, 2014.
- 비구 일창 담마간다 통역, 우 소다나 사야도 법문,
  "한국마하시선원의 아비담마 강의", 2008년 5월 20일~2020년
  8월 4일 현재 진행 중.
  제1강 (20080520) : https://cafe.naver.com/koreamahasi/332
  제435강(20200804) : https://cafe.naver.com/koreamahasi/1200
- 비구 일창 담마간다 옮김, 우 소다나 사야도 법문,『어려운 것
  네 가지』, 도서출판 불방일, 2017.
- 비구 일창 담마간다 편역, 마하시 사야도 법문,『위빳사나
  백문백답』, 이솔, 2014.
- 비구 일창 담마간다 옮김, 마하시 사야도 법문, 우 소다나 사야도
  감수,『헤마와따숫따 법문』, 도서출판 불방일, 2020.
- 서광 편역, William Hart 옮김, 고엔카의 가르침,
  『그냥 바라만 볼 뿐이다』, 불광출판부, 2002.
- 손혜숙 옮김, 구나라타나 지음,『가장 손쉬운 깨달음의 길,
  위빠사나 명상』, 아름드리미디어, 2007.
- 식카와디 마나삐까,『예경독송문』, 빤디따라마 서울 위빳사나

명상센터, 2008.

- 심준보 번역, 우 실라난다 스님 지음,『네 가지 알아차림의
  확립-사념처』, 보리수선원, 2004.

- 아난타 옮김, 헤네폴라 구나라타나 가르침,
  『선정』, 보리수선원, 2005.

- 오원탁 옮김, 냐나포니카 테라 영역,『마하시 스님의 칠청정을
  통한 지혜의 향상』, 경서원, 2007.

- 오원탁 옮김, 밍군 사야도 지음,『부처님의 제자들』, 경서원, 2008.

- 오원탁 옮김, 밍군 사야도 지음,『부처님의 제자들2』,
  경서원, 2011.

- 오원탁 옮김, 헤네폴라 구나라타나 스님 지음,『부처의 길,
  팔정도』, 아름드리미디어, 4쇄 2014.

- 오원탁 옮김, 니나 반 고르콤 지음,『위빠사나 수행과 24조건』,
  보리수선원, 2015.

- 오원탁 번역, 묘원 주해, 아신 자띨라 사야도의 법문,
  『큰 스승의 가르침』, 행복한 숲, 2004.

- 유미경 옮김, 삐야닷시 테라 지음,『붓다의 옛길』, 달물, 2015.

- 전병재 옮김, 비구 보디 지음,『팔정도』, 고요한 소리, 2011.

- 전재성 편저,『빠알리어 사전』, 한국불교대학 출판부, 1994.

- 전재성 역주,『숫타니파타』, 한국빠알리성전협회, 2004.

- 정명 편역,『열반 닙바나 니르바나』, 푸른 향기, 2014.

- 정명 스님 옮김, 니나 판 고르콤 지음,『쩨따시까 상권 하권』, 푸른 향기, 2011.

- 최봉수 역주, 밍군 사야도 저,『大佛傳經 Ⅰ~Ⅹ』, 한언, 2009.

- 케마 옮김, 찬메 세야도 아쉰 자나까비왐사 법문,『위빳사나 수행 28일』, 한국빠알리성전협회, 2004.

- Khemavamsa, Bhikkhu,『CONTEMPLATION OF THE MIND : Practising Cittānupassanā』, Inward Path, Penang, Malaysia, 2004. (http://www.abuddhistlibrary.com/Buddhism/B%20-%20Theravada/Teachers/Bhikkhu%20Khemavamsa/Contemplationof%20the%20Mind/cittanupassana2.pdf)

- Mingun Sayadaw, Translated into English by U Tin Lwin, U Ko Lay & U Tin Oo(Myaung),『The Great Chronicle of Buddhas, Vol. Ⅵ, Part Ⅰ』, The State Buddha Sasana Council's Version, 1st ed, 1997.

- Mahasi Sayadaw, Translated by Maung Tha Noe,『Fundamentals of Vipassana Meditation, 3rd ed』, Buddha Sasana Nuggaha Organization, Myanmar, 1996.

- Mahasi Sayadaw, Translated by U Htin Fat,『To Nibbana via The Noble Eightfold Path』, Buddha Sasana Nuggaha Organization, Myanmar, 1980.

- Ministry of Religious Affairs,『A Dictionary of Buddhist Terms』,

Yangon, Myanmar, 2006.

- Nyanatiloka, 『Buddhist Dictionary』, http://www.buddhanet.net

- Ryth Davids, T, W, and W, Stede, 『Pali-English Dictionary』, PTS, London, 1986.

법구경_ 하루를 살더라도

2020년 11월 30일   초판 1쇄 발행
2023년 7월 31일   2쇄 발행

엮은이	오원탁(香圓)
펴낸이	이규만
디자인	사사연 B&D
펴낸곳	불교시대사
출판등록	1991년 3월 20일 제1-1188호
주소	(우)03149 서울시 종로구 인사동 7길 12 백상빌딩 1305호
전화	02 - 730 - 2500
팩스	02 - 723 - 5961
이메일	kyoon1003@hanmail.net

ISBN   978-89-8002-160-4   03220